クリスティーナ・フェルドマン
ウィレム・カイケン［著］

高橋 美保／藤田 一照［監訳］

ジンデル・シーガル［まえがき］

仏教と心の科学の出合い
マインドフルネス

MINDFULNESS

Ancient Wisdom Meets Modern Psychology

北大路書房

MINDFULNESS

Ancient Wisdom Meets Modern Psychology

by

Christina Feldman & Willem Kuyken

Published by arrangement with The Guilford Press
through Japan UNI Agency, Inc., Tokyo.

われわれの師たちと学修者の皆さんに捧ぐ

まえがき

詩「夏の日」(*The Summer Day*) の中で、メアリー・オリバー (Oliver, 2015) は、祈りと注意を向けることについて鋭い比較をしています。クリスティーナ・フェルドマンとウィレム・カイケンの素晴らしい本『仏教と心の科学の出合い　マインドフルネス』(*Mindfulness: Ancient Wisdom Meets Modern Psychology*) を読んで、オリバーの詩における祈りと注意を向けることという詩句が、過去25年の間に医学や医療、社会で起こった驚くべき変化を反映していることがわかりました。私が引き合いに出していること、そして著者らが支援を行う際に極めて重要な役割を果たしたのは、病気や苦しみに向き合うための補助的な手段として、主流の医療機関や社会組織に観想的実践を導入するということです。ヨガ教室に通うことがもはや秘儀的なものとは見なされないように、気分障害や循環器疾患に何とか対応している人々にマインドフルネス瞑想の実践方法を教えることは、質の高いケアに不可欠なものと見なされつつあります。

本書の特別な価値は、この動きを支える2つの世界 (観想的世界と世俗的世界) について、より広い視野を提供することにあります。本書がもっとも成功しているのは、研究、臨床、瞑想のさまざまな情報を統合し、これらの領域が、表面上は違うにもかかわらず、暗黙のうちにつながっていることを読者が十分に理解できるような枠組みを構築している点にあります。また、本書はこれ以上ないほど良いタイミングで出版されました。マインドフルネスの分野が急速に拡大していることは、ほとんどの人が認めるところでしょう。実際、世界的な現象になりつつあると言う人もいます。しかし、規模が大きくなりすぎると、質の希薄化が避けられなくなります。幸いにも、**マインドフルネス**は、少し立ち止まって、現代科学といにしえの伝統というユニークな統合を示唆した根源に立ち返ることを勧めてくれます。それによって、それらの共通の意図を明らかにすることができるのです。

この資料の案内人として、クリスティーナ・フェルドマンとウィレム・カイケンほどこの任務に適した著者はいないでしょう。クリスティーナは世界的に有名な瞑想の講師であり、イギリスのガイア・ハウスの共同設立者です。ウィレムは心理学の研究者であり、オックスフォードマインドフルネスセンターの所長として、この分野の代表的な論文を多数発表してきた人物です。彼らの本は、瞑想の講師と科学者の執筆チーム、あるいは「心」の認知科学と仏教心理学の地図など、数々の貴重な宝物を読者に提供しています。

そのもっとも野心的な点は、**マインドフルネス**はそれが私たちの領域に提供する、概念的に明快で、一貫性のあるサービスよりももっと大きなものであるということです。この本の核心は、実際に私たちそれぞれに自分自身を見つける個人的な探求に取り組んでいるということ、そして私たちが現代社会の状況でいかにして安らかに生きることができるかにあります。それは確かに永遠の問いです。ですが、今、私たちは科学と瞑想の実践が提供する最高のものから導き出された新たな答えを見つけるのです。まずは、私たち全員が遭遇するもがきあがきや苦しみの根源を理解することが重要です。この理解を手に、ウェルビーイングと全体性が実現するようなより偉大な瞬間をもたらすために、私たちはどのようにこの知識を使うことができるでしょうか。マインドフルネスは、習慣へのとらわれから心を解放する能力と、新しい選択と知覚のための第一歩、すなわち本当の変容の可能性を生み出すことを通して、中心的な役割を担っています。以降のページで繰り広げられる仏教と現代の世俗的なマインドフルネス、そして心理学のあいだの活き活きとした議論によって、解放するということが、私たちが想像するよりもいかに身近なものであるかを理解することができるでしょう。

ジンデル・V・シーガル

序　文

幸せになるということ、そして良い人生を送るということは何を意味するのでしょうか？どうしたら苦しみから逃れて、自分自身や周りの人たち、そしてより広い世界の人たちのウェルビーイングを支えるような生き方ができるのでしょうか？

この問いは、人類が人類の文脈を振り返るようになってからずっと、人類の物語の一つでした。私たちは何らかの形でこの問いを自身に投げかけてきました。これらは、何千年もの間、智慧の伝統や哲学、心理学の中で問われてきた問いなのです。ここで、ブッダの以下の言葉について考えてみましょう。

未熟な心は害につながる……成熟した心は利益につながる……未熟で未開拓の心は大きな苦しみを生む……しかし、発達して培われた心は大きな幸せを生む

(The Mind Is the Key; AN 1; in Bhikkhu Bodhi, 2005)

日常的な言葉で言えば、ブッダは苦しみや喜びを生む上で、私たちの心が重要な役割を果たすと言っています。そしてとても重要なことは、私たちは積極的に心を培うことができるということです。このような理解は、時代を超えて、山を下って流れ落ちる水のようなものです――水はその時々のあらゆる景色の中で形を変えながらも、そ

の本質を保つ強い勢いをもっています。ジンデル・シーガル、マーク・ウィリアムズ、ジョン・ティーズデールという3名の現代の応用心理学者は、マインドフルネス・トレーニングで起こる変化や変容のプロセスについて、以下のように述べています。

> 研究データと私たちの実践体験のいずれにおいても、思考と感情の「戦いの場」に対して違ったスタンスをとることを学ぶことによってのみ、私たちは将来の困難な状況に早く気づき、それに対してうまく対処できる、ということが示唆されています。違ったスタンスをとることには、私たちがいつもの習慣とは違った心のモードを試してみることも含まれます。

この本の中心的なテーマは、仏教心理学と現代科学がともに、現代の世界をいかにしてよりよく生きられるかという問いに役立つ新たな視点を提供することです。それが苦しみからウェルビーイングや活き活きと生きることに向かう道筋を描き出すのに役立つことを述べていきたいと思います。

ここ50年間、これらのいにしえの教えと現代の心理学、教育、医学には重要な歩み寄りがありました。非宗教的な領域における主な流れの中で注目すべき例は、ジョン・カバットジン、マーシャ・リネハンの仕事、そしてジンデル・シーガル、マーク・ウィリアムズ、およびジョン・ティーズデールの仕事です[*i]。ジョン・カバットジン（Kabat-Zinn, 1982, 1990）は素晴らしい洞察と見識により、仏教のいくつかの流派から、古代のエッセンスが変容してきたその道筋を取り出して、信仰や背景、階層や性別に関係なく、誰でも使うことができるプログラム（マインドフルネスストレス低減法）を開発しました。

ほぼ同じ時期に、心理学者のマーシャ・リネハンは、もっとも難しい心理的状態の一つである境界型パーソナリティ障害（著しくかつ長期間にわたる情緒や関係性の不安定さを特徴とする状態）に苦しむ人々とどう取り組んでいったらいいのかを考えていました。彼女は、古典的なマインドフルネス実践を、境界性パーソナリティ障害をもつ人々が使える形（弁証法的行動療法）にするという同じような考えをもっていました（Linehan, 1993a, 1993b）。それ以降、さまざまな問題やさまざまな状況にある人々を支援することを目的として、マインドフルネスに基づいた一連のプログラムが発展してきました。

うつ病の再発予防のためのマインドフルネス認知療法（ＭＢＣＴ）は、その一つです。うつ病はおそらく世界でもっとも差し迫ったメンタルヘルスの問題です。世界人口の10億人が人生のどこかの段階でうつ病に苦しむことになるでしょう。ジンデル・シーガル、マーク・ウィリアムズ、およびジョン・ティーズデール（Segal, Williams, & Teasdale, 2013）は共同で、うつ病にかかりやすくなる原因の理解に役立つ優れた心理学を生み出しました。彼らは、うつ病にかかりやすい人が自らの脆弱性を高めるような心の状態にどう取り組むかを学ぶ上で、マインドフルネス・トレーニングが役に立つという仮説を立てました。現在、少なくとも10件のランダム化比較試験で評価されており、再発性のうつ病からの回復を助ける上での有効性が実証されています。これらのマインドフルネスに基づいたプログラムに共通しているのは、マインドフルネス・トレーニングを、苦しみを癒やし、人々がよい生活を送り、自らの可能性を実現し、成長するための手段として用いているという点にあります。

現代のマインドフルネス講師とトレーニングが２５００年前に示された最初期の仏教のマインドフルネスの教えから恩恵を受けたように、多くの仏教指導者は、科学、研究、心理学からの学びによって彼らの理解と教育が充実し、深まっていることに気づきました。この本では、互いに学び、対話することがいかに悩みを和らげ、反応性の興奮を冷まし、個人、コミュニティ、社会の理解と思いやりを深めることに役立つかを示したいと思います。

仏教と非宗教的な現代のマインドフルネス、そして心理学のあいだの対話は必ずしも容易ではありません。現代のマインドフルネスが仏教心理学に依拠しすぎている（Baer, 2015）、あるいは十分に依拠していない（Shonin, Van

Gordon, & Griffiths, 2013; Van Gordon, Shonin, & Griffiths, 2016）という批判があります。仏教の伝統に根ざした講師や団体からは、マインドフルネスが脱文脈化され、気づきの道筋としてではなくセルフヘルプの手段となってしまったことに不安の声が上がっています。仏教指導者は、現代のマインドフルネスが仏教の教えの倫理的根拠を取り除いてしまったことに懸念を示しています。一方で、仏教のものの観方、価値観、そして秘儀的な実践は、科学や現代のマインドフルネスの応用と調和させるのは難しいという懸念もあります（Baer, 2015）。さらに、ヘルスケアや教育システムなどの主な専門領域では、多くのマインドフルネス講師は専門的な資格をもっておらず、医学、教育および／または心理学の倫理規定が適用されないという懸念を表明する人もいます。おそらくこれはより広い世界の写し鏡であり、マインドフルネスの世界は大きく二極化し、あちこちの陣営のあいだで批判の矢が放たれているのです。

本書を通して、私たちは可能な限り、以下の問いについて考え、その答えを出していきたいと思っています。

- マインドフルネスとは何か？　マインドフルネスの態度における次元とは何か？　あまりにも多くの意味が想定されるために、その意味が混乱してしまったのか？　それとも、いくつかのカット面をもつダイヤモンドのようなものなのか？
- 悩みや苦しみに効果的な心理的なアプローチはすでに数多くある。マインドフルネス・トレーニングはどのような価値をもたらすのか？
- マインドフルネスはどのようにして、心を知り、訓練し、形作り、解放する方法を私たちに提供するのか？
- マインドフルネスはどのようにして、苦しみから活き活きと生きることへの道筋を助けるのか？　マインドフルネスは、この世に存在するためのテクニック、あるいは方法、もしくはその両方なのか？
- マインドフルネスの実践者、講師、そしてそれ以外のより広い領域において、倫理や一貫性に関する重要な問いとは何か？　この問いは何によって裏づけられるか？
- マインドフルネスはどういう人に適しているか？　あるいは、どういう人には適していないのか？
- マインドフルネス実践の人生における目的は何か？

私たちは仏教心理学と心理学の相乗効果や共通点を探索するだけでなく、両者の緊張関係、そして「両者が決して出合うことがないであろう」と思われるような場所を探究する旅に、あなたをお連れします。

ストーリーの背後にあるストーリー

クリスティーナとウィレム：私たちが共有するストーリー

いにしえの智慧と現代の心理学が合流するように、私たちの人生の道は、私たちの友情とコラボレーションに収束していきました。この本は、私たちが瞑想の実践と心理学的探究に別々に費やした数十年と、友人や同僚としてともにこれらのアイデアを発展させてきた年月の成果です。私たちは、多くの問題が人々の感情や理性にまでさかのぼることができる世界で、マインドフルネスをもっと身近に感じてほしいという願いを共有しています。

私たちが友人となり、同僚となったのは、今世紀に入ってから、世界で最初のアカデミックな修士レベルのマインドフルネスに基づくプログラムの一つを立ち上げるために、共同し始めたときです。[*2] プログラムを企画・指導する教授として、クリスティーナに、現代マインドフルネスの仏教心理学の基礎についての理解を、コースに提供する可能性を検討してもらえないかと持ちかけました。クリスティーナは、大学で教壇に立ったことがなかったため、少々驚きました。彼女は「共同でなら、プログラムの心理的側面を教えることができるかもしれない」という考えを思いつきました。ウィレムは眉を上げて「本当にそれができると思いますか？」と尋ねました。クリスティーナの答えは「やってみよう」でした。

修士課程のプログラムを最初に実施したときは、ウィレムは心理学者、クリスティーナは仏教導師という各々の役割の中で教えました。しかし、コースを繰り返す度に、互いの視点をより完全に理解し始め、風景をまとまりのある全体として見ることができるようになりました。振り返ってみると、それはまた、マインドフルネスの世俗的な教えと非世俗的な教えのあいだの隔たりを埋める重要なステップでした。修士課程を3回、共同で指導した後、私たちはアイデアを本にする時が来たと判断しました。

クリスティーナとウィレム：それぞれのストーリー

私たち2人は若い頃から瞑想的なトレーニングと観想を始めていました。このトレーニングは、私たちの仕事と私生活の両方に影響を与えてきました。私たちは、瞑想的な伝統と現代科学が、心を鍛え、世界をポジティブに変化させるための強力なツールになりえることを理解するようになりました。

◇クリスティーナ・フェルドマン

私は40年以上前、10代の頃にインドを旅行したことがあります。ダライ・ラマの本拠地であり、チベット難民のコミュニティであるダラムサラに到着してすぐに、計り知れない苦しみに耐え、困窮の中で生きてきた彼らの落ち着きと幸福、そして思いやりに満ちた態度に心を打たれました。その時点で、彼らには、当時の私にはまだよくわかっていなかった内的資源があることは明らかでした。私はその伝統の中でもっとも有名な仏教指導者の何人かと勉強を始めました――それは観想的な研究と瞑想的な探究の生涯の始まりでした。

1970年代半ばに西洋に戻った私は、マインドフルネスや洞察の瞑想を教えたり、人々がリトリートをして過ごすことができるセンターを設立するために招かれるようになりました。私たちの多くにとって、人生は困難でやりがいのあるものですが、教えは幸せやウェルビーイング、自由への鍵は、私たち自身の心と理解にあるという原則に基づいています。この教えは、マインドフルネスに基づいた応用を創設した人たちを含む多くの人々の共感を呼びました。主流の世俗的マインドフルネスが発展し始めたとき、私はこれらのいにしえの教えと現代の教えがどのように収束するかを理解することにますます惹かれるようになりました。いにしえの教えにおけるマインドフルネスのルーツを深く理解することで、現代の教育環境でマインドフルネスを伝え、それを体現する能力が豊かになることが明らかになってきました。

◇ウィレム・カイケン

私は学術的な臨床心理学者として、うつ病を理解、予防し、人間の可能性を生涯にわたって高めるにはどうしたらよいかという問題を追究してきました。思い起こしてみれば、私のオフィスのボードにはずっとアインシュタインの言葉が貼り付けてありました。「知性は方法と技術には鋭い目をもつが、目的と価値には盲目である」。天然痘が根絶されたように、いずれはうつ病のない世界が実現することを私は願っています。私は長い間、心理学、生物学、哲学、瞑想的な伝統、社会正義といった幅広い視点が、うつ病を理解し、予防する方法を見出すためにどのように役立つのかに関心をもってきました。

幼い頃から、私の探求心は学問的であると同時に、極めて個人的なものでもありました。多くの人がそうであるように、私の人生も苦労がなかったわけではありません。私の両親は第二次世界大戦中、占領下のオランダとインドネシアで想像を絶する苦しみにさらされ、私の名前の由来である叔父は4歳のときに日本の強制収容所で亡くなりました。幼い頃、痛みや苦しみに遭遇すると、深い共感と思いやりを感じることがよくありました。私はナイジェリアで育ち、外国人コミュニティの中で生活していましたが、子どもにとって、決して遠くないところにある大きな苦しみを目にしないわけにはいきませんでした。

私自身、若い頃に初めてうつ病を体験し、その体験が私の生き方や仕事の仕方に影響を与えました。20代前半、私は世界保健機関（ＷＨＯ）の仕事であちこちに出かけました。バンコクの空港で、ジュネーブに戻る夜の便で、*The Good Life: A Guide to Buddhism for the Westerner*（Roscoe, 1990）というタイトルの本を手に取りました。ジュネーブに戻る夜の便で、私はこの本を隅から隅まで読みました。フライトの終盤、飛行機のコックピットで夜空を眺めながら（当時は礼儀正しくお願いすれば、パイロットと一緒に坐ることができました！）、この教えとの並外れた一体感、人類共通の感覚、そしてある種の目覚めを感じたことを覚えています。この教えは、私の個人的な体験と、若い科学者としての仕事という2つのレベルで共鳴しました。この教えは、私の心や人生に対する理解だけでなく、私が進めている研究プログラムにも影響を与えました。その本の巻末にはさらなる資料が掲載されており、私はそれを熱心に探し求めて、マインドフルネスの実践と学びの道を歩み始めました。数年後、「East Meets West（東洋と西洋の出会い）」と題された会議で、私は、同じインターフェースで違った形で活動している刺激的な人々やアイデアに触れることができました。ジョン・カバットジンは3時間に及ぶ見事な基調講演を行い、フランシスコ・バレラは哲学、仏教、認知を駆使して体現に取り組み、スティーブン・バチェラーは仏教心理学を身近で世俗的なものにしようとしました。バーで一杯やっていると、学術的な臨床心理学者であるジョン・ティーズデールが、私のうつ病に関する研究とマインドフルネスへの個人的な関心とを結びつけるよう、私を励ましてくれたのです。これが驚くべき収束の瞬間であり、私のその後のキャリアと人生の方向性を決定づけたのです。

本書を執筆するにあたり、もっとも深く意図したのは、現代心理学と仏教心理学の架け橋となる変容の可能性を探ることでした。

- 両方の視点を合流させることで、現代社会の主要な課題に対する新しい答え、あるいは少なくとも新しい視点を示唆することができる。
- 仏教心理学と現代科学は、互いに学ぶべきことがたくさんある。
- 橋渡しや相乗効果を求めることは、柵をつくったりサイロをつくったりするよりも建設的である。

本書のアイデアは独創的なものではなく、豊かないにしえの系譜と現代科学の大きな体系に依拠しています。私たちは多くの人々の研究を参考にし、巨人たちや長年一緒に仕事をしてきた共同研究者やチームの肩の上に立っているのです。謝辞では、これらの人々の多くを紹介していますが、私たちが見逃している人もいることでしょう。

本書を最大限に活用する方法

この本は、積み木のように順を追って構成されています。各章は互いに積み重ねられ、前の章が後の章の構成に影響を与えます。第1章では、マインドフルネスを理解することから始めます。マインドフルネスとは何を意味するのかを考え、この本の残りの部分の舞台となる操作的定義を提供します。

次に、心の科学（第2章、第3章）と仏教心理学（第4章）の枠組みを用いて、悩みや苦しみがどのように生まれ、維持されているのかについての地図を示します。第5章では、これらの仏教と心理学の枠組みを一つの地図にまとめています。この章は、マインドフルネス講師や学修者が、悩みや苦しみがどのようにつくられ、維持されるかをよりよく理解するために使えるような一種の地図となることを意図しています。

次に、これまでの概念に基づいた章（第2～5章）を用いて、マインドフルネス・トレーニングが、人々を悩みや苦しみからレジリエンスや活き活きと生きることに導くのにどのように役立つかについて実践的な道筋を提供します（第6～8章）。これらの章は、より応用的なものであり、マインドフルネスに基づいたプログラムに依拠しています。最後から2番目の章では、マインドフルネスに基づいたプログラムの倫理と、目的、意味、一貫性をもって生きることをどのようにサポートするかを検討して、締めくくっています。第10章は、まとめと結論からなるおわりの言葉となっています。各章を通じて、4人のケーススタディ（モハメド、リン、ソフィア、サム）を紹介しています。これらは、私たちが一緒に仕事をしてきた人たちの集合体であり、それによってアイデアに命を吹き込むことを意図しています。

ある章はより斬新に、ある章はより身近に感じられるかもしれません。例えば、あなたがすでに心理学者であれば、心理学の章の内容はよくわかっているかもしれませんし、仏教を学んだことがあれば、仏教心理学の章はもっとも馴染み深いものになるでしょう。最後に、各章の最後にはまとめがあるので、すぐにポイントがわかるようになっています。本書全体も最後はまとめで終わっており、ポイントを箇条書きでまとめています。

私たちは全体を通して、主流で一貫した言葉を使うように心がけました。古代と現代の異なるアプローチが収束するとき、必然的に、共通の用語と言語を特定する必要があります。付録1では、本書で一貫して使用しているいくつかの単語と用語を、私たちが意図する特定の意味で示しています。もちろん、仏教思想が発展した文化的背景や言語は今日とは異なり、翻訳には微妙なニュアンスや複雑さがあり、なかなかうまく伝えられないこともあります。より正確なパーリ語（基礎的な教えの言語）や科学的な言葉が必要な場合は、注釈を付けて説明し、詳しく説明しています。仏教心理学では、イメージ、比喩、寓話、隠喩などがよく使われます。これらは、より豊かな意味をより効果的に含意する場合に採用しました。例えば、私たちは、古代の仏典に登場する職人、農民、外科医などで広く用いられている、**心を形作る、気づきを培う**といった用語を用いることがあります。ここで提案されている語彙と定義のセットは、仏典の言語の語源のいくつかを心理学的な精度をもって描き出す方法を提供します。私たちは、マインドフルネス・トレーニングとマインドフルネスに基づいたプログラムの定義の中核と本質的な特性を付録2に示しました。私たちが意図したのは、語源の詳細な検討、重要な用語の定義、文化的背景や歴史を考慮することによって、私たちの論旨に、途切れることのない流れをつくることでした。こうしたことを考慮することがいかに重要であるかは認識していますが、私たちがもっとも重視しているのは、悩みを終わらせる手段としてのマインドフルネスのいにしえの教えと現代の教えの架け橋となることなのです。

本書を読み進めやすくするために、番号付きの注釈で、出典と詳細情報を提供しています。これは、本文が乱雑にならず整理された状態とするためです。注釈は章ごとにまとめられているので、関心がある読者は、注釈のセクションを参照して、いくつかのアイデアの詳細を確認できます。出典の引用や参照については、標準的な方法を用いています。読者の皆さんには、より詳しい情報を得るために、一次資料を読んでいただくことも可能です。学習をサポートするために、読書グループをつくって、アイデアを議論したり、その応用を検討することをお勧めします。参考文献は、さらなる学びのためのアイデアを提供してくれます。

最後に、この本を執筆している間、私たちの師と学修者の皆さんがずっと私たちの心の中にいてくれました。最初の7年間はともに教え、そして後の3年間はともに執筆してきました。師や皆さんからの、役に立ったこと、参考になったこと、そして苦労はしても苦労しがいがあったことなどに関するアイデアやフィードバック、それらのすべてが私たちの仕事に生かされています。私たちが執筆する中で見出してきたやりがいと楽しさを、本書を読む中で読者の皆さんにも感じていただければ幸いです。この本が私たちの人生を豊かにしてくれたように、この本の内容があなたの人生をより豊かにすることを願っています。

●●● 注 ●●●

＊1 クリスティーナ・フェルドマン（Feldman, 2016）は、現代的なマインドフルネスに基づいたプログラムを伝えるために、歴史と系譜について基調講演を行いました。これは書き起こされており、オンラインでも入手できます。

＊2 これは、ウィレムが16年間働いたイギリスのエクセター大学で、クリスティーナが１９８３年に共同設立したガイア・ハウス仏教瞑想リトリートセンターの近くにありました。

謝　辞

私たちの人生において，本書をつくる上で重要ではなかったような人はほとんどいないでしょう。この本は10年以上かけてつくられ，執筆には3年かかりました。この間，多くの驚き，葛藤，そして喜びの瞬間がありました。私たちは，多くの人々に感謝し，謝意を表したいのですが，もし私たちが挙げるべき人をうっかり見落としていたら，お詫びします。

誰よりもまずは，何回もの草稿を丁寧に編集してくれたハレー・コーエンに感謝します。ギルフォード出版社では，あらゆる段階で編集のサポートをしてくれたジム・ナゲオットに感謝します。

私たちは，オリジナルの論文を書いたとは申しません。むしろ，心理学，マインドフルネスに基づいた介入，仏教心理学の分野で活躍する多くの同僚の研究を統合したのです。特に，マインドフルネスが現代社会の主流でもっとも役立つ方法を定式化するために，何十年にもわたってたゆまぬ努力をしてくれたカバットジンには感謝したいと思います。同様に，私たちは，仏教のいにしえの智慧の支流を，揺るぎないコミットメントと明確な意図をもって現代社会にもたらすために多大な努力をしてくれた仏教の先生方に，多大な感謝の意を表します。ジョセフ・ゴールドスタイン，ジャック・コーンフェルド，ジョン・ピーコック，そしてシャロン・サルツバーグです。また，マインドフルネス認知療法を開発した同僚であるジンデル・シーガル，マーク・ウィリアムズ，ジョン・ティーズデールらの仕事と友情にも感謝したいと思います。多くの会話と，彼らの集合的，あるいは個人的な研究プログラムが、本書における心理学の支流を形作っています。

何人かの友人や同僚が本書の草稿を読んでくれました。彼らのフィードバックのおかげで、本書は計り知れないほど良いものになりました。ルース・ベア、マデリン・バンティング、レベッカ・クレーン、クリス・カレン、ティム・ダルグリッシュ、アリソン・エヴァンス、リズ・ロード、クリスティーナ・スラウィ、ジョン・ティーズデール、アリソン・ヤンゴウ、ピーター・ヤンゴウ。また、ギルフォード出版社は、2人の匿名査読者に原稿を送って、建設的で鋭いフィードバックを得てくれました。最後に、ギルフォード出版社のバーバラ・ワトキンスは、最終版に近い原稿に対して模範的な編集上のフィードバックを提供してくれました。

私（クリスティーナ・フェルドマン）は、何十年にもわたって学ぶ機会に恵まれた多くの師たちの寛大さと励ましに感謝したいと思います。ジョン・ティーズデールと私の友情は豊かで楽しいものでした。家族の愛と励ましにも感謝しています。ウィレム・カイケンは、私を現代のマインドフルネス教育の世界に導いてくれました。私たちの友情、この本を作成するためにともに歩んできた道、そして長年にわたってともに教えてきたことに感謝していま す。最後に、自らの学びの道筋に、誠実さ、献身、そして思いやりをもたらした多くの学修者たちに感謝します。

私（ウィレム・カイケン）は、同僚のルース・ベア、シャディ・ベシャイ、サラ・バイフォード、キャサリン・クレーン、レベッカ・クレーン、クリス・カレン、ティム・ダルグリッシュ、バーニー・ダン、アリソン・エヴァンス、タムシン・フォード、マーク・グリーンバーグ、フェリシア・ハパート、アンケ・カール、エリザベス・ナソール、ジョー・リクロフト・マローン、ジンデル・シーガル、アン・スペケンス、クララ・ストロース、オビ・ウクムヌ、マーク・ウィリアムズに感謝したいと思います。そして、この分野における私のメンターたち、トリッシュ・バートレー・キャサリン・マッギーにも感謝します。そして、私のメンターでもあった学修者たち、モディ・アルスバイエ、ジェニー・グ、アン・マジ・ファン・デル・ベルデン、アンナ・アベル、マーク・アレン、シャンタル・ベイリー、リサ・バクスター、アンドリュー・ブロムリー、レイチェル・キャリック、コリン・グリーブス、エマ・グリフィス、JJヒル、エミリー・モートン、メイレン・ミュサ、セリーナ・ナース、ディミトリュース・トリヴリコス、そしてアリス・ウィーバーにもです。私の研究は、国立健康研究所、ウェルカム・トラスト、医学研究評議会、オックスフォード・マインドフルネス財団、オックスフォード大学によって支援を受けています。クリスティーナから学び、教えてもらい、そしてともに執筆する機会に恵まれたことは、私のキャリアの中でも最高のものであり、光栄に思います。最後になりましたが、妻のハレーと娘のゾーイとアバは私のすべてであり、言葉では言い表せないほど彼らを愛し、彼らから愛されていることに感謝しています。

目次

第1章　マインドフルネスを紐解く

自分がどのような社会的な地位につくのか、どんな人種に生まれるのか、どんなジェンダーになるのか、どのような性的指向になるのか、いかなる国に住むことになるのかを前もって知らなかったとして、あなたは歴史上のどの時点に生まれたいのかと聞かれたのなら……きっと今を選択するだろう。

――バラク・オバマ（Gold, 2016）

今日の世界は、有史以来、最良の場所となっています。そのことは、平均寿命が延び、乳児死亡率が低下し、医療的なケアへのアクセスが改善し、世界人口のうち貧困に陥らずに暮らしている人々の割合が増加し、暴力による死亡者が減少し、より多くの子どもが教育を受けられるようになり、若者が活躍できる機会が増えている、といったさまざまな指標によって示されています（Rosling, Rosling, & Rosling-Ronnlund, 2018）。[*1] それでもなお、生活の諸条件が向上したことを示すこのような指標と、現代世界に明らかに存在している苦しみとのあいだには隔たりがあります。

まずはそうした指標の一つである、平均寿命が伸びたという喜ばしいニュースを見てみましょう。世界中の多くの地域における生活状況の向上と医療的ケアの改善によって、多くの人が長生きするようになりました。しかしながら、これには、関節炎、筋骨格系障害、認知症、糖尿病、冠動脈性心臓病を含む、慢性的な疾患や痛みとともに、少なくとも数年は生きるという代償が伴います（GBD 2015 Disease and Injury Incidence and Prevalence Collaborators,

2016; Kings Fund, 2016)。このことは、しばしば何年かにわたって、多くの場合には人生の最終章において、痛み、不快感、機能上の制限とともに生きる道を見つけなければならないということを意味しています。世界全体で考えれば、問題の規模はとても大きなものとなります。先進国では、40歳を過ぎた人々の14%が、慢性的で身体的な健康上の問題を1つ以上抱えており、65歳を過ぎると、その比率は50%にも上ることがわかっています（GBD 2015 Disease and Injury Incidence and Prevalence Collaborators, 2016; Kings Fund, 2016)。

最初の事例として、モハメドを取り上げてみましょう。*2

モハメドは大学時代にスポーツで背中を負傷し、そのときから彼の人生は、生活に支障をきたすような重度の慢性的な痛みに苛まれることになった。医療的にできることはすべて手を尽くしたと医師たちは言う。モハメドは、他の多くの人々と同じように、可能な限り痛みにうまく対処しながら、生産的に生きてゆく方法を見出さなくてはならなかった。

別の指標として、メンタルヘルスの問題の発症率についても見てみましょう。私たちのうち4人に1人は、人生のどこかの時点で、うつや不安といった深刻なメンタルヘルスの問題を経験することになります。心の不調とは、**10億人の人が抱える問題**なのです。世界保健機構（WHO）は、障害の主な要因の一つとしてうつを挙げています。多くの場合、うつは青年期の終わりあるいは成人期のはじめに発症しますが、その後、何度も再発します。そのため、充実した人生を送るための能力に深刻な影響を与えるのです（Bockting, Hollon, Jarrett, Kuyken, & Dobson, 2015; GBD 2015 Disease and Injury Incidence and Prevalence Collaborators, 2016; World Health Organization, 2011)。

次に、2つ目の事例として、リンを取り上げてみましょう。

リンは、10代の早い段階から、人生を通じて数々のうつの発作に苦しめられてきた。最初の症状は家や学校でのさまざまな困難から引き起こされたが、最近でははっきりとしたきっかけがわからなくなってきていた。リンは最近のうつ病の症状を次のように表現している。「急激な気持ちの落ち込みを感じて、一目散にベッドに駆け寄り、横になってただ休む以外には何もできなかった。全く動けなかった」。リンは、他の多くの人々と同じように、仕事やシングルマザーとしての生活だけではなく、再発するうつにうまく対処する方法を見出さなくてはならなかった。

メンタルヘルスの困難には、うつだけではなく、不安障害、依存症、精神病も含まれます。例えば、摂食障害や自傷行為の割合は、先進国において、特に若者のあいだで憂慮すべき状況にあります。いくつかの国では、若者の6・9%が、自分の感情に対処する方法として自傷行為をしていると考えられており（Hawton, Rodham, Evans, & Weatherall, 2002）、13%は死や自殺を考えたことがあるとされています（Klonsky, Oltmanns, & Turkheimer, 2003）。心身の健康問題は、恵まれない背景をもつ人々に、より高い割合で影響を及ぼしています（Barnett et al., 2012）。先進国であるかどうかにかかわらず、慢性的な心身の健康問題によって、苦しみや機能障害が起きていることがますます認識されつつあります。

人は自分自身、そして愛する者のために、心身の健康、苦しみからの解放、そして生きがいや安全、安寧を享受することを願うものです。しかし、つながりが絶たれたり、不幸や悲しみを経験したりして戸惑うこともあります。絶望や不幸を感じるときには、それを人生におけるもろもろの条件のせいにする傾向があります。そして、それらの条件を、私たちが切望する幸せや生きがいをもたらしてくれるような想像上の理想的な現実に変えようと、絶え間ない努力を重ねるのです。幸せと成功が、抗い難い変化の波によって、あっという間に変えられてしまって、心底がっかりさせられることもあります。その後で戸惑いと失望を感じ、長い時間をかけて、お馴染みの悩みという心理状態となっていきます。そういう状態は変えられないものを変えようとする間違った努力――それ自体は十分理解できることですが――によって維持されるのです。

3つ目の事例として、ソフィアを取り上げましょう。

ソフィアは子どもの頃から不安に苛まれ、時にはそのことで活動不能に陥ることもあった。20代の頃、数か月にわたって病気のために仕事を休み、その期間中は心理療法を受けた。徐々に、自分の不安やそれまでの人生で経験してきた断絶感や疲労感の多くは、自分の中に強烈な批評家がいて、その批評家が彼女がしたほぼすべての行為を評価し、それが不十分であると言うことによって引き起こされていたことがわかってきた。セラピストの提案によって、彼女は定期的にマインドフルネスを実践するようになった。数十年にわたって、彼女は自分の中にいるこの批評家を取り除こうと努力し、それに『あなた』はまだ足りない子さん（Ms. Not Good Enough）」と名前まで付けた。そして、自分自身や家族、彼女の人生についての新しい考え方を築いていった。後になって、ソフィアはパーキンソン病を患ったが、数十年におよぶマインドフルネス実践とともに、彼女の人生経験を通して学んだ類まれなる勇気と平静さをもって、病と向き合った。

私たちは誰しも、人生の試練にさまざまな方法で対処しています。マーティン・ルーサー・キング・ジュニア牧師が、自分に対する追悼の言葉としてどのような言葉を望むのかと問われたとき、彼が答えたのは、受賞したノーベル賞のことではありませんでした。彼が望んだのは、他者への奉仕のために捧げた人生を生きたこと、つまり彼の人生の目的が愛であったということでした。当然のことながら、マーティン・ルーサー・キング・ジュニア、マザー・テレサ、デズモンド・ツツ、エレノア・ルーズベルト、ネルソン・マンデラといった英雄たちのことも思い起こすでしょう。このような英雄的精神は、いろいろなやり方で、私たちすべての人に対して発揮されます。子どもたちが自分で自分をケアできるようになるまで世話をし、食べるものや住むところ、そして年老いたときの安心のために長時間働き、両親や自分自身の避けがたい病や老いの苦しみに向き合うのです。

1 マインドフルネスとマインドフルネスに基づいたプログラム

40年ほど前、ジョン・カバットジン（科学者であり瞑想の熱心な実践者）は、マインドフルネスが西洋医学に大きな変容をもたらす可能性を秘めていることに気がつきました（Kabat-Zinn, 1982, 2011）。彼は、その卓越した先見性とスキルによって、マインドフルネスを培うためのいにしえの実践方法を、現代の諸問題や西洋医学の文脈に合った言葉と方法に翻訳しました（Kabat-Zinn, 1990）。もちろん、嘆き、苦しみ、困惑といったことは至極人間的な体験ですが、それらは無意識に反応すること、うっかりすること、自信のなさ、理解の不足によって、さらに促進されたり、増幅されたりします。カバットジンは都会の主要な病院で働きながら、苦しみの最前線にいる慢性的な痛みや病気をもつ人々を相手にその取り組みを始めました。彼のところに来る患者の多くは、可能な限りの対策や治療はすべてやり尽くして疲弊しており、慢性的な痛みや病気に加えて、メンタルヘルスの問題も抱えていました。主流となっている医療の領域ではもうできることはないと、主治医が匙を投げた患者たちに対してプログラムを提供したため、患者の紹介は途切れることはありませんでした。

こういったマインドフルネスのプログラムの参加者たちは、痛み、不安、絶望を抱えながらも、マインドフルネスとコンパッションを意識的に培い、変化を示し始めました（Kabat-Zinn, 1982）。「マインドフルネスストレス低減法（Mindfulness-based stress reduction: MBSR）」と名付けられたこのプログラムは魔術的な治療ではありませんでした。ＭＢＳＲがもたらした重要なことは、痛みに伴ってよく起きる恐れと回避のパターンによって、痛みが増すこと、その痛みに全く新しい方法で対処することができるという可能性でした。当初ＭＢＳＲは、慢性的な健康の問題を抱える人々が８週間にわたり、熟練した講師から2時間のセッションを受けるための手段として開発されました（Kabat-Zinn, 1990）。

多くの、そして今も盛んに行われている科学的な研究結果によって、ＭＢＳＲは、慢性的な健康状態の問題に対処できるようになるために効果的であることが示唆されています（Gotink et al., 2015; Grossman, Niemann, Schmidt, & Walach, 2004）。こういった状態を抱える人々は、メンタルヘルスや機能が向上したと報告しています。マインドフルネスのプログラムでは、心と身体への統合されたアプローチがなされますが、それによって身体的・心理的な症状の両方の助けとなります。このような心身両面にさまざまな状態をもつ人々のグループでもよい効果が得られたという、希望をもてる科学的根拠がもたらされています（Bohlmeijer, Prenger, Taal, & Cuijpers, 2010; Khoury, Sharma, Rush, & Fournier, 2015; Lakhan & Schofield, 2013）。

ＭＢＳＲは、さまざまな状況における特定の層の人々のニーズに合うように適用されてきました。カバットジン（Kabat-Zinn, 2005, 2006）は、ＭＢＳＲの解釈の枠を広げ、それを「理解と変容のための手段」として説明するようになりました。２０１５年の *Mindful Nation Report* の序文で、カバットジンは次のように述べています。

> 社会の主流、そして主流な組織におけるマインドフルネスに対する関心は、急速にグローバルな現象となりつつある。それは、増え続ける精緻な科学的研究によって支持され、社会として、そして種として、私たちの健康が直面する課題に対し、個人としても全体としてもそれをよく理解し、解決し、幸福やウェルビーイングの前提となる条件を最適化し、

不幸や苦しみの原因や前提条件を最小限にしたいという願いにつき動かされている（Mindfulness All-Party Parliamentary Group, 2015）。

マインドフルネスおよびそれに基づくプログラムは、他のグループに対しても、また他の文脈においても、問題状況を変容させる潜在的な力をもっていることを示す証拠がますます増え続けています。特定の人々や状況に合わせたマインドフルネスに基づくプログラムのごく一部を紹介しましょう。

- **うつと依存症**　マインドフルネスに基づく認知療法（Mindfulness-based cognitive therapy: MBCT）は、うつの再発に苦しむ患者が良い状態を維持するためのさまざまなツールを提供します（Gu, Strauss, Bond, & Cavanagh, 2015; Kuyken et al., 2016）。もう一つの適用形にマインドフルネスに基づく再発防止（Mindfulness-based relapse prevention: MBRP）があります。これは、薬物乱用や依存症に苦しむ患者に対して、依存症を増長するようなきっかけや渇望と、これまでとは違った関係をもてるように援助します。
- **児童と青年**　児童や青年に対しても、マインドフルネスに基づくプログラムが適用されており、社会性や感情について学んだり、困難にうまく対処して成長する能力を支援します。初等教育、中等教育における実践例や、臨床場面あるいは家族における事例もあります（Greenberg & Harris, 2012; Kallapiran, Koo, Kirubakaran, & Hancock, 2015; Zenner, Herrnleben-Kurz, & Walach, 2014）。
- **刑事司法制度**　施設の中にいる受刑者、その施設の中で働く人の両方に対して、在り方、思いやり、平静さ、忍耐のスキルを教えるために、マインドフルネスが用いられています（Mindfulness All-Party Parliamentary Group,

2015)。

- **職場**　マインドフルネスに支えられた健全な職場は、そこで働く人にとっても、経済に対しても役に立ちます(Good et al., 2016)。依然として、多くの国では仕事に関するメンタルヘルスの諸問題が増加しており、欠勤や早退等により業務に就けない状態（アブセンティズム）や出勤していても十分に勤務できない状態（プレゼンティズム）がかなり多く見られます。したがって、仕事に来たとしても生産性が上がらないこともあります。マインドフルネスは、従業員のウェルビーイングや巧みなリーダーシップ、そして組織の効率化につながるという科学的根拠が多く示されています（Good et al., 2016; Wolever et al., 2012)。

ここで重要なことは、マインドフルネスは人間のアタマとココロ（mind and heart）を理解する方法を提供するということです。マインドフルネスのトレーニングは、さまざまな背景をもつ幅広い対象の人々に提供されていますが、それによって世の中のもっとも緊急性の高い課題に、少なくとも部分的には対応するための方法を提供しています。

2　いにしえの智慧、現代科学、そして現代の世界をつなぐ

われわれがしばしば考えたり考え込んだりするのは、心にはそうする傾向があるからである。[*3]

——ニャーナモリとボーディ（Nanamoli & Bodhi, 1995)

このいにしえの仏教の教えは、現代心理学でも裏づけられています。心は世界を形作り、またその世界によって形作られています。私たちの心は基礎であり、その上に体験的な世界が構成されています。心には**可塑性**[*4]があり、私たちは誕生から成人期、そして老年期に至るまで、世界を学び、それに適応していきます。私たちには生涯にわたって心をつくり、鍛えるという信じられない能力があり、それによって私たちはよりよい人生を送ることができるのです。

いにしえの智慧

マインドフルネスとマインドフルネスのトレーニングは、ほとんどの観想的（contemplative）伝統に根ざしています。紀元前900年から紀元前200年にかけて、瞑想を備えた4つの異なる伝統が発展しました。それは、インドのヒンドゥー教と仏教とジャイナ教、中国の儒教と道教、中東の一神教、ギリシャの哲学的合理主義です（Armstrong, 2011）。この知的にも宗教的にも豊かな時代に、ブッダ、ソクラテス、孔子が自らの考えを発展させました。その200〜300年後に、この土壌の上に、キリストとムハンマドが彼らの教えを築くこととなりました。現代的なマインドフルネスが、このような昔からの豊かな伝統の系譜をどのように受け継いでいるのかについて説明することもできますが、本書では、主に仏教、特に仏教心理学を引きあいに出すこととします。

仏教は2000年以上も前に、ガウタマ・シッダールタという若い男性によってインドで発祥し、今や彼は「ブッダ（目覚めた者）」と言われています。彼は自らを取り巻く世界と自分自身の心理的な体験を深く吟味して、心のモデルをつくり上げ、心を訓練する方法論をつくり出しました（Box 1・1）。いろいろな意味で、彼は最初の心理学者の一人であったのです。

ブッダの生涯に関する古典的な物語では、一人の若い男が、現実からかけ離れたものの見方という砦を去って、もっと信頼のおける安寧の場をもたらすような理解を探し求めたとされています。ある体験によって彼の目は開かれ、苦しみは、喜びと同じように、人間にとって不可欠な状況であるという理解を得たのでした。現実から身を隠すことの限界と、不確定さや不快さ、変化から身を守るために自己を防衛することの不適切さも、同じように理解しました。彼は、苦痛を克服し、それから逃れるための当時の伝統的な方法（超越、回避、抑圧）を追求するよりも、むしろ恐れることなく苦しみに向き合うことができること、そしてその苦悩の源を理解することもできることを悟ったのでした。このような理解を通して、人間の苦しみの多くを終わらせることができるのです。人生における避けることのできない逆境に、勇気と理解をもって向き合うことができないこと、あるいはそれと向き合うことを拒否することによって、人間の苦しみがどれほど増幅されているのかが明らかになりました。ブッダは、あらゆる種類の喜びや悲しみを伴う人生に、好奇心や探究心、配慮をもって向き合うための総合的で実践的な道筋を切り開きました。約２６００年前に、彼と弟子たちはこうした教えを口伝していきました。教えがさまざまな文化や言語に広がるにつれて（インド、スリランカ、ミャンマー、中国、後に西洋）、教えは発展し変化していきました。最初はパーリ語、サンスクリット語でしたが、その後は複数の言語で記述されるようになりました。当初、教えは多数の法話、あるいは**スッタ**（*sutta*「経」、数にして1万５０００以上）[*5]という形で表現されました。これらの労作の総体が現代のマインドフルネスの基盤になっているのです。[*6]

Box 1.1

ガウタマ・シッダールタ：ブッダの物語

古くから多くの人々に知られている教えのための物語によれば、ガウタマ・シッダールタという青年は、大切な息子に辛い人生の現実を見せないようにしようとする過保護な父親によって庇護されていた。20代になって、シッダールタは気持ちが落ち着かなくなり、完璧に調えられた環境である城から外に出てみようと決意した。そのとき、病を得た人を見て衝撃を受け、次には、腰が曲がり弱った老人の姿を見て驚いた。3度目に彼を立ち止まらせたのは、道の脇に横たわる死体の光景であった。その度ごとに、彼は従者に尋ねた。「私にもこういうことが起こるのだろうか」。従者は、その度ごとに、同じ答えをした。「はい、これもあなたの人生の一部です」。青年は、自分の地位、安楽さ、所有物をもってしても、そうした避けることのできない人生のリズムを留めることはできないことを理解した。彼の家族から注がれる愛情をもってしても、彼が年を取り、病を得て、死ぬことから自分を守ることはできないことを学んだ。間もなくして、シッダールタは家を出て、自分が願う永続する心の平和と自由を見つけるための旅を始めた。シッダールタが最後に出会ったのは、人混みの中にあって、静かさ、平静さ、平和を体現した人物だった。このことに啓発されたシッダールタは、苦悩とその源を理解し、いかにして苦痛を終わらせ、よき人生を送るかを理解するための内的な探究の道を歩み始めた。この系統立った探究が、シッダールタを最初の科学者であり心理学者に変えたのである。

現代の心の科学

瞑想の伝統に比べると、科学は比較的最近になって発展しました。現在のオックスフォード大学科学史博物館は、17世紀に**実験的哲学**部として発足し、そこでは化学の実験室が地下にあり、1階で学部生への講義が行われました。現代心理学はたかだか100年程度の歴史をもつに過ぎず、神経科学はそれよりもさらにずっと新しいのです。しかしながら、その間にも、以下のような豊かな知識が蓄積されています。

- 私たちはどのように世の中を見て、体験しているのか（例：注意、知覚）
- 私たちはどのように世の中を意味づけるのか（例：学習、記憶、言語、思考、社会的知覚）
- 何がメンタルヘルスを支え、人類の繁栄を助けるのか
- 何が精神的な不調を引き起こし、その状態を維持するのか（例：パーソナリティ、精神病理学）[*7]
- どうすれば、良い人生を送るためにこの理解を活用できるのか

それでもなお、心に関する統合されたモデルは未だ存在しておらず、それを手に入れるまでには間違いなく、まだいくらか距離があるというのが現状です。現代心理学は、心と身体は明確に区別され、意識は心に在るというデカルトの結論、そしてより最近では、意識は脳に還元されうるということを受け入れたことによって、いろいろな意味において後退したといえます（Damasio, 1994）。ますます明らかになってきたのは、複雑な心と身体のシステムが、私たちの体験、健康、ウェルビーイングをつくるということです（Davidson et al., 2003; Kahneman, 2011; Sapolsky, 2017）。心についての統合されたモデルに向かって少しずつ接近するにつれて、心理学以外にも、仏教心理学のような瞑想の伝統の理解や視点を含む、多くの分野を統合することが必要になってくるでしょう。

いにしえの伝統と現代科学の合流

人間の心と身体の構造と機能は、ここ２０００～３０００年の間、あまり大きく進化していません。さらに、人生における多くの根本的な課題――児童期と青年期、健康と病、老いと死の折り合いをつけること――は、人類の歴史の中で人々が直面してきた課題と同じです。ブッダによって示された変容についての理解と包括的な道筋は、何世紀も前と変わらず、今日においても十分に意味があります。２つの川が１つに合流するように、古代の仏教心

理学と、現代心理学、神経科学とのあいだで驚くような合流が起きています（e.g., Dalai Lama, 2002, 2011b; Kabat-Zinn, 2011）。この合流は、現代世界の課題にどのように働きかけるのかについて、展望と方法論を提供しています。

私たちは、心をよりよく理解するための方法として、古代の仏教心理学と現代心理学を結び付けることができるという、重要な提案をしたいと思います。マインドフルネスのトレーニングは、心を鍛錬し、形成する方法を提供します。それによって、自分の人生の困難によりよく対応できるようになり、他の人がその人の人生の困難に対応する助けをすることもできるのです。

最後に、サムの事例を紹介しましょう。彼の旅は、自分自身も、周囲の人も破滅させかねないような依存症者の生き方から始まり、能動的で役に立つ人になるところに行き着きました。

サムは依存症から立ち直りつつあった。12ステップのプログラムとその後のMBRPプログラムを通して、何年もかけて回復しながら、彼が最初に学んだのは自分の依存症を理解することだった。彼は、「悪魔を調教する」ようになり、時間をかけて、人生にいくつかの大きな変化を起こした。他の多くの人々と同じように、サムも、渇望や自分を殺しかねないような自己破壊行動に対処するために、心理学や12ステップのプログラムから理解したことを活かせるようになった。数年かけて回復し、12ステップのフェローとして他者を世話する人になったことを通して、彼は依存症のカウンセラーになることを決意した。

3　マインドフルネスとは何か？

マインドフルネスとは、心を知るための確実なマスターキーであり、そのための出発点である。心を形作るための完璧な道具であり、そのための焦点である。そして、心の自由が達成されていることの高貴な現れでもある。

——ニャナポニカ・テラ（Nyanaponika Thera, 1962）

モハメドはその日、背中の下のほうに突き刺すような強い痛みを100回ほど体験していました。彼は配慮と平静さをもって痛みと向き合い、穏やかなストレッチ運動を少しやってみることにしました。リンは「今日一日を乗り切れるとは思えない。手に負えないことになりそうだ」というネガティブな考えを認識して、「これは考えであって、事実ではない」と自分に言い聞かせました。サムはスーパーの通路に並んだウィスキーのボトルを見て、あれを飲みたいという強い衝動を感じましたが、サーフィンをするように、その衝動の波がなくなるまでそれを乗りこなしました。ソフィアは外科の待合室で、最近受けた医学的検査の結果がどうなるのかを心配していました。蜘蛛が巣をつくっているのに気がついて、蜘蛛が巣を広げていくことに対する驚異の念に意図的に没頭しました。モハメド、サム、リン、ソフィアのこういった瞬間における体験は、すべてマインドフルネスの良い実例になっています。携帯電話の通知に注意を引かれそうになっても、今、行っていることに集中したままでいることを選択します。ラッシュアワーの慌ただしい交通状況の中でも、好奇心と配慮をもって、気づきを呼吸と身体に留めておくことによって、心の平和を見出します。食事をしているときには、本当に食べ物を味わおうとします。誰か愛している人と一緒にいるときに、本当にその人に対して存在し、その人とともに在ることを能動的に選び取ります。これらは、私たちがどんな瞬間においてももつことができる気づきに関するさらなる事例といえるでしょう。

マインドフルネスという言葉は、どうしてこのように無数の意味を内包することができるのでしょうか。この言葉はあまりにも拡散して、濫用されてしまったために、意味がわかりにくくなってしまったのでしょうか（Hefferrnan, 2015）。それとも、マインドフルネスは、ダイヤモンドがさまざまなファセット〔宝石の切子面のこと〕をもっているように、モハメド、リン、サム、ソフィアの体験といった多様なものをとらえることができるので

表 1·1　マインドフルネスの定義

「知覚の継続する瞬間において、私たちに対して起きていること、また私たちの内部で実際に起きていることにはっきりと集中して気づいていること」(Nyanaponika Thera, 1962, p. 32)
「鏡のような思考。マインドフルネスは今起こっていることだけ、そしてそれがまさにどのように起きているかということだけを映し出す。そこにはバイアスはない」(Gunaratana, 2002, p. 139)
「今この瞬間の気づき、心が今ここに在ること、覚醒」(Goldstein, 2013, p. 13)
エレン・ランガー（Langer, 1989）は少し異なった定義をしており、マインドフルネスの相互に関係する 4 つの次元について述べている。(1) 新奇さを探すこと、(2) 関わり、(3) 新奇さを生み出すこと、(4) 柔軟性。
注意についての自己制御（注意を維持し、切り替え、二次的に精緻化するための情報処理を抑制するスキル）および、体験に対する指向性（好奇心、体験のオープンさ、受容；Bishop et al., 2006)。
おそらくもっとも多く引用されるマインドフルネスの定義は、ジョン・カバットジンの定義だろう。それは彼の数多くの文章や本に示されている。「体験に対して、内的にも外的にも、賢明で意図的な関係をもつ在り方。意図的に、評価しないで、今この瞬間に注意を向ける能力を系統立てて実践することによって培われる」。 彼はマインドフルネスの 7 つの原則についても強調している。受容すること、評価しないこと、何とかしようと抗わないこと、初心でいること、手放すこと、忍耐すること、信頼すること（Kabat-Zinn, 1990, 2006; Mindfulness All-Party Parliamentary Group, 2015)。
認知科学者のジョン・ティーズデールは、マインドフルネスの本質を、瞬間瞬間の体験に対して十分に気づいており、そこに生じるあらゆることに対して等しくオープンであり、習慣的で自動的な認知的習慣が優勢であることから自由であることだとしている。このような認知的習慣は、多くの場合、目標志向的で、どういう形にせよ、物事が実際にあるようなものではないことを望むことに関係している（Teasdale & Chaskalson, 2011a, 2011b)。
ショーナ・シャピロ（Shapiro, 2009）は、マインドフルネスとは、オープンで識別力のある仕方で、今この瞬間に起きているあらゆることに対して、意図的に注意が向いていることから生じる気づきであると定義しています。注意、意図、態度（オープンさと判断しないこと）を彼女は強調しています。

表 1·2　マインドフルネスのメタファー

ただありのままに知ること
ただありのままに知ること、あるいは気づきとは、高台、あるいは塔の上に立って周囲の風景を見渡しているような状態にたとえられる。見ること以外には何の課題もなく、注意と気づきは、意図的で、受容的で、そしてリラックスしたものである。見えている景色の特定の場所だけを過剰に認識しないような見方をすることで、脱同一化あるいは脱中心化への最初の一歩を踏み出すことができる。
懐中電灯のような注意の光線を、異なる複数の対象の周りに意図的に動かすことができる。その光線の焦点、大きさ、トーンは変えることができる。
防御的な気づき
防御的マインドフルネスとは、街の賢い門番のようなものである。その門番は、街の本当の住人のみを認識して門の中に入れることができ、誰を入れるべきで、誰を入れるべきでないかの決断ができる。それぞれの**感覚の扉**に門番がいて、どんな体験が扉にやってきたかを見守り、有益な結果をもたらすものか害をもたらすものかを識別して、積極的に入れたり、あるいは入ることを許さなかったりする。現代的にたとえるなら、警備員になるかもしれない。
牛飼いは、最初は牛たちを注意深く見て、まだ牧草を育てている場所には入り込まないようにしなくてはならない。しかし、いったん牧草の収穫が終われば、木陰でリラックスして、ただ牛を遠くから見守ることができる。このたとえは、マインドフルネスのトレーニングを、（牧草が収穫される前には）防御的な気づきとして使うことができ、牧草が収穫された後には、より範囲の広い選択のない気づきにシフトすることができるということを教えてくれる。
バス停でバスが来るのを待っている人は、バスに乗るか乗らないかを選択する。時々、自動操縦状態のようにうっかりバスに乗ってしまい、少し時間が経ってから意図しない場所に向かっていることに気がつくときがある。そのことに気づいた瞬間に、その人はバスを降りるという選択をすることができる。マインドフルネスとは、行き来するバスに気がつき、乗るか降りるかを能動的に選択する能力である。
探索的な気づき
探索的マインドフルネスとは、矢で傷ついた人を手術する外科医にたとえられる。熟練した医師は、力づくで矢を抜くのではなく、傷の周辺をよく探った上で負傷の性質を見極めるものである。その負傷の性質を明確にし、診断をして、矢を取り除くもっとも効果的な方法を決定し、治療の経過を処方することができる。
知覚やものの観方の枠組みを変える
マニュアル車の運転者のように、私たちは心を、自動的、衝動的、反射的なモードから、意図的で識別力があり、選択できるモードに、自発的に切り替えることができる。
音楽家は、同じ作品を異なるキーで演奏することができる。音楽をいかに聴き、体験するかは、それがどのようなキーで演奏されたか、アコースティックな楽器で演奏されたのか電子的な楽器で演奏されたのかによって根本的に異なる。マインドフルネスとは、私たちの体験を変容させるキーやモードを意図的に選択することを可能にする。
宇宙から見た地球は、別の視点からの見え方である。宇宙から見たときに、人、国、文化の分断は恣意的なものであると思えたと宇宙飛行士たちは述べている。銀河の眺めは、遠近感やスケールをさらに大きく感じさせてくれる。
すべてを統合する
注意深い御者は、混み合った通りでも馬車を走らせることができる。マインドフルネスは、注意、思考、行動を注意深く導く能力を備えている。
力と衝動を適切に抑制するようによく訓練された象は、物を移動させたり、重い物を持ち上げる作業を助けることができるようになる。象は村にとって危険なものではなく、素晴らしい友人であり、資源となる。
馬と乗り手は調和して働く。乗り手は馬を理解して一体となることで、スピードと、忍耐と、力を発揮する。馬（心）は、大いに役立つものとなる。
カヤックの漕ぎ手はそのスキルによって、川がどんな状況でも、安全に、上手に、意図的に進むことができる。

しょうか。この章の残りの部分では、**マインドフルネス**という言葉を紐解いていきたいと思います。マインドフルネスというダイヤモンドの異なるファセットを順々に見ていき、古代と現代の両方の定義について考えます（表1・1を参照）。いくつかのもっともわかりやすい比喩やメタファー、マインドフルネスを定義するために使われるイメージ（表1・2を参照）の概要を説明して、マインドフルネスの機能について考えます。それぞれの界面や機能を順に考えることによって、多数の視点を概観していきます。そうした多数の視点が一体となって、「マインドフルネス」という考え方あるいは構成概念を表現することになります。また、もっともよく見られる誤った理解や誤った表現についても触れることにします。この章の最後には、この章の概要と、暫定的なマインドフルネスの定義を述べます。このようにしてマインドフルネスを紐解くことによって、マインドフルネスがどのように人生の困難や喜びの海を私たちがうまく航海していく助けになるのか、その地図を描き出します。それが、本書のこれ以降の章の基盤となっていきます。

私たちが直面した困難の一つは、心理学と仏教心理学とでは用語や言葉が違った形で用いられていることでした。そのどちらにも偏らない中道を提供するために、重要用語の操作的な定義のいくつかを付録1に示しました。マインドフルネスに基づくアプローチやプログラムが広がりを見せていることを受けて、マインドフルネスのトレーニングやマインドフルネスに基づくプログラムの操作的な定義について付録2に示しました。

いにしえおよび現代のマインドフルネスの定義

マインドフルネスに関するもっとも古い記述の一つは、村人が野生の象を調教することに関するものでした。訓練されていない象は、衝動に突き動かされ、恐怖を感じると大暴れし、結果として破壊的行為に至ります。しかし、訓練されると、象の力は村人にとって大いに役立つものとなります。心は象のようなものです。大暴れすると破壊的にもなり、衝動的にもなりますが、よく訓練されれば、善を為すための途方もない力になりえるのです。

仏教心理学が西洋の文脈に持ち込まれて以来、指導者も学修者も、マインドフルネスをどうしたらもっともよく定義することができるのか、ということに取り組んできました。19世紀にパーリ語とサンスクリット語の文献を翻訳した初期の仏教学者たちも、同様の困難に直面しました。他の用語では不適切であったため、**マインドフルネス**という言葉をキリスト教の福音書から借用しました（Gethin, 2011）。

パーリ語の仏教的専門用語である**サティ**（*sati*）をマインドフルネスと初めて翻訳したのはリス・デイヴィッズ（Rhys Davids, 1881）でした。**サティ**とは、文字どおりに翻訳すると、**覚えている**ということです。これは、歴史的な事件やデータを覚えているということではなく、むしろ、現在の体験にはっきりと気がついている状態に戻ることを忘れないでいるという意味です。それは、気が散った状態に陥ったり、過去や未来についての思いにふけっていたりしないで、心がしっかりと現在に根ざしているということです。

マインドフルネスは、よりまとまった在り方になることを促進します。身体感覚や感情、心理状態、今この瞬間の体験が認識され、それらに気づいています。その気づきの中で、好奇心、忍耐強さ、そしてやさしさの態度をもって、それらを探究することができるのです。こういった気づきは、実際にそれを試みてみるまでは、非常に簡単そうに思えます（Box1・2）。馬の乗り方について本で読むことはできますが、そのあと実際に馬に乗ろうとしてみれば、（少し気まぐれな馬なら特に）書かれたインストラクションだけで十分であったかどうかがよくわかるでしょう。マインドフルネスについて学ぶのもそれとほとんど同じです。マインドフルネスは主に体験によって学ぶ実践なのです。

Box 1.2 マインドフルネスの実践：いったん休止して体験に注意を向ける

簡単なエクササイズは、次のようなものです。今この瞬間、いったん休止して、自分の身体と心の中で何が起こっているのか、あなたの周りで何が起きているのかを感じます。身体の体験に注意を向けることで、身体が椅子と接触している感じ、皮膚に空気が触れている感覚、肩周りにある緊張を感じ取ります。自分の今の気分を感じ始めるかもしれません。例えば、疲れているのか、それとも活力があるのか。落ち着かない感じなのか、落ち着いているのか、不安なのか、平静なのか。思考が背景でささやいているのがわかるようになります。今この瞬間の光景や音に敏感になっていることに気がつくかもしれません。注意のともしびをこうした体験に向けていきます。物語や推測を加えないで、私たちの瞬間を成しているこれらの体験の直接性〔言葉などに媒介されない〝生の〟体験〕に注意を向けるようにします。ただ、今この瞬間に何があるのかを知るのです。

その瞬間における直接的な体験に気づきをもたらそうとすると、多くの場合、心が今この瞬間から遠ざかろうとする強い癖や習慣をもっていることに気がつきます。多くの場合にはその自覚さえもなく、私たちの心はうっかりしやすく、気が散りやすく、簡単にさまざまな方向に引き寄せられてしまうのです。否定的な思考、痛み、あるいは渇望は、反応性の渦の中に私たちをいとも簡単に巻き込んでしまいます。

しかし、マインドフルネスのトレーニングというのは、この瞬間の体験に繰り返し繰り返し戻ってくることであり、注意を維持し、現在の体験を理解し、通常の反応性のパターンを和らげる能力を養うプロセスなのです。電話の着信のような些細に思えるきっかけに対応すること（もしくは対応しないこと）に使うこともでき、そして、完全に依存状態になっているときのサムの破壊的な渇望のような明らかに些細なものではない体験に対しても使うことができます。

マインドフルネスが、主流の文化によりしっかりと定着してくるにつれて、それに対するよい定義を見つけるための探究が続けられています。表1・1に、仏教文献による定義（Nyanaponika Thera, 1962）、仏教学者たちによる定義（Gunaratana, 2002）、仏教心理学の欧米での最初の世代の指導者たちによる定義（Goldstein, 2013）を挙げました。表のそれぞれの定義について検討するというよりも、マインドフルネスに対するいにしえの定義と現代の定義から、いくつかの共通点とテーマを抽出してみましょう。

まず第一に、マインドフルネスは、状態、プロセス、そして技能として表すことができます。

- **今ここにいる**という状態（例：オープンであること、そのままにしておけること、包摂的であること）。実際に体現されており、体験的であるような、生活のただ中で今ここにいるという持続的な在り方のこと。この意味で、それは先入観、思考、記憶、先取りに埋没し、身体と今この瞬間に体験していることから解離してしまうという心の習慣的な癖である**失念**、**うっかり状態**への解毒剤になっている。
- 瞬間瞬間に展開していく体験の**プロセス**。
- **技能**。このことが非常に重要であるのは、マインドフルネスとは、生活の中で培い、応用できる訓練可能な性質をもっていることを含んでいるからである。

第二に、マインドフルネスは、その中心に、**注意と気づきがどのように用いられるか**についての**意図**をもっていることです。つまり、マインドフルネスとは、懐中電灯の光線のような注意を用いて、どこに光を当てるのか、どこを暗闇のままにしておくのかを**選択**することに関わっているのです。さらに、**注意を自由に操ること**も選択でき、注意の焦点を絞ったり広げたり、クリアにしたりぼかしたり、エネルギッシュにしたりより受け身にしたりすることもできます。十分に気がついている状態で、注意の焦点を絞ったり、より広い気づきを許したりと、それを意図的に選択できるのです。広く注意を向けているときには、注意を一点に絞っているということはありません。その代わり、**注意の作業台**に現れる物に対しては何にでも注意を向けます。ただし、決定的なのはそれを意図して行うという点なのです。

マインドフルネスを学ぶ子どもたちには、懐中電灯の例が理解を助けるでしょう[*8]。彼らに懐中電灯を使って遊ばせることは、注意を自由に操るようにと教える前の良い準備になります。懐中電灯はさまざまな方向に光を当てることができ、光線とレンズを調整できるものもあります。注意があれば、彼らは気づきの前景と背景にあるものと一緒に**遊ぶ**ことができるのです。

聞くこと、見ること、身体感覚を感じること、味わうこと、においを嗅ぐことといった異なる感覚の種類に意図的に注意を向けることができます。それぞれの感覚の種類は、体験に対して注意を向ける最初の窓口になりえます。また、注意は思考、イメージ、気分といった領域に置くこともできます。どれを注意の対象にするのかを選択するのです。

マインドフルネスのトレーニングは、典型的には注意を集中することから始め、先で概要を述べたような方法で、注意を安定化させた上で、それを用いることができるようになるようにします。そういうことが基本として確立すれば、時にオープン・モニタリング（open monitoring）といわれるような、より広くより拡大した方法で体験を見ることができるように気づきを拡げるよう指導されます（Lutz, Slagter, Dunne, & Davidson, 2008）。

第三に、注意と気づきとは、特定の**態度のクオリティ**を併せもつものです。おそらくもっとも根本的なこととして、体験がポジティブでも、ネガティブでも、中立的であっても、オープンで、許容的で、包摂的である注意の態度を育むことができます。態度のクオリティには、さらに、好奇心、粘り強さ、辛抱強さ、親近感、配慮、信頼、平静などが含まれます。注意と気づきの様相というのは、態度として中立的なのではないこと、つまりマインドフルネスは、冷たいものあるいは機械的なものではないこと、を指摘しておかなくてはなりません。むしろ、注意には目的という感覚や興味、温かさ、そして活力があります。

第四に、マインドフルネスのトレーニングとマインドフルネスのプログラムは、**努力**を伴うものです。マインドフルネスを学ぶ人は、努力をし続けることを学ぶ――つまり、どういう努力が過剰で、どういう努力が不十分かを学ぶのです。これは、何かを達成しようと懸命にもがくような努力ではなく、感情的な温かさや、直面した困難に対する思いやり、抑制の効いた熱意あるいは献身のある努力なのです。どれほど困難であっても、時間が経てば、体験に立ち向かう能力に対する信頼感が生まれます。適正な努力の量については、きつすぎて音程が高くなったり、緩すぎて音程が低くなりすぎないようにしてギターの弦をうまくチューニングすることにたとえられることがあります。

第五に、マインドフルネスには**倫理的な次元**があります。理解し、苦しみを軽減し、喜びを高め、思いやりを強め、マインドフルな人生を送るための多くの機会を提供するために、マインドフルネスは用いられ、訓練されます。体験している今この瞬間において、心がより明晰で、対応的であり、平静であることができれば、苦痛は緩和され、消えることとすらあります。この倫理的な次元の中心にあるのは、体験の中に健全なものを見出すことであり、それによってよい結果につながっていく方向に向かうことができます。健全なものに意識が向くことで、他者や自分自身のウェルビーイングを増進しないようなパターンや傾向を手放すことを選択するようになれます。例えば、苦しみに直面したときに、思いやりに向かう傾向をもたらし、過酷さへと向かう傾向を手放すことができるようになります。

まとめると、マインドフルネスとは多くのファセットをもつダイヤモンドのようなものです。それは状態であり、プロセスであり、技能です。その中心には意図があります。それは、特定の態度（好奇心、親近感、辛抱強さ、配慮）を併せもちます。それには、努力を要します。そして本質的に倫理的である。こういったマインドフルネスの多面性は、マインドフルネスの「内容（what）」と「方法（how）」にまとめられることがあります。マインドフルネスの「内容」とは、焦点の絞られた注意と、より広い気づきです。「方法」とは、体験に対して、好奇心や配慮をもって、体験のあらゆる側面にどのような態度で臨むのかということです。ここでさらに、マインドフルネスの「理由（why）」を加えましょう――つまり、倫理によって導かれている明確な意図と、どこに行こうとしているのかという地図です。

マインドフルネスの機能

マインドフルネスの機能とは、自動的な反応性から対応性へ、回避のパターンからありのままの現在の体験に対して心から向き合おうとすることへとシフトすることを助けることです。伝統的には、マインドフルネスは、無意識から気づきへ、衝動的な在り方から意図をもった在り方へとシフトすることを助けるものです。脅威、逆境、痛みに直面したとき、最初の反応はそこから逃げ、解離し、後ろを向いて過去に向かうか、前向きに未来に向かうというものです。脅威と痛みは、何度も同じことを考えたり、不安になったり、強迫観念を抱いたり、困惑に陥ったりすることへの引き金になります。苦悩を理解するというよりも、何とかそれを**解決しよう**とすることに一生懸命になります。不快さや痛みに対してひるんだり逃げたりするという心の習慣的なパターンは、生涯にわたる逃避と動揺のパターンになりえるのです。心と人生を支配する可能性をもつ回避のメカニズムにとらわれて、レジリエンス、忍耐力、平衡を保つための能力が蝕まれてしまいます。サムは、依存症という苦闘にとらわれて、渇望や自己破壊的な行動に、全人生を支配されてしまいました。程度の差はあれ、これは私たちの誰にでも当てはまることです。明晰な気づきや、真に覚醒して活き活きと生きている時間があまりないままに、一日を過ごしてしまうことも十分にありえます。

マインドフルネスは、こういった習慣的な傾向を反転させます。それは、今この瞬間を知り、理解し、現在に足を置いて生きるための能力を養うことを助けます。仏教の教えでは、「苦しみは理解されなければならない」と言われます。痛みに接したときには、逃避や断念はほとんど役に立たず、恐れと無力感を深めるだけで、巧みに状況に対応する能力が妨げられます。現在の体験から顔をそむけるよりも、この瞬間に向き合おうとする意思は、より大きな自信、関わり、理解に向かう旅の始まりとなるのです。マインドフルネスは、あらゆる人間的体験の一部であるすべての喜びや悲しみに溢れた**実際の人生**という教室でしか培うことができません。苦痛やその源を理解することこそが唯一のカリキュラムです。そこで癒やしと変容の教訓を学ぶのです。

苦悩を生み出す多くのパターンには長い歴史があり、それは単に個々人の特定の学びの歴史だけではなく、人類全体の進化の歴史でもあります。種にとって一定の機能を果たしたために、私たちはこういった心の習慣を引き継いでいるのです。それでも、心は鍛えることができ、大きな変化を遂げることができます。マインドフルネスのトレーニングは、最初にこうした心のパターンを見ること、それからそれらを知り、それらを変化させ始めることを助けるように意図されています。驚くほど短い期間で、例えば8週間のマインドフルネスのプログラムの間に、参加者は、今この瞬間の体験にどのように自分自身を関わらせるかについて、人生を変えるような非常に大きなシフトをもたらすことができます（Allen, Bromley, Kuyken, & Sonnenberg, 2009）。このような変化は、数千時間ものトレーニングを継続したような長期間にわたるマインドフルネスの実践者には、さらにより明確に現れます（Lazar et al., 2005; Lutz, Slagter, et al., 2008）。こういった変化は、脳の構造や機能、神経系、身体のストレスへの反応、そして遺伝子にさえも反映されるという科学的証拠も次々と示されています（例：Goleman & Davidson, 2017; Luders, Cherbuin, &

Gaser, 2016; Luders, Toga, Lepore, & Gaser, 2009; Lutz, Brefczynski-Lewis, Johnstone, & Davidson, 2008; Schutte & Malouff, 2014)。

伝統的には、マインドフルネスには４つの主要な機能があると述べられています。

◇ただありのままに知ることと気づき

ただありのままに知ることと気づきを確立することは、どのマインドフルネスのトレーニングにおいてもその出発点となっています。今この瞬間の体験にはっきりと、継続的な注意の光を当てる――先入観や好みを挟まないで――ということは、体験そのものを、体験の内容に気がついているという能力から区別し始める最初のポイントとなります。気づきは、感情、感覚的な印象、気分、思考に触れていきます。無意識であったり、習慣的であったり、混乱でわからなくなっている体験のさまざまな面が認識され、そのうちにそれらがはっきりと見えるようになります。マインドフルネスの実践においては、注意という懐中電灯の光線を、体験全体のあたりに動かして、今この瞬間の感覚、思考、感情に光を当てて、この瞬間のもつ微妙なニュアンスがよくわかるようになるよう誘われるのです。

ただありのままに知ることと気づきとは、高台や周囲の景色を見渡すための塔の上に立っている人にたとえられます。見るということ以外には何もすべきことはなく、気づきは受容的で、リラックスしていて、意図をもっています。特定の場所だけに過剰に注目したりすることがないような開かれた展望をもっています。

マインドフルネスに基づくプログラムで使われている主要なマインドフル実践のすべては、このマインドフルネスの最初の機能である、ただありのままに知ることを養うものです。例えば、意図的に歩く実践では、まず歩く道を選択し、その道を歩くことに専念して、歩くことに伴う直接的な感覚的体験にのみ集中することを促されます。この実践によって、習慣的で自動的に歩くモードと、マインドフルに歩くモードの違いが明らかになります。思考やだるさ、先入観に埋没していると、道を20分間歩いても何も見ず、何にも触れられず、世界は心の活動の渦の背景でしかなかったことに気がつくことになります。意図をもって同じ道を歩くと——ただ歩くこと、身体とともにその瞬間に在ることに、何度も何度も注意を戻しながら——、マインドフルネスがいかにこの世界を照らしているかを感じ取るのです。風景や音が私たちに触れ、身体は流動的で変化し続ける体験となります。それははっきりと覚醒している明晰な瞬間です。この今の瞬間に何度も何度も戻ってくることを忘れないようにします。

このありのままの気づきを養い、それを体験のすべての瞬間にわたって維持することを学ぶことが、意識に深いシフトを起こし始めます。ただありのままを知るとは、評価や物語をつけ加えずにその瞬間の体験にただ立ち会うというやり方です。思考は思考であり、感覚は感覚であり、音は音であり、感情は感情です。過去とのつながりから解放され、未来への恐れや期待からも解放され、その瞬間をありのままに知る能力を確立するのです。解釈したり、評価したり、推測したり、反すうするといった習慣的なパターンに引っ張られることに鋭敏に気がつくかもしれません。さらに、こういったパターンすらも、ありのままの気づきという光に照らされ——習慣は習慣であり、反応性は反応性であると知られるのです。

サムの依存症からの回復には、12ステップのミーティングに参加することも含まれていた。ある晩、彼はミーティングの後に、興奮して衝動的になり、依存症が再発しそうになっていると感じた。身体中の線維が行動を起こそうとし、売人に電話をして薬物をやろうとした。12ステップのプログラムのスポンサーに連絡をとると、海岸で会って散歩をすることになった。相手を待つ間、サムは浜辺を散歩した。歩くと、自分の興奮状態が強いことに鋭敏に気がつき、身体中の線維がどれほど何もかも忘れたいと思っているかに気がついた。この強い欲望は、悪癖のように彼をとらえて放さず、実行に移したいという強い衝動を体験した。このときの体験は、実行に移すことなく、それが起こる度に、よりはっきりと、自分の心と身体の状態を観察するようになった最初の事例の一つとなった。時間をかけて，彼はそれらを予想して乗りこなすことができる波ととらえられるようになった。サムの体験は，誰にも共通する体験の極端な例，つまり，強い欲望が起こっては消えていくことの実例なのである。

もしサムの依存症が極端に思えるようなら，着信があったかどうかをチェックするために携帯電話に手を伸ばそうとする衝動や，空腹でなくても食べようとする衝動や，やる必要はあるのにやりたくないことをしないで好きなウェブサイトをチェックしようとする衝動は，彼の場合とほとんど変わらないことを考えてみましょう。こういったことはすべて，回避や逃避が習慣化したものなのです。

ありのままの気づきを養うことは，思考や推測を通じて苦悩に至るパターンや習慣を強化することを断つという，一種の断食です。マインドフルネスを育む中心には，心地よいか，そうではないかにかかわらず，体験を押しのけたり，その内容を反すうすることに埋没しないで，あらゆる体験を前にして揺るぎのない注意を向ける能力を鍛えるということがあります。ありのままをただ知ることを養うのは容易ではありません。意図的に今ここに在るということは，驚くほどの努力を必要とします。注意をここに向けようとするところから始めても，失念や注意の散漫という，もっと習慣的な在り方に注意が乗っ取られてしまうことに気がつくだけなのです。意図をもったり，忘れたらまたもち直したりすることを繰り返し学ぶにつれて，注意を維持する能力が育ち始めます。このプロセスを裏打ちする単純な公式があります。それは「興味があるところに意図は従う。意図があるところに注意は従う」というものです。

◇防御的な気づき

マインドフルネスの2つ目の機能は，防御的な気づきです。マインドフルネスは，心を悩ませるような習慣的なパターンや気分がもっている破壊的な力の可能性をはっきりと認識できるような在り方を教えて、心をそれから守ろうとします。マインドフルネスは反すうや不安、嫌悪、解離、同一化が、どのようにして苦悩や無力さ、否定的な自己観を生み出しているかを明らかにします。ありのままの気づきを通じて、心の風景を探索し、私たちの健康を害するような、繰り返し行っている慣れ親しんだ習慣を熟知し、結果として、何を気づきの中に受け入れ、何を気づきの外に置いておくかを選択するために注意を用いることができるようになります。これは簡単なことではありません。なぜなら、こういった習慣を止めたいという意図をもちながらも、それでも習慣が魅力的に感じられたり、あるいはほとんどそれの中毒になっているという興味深い緊張関係があるからです。

あらゆる来訪者に会うことを仕事にしている街の門番に関する古いたとえ話があります。門番は訪問者を見極めて、その街の役に立ち、利益をもたらすような訪問者を歓迎して、街に対して害をもたらすような者を追い返します。

> 門番は賢く、能力と智慧があり、知らない者は中に入れず、知っている者を中に入れる。街を取り囲む道を歩いていても、壁にある猫が通り抜けられるくらいの隙間や穴でさえも見逃すことはない。彼は、「どれだけ大きな生き物がこの街に入る、あるいは去るにしても、必ずこの1つの門から入り、去る」と考えているのかもしれない（Bhikkhu Bodhi, 2005）。

防御的な気づきには、誰が街の住人であり、誰が訪問者であり、誰が利益をもたらそうとする意図があり、誰が害をもたらそうとする意図があるのかがわかるという識別力が要求されます。このことは、マインドフルネスの特質として評価をしないことと包摂的であることを非常に強調する主流のマインドフルネスに基づく応用法とのあいだに、齟齬があるように思えるかもしれません。仏教心理学では、評価をする心は、不可避的に苦悶や苦悩を生み出すとしています。しかしながら、評価と**識別**とは2つの異なるプロセスです。仏教心理学におけるマインドフルネスは、倫理的な人生の基本、そして熟練した応答性への橋渡しとして識別する能力を培い、強化することを重視しています。

識別することは、悪くなることと良くなること、正しいことと正しくないこと、善いことと悪いこと、価値があることと価値のないことといったことはほとんど問題にしないで、むしろありのままの気づきに支えられています。例えば、通りを歩いていて、弱っている人が倒れているのを目撃したとしたら、それをありのままに知ることで、そこで何が起きているかをはっきりと認識することができるでしょう。もちろん、その人の苦境を観察するだけでは負傷した人を助けることにはなりません。慢性的な痛みを抱えるモハメドを思い出してください。痛みの感覚を気づきの中で明確に見ることができたとしても、自分が行為や選択の主体であるという意識をもっていなければ、ほとんど助けにはなりません。識別することによって、まず痛みを認識し、**その上で**、巧みな選択を行い、自分自身や他者の苦悩に対応するのです。サムが自分の依存症が再発しそうになっていることに気づき、スポンサーに電話をした瞬間が、識別の瞬間です。モハメドが、痛みが破局と絶望の感覚にまで高まりそうになっていることを理解した瞬間が、識別の瞬間なのです。マインドフルネスは、このようにダイナミックであり、何が苦悩につながり、何が苦悩を終わらせるのかをよく理解していることに根ざしたやり方で体験と関わるのです。

識別することは学ぶことができます。身体についてのマインドフルネスを養うことに取り組んでいるときには、これまで慣れ親しんできた習慣（例えば、嫌悪、反すう的思考、恥）に引き寄せられることを感じるかもしれません。ネガティブなパターンに注意を奪われてしまう代わりに、身体を身体として、思考は思考として知っているというところに戻ることができます。これが、防御的な気づきの機能です。防御的な気づきとは、嫌悪、回避、恐れに根づいている回避や抑圧とは異なります。困難な体験から目を背けたり自分を切り離す代わりに、防御的な気づきは、今この瞬間の体験を十分に知ることができ、結果として苦痛を繰り返し生み出すようなパターンに陥らないことを選択できるようになります。モハメドは、痛みの感覚を認識した瞬間に、賢明に選択された適切なストレッチをすることによって、突き刺すような激しい痛みからすぐに解放されることができるでしょう。それは、身体を緊張させ、無力感を味わい、破滅的な状態に陥るというこれまでに使い古してきたワンパターンに替わるもう一つの対処法です。

人を非難したり、恥を感じたり、価値判断したり、反すう的思考をしたり、また／あるいはただ物事が実際とは異なっていてほしいと願ったりする人の心の癖は強力で、反復的で、個人的で、普遍的で、予見可能な痛みを伴う結果をもたらします。こういった癖や習慣は、精神的な不健康に直接的につながりえます。不安、うつ、心配や反すう的思考の癖は、親から子へと世代間で引き継がれるという科学的根拠もあるほどです（Ziegert & Kistner, 2002）。こういった苦悩のパターンについて理解することが大いに求められています。しかし、反すう的に考えることから理解が生まれるということは、めったに起こりません。防御的な気づきは、受け入れたくないことを外に追いやるプロセスではなく、そのことに繰り返し圧倒され続けるような生き方をする必要はないということを学ぶことです。また、防御的な気づきは何世代にもわたって引き継がれてきたような、助けにならない思考のパターンのサイクルを終わらせることにも役立つかもしれません。

◇探索的な気づき

マインドフルネスの3つ目の機能は、探索的な気づきです。マインドフルネスのこの要素を説明するために使われるのは、矢で傷を負った人を手術する外科医のたとえです。熟練した外科医は、矢を抜き取るのではなく、まず傷を精査してその性質を見極めます。負傷の性質をよく見極めた上で、診断して、矢を取り除くためにもっとも有益な方法を決定し、予後を見立てて、治療方針を定めます。探索的なマインドフルネスは、主に理解と洞察に関わっています。マインドフルネスの窓を通して理解が生まれることで体験の形が根本的に変わり、やがて心の形も変わるのです。探索することは、マインドフルネスをマインドフルネスのトレーニングとプログラムの中核的な教えに結びつけます。その教えとはすなわち、悩みがあることを知り、悩みには源があることを知り、悩みには終わりがあることを知り、そして悩みを終えるための道筋があるということなのです（Teasdale & Chaskalson, 2011a）。

探索的な気づきとは、体験的でもあり概念的でもあります。正式なマインドフルネス実践や、心理教育、グループ内での探究を通じて、心や、心が内的な体験をつくるやり方や、外的な世界を形作ったり、それによって形作られたりするやり方についても理解を広げています。もっとも単純なレベルでは、モハメドは、背中の痛みの感覚に気がついたときに、マインドフルネスによって、嫌悪と抵抗によって自分が感覚を増幅させていることも理解しているのです。彼は実際に感覚を探索して、それをありのままに、つまり「突き刺すような」「激しい」痛みとして見ています。彼は、配慮のある注意をもってその痛みに接することができるようになり、自分が痛みによって定義づけられる必要がないこと、他にも、例えば良い父親であることといったような自分を定義するいろいろなことがあることをよくわかっています。マインドフルネスは、必ずしもいつも感覚が消え去ることを意味しませんが、感覚とどのように関わるか、それが意識にどのような影響を与えるかを、根本的にシフトさせることができます。探索的な気づきは、識別と選択とを可能にします。例えば、没入して、注意をそらし、楽しめるような活動はたくさんありますが、きちんと識別して、何をするか（例えば、編み物、ガーデニング、テレビを観る、友人と話す、ポッドキャストを聴く）を選択します。探索的な気づきの鍵となるのは、意図をもつことと選択なのです。

◇知覚やものの観方の枠組みを変える

マインドフルネスの4つ目の機能は、明らかにこれまでの3つと絡み合っていますが、意識的に知覚やものの観方の枠組みを変えることです。仏教心理学では、この機能は、自分自身、他者、すべての出来事や体験に対して、やさしさや親しみやすさという態度を意識的に培うことによって教えられています。やさしさや親しみやすさをもつことは、すべてのマインドフルネスの教えに組み込まれています。その一方で、嫌悪感は、自分自身や、他者、人生に起こる出来事に背を向けさせます。嫌悪感を抱くと、迎え入れたくないことを恐れ、評価や非難をして、しばしば動揺して物事に直面することを回避した状態で人生を送ることになります。すべての体験に対して好奇心と好意をもって気づきを向けると、他者を敵や脅威と見なす見方が和らぎ始めます。自分がそうであると信じてしまいがちな、壊れてしまった不完全な人間などではないということを理解し始めます。痛みが起こり、そしてそれが変化することを見守れるようにしておくと、気が滅入ることがずっと続くようなものではなくなります。新しい認識の光のもとで、自分には価値がないという自己像に挑戦することができます。恐ろしくて、暗くて、無意味なものとしてとらえていたかもしれない人生を、新しいやり方で見ることができるようになります。思考や人生を変えることができるという選択肢があることに気がつくのです。

マインドフルネスの4つの機能のすべてを培っていくことで、仏教心理学では「賢明なマインドフルネス」または「巧みなマインドフルネス」と呼ばれるもの——心を苦悩から解放することに専念し、マインドフルな生き方に体現されるもの——が構成されます。これら4つの機能に命を吹き込むために、裁判所員であり、2人の十代の子どもをもつシングルマザーでもある44歳のリンの事例に戻りましょう。リンは十代の頃に発症したうつ病の歴史を抱えています。MBCTのプログラムに2年前に参加して、長期的にわたってよい状態を維持する新しいスキルを身につけました。プログラムが実際に役に立っていると感じて、自分自身を保つためにマインドフルネスの実践を続けました。以下に、リンにとって、マインドフルネスがどのようにこの4つの機能を果たしたのかを見てみましょう。

特段の理由もなく、午前3時に、リンは何か悪いことが起こるのではないかという予感とともに目を覚ました。目が覚めた途端に、心の中の条件づけられた道筋がすべて、心配と動揺に自分を引っ張っていった。疲れによってその日が台無しになり、うつ状態を引き起こすための肥沃な土壌になるであろうことがわかっている、というういつもおなじみの感覚があった（**ただありのままに知ることと気づき**）。急降下するような感覚にも気づいていた。よくある恐ろしい場所であった。リンにとって、この認識が最初のステップとなった。勇気と決意をもって、彼女は自分自身に言った、「これは私の黒い犬だ。これはうつだ」と。

次のステップは、「久しぶりね、昔から知っている友達。大丈夫、あなたのことはよく知っているわ」と親しみをもってそのままそれを認めるという、微妙だが深遠な心の方向性のシフト（**防御的マインドフルネス**）であった。リンは急降下するような感覚にも親しみをもって接し、自分の身体と心で体験していることをオープンに探索した。次の意図的なステップは、呼吸と身体を落ち着かせて、意図的にお腹に注意を向け、手をお腹に当てて、息を吸うときに息が入ってきて、息を吐くときには息が出ていく動きを感じた。一呼吸、二呼吸と、意図的にゆっくりと行い、呼吸を落ち着けた。心は否も応もなく、彼女を心配に引き戻そうとしているようであった。強い意志をもって、やさしくお腹の呼吸に戻った（**防御的な気づき**）。リンは注意をしながら、自分を落ち着かせた。

10分ほどかけて注意を呼吸に落ち着かせてから、リンは能動的な選択肢があると感じた。ベッドにいながら眠るのに役に立つような実践をすることもできるし、あるいは起きてコーヒーを飲み、次の夜は多分よく眠れるとわかっているので日中はそれで何とかやり抜いてみることもできる（**探索的な気づき**）。彼女は起きて、じっくりとコーヒーを味わうことを選択し（家族が起きる前に）、しばらくやらないままにしておいたことをやってみることにした。それは、昔の同僚のために紹介状を書くことであった。1時間後、紹介状を印刷し、いったん手を止めてそれを読みながら、自分が同僚を助けることができることに感謝する気持ちになった。自分の書いた紹介状によって、友人がいい職を得られるかもしれないということがわかると、笑顔になった。上の階で眠っている子どもたちのことを思った。もう一杯、コーヒーを注いだ。坐ってコーヒーを飲みながら、じっくりと味わい、家族のことを心に思い浮かべるために少しじっとした。その朝リンが起こすことができた心のシフトは、変容を可能にし、力を与え、その日の軌道を変えたのである。彼女の黒い犬はまだそこにいたけれども、マインドフルネスをもってそれと向き合うことができた（**知覚やものの観方の枠組みを変える**）。

リンの早朝の一連の流れの中に、マインドフルネスの異なる側面や機能の働きの実際を見ることができます。過去においては、このような瞬間からうつ状態のエピソードにだんだんと陥っていく可能性が高かったのです。よくない事が起きるという嫌な予感が体験を呑み込んでしまって、らせん状に急降下させたことでしょう。しかしながら、彼女はこれを認識し、**注意を安定化させる**ことができ、**親しみやすさと辛抱強さというクオリティ**を体験にもたらしたのです。呼吸と身体への**マインドフルネスを実践し**、さらに**注意を安定化させました**（**防御的な気づき**）。悪いことが起きるのではないかという予感には「黒い犬」とラベルを付けて（**洞察、知覚やものの観方の枠組みを変える**）、**親しみやすさ**、**平静さ**、**辛抱強さ**という態度でそれに関わりました（「久しぶりね、昔から知っている友達。大丈夫、あなたのことはよく知っているわ」）。自分が**能動的な選択肢**をもっていることを感じられるようになり、寝ようとしないで**何か建設的なことをする**ことを選択して、早期に始まったうつ状態の警告的なサインに直面しても、**識別力**と**レジリエンス**を発揮できました。コーヒーをじっくりと**味わい**、いったん手を止めて、自分が助けた同僚や上の階で眠っている家族に**感謝の気持ちを感じました**（**ポジティブな体験に気がついている**）。こういった心と身体の行いのすべては、意図、つまり、彼女自身のためにも彼女の影響を受ける周囲のすべての人（子ども、友人、同僚）のためにも、うつの魔の手から自由であり、よりよい**メンタルヘルス**と**ウェルビーイング**を享受しようという意図の先端にありました。このような心のシフトによって、リンは一日の軌道を根本的に変えて、徐々にマインドフルネスな人生を送る**能力**を身につけていきました。

ここで重要なことは、マインドフルネスには4つの機能があるということです。(1)ただありのままに知ることと気づき、(2)防御的な気づき、(3)探索的な気づき、(4)知覚やものの観方の枠組みを変えることです。

マインドフルネスのメタファー

いにしえの仏教心理学においても、現代のマインドフルネスの説明においても、比喩、メタファーやイメージが、マインドフルネスを暗に示すために使われています。すでに、マインドフルネスを定義する際にそのいくつかを用いており、もっとも役に立つものを表1・2にまとめています。こういったメタファーは、時として教科書ではできない物語的なやり方で、マインドフルネスの数えきれないほどの多面性をとらえています。それらは私たちの理解に、豊かさと質感を与えてくれます。

強力なメタファーの一つは、マインドフルネスのプログラムの参加者に教えてもらった次のようなものです。それは、ニューヨーク州のナイアガラの滝の上流にある激流を下るカヤックの漕ぎ手のメタファーです。その参加者は、マインドフルネスがないと、気まぐれな川の流れによって、カヤックの漕ぎ手は簡単に下流に流されてしまい、危険に陥ると説明しました。気づきがないと、カヤックの漕ぎ手は簡単にナイアガラの滝のほうへ、滝壺へと引きずられてしまうという体験を、彼女はうつの再発に引き込まれることのたとえにしました。一方、熟練したカヤックの漕ぎ手であれば、川を下りながらも巧みな選択をしながら漕いでいきます。例えば、流れが乱れている川であっても、熟練した漕ぎ手は溜まりを見つけ、カヤックを安全に留まらせることができ、上手に川を下る巧みなルートを選択できます。彼女はこのことを、早い段階でのうつのサインに気がつくこと、気づきをしっかりと定めて、うつを予防し、回復とウェルビーイングを支えるような仕方で対応することを選択することのたとえとしました。

マインドフルネスではないこと

この章のはじめで述べたように、マインドフルネスは無数の意味を包含しています。このため、誤った理解や、紋切り型の説明、パロディのネタになるようなことも起こりがちです。よくあるいくつかの誤解について、順を追って取り上げていきます。

マインドフルネスは、**リラクゼーション**でも、**リラックスするために行うもの**でもありません。リラクゼーションは、マインドフルネスの実践のポジティブな結果かもしれませんが、マインドフルネスは、体験がポジティブでも、ネガティブでも、中立であっても、その体験に寄り添い、十分に気がついていることなのです。マインドフルネスは、ぼんやりとすることではありません。事実、いにしえの教えでは、マインドフルネスは体験と人生への**目覚め**として言及されています。

マインドフルネスは、**その場しのぎの解決法**でも、**簡単なこと**でもありません。マインドフルネスの一つの次元は、**ただありのままを知ること**ではありますが、マインドフルネスあるいはマインドフルネスの実践が容易で、簡単にそして即座に変化につながるという訳ではありません。マインドフルネスの実践のために坐ったことがある人であれば誰でも、すぐにそのことを知ります。立ち止まってそれを吟味してみると、心は心地よいものであっても、あるいは不快なものであっても、体験のもつ質感、豊かさ、深みを示してくれるでしょう。

マインドフルネスは**心を空っぽにしたり**、**何も考えなかったり**、**体験に背を向けたりする**ことではありません。むしろ、体験に向き合い、体験の中に見出されるあらゆることとともにあって、それに寄り添っていることなのです。そこでは、マインドフルネスによって選択とより明晰な思考が可能になることが意図されています。マインドフルネスの上級の実践者たちは、マインドフルネスとは、止めどない思考の流れがいったん止んだ、のびのびと広がりのある心の状態であると表現しています。しかし、このことはマインドフルネスに基づくプログラムのすべてに必ずしも共通していることではなく、またそれがゴールでもありません。

マインドフルネスは、**自己を解体すること**ではありません。そうではなく、マインドフルネスは、自分の心についてその場で直接的かつ体験的に学ぶことができる諸条件をつくることなのです。この学びが、ものの見方のシフトにつながることが多いのは確かです。自分の思考や感情に気がついている状態になったときに、昔のパターンに陥る代わりに、思考をシフトすることができ（「ネガティブな思考は私ではない」）、ポジティブな選択をすることができました。モハメドも同様に、痛みは自分ではないことを実感するようになったときに、重要なシフトを体験しました。サムも、渇望が非常に強力であったときにさえ、渇望は自分ではないと理解することができました。こういった感覚の波にうまく乗ることを何年にもわたって学ぶことで、強力な心の状態を理解し、それを乗り切る自分の能力を信じられるようになったのです。このことは、自分を解体するというよりも、新しい在り方や知り方を身につけたというべきでしょう。このようなシフトを選択できる、ということを学ぶのです。車の運転でギアをいろいろ変えることができるように、心の状態を見て、それに応じて違うギアを選択することができるのです。

マインドフルネスと瞑想は同一ではありません。瞑想の実践はほぼすべての観想的な伝統にあり、さまざまな目的に役立てられています。瞑想によって、注意を鍛錬すること、異なるタイプの気づきを育むこと、心の態度を養うこと、意図と倫理の感覚を養成することができます。一方、マインドフルネスは、誰もがもっている状態、プロセス、能力であり、そうした瞑想の実践を通じて訓練し、養うことができます。マインドフルネスに基づくプログラムでは、実践には特定の意図がある、つまり、心をよりよく理解し、その上で、苦しみを軽減し、より大きな喜びと安らぎとともに生きることに役立てるために心を鍛えるのです。付録2を参照すると、マインドフルネスのトレーニングと、マインドフルネスに基づくプログラムに関する、より詳細な説明を見ることができます。

マインドフルネス実践は、馴染みがなく、未知で、恐ろしいとさえ感じるような幅広い体験を呼び起こすことがあります。そこには、不随意的な身体の動き、光を見ること、音が聞こえること、解離、不安の悪化や、気分の落ち込みといった状態も含まれます。もちろん、これはマインドフルネスの実践が意図していることではありません。マインドフルネスの講師は、適切に訓練されていなければなりません。エンジニアや医師が認定を受けている仕事のみを行うのと同様に、マインドフルネスを指導する者も、自分のしている仕事が適切にできるようによく訓練される必要があります。彼らは、人間の心という、非常に複雑で力をもつ器官に働きかけるのですから（Baer & Kuyken, 2016）。

最後に、マインドフルネスは、倫理的に疑問があるようなことに使える注意のトレーニングではありません。もし注意のトレーニングを行うことによって、狙撃者が人を殺すことがうまくできるようになるのであれば、これは注意力のトレーニングであって、マインドフルネスではありません。もし特定の瞑想の実践を、組織としてメンバーを従順に従わせるために用いるのであれば、これはマインドフルネスではなく、洗脳です。マインドフルネスとは、本質的に倫理的なものなのです。マインドフルネスのトレーニングでは、すべては**意図の先端**の上にある、つまり、人々の苦しみを減らし、意義深く満足感の得られる人生を送るように支援するためにあるのです。

まとめ

現代世界において、私たちは多くの点で、非常に大きなポテンシャルのある時代を生きています。世界的に見れば、より多くの人々が暴力を受けるリスクが減り、教育や機会が改善され、経済的な安定がよりよく保障された中で、より長い人生を生きています。しかしそれでもなお、さまざまな形での人としての苦しみが続いており、その多くはアタマ（mind）とココロ（heart）から生まれています。これまでのところで、私たちは、マインドフルネスが仏教心理学に由来するいにしえの理解と実践、そして現代の科学的な心理学とが結合したものであることを概説してきました。マインドフルネスと、マインドフルネスのトレーニングは、そのような苦しみを理解し、そして変容させることができる方法を提供することができることを示し、さらに、より大きな理解、思いやりと対応性をもって生きることができるかもしれないことを示しました。最初に、マインドフルネスを定義し、その無数の意味を概説する必要がありました。

マインドフルネスとは、状態、プロセス、そして訓練可能な能力です。それは、明確な意図と態度の特定のセット、興味と配慮をもって体験に向き合うことを含んだ気づきに関わることです。マインドフルネスは、その効果を生むためにともに働く**幅広い多くのクオリティからなる拡大家族の一部**なのです。こうしたクオリティには、倫理、エネルギー、識別が含まれます。それらがともに働いて、苦しみから心を解放し、洞察や理解、そして心理的なウェルビーイング、満足な関係性、不安やうつ状態の軽減、依存症的な行動からの自由、痛みや避けることのできない困難の真っただ中にあったとしても人生が充実し、その意味深さを感じられる感覚といったことによって特徴づけられる、マインドフルな人生への可能性を生み出すような理解と核になる心理的なシフトを発達させます。このことは、人との関係、家族、コミュニティ、組織、さらにより広い世界へと影響の波紋を広げていきます。

マインドフルネスには、いくつかの重要な機能があります。

- ただありのままに知ることと気づき
- 防御的な気づき
- 探索的な気づき
- 知覚やものの観方の枠組みを変える

以下の操作的定義は、先述のマインドフルネスの要素と機能を含んでいます。この定義は、マインドフルネスを学んだり、教えたりしている人たちの役に立つと思われるマインドフルネスの重要な諸次元をとらえることをねらいとしています。

マインドフルネスは、

・自然で、鍛錬することのできる人間的な能力である。
・注意と気づきをすべての体験にもたらすことを助ける。
・与えられた瞬間に在るあらゆることに等しく開かれている。
・好奇心、親密さ、思いやりの態度をもたらす。
・識別することである。
・苦しみを軽減し、よりよいウェルビーイングを享受し、意味深くやりがいのある人生を送るためにある。

••• 注 •••

＊1 もちろん、世界の人口増加、気候変動、さまざまな形での不正義や不平等、大規模な人の移動という大きな課題を私たちは未だに抱えています。

＊2 こういった事例は、私たちが実際に取り組んだ人々を組み合わせてつくったものであり、個人が特定できないように詳細は大幅に変更されています。

＊3 これは『蜜丸経』（*Madhupindika Sutta: The Ball of Honey*（MN 18））の中にある重要な教えを言い換えています。

＊4 この用語は、神経科学者が用いる仕方で使われており、脳が学びと実践を通じて、構造的にも機能的にも変化する能力を示すことを指しています。

＊5 私たちはパーリ語経典を引用しています。パーリ語は西暦２００年頃、スリランカの僧侶たちによって特にこうした教えのために開発された言語です。すべての経典が巧みに翻訳され自由に複製されているAccess to Insightというウェブサイトを用いました。ブッダの説法は、ウィズダム・プレス社から数巻にわたって出版されている*Discourses of the Buddha*シリーズにおいても完訳されています。

*6 ブッダの考えは、革新的でありまた実践的でした。自分の教えは、性別、年齢、文化的な背景、宗教にかかわらず、すべての人に対して開かれていると提案した点で革新的でした。彼は社会がカースト制度で組織され、政治的な闘争や対立、深刻な貧困がありながらも全体として比較的に豊かさもある時代に生きていました。スピリチュアルな道は男女両方に開かれていたわけではありませんでした。こうした状況の中で、ブッダは、内的な自由に至る観想の道において自分が見出した洞察は普遍的であり、すべての人の心に関わっていることを悟りました。この教えは、宗教にかかわらず、男女双方、すべてのカーストの人生において体現することができるようなものでした。教えは、それに従って生きるものすべてにとって普遍的で、用いることが可能であると提案した点で革新的でした。

*7 精神医学と臨床心理学においては、過去50年間に、うつ、不安、薬物乱用を含む幅広い心理的不調から立ち直り、回復することに役立つことが実証された心理療法が開発されてきました。ここには確立された治療法、例えば、精神力動的心理療法、行動療法、認知療法、対人関係療法なども含まれ、今や数百もの臨床試験によって支持されています（Gabbard, Beck, & Holmes, 2005）。多くの人に効果的である一方、こういった治療法は万能ではなく、よく反応する人がいる一方で、部分的な反応に留まる人、全く反応がない人もいます。

*8 リチャード・バーネット、クリス・カレン、クリス・オニールは、8週間のマインドフルネスに基づく認知的なストレス低減法と、マインドフルネスに基づく認知療法を子ども向けに修正して、このたとえをカリキュラムで使用しています。

第2章 心の地図——注意、知覚、評価的な心

すべての体験は心によって知覚される
心によって導かれる
心によって形作られる

——アーチャリア・ブッタラキータ (Acharya Buddharakkhita, 1996)

砂漠や荒野といった場所に降ろされて、そこから脱け出す道筋を探すよう指示されたらどうなるかを問うた大変興味深い研究があります。その研究によって、地図や道標となる基準点がないと人々は堂々巡りし、スタート地点も同然の場所に戻ってしまう傾向があるとわかりました(Souman et al., 2009)。これは、ガウタマ・シッダールタ(ブッダ)が生家である保護的な城を去り、彼が堂々巡りまたは行き止まりとして拒絶したいくつかの道から始まった発見の旅に、数年を費やしたときの話と類似しています。何年にもわたって、彼は自分の心がどのように悩みを維持し、苦しみを生み出したかについての地図を描きました。彼はこの地図を使って自分の人生の進路を決めてきたのです。

心理学の格言に「良い理論ほど実用的なものはない」(Lewin, 1951)というものがあります。心理学理論は地図のようなものであり、心の地形と道案内の方法を理解するのに役立ちます。[*1] 心理学は、心の特定の領域(注意、知覚など)の詳細な地図を作成するために多くのことを行ってきました。現在、多くの特定のメンタルヘルスの問題(不

安障害、うつ病、依存症、強迫性障害、精神病など）には、何がそれらを維持・遷延させるかを説明する理論がありま す。例えば、綿密な心理学的研究によって、注意、破局化、反復的思考、および不確かな証拠の排除などの選択的プロセスが、独特な方法で特定のメンタルヘルスの問題を維持する重要な特徴であることが示されています（Beck, 2005; Watkins, 2008）。健康不安のある人は、身体感覚に対して過剰に警戒する傾向があり、良性の感覚を深刻な健康状態と解釈する傾向があります（Rode et al., 2001）。他の例として、悲しみなどの通常の感情を決まって違った形で体験する、長いうつ病の経過をもつ人々がいます。彼らが悲しみを体験すると、それが通常の悲しみをうつ病にエスカレートさせる可能性のあるネガティブ思考や記憶の混乱が起こるきっかけとなる可能性があります（Farb et al., 2010; Segal et al., 2006）。これらの障害固有の心理的地図（理論）は、こういった状態がどのように発生するのか、そして重要なことに、それらがどう維持されるのかを説明したり、理解したりするのに役立ちます。障害固有の心理的地図によって、心理学者はこれらのモデルに基づいたオーダーメイドの心理学的な治療法を開発できるようになりました。これら特定のプロセスに目標を定めることで、人々は心理的健康を回復できるのです（Beck & Dozois, 2011; Beck & Haigh, 2014）。

これらの地図を使って、**個々人に合わせて仕立てる概念化**をすることもできます（Kuyken et al., 2009）。つまり、クライエントとセラピストは一緒に、いかにして特定の時に、特定の困難（健康不安、うつ病、またはその他の症状など）を体験するようになったかについて地図を作成できるのです。困難を維持しているその人に特有の信念と反応パターンを検討することができます。これは学術的なエクササイズではなく、健康とウェルビーイングへの道を見つけるためなのです。

普遍的、特定の集団固有、および個々人といった各々のレベルの地図は、人生の舵取りをする上で役立ちます。

1　仏教および現代心理学からの地図

仏教でつくられた地図と現代心理学でつくられた地図は、かなり重複しています。それらを重ね合わせて、古代の洞察が現代科学によってどのように裏づけられ精緻化されているか、また現代科学が仏教心理学によってどのように裏づけられ精緻化されているかを確認することは役に立ちます。それだけでなく、仏教心理学は、心理学がまだほとんど探索し始めていない地形を特定するのに役立ち、心理学が検証すべき仮説を明確にすることもできるでしょう。

地図は中立的であり、科学的視点と瞑想的視点のどちらかの観点を支持する必要はないため、それらを統合するために地図のたとえを用いて説明することにしました。私たちは、風景を描き出して、AからBにたどり着く際に助けになるような実用的な使い方で地図を使います。それと同じように、私たちはよりよい生活を送るために心の地図を作成します。この章と次の章では、これらの地図についての説明を始めます。心理学的観点から心を描写した地図（この章と第3章）から始めて、仏教心理学からの地図（第4章）に進みます。第5章では、仏教心理学と現代心理学のテーマを織り交ぜています。心理学にほとんど馴染みがない読者はこの章と次の章をもっともためになると思うかもしれませんし、仏教心理学をほとんど知らない読者は第4章がもっともためになると感じるかもしれません。仏教と現代の心理学の統合については、第5章がもっともためになります。

心理学か仏教心理学のいずれかが心の絶対的な地図をもっていると主張するのは傲慢でしょう。また、これら古代と現代の伝統をここで完全に表現できる、あるいは途切れのない総合体を見つけたと主張することはさらに傲慢といえます。その代わり、これらの地図は心の風景のスケッチとして提供されます。これらのアイデアが、科学やマインドフルネス実践における経験主義の対象となったときにどこまで共鳴し合うかによって、その妥当性と有用性が真に試されます。

2　われに返る

多くのマインドフルネスに基づくプログラムは、自動操縦で行う傾向のある日常の活動に十分な注意を払うよう参加者に求めることによってマインドフルネスを導入します。参加者は、意図的に、関心をもって、存在するものすべてに対して——それが心地良くても悪くても、あるいはどちらでもなくても——等しくオープンに、五感を通して順々に対象に関わるように求められます。このエクササイズは通常レーズンを用いて、十分な気づきと五感すべてを1粒のレーズンを食べることに向けるよう求められます。マインドフルネス講師は人々に対して、意図的にレーズンと関わること、プロセスのペースを落とすこと、それから——まず見て、次に嗅いで、触れて、聴いて、そして最後に味わって——という注意の入口を通して、順にレーズンに注意を向けるように求めます。このエクササイズは、知覚と注意のプロセスを解き明かし始め、文字どおり人々が「われに返る（come to their senses）」（Kabat-Zinn, 2005）のを助けることを目的としています。以下に示すのは、エクササイズが終わった後の講師からのインクワイアリに対して参加者から挙げられる、典型的な反応です（Kuyken & Evans, 2014 より引用）。

講　師：何に気づきましたか？　どのような感覚でしたか？

リ　ン：レーズンが1粒ではなく、塊になっていたことに気づきました……そしてすぐに、さまざまなパンづくりの計画を立てていることに気づいて……それから、子どもの頃、祖母の家にいたことが思い浮かんで……それから、私はあまり聞いていなかったことに気づいて、食べ終えるようにと言われるずっと前に

講　師：まあ、そんなにたくさんのことが起こっていたのですね……ご自身の考えによく気づいていますね。他の人は何に気づきましたか？

モハメド：レーズンは月やクレーター、隆起があるように見えますが、柔らかくて光沢のある表面もあります。

講　師：そう、実際にそれを見て、月との類似点だけでなく、いくつかの異なる特徴も見えてきたんですね。素敵な表現ですね、ありがとうございます。他の人はどうですか？

ソフィア：私の心はさまよってはいませんでしたが、レーズンが好きではありませんでした。食感やべたつきに気づいて、まずかったです。投げ捨てたくなりました。

リ　ン：（ソフィアに応じて）私はやや違った体験をしました。匂いはとても強く、甘くて、そして温かいものでした。すべての感覚にぱっと火がついたような感じがしました。

講　師：……そして、それはいかがでしたか？

リ　ン：匂いが私を空想から連れ出して、少し不安を感じました。でも、それから良い感じになりました。匂いは強く、甘く、温かくて、唾液が出始め、食べるのが楽しみになりました。

講　師：興味深いですね。リン、ありがとう。そしてソフィア、あなたの体験はあなたの心のことでしたね。あなたは食感が好きではなく……「まずい」と言っていましたが、それを捨てたくなったのでしたね。ありがとう。

サ　ム：レーズンを口に入れるよう言われてから噛むまでの間、それが固くて味がないことに気づきました。リンが言ったように、味が解放されたのは、あなたがそれを噛むよう言ったときで、それが本当に味わいに火がついた瞬間でした。私もそれを飲み込んでもう一つ食べたいという強い衝動を抱きました（笑顔で）。

講　師：（同じく笑顔で）おもしろいですね。

サ　ム：はい。

講　師：ここでは、ほんの数分でたくさんのことが起こっていますね。どなたか、他の体験は？

サ　ム：……私にとって重要だったのは、ペースを落とすことでした。レーズンを早く飲み込みたかった。もし家にいたら、ひとつかみしてすぐに食べていたことでしょう。速度を落としたとき、私はもっと多くのことに気づきました。そしてレーズンは3品コースの料理になったのです（笑）。

講　師：他の何人かの方々も頷いていますね。どなたか、それとは違った、あるいは困難な体験をしましたか？

ソフィア：今日は、ストレスの多い朝を過ごした後でクラスに来ました。車が動き出さなくて、ベッドから出るのも遅かったし、やるように言われていた家での課題のフォームも忘れていて、昨夜遅くに記入したのですが、それも心配です（この時点で泣き出しそうな様子）。マインドフルネスのクラスに参加するために仕事を休む必要があって、仕事に遅れをとっているのにこの機会を無駄にしてしまい、うまくやれていないことが心配です。私の心はそういったことでいっぱいになってしまっていて、ガイドにはほとんど従うことができませんでした。

講　師：まあ、今朝は本当に色んなことがあったのですね。ソフィア、あなたの心が占領されているのも不思議ではありません（ソフィアとグループに絶えず注意を払いながら一呼吸おいて、グループに同じことをするように誘う）。心は注意が必要なことに対して、注意を向けるのが得意です。レーズンのさまざまな側面に注意を払うように、そして都度戻ってくるように何度も言いましたが、そのときはいかがでしたか？

ソフィア：私の心はまるでマジックテープのようでした……あなたは心配なことにとらわれないようにと言い続けました。でも、毎回、またとらわれてしまうのです（苦笑する）。

先　生：なんて素晴らしい表現でしょう。そう、心配はマジックテープのようなものですよね？　他の人も頷いていますね。私たちがクラスでしていくであろうことは、他のたとえを考え出すことです。心はマジックテープのようなものですが、訓練できる子犬のようなものでもあります。私たちは長いリードを持っていて、子犬が余計なことをする度に、リードで抑えて、やさしく、しかししっかりと戻します。戻ってくる度に認めてあげて、飛び跳ねてどこかへ行く度に辛抱強く元に戻します……子犬が訓練できるまで。時間と忍耐が必要ですが、子犬の訓練に費やすのと同じように、後で報われます。この食べる実践で私たちが気づくのは、レーズンに本当にしっかりと注意を向けると、普段は見ないもの……皆さんがお話ししてくださったような匂い、実際の見た目、味わいに火がつくといった感覚など……探究するものはたくさんあるということです。また、速度を落とすと、心が何に影響を受けているかがわかります。好きなもの、好きではないもの、何かに関連づけたり、マジックテープのように貼りついてしまったりすることなど。心を安定させることを学ぶにつれて、私たちはより多くのことを学びますね。ありがとうございました。

マインドフルネスに基づくプログラムは、このエクササイズから始まります。なぜなら、私たち全員が関わることができる、食べるという日常の活動を通して、プログラムで学ぶ多くのことを紹介できるからです。それは心がいかに現実を形作るのかを、体験的に示してくれますが、多くの場合、私たちはどのようにしているのかさえ気づいていません。自動操縦から抜け出し、瞬間瞬間に気づきをもたらすことで、心を理解し、やがて変容させることができるという考えを紹介するのです。レーズンエクササイズはマインドフルネスとその実践を理解するために不可欠な、重要な心理学を示しているため、章全体を通してレーズンエクササイズに立ち返ります。

この章の続きでは、マインドフルネスを明らかにするのに役立つ心理学的な側面について取り上げます。以下のことについて見ていきましょう。[*2]

- 自動操縦
- 知覚のプロセス
- 体験の入口としての注意（注意喚起、注意の定位づけ、実行注意、およびマルチタスク、タスク切替えにおける注意）
- 感覚、感情、認知、行動衝動の区別
- ダイナミックで絶えず変化する心の性質
- 評価的な心を駆り立てる不一致モニター

3 自動操縦

航空会社のパイロットは、飛行機の特定の高度、方位、速度の維持を自動操縦で行えます。私たちの心もまた、自動操縦で動きます。先に示した、レーズンエクササイズについてもう一度考えてみましょう。人々はそれまでの人生でもずっと食事をしてきており、ほとんどの人がレーズンを何度も食べています。レーズンはもはや目新しいものではありません。私たちはレーズンを食べることに対して何を期待し、どのようにするかを知っているので、自動操縦となるのは自然なことです。しかし、このエクササイズで示されているのは、自動操縦から抜け出すと、文字どおりにも比喩的にもわれに返るということです。もちろん、日ごろ行う多くのことを自動化する能力がなければ、私たちは何かをする度にすべてを学習し直す必要があります。例えば、子どもが初めて自力で歩いたり、自転車に乗ったり、靴ひもを結んだりするとき、それは意図的な試行錯誤の学習プロセスですが、時が経つにつれ、それは自動的で当たり前のことになります。**それについて考えなくても**できるのです。自動操縦により、心は、計画的で意図的な注意を払うことなく、確立され学習された考え方や行動で日々のルーティン作業を行えます。作業の多くを自動的に行うという心の能力は並外れた強みであり、日常の膨大なタスクを学習して無意識に行えることで、他のこと、特に新しい状況や困難な状況に集中できるのです。

食べる、歩く、自転車に乗る、靴ひもを結ぶことは、自動操縦で行える多くの行動のほんの一部です。その他にも、顔を認識すること、他者の感情の状態に気づくこと、社会的接触において感情状態を判断すること、話し言葉または書き言葉を理解することが含まれます。例えば、単語や単純な文を理解する際の自動操縦は素早く非自発的であり、私たちのコントロールの及ばないものです。

自動操縦が問題になるのはどういうときでしょうか? マインドフルネス・プログラムの第2週目に、サムはホームワークについて報告しましたが、それには1日1回マインドフルに食事をすることが含まれていました。彼は、何年もの間、毎日、どんなふうに特定の食事——香味料付でお湯を注ぐだけのカップラーメンを食べていたかについて話をしてくれました。彼は、プラスチック容器に沸騰したお湯を加えて食事をすることに対してできる限り注意を向けたことで、それがいかに「化学的な」匂いや味わいがするかに気づいたと述べました。彼はその匂いや味、食感が好きではないことに気づいて、驚きました。彼は何年もの間、自動操縦で、実際には楽しめていないものを毎日昼食として食べていたのです! そのことがあって、彼は昼食選びを変えました。マインドフルネスにおいて重要なことは、**ネガティブな体験**は他の何かに発展する可能性があるということです。「マインドフルに食べるエクササイズを始めたとき、『ああ、レーズンは嫌いなのに』と思ったのですが、匂いを嗅ぐと、思ったよりも甘くて……私は甘党なんです。口の中で動かすと、かなりぼんやりしていて全然味がなくて、『そう、だからレーズンは嫌いなんだ』と思ったのですが、噛むと突然甘くなり、心地よい驚きをくれました。1粒のレーズンって本当に甘くて豊かな味わいがあります! 今はレーズンが好きだとまでは言いませんが、体験には思った以上のものがあります」。一つの体験を5つの感覚へと分解することで、自動化によって隠されていた豊かさが明らかになるのです。

これまでは自動操縦で行ってきて役立っていたであろうことが、目的を果たさなくなることがあります。卑近な例として、いつもの道を通って仕事に出かけたのですが、今朝は先に別の用事を済ます必要があるのを忘れていました。その際は自動操縦を封じて、用事を済ましてから仕事へ向かうルートを見つける必要があります。それほど卑近ではない例としては、自動的な考え方が一般的なメンタルヘルスの問題をいかに遷延させるか、というものがあります。心理学者は、自動的に実行され、不安（典型的には、脅威に対する過敏性）とうつ病（典型的には、自己、他者、および世界に対する否定的な信念 Beck, 1976）を生み出し、維持するという筋書きを特定しました。このネガティブな考え方は、偏見や先入観のあるネガティブな宣伝を実行するプログラムのように自動操縦で起こって、精神障害を維持します。この種の自動化は、ある時点では有用だったかもしれませんが、今となっては役立たない習慣になっています。

リンはこの一例です。

リンの子ども時代は困難なもので、彼女は生き延びる方法を見つける必要があった。幼い頃、父親が度々母親を殴り、いとこを性的に虐待し、そしてリンが8歳の頃、彼女を性的に虐待し始めたことを覚えている。最終的に、リンは12歳のときに家から連れ出されて、10代の大半を養護施設で過ごした。ほとんどが虐待的な家庭の出身である他の10代の若者と過ごす中で、彼女は拒絶と社会的排除に対する優れたアンテナを発達させて生き残ることを学んだ。施設でのけ者になることは悲惨な出来事だった……逃げる場所がなかったのだ。リンは、どんなに小さな拒絶の兆しにも気づいて、いじめや拒絶のきっかけとなりうる弱さを隠すために、カメレオンのように多彩な擬装をすることで、何としても拒絶を回避するという方法を学んだ。その裏で、母親が彼女を拒絶したと感じたときや父親が彼女を虐待したときに生じた、「自分は愛されない」という信念はますます深く心に刻み込まれて広がっていき、彼女自身や他の人、そして世界に関する見方にまで浸透していった。

これらはすべて、リンが幼少期や青年期に自分が置かれていた状況に対してとった、理解しうる生存戦略だった。しかし、彼女が親友や愛する2人の子どもをもつ大人になったとき、それはもはや機能していなかった。実際、この感受性と信念体系は、2人の10代の子どもを育てる上ではかなり非適応的なものだった。彼女は裁判所の判事として働いていたため、家庭での虐待事件によって、彼女のもつ脆弱性に関する信念は絶えず引き起こされていた。夕方帰宅するときには、彼女は終日聞いていた話に心をかき乱されていたのだ。重要なことに、マインドフルネスのトレーニングプログラムを開始するまで、リンはこのネガティブ思考がどれほど汎化して、彼女の人生にどれほどのダメージを与えているか、ほとんど気づいていなかった。ネガティブ思考は、事前に用意された筋書きのように、ほぼ意識することなく発生する傾向があり、それは彼女が何年も前に注意を払わなくなったリビングルームの壁の色のようなものだったのだ。

自動操縦はまた、人生の豊かさと素晴らしい体験——食事、愛する人とともにいること、愛し合うこと、笑うこと、芸術や音楽あるいは自然を楽しむことなど——を、時に逃しうることも意味します。すべてがルーティンで行われるため、私たちの体験や人生の豊かさやニュアンスを見逃す可能性があります。私たちは大切な人と一緒にいながらも、空想にふけって、その場に十分に存在しておらず、おそらくその人の言っていることを聞いてさえいないことがありえます。著者の一人（ウィレム・カイケン）は、仕事で忙しかったある日の晩、このことを体験しました。「私は娘を寝かしつけるためのおとぎ話を読んでいました。確か当時、娘は4、5歳だったと思います。物語を終えて、私がおやすみと言って明かりを消す前に、彼女はその物語について話したがったのです。そのとき、私は恐怖とともに気づいたのです。自分が仕事について反すうしているうちに、物語について理解することなしに、自動操縦ですべてを読み終えていたことに」。

レーズンを食べるといったマインドフルネスのエクササイズは、自動操縦に気づいて距離を置き、私たちの思考や感情、感覚、行動を十分に体験する機会を提供してくれます。マインドフルネスはまた、自動操縦がどういうときに役に立って、どういうときには役に立たないかを明らかにすることもできます。重要なことは、いかに多くの時間を自動操縦に費やしているかに気づいたとき、私たちの生活と自分自身をもっとはっきりと意識するという、もう一つの可能性が明らかになることです。自動操縦は、知覚、注意、評価といった自動操縦を支えるものおよび広範な学習履歴と記憶の蓄積に依拠しています。これらのトピックについては、次に説明します。

心の科学からの重要な洞察は、慣れ親しんだことを行う際に自動操縦をオンにすることで、生活の煩雑さをうまく切り抜けることができるということです。ただし、それが私たちをほとんど役に立たない馴染みの道に連れていってしまうことがあり、私たちが人生の豊かさに十分に気づいていないことを意味する場合もあります。

4 知覚プロセス

上述したマインドフルに食べるエクササイズが示すことは、第一に、自分の感覚が感知していることに、私たちが実際には気がついていないことが多いということです。私たちは心の中で、全く別の場所に行ってしまっていることすらありえるのです。例えば、レーズンはリンに祖母の家を思い出させるきっかけとなりました。人々は、普段レーズンをひとつかみして、実際に味わうことなく食べると報告しています。第二に、マインドフルに食べるエクササイズは、私たちが**チャンネルを合わせる**と、感覚が照らし出されるということを私たちに教えてくれます。匂いは「強く、甘く、温かく」、見た目は「柔らかく、光沢のある表面」があり、「味わいに火がつく」ことに気づきます。第三に、知覚のスピードを落とすと、その瞬間に注目している対象の詳細や複雑さがわかるということです。

私たちの知覚は、時おり私たちに悪さをする可能性もあります。Box2・1のマインドフルに観るエクササイズは、私たちの知覚プロセスを明らかにします。是非このエクササイズを試してみてください。

Box 2.1

マインドフルネス実践：観るエクササイズ

窓がある場合は、窓を通して何か注意を向けられる物を探してください。ない場合は、あなたの近くで何かを見つけてください。対象が何であるかは実際には問題ではないので、何でも構いませんが、対象の特定のポイントを選択して、その物体に注意を向けてください。できるだけ、色、形、濃淡、模様、動きという観点から対象を観察してください。対象に好奇心と初心者の心を向けます。まるでこれまでその物体を見たことがない、ゆりかごの中の赤ちゃんのように。それを見てみると、厳密にはどのような色ですか、それとも変化したり変容したりしていますか？　どのような形ですか？　心がさまよっていることに気づいたら、やさしく、しかししっかりと元に戻してください。重要なことは、あなたの心がほぼ確実に**すばやく終わらせよう**とすること、体験の要点をまとめようとすることです……「これは**x**または**y**である」あるいは「私はこれが何かを知っている」などのように。やさしくしっかりとこれに気づいて、できるだけ、ただ観ることに戻ってください。もしよければ、対象の周りの空間を含むように視界を拡げてエクササイズを終えてみましょう。視界を拡げるときは、その枠の中にあるもの（対象、色、質感、縁《ふち》）に注意を向けてください。

ほとんどの人にとって、このエクササイズは、観ることに意図的に注意を向けたときに、知覚に何が含まれるのかに気づくようになることを示してくれます。自動的な知覚は世界をすばやく理解して舵取りをするのに重要です。しかし一方で、私たちは知覚の豊かさを見逃してしまうかもしれません。速度を落とすことで、色、形、明るさに対して開かれ、それらの観る側面に本当に注意を払うことができます。感覚との接点に近づくことを学ぶことで、体験がどのように展開するかという、私たちが普段は気づいていないことを直接観察できるようになります。例えば、ある焦点に視線を向けると、視覚は周辺の物体を含めて**観ること**に引き込もうとする傾向があります。これは「潜在的注意（covert attention）」と呼ばれる現象です（Posner, 1980; Posner et al.,1980）。これは、脳がデジタル画像拡張システムのように焦点領域を明らかにし、情報を付加し、画像を**修正する**というやり方を示しています……。観るという行為は、かつて考えられていたような、目がとらえた光を心象画像へと機械的に変換することではありません。知覚は、はるかに創造的で建設的なプロセスです。もっとも影響力のある知覚理論家かつ研究者の一人は、視覚を建設的なプロセスとする考えを伝えるために、彼の独創的な本を『インテリジェント・アイ――見ることの科学』（*The Intelligent Eye*）（Gregory, 1970）と名付けました。

初期の哲学者は、今ではよく知られている、視覚、聴覚、味覚、嗅覚、触覚という5つの感覚を明らかにしました。心理学はその他のもの（温度感覚、時間感覚、空腹／喉の渇き、バランス感覚）をリストに追加しました。他の有用なさらなる区分として、外界の知覚の仕方（例：視覚）、内界の知覚の仕方（例：身体感覚、痛み、空腹）、そして動きの知覚を含む空間内の位置づけ方があります。私たちは、こういった異なる知覚プロセスに注意を向けることによって、それらを理解できるようになります。マインドフルネスの実践は、私たちがこれらすべての感覚を探り、知覚のさまざまな側面を楽しむことさえできるようになるのに役立ちます。スピードを落とすことを覚えることで、感覚器官を介した最初の接点から、体験が心の中でどのように描き出されるかまで、私たちがいかに世界を知覚しているかを実際に理解することができます。例えば、このページの文章について考えてみましょう。それは光と線として始まりますが、言語に変わり、そして理解へと至ります。上記のマインドフルに観るエクササイズでは、光、色、模様の感覚が、世界を観て理解することにおいて脳とともに絶え間なくリズミカルに動いている様子を示しています。

すべての感覚はほぼ似たようなやり方で働きます。すなわち、受容体が生のデータを取得し、それを脳が処理できるものへと変換します。脳は情報から意味を理解し、それを全体に統合して、そのすべてが私たちの体験になります。知覚が建設的なプロセスであることを知り理解することは、心の地図における重要な特徴です。マインドフルネスおよびそのプログラムにおいては、知覚を理解することが重要ですが、それは、私たちの体験はすべて知覚から始まるためです。

わかるという言葉について検討するためにいったん立ち止まることは、価値があります。私たちは感覚の印象から意味をつくり出します。対象を**理解する**ためには、私たちの心は情報を翻訳し、差異を埋めて、すでにもっている知識を利用する必要があります。それは、私たちが現実と見なすものを創出する構築のプロセスです。主要な**近代**心理学者の一人であるウィリアム・ジェームズ（James, 1890）は、次のように述べています。「心は、彫刻家が石に対して手を加えるように、データに手を加えるのです」。このことは、「私は見る（I see.）」という表現にも示されていますが、この表現はしばしば「理解する」という意味で用いられます。

体験を描き出すのに十分なほど注意と知覚のプロセスから距離を置いて、スピードを落とすことは、マインドフルネスなしにはほとんど不可能です。私たちが効率的に行動できるよう、心は、体験をすばやく理解して分類し、ラベル付けすることを学びました。例えば、大きな街の歩道で私たちが注意を払い、知覚している多くのこと（例：車を避ける必要のある道路）、追い求めたくなるであろう心地よい匂い（例：素敵なカフェ）、そして私たちが難なく無視できる背景の騒音（例：上空を飛ぶ飛行機）などを、知覚が必要に応じて分類することで、それらすべてを理解できるようにしています。上記のマインドフルに観るエクササイズは、意図的に注意を固定して、知覚のスピードを落とすことで、知覚のプロセスの一部を見ることができます。目、神経系、そして脳は、色や光、形の様式を受け取り、それらを視覚に変容させます。にぎやかな街並みの例は、私たちが気づかないうちに、背景でどれだけ多くのことが起こっているのかを示しています。マインドフルネス・プログラムで学ぶことは、私たちは常に、ペースを落とすことや、感覚を通してどう世界を体験するかに気づきを向けることを選べるということであり、それはマインドフルに食べたり観たりするエクササイズにおいてだけでなく、忙しい日常の街中においてもできるということです。

この**固定すること**と**ペースを落とすこと**により、私たちは人生の豊かさをより十分に味わうことができます。詩や芸術がしばしば感覚の領域を描くことを好むのは偶然ではありません。私たちの心が知覚に関してどれほどうまく設計されているか、そして好奇心とケアの心をもって体験を見た際に何が明らかになるかを知ると、畏敬の念が起こります。マインドフルネスは、私たちのさまざまな感覚に対する新たな関心と畏敬の念をもたらし、知覚のプロセスを明らかにし、それが私たちに役立つときとそうでないときについて、より明確に理解できるようにします。

心の科学からの重要な洞察は、知覚は私たちの感覚器官を端緒としますが、おしなべて建設的で創造的なプロセスであるということです。マインドフルネスは、私たちがこのプロセスを本当に観ることができるようにし、それは私たちが「感覚に接近する」のを助けます。

5　体験の入口としての注意

注意は、私たちが何に焦点を合わせるかを選ぶ私たちの能力であり、雑音から信号を識別する能力です。ジェームズ（James, 1890）は、注意を「明確かつ鮮やかな形で、同時に存在しうるいくつかの対象や一連の思考のうち、どれか1つで心を占めること」と定義しました。注意は、いくつかの重要な特性と次元で構成される、人間の生来の能力です。

前の章ではマインドフルネスのことを、すべての訪問者を迎えた上で、誰を受け入れ、誰を締め出すのか識別する門番というたとえで紹介しました。どんな精鋭の門番や警備員も、注意に熟達しておく必要があります。感覚、思考やイメージは注意の入口で出合うので、注意へと至るのを許可するか、拒否するかを決められます。

すべてのマインドフルネスの実践において、参加者は、できるだけ瞬間瞬間の体験に注意を向け続けるように求められます。例えば、マインドフルに食べるエクササイズでは、参加者は自分の感覚的体験（例：触覚、視覚、嗅覚、味覚）で占めるよう誘われます。しかし、感覚的な体験は思い出（リン：「子どもの頃、祖母の家にいたことが思い浮かんだ」）や、思考や連想（モハメド：「レーズンは月やクレーター、隆起があるように見えますが、柔らかくて光沢のある表面もあります」）を引き起こすこともあります。注意のトレーニングは、人々が最初にこの出来事に気づき、次に、何に注意を払って何を手放すかを選択することを学ぶ助けになることを目的としています。ジェームズ（James, 1890）は、注意を以下のように定義した際に、この最後の点（何を手放すか）を含めました。すなわち、「注意とは、他のものに効果的に対処するために、あるものから撤退することを意味する」のです。

現在、注意に関する理論および体験に基づく文献が多数ありますが、心理学者は通常、注意の3つの側面を取り上げます（Baddeley, 1996, 2012; Mirsky & Duncan, 2001; Posner, 1980）。それは、注意喚起（alerting）、注意の定位づけ（orienting）、および実行（executive）注意です。

注意喚起

心は絶えず膨大な量の情報を取り込んでおり、注意の主要な機能の一つは、よく考える必要のあることを私たちに喚起することです。私たちの**お決まりのやり方**は、馴染みのあるものか新しいものかを確認し、安全か脅威をもたらすかを評価するのに最小限の時間ですべてをスキャンすることです（Phelps & LeDoux, 2005）。私たちは、特定の種類の情報（例：何か新しいもの、脅威）に対処するために、警戒し、迅速な行動をとる準備があらかじめできています。

注意喚起は、警備員が注意深く周囲を見渡し続けるようなものであり、覚醒や警戒に似ています。何かが検出されると、「認知／神経アラーム」が鳴ります。心には、新しい問題や注意が必要な問題、あるいは私たちが何らかの形で注意が必要と判断する問題に目を向ける傾向があります。注意喚起における自動的な側面の例として、身体的な痛み（例：鋭いものや熱いものに触れたとき）、差し迫った外的脅威（例：自転車に乗っている際、車が目の前の脇道から出てきたとき）、または注意を要する社会的手がかり（例：上司やパートナーが不満気な表情をするとき）などがあります。注意喚起は、たいてい私たちの随意的な制御を超えて、自動的かつ迅速に行われる傾向があります。それは脳の原始的な部分に組み込まれており、注意力と覚醒に関する神経内分泌機能と関連しています（Phelps et al., 2004; Phelps & LeDoux, 2005）。これには、「深い」脳構造を含む認知プロセスが関連しています（Rogan et al., 1997）。これは、他の多くの種と共通する脳構造です。脅威が迅速に検出され、生き延びる可能性を高める方法で対応できる——これは進化論的に理にかなっています。こういった脅威をうまく検出して反応することは、私たちが生き残り、私たちの遺伝子が次世代に複製されることを意味します。

注意の定位づけ

注意の定位づけとは、私たちが対象をより吟味できるように注意を向けることです。これは、注意喚起の直後に起こる可能性があります。脅威となっている、あるいは新しい状況は何か？　状況を精査して理解するために、注意は自動的にそれらに向けられます。このとき注意の定位づけは、物事を探索するために確立されたやり方で素早く行われます。近づいているか、遠ざかっているか？　熱いか、冷たいか？　勢いを増しているか、弱めているか？　注意を定位づけた後には、次の疑問が続きます。「今、何をすべきか？　注意を保って詳しい感覚を引き出すか？　それとも次に進むか？」この質問は論理的思考アプローチを示唆していますが、多くの場合、高速で効率的な分析です。

このように、注意の定位は意図的にもできます。レーズンエクササイズでは、それぞれの感覚に対して順に注意を向けるよう求められます。それには視覚（「レーズンは月やクレーター、隆起があるように見えますが、柔らかくて光沢のある表面もあります」）、匂い（「匂いは強く、甘く、温かく」）、触覚（「食感やべたつきに気づいて、まずかったです」）、味わい（「味が解放されたのは、あなたがそれを噛むよう言ったときで、それが本当に味わいに火がついた瞬間でした」）を含みます。食べるエクササイズは、習慣や自動性から抜け出し、特定の感覚に留まり、より多くの詳しい感覚を引き出す練習です。注意を向けることが私たちの意図的で自発的なコントロールの範囲内にあるとき、それは私たちの実行注意に依存します。

実行注意

実行注意では、注意にかかる要求を管理する特定の機能が使われます。最善の計画と判断を得るには、（私たちの心が一度に処理する多くの刺激のうち）どれを気づきの最前線にもってくるかを選び、その作業にかける時間とワーキングメモリーの「作業台」上にある情報の扱い方を決めなくてはなりません。ここでは、注意を作業台にたとえています。すなわち、作業台に何を置くか、そしてどの道具を使用して作業するかを選択する場のようなものといえます。したがって、例えば、鼻孔の感覚を認識し、息を吸ったり吐いたりするときに鼻孔が刻々と変化するのを観察できます。そして他の思考、イメージ、感覚が心に浮かんだら、それらに気づいて、鼻孔の感覚に戻ることを選ぶこともできるのです。現代の認知科学者であるアデル・ダイアモンド（Adele Diamond）は、実行機能を次のように端的に表現しました。「考えを心の中で扱えるようにし、行動する前に考える時間をとり、予期しなかった新しい課題に対応し、誘惑に抵抗し、そして集中力を維持すること（Adele Diamond, 2013 p. 135）」。

実行注意の重要な特徴は、一度に処理できる情報が限られるという、一定の容量があることです。多くの場合、注意の割り当ては自動的に行われますが、私たちの性格やそのときの目的、状況の要請、そしてその瞬間の文脈に応じてある程度は任意的にコントロールされます。例えば、気の散らない静かな環境でこれを読んだ場合、実行注意はそこまで必要ではありません。逆に、背後で音楽が流れ、話している人がおり、モバイルデバイスから発信音が出ている場合は、もっと注意が必要になります。限られた回線容量が使い果たされて超過する可能性もあり、読書に注意を向け続けることが難しくなることもありえます。

マインドフルに食べるエクササイズで、講師は参加者に対して、レーズンに関する直接的な体験を注意の中心にもってくるよう求めました。これは必ずしも簡単なことではなく、ソフィアの場合、より差し迫った問題であると判断したことに引っ張られて、注意が分割されてしまいました。彼女は食べるエクササイズに注意を向けることができたり、できなかったりしました。少し後で見るように、心は特定の方法で注意を分割することに長けており、前景で何かに注意を向けている間、どんなときでも、過剰に学習され自動化された多くのタスクが背景で進行されています。例えば、あなたはこの文章を読んでいますが、気づきのレーダーの端では、姿勢を保持したり、体温を調節したり、体内および外部の環境を継続的にチェックしたり、心は他のさまざまなことでせわしなく働いています。

選択的注意が、自動的で迅速なプロセスと、よりコントロールされてじっくり考えるプロセスの両方をどのように伴うかについては、数多くの議論があります。私たちが世界を理解する際はたいていいつも、ボトムアップの感覚入力と、ある程度のトップダウンの**意味づけ**の両方があります。例えばリンは、レーズンを鼻の近くに持っていって匂いに注意を払うよう言われたときのことを、「匂いが私を空想から連れ出して、少し不安を感じました。でも、それから良い感じになりました。匂いは強く、甘く、温かくて、唾液が出始め、食べるのが楽しみになりました」と表現しました。このわずかな間に、背景で実行できる自動プロセス（例：空想）が見られます。次に、リンが意図的に匂いの感覚に注意を向けると、一連の感覚的印象と身体的反応が、コントロールされた方法と自動的な方法の組み合わせで展開されます。1890年に、ジェームズ（James）は次のように書いています。「私の体験とは、私が注意を向けることにしたものなのである。私が注意を向けたものだけが私の心を形作る――選択的な関心がなければ、体験は全くの混乱となる」。私たちが今わかっているのは、すべての瞬間に、気づかないうちに自動的に処理されていることが多く、それらがまた私たちの心を形作ってもいるということです。実行注意は、混沌から秩序をつくるために私たちが使用する一連の認知機能です。

実行注意は認知的な資源を必要としますが、それはすでに述べたように容量が限られます。情報を保持し、処理するには、ワーキングメモリーという情報を配置して操作する心の建物の中のワークスペース（Teasdale & Chaskalson, 2011a）を使ってしまいます。ワーキングメモリーのこの限られた容量は、私たちの日常生活において極めて重要であり、マインドフルネス・トレーニングがその点に役立つものであるため、さらに議論する価値があります。例えば、不安や倦怠感があると、ワーキングメモリーの資源が使い果たされ、注意力に影響を及ぼします。先述の例では、ソフィアは睡眠状態が悪いことに加えて、その朝に起こったあらゆることに関する悩みで心が占められていたため、食べるエクササイズに注意を向けるのに大変苦労しました。疲れと気がかりは、彼女が活用できる認知的資源を使い果たしてしまったのです。同様に、私たちのワーキングメモリーの容量は、競合する要求が多すぎると圧倒される可能性があります。ワーキングメモリーが損なわれたり圧倒されたりすると、運転、読書、会話の理解、意思決定などといった私たちが行う多くのことが悪影響を受けます。

マルチタスクとタスク切り替え時における注意

私たちは、多くの相反する注意が要求される世界に住んでおり、マルチタスクを実行できることは、私たちが熱望すべき価値あるスキルであるという信念があります。若者はたいてい実際の、あるいはバーチャルの社会的グループに属し、複数のソーシャルメディアストリームから並行して入ってくる情報にさらされており、そして多くの場合、さらに音楽も聴いています。一度に1つのことをするように言われたとき、彼らは「どうして？　マルチタスクでできるのに？」と言うかもしれません。職場では、主な作業（例えば、報告書の執筆）があるものの、電子メールやソーシャルメディア、テキストメッセージによって注意をそらされてしまいます。Box2・2のエクササイズについて考えてみてください。

Box2・2のエクササイズが示しているのは、多くの情報を並行して自動的に処理できる一方で、特に注意制御やワーキングメモリーを要するタスクであっても簡単にマルチタスクを実行できるというのは絵空事である、ということです（Gopher et al., 2000）。これらは2つの異なる認知的要求であり、実際には並行して実行されているわけではありません。同時に実行するには、それらを切り替える必要があり、これには、余分に多くの時間と認知的資源が必要になる可能性があります。実際には、マルチタスクは通常、タスクを並行して実行できるよう**切り替える**ことを意味するため、一度に複数のタスクを実行することは、特にそれが複雑であったり新しかったりする場合には、注意とエネルギーを要します（Yeung & Monsell, 2003）。心と脳は、目の回るような忙しい世界で求められる、複雑なマルチタスクをこなすのに苦労しています。**マルチタスク**をしているときに私たちが通常行っているのは、むしろ迅速な**タスク切り替え**です。このおかげで、少なくともさまざまなことを並行して実行できます。しかし、私たちは常にこれを行う、あるいはできるとは限りません。

Box 2.2

エクササイズ：タスク切り替えか、マルチタスクか？：一つの例

"Attention is the gateway to experience"（注意は体験への入口です）というフレーズを取り上げます。心の中で、このフレーズの文字数を数えてください。何秒かかりますか？　33文字ありますが、通常20秒程度で数えられます。次に、フレーズを1文字ずつ頭の中で書き出します（"a, t, t, ……"）。これにはどれくらい時間がかかりますか？これは通常、数秒短縮されますが、それでも相応の時間がかかります。

今度は、そのフレーズの文字を頭の中で書き出すと同時に、文字の数を数えてみてください。これはたいていかなり長い時間がかかり、2つの作業の合計時間と同じ長さにはならないでしょう。もし、マルチタスクに関する一般的な神話が真実であるなら、同じ時間か、それより短い時間で両方を実行できるはずです。しかし、これは注意とワーキングメモリーについて、根本的に誤解しています。

綴ること、数えること、読むことには実行注意が必要であり、同時にそれらを行うことは私たちの認知能力を限界まで追い込みます。読んだり、文字を読みあげたり、数えたりすることは、認知システムの同じ部分だけでなく、いくつかの異なる部分にも負担がかかります。これらすべてを並行して行うことは簡単にはできません。その代わりに、認知システムは、読むこと、文字を読みあげること、および数えることを切り替える必要があるため、時間がかかるのです。
過剰に学習をしたものか、あるいは自動化されたもの、そして認知システムの異なる部分を活用する場合にのみ、タスクを並行して実行できます。同じシステムを必要とするタスク、あるいはまだ学習する余地のあるタスクは、より意図的かつ連続的に、つまり順番に実行する必要があるのです。

今となっては古典的な実験で、片方のチームは白いシャツ、もう片方は黒いシャツを着ている2つのチームがバスケットボールをパスする様子を示す短い映像を観てもらうというものがあります。視聴者は、白いシャツのチームが行ったパスの数を数え、黒いシャツのチームのパス数は無視するように指示されました。これには視野全体の知覚が必要な一方で、多大な注意の定位づけ、無関係な情報の抑制、実行制御が必要で、これはワーキングメモリーを大きく圧迫します。映像の途中で、ゴリラの着ぐるみを着た女性がビデオに登場し、胸をドンドンと叩き、また立ち去ります。ゴリラは9秒間画面に映ります。このビデオを見ている人の約半数はゴリラを見ておらず、その後ゴリラがそこにいたことを信じられません。この実験は、注意がいかに体験への入口であるかを鮮明に示しています。この例では、バスケットボール試合中におけるゴリラの着ぐるみを着た人のように印象的なものは、たとえ目に留められても、注意の門を通り抜けないのです。この実験で、人々は白いシャツを着たチームのパス数に注意を向けるという指示に従います（Chabris & Simons, 2010）。心は数えるというタスクを優先しているので、ゴリラに注意を向けたり鋭くしたりしないと**決める**のです。

私たちの日常生活では、私たちの注意を引きつける多くの問題（家庭や職場でのすべての要求、家族の求め、電子メール、流れ込んでくるソーシャルメディア、文章などのマネジメント）に対処する必要があります。私たちはどこに注意を向けるかを選んで決めなければなりません。心は**タスクを切り替える**必要があり、切り替えることにした場合でも、新しいルールと手順のセットを使えるようにする必要があります。これは認知的資源を消費します（Ophir et al., 2009）。

マインドフルネスの実践とプログラムは、これらの注意のプロセスを明らかにすることを目的としています。ジェームズ（James, 1890）が内省的な体験論を通して学んだように、私たちも「さまよう注意を何度も何度も自発的に取り戻す能力は、判断、性格、意志の根源であり、それがなければ自らをコントロールできる人間（compos sui）とはいえない」ことを学ぶのです。

後に、20世紀への変わり目におけるジェームズ（James, 1890）の考えには先見の明があったことがわかりました。自己制御とセルフコントロールにおいて注意がいかに重要な部分であるかを調査した重要な一連の研究があります（Diamond, 2013; Gopher et al., 2000; Hofmann et al., 2012）。現在、自己制御が人々の人生の道筋を予測することを示唆する興味深い研究があります。際立った例の一つは、ニュージーランドのダニーデン（Dunedin）で実施された有名な研究です。それは出生時に１０００人を募り、生涯にわたって追跡したもので、対象者は現在40代です（Moffitt et al., 2011）。研究チームは、セルフコントロールとさまざまな結果を測定しました。測定は、出生時とその後定期的に（3歳、5歳、7歳、9歳、11歳、13歳、15歳、18歳から成人期まで）行われました。セルフコントロールは、子どもたちの観察および親や教師によって評価され、彼らが成長した後は自己報告によって評価されました。小児期および青年期に測定されたセルフコントロールは、成人期における財産、健康、物質の乱用、および犯罪と関連していました。つまり、子どもの頃にセルフコントロールが優れていた人は、生活の多くの面でよりよくなっていたのです。

さらに、研究者は、セルフコントロールは常に変わらないわけではなく、時間とともに変化しうることを示すことができました。特定の**誘惑**は、物質の乱用や10代での妊娠など、若者の人生の道筋を変える可能性があります（Fergusson & Lynskey, 1996; Lippold et al., 2013; Moffitt et al., 2011; Reinherz et al., 1993）。興味深いことに、小児期と青年期でセルフコントロールに変化が見られた際、それに応じて成人期の結果も変化しました。例えば、セルフコントロールが乏しい子どもたちが青年期にセルフコントロールを学んだとき、彼らは成人期によりよい結果を残しました。ダニーデンでの研究結果は筋が通っています。注意を管理できることは、私たちの言動を形作り、それが私たちの人生や周りの人々の人生を形作るのです。

認知神経科学の教授であるサラ・ジェイン・ブレイクモア（Sarah-Jayne Blakemore）は、思春期の脳を研究しています。彼女の研究プログラムは、脳が幼少期の終わりまでにほぼ完成されるという世間一般の通念に異議を唱え、再構築しました。研究では、青年期の間に、さまざまな状況や環境のもとで適切な決定を下す方法を学ぶことを可能にする神経回路が発達していることを示し始めています（Blakemore & Robbins, 2012）。ブレイクモアは、彼女の著書 *Inventing Ourselves: The Secret Life of the Teenage Brain*（2018）で、この魅力的な一連の研究のレビューを提供しています。

ダニーデンでの調査結果とブレイクモアの研究を組み合わせると、小児期と青年期に注意力を訓練することで人生の道筋が変わるという魅力ある可能性が浮かび上がりましたが、これが、私たちが現在進行中の研究で取り組んでいる課題なのです（Kuyken et al., 2017）。

注意についてこれまでに述べてきたことを要約すると、以下のようになります。

- 注意は体験への入口です。
- 注意にはさまざまな種類があります――喚起、定位づけ、実行注意。
- 注意制御は、生涯を通じて学習されるセルフコントロールの重要な特徴です。

うつ病や慢性的な痛みなどの症状は注意を乗っ取り、当然のことながらネガティブ思考が急増して注意を引きつけます（例：「耐えられない、どう対処できるっていうの？」）。この過程を眺めて、そこから離れ、他の体験を私たちの体験の風景へと取り入れることが、私たちが世界を再構築する方法です。マインドフルネス・トレーニングでは、短い8週間のプログラムでも注意制御を向上させることはできますが、より長く、より持続的なマインドフルネス・トレーニングにおいて、さらに信頼性の高い効果が見られます（Jha et al., 2007; Lutz et al., 2009; MacLean et al., 2010; Morrison et al., 2014; Mrazek et al., 2013）。

心の科学からの重要な洞察は、注意は体験への入口であり、かなりの程度までコントロールし、トレーニングすることができるものだということです。

6　感覚、感情、認知、行動衝動を区別する

私たちの多くは、自分の体験の豊かさに気づかず、立ち止まって「今この瞬間の私の体験は何だろう？」と問うこともなく、日々を過ごしています。もっとも基本的な心理モデルは、特定の瞬間の体験を取り出して、いくつかの重要な要素に区分するのに役立ちます。

1. 身体感覚
2. 感情
3. 思考、イメージ、記憶、計画、空想、評価
4. 行動衝動と行動

表 2･1　体験に関するさまざまな要素

要素	説明
身体感覚	身体感覚は、最初は感覚的印象そのものとして体験されるが、心は感覚についての思考や感情について非常に素早くラベル付けや分類をするため、肩の**緊張**という直接的な体験は、**背中の痛み**や**ストレスによる緊張**となりうる。
感情	典型的に、さまざまな感情は以下のように理解される。 (1) 基本的なもの（例：幸福、怒り、驚き、悲しみ、嫌悪、恐れ） (2) 感情が組み合わさった、より微妙な状態（例：プライド） (3) 評価と精査を含んだ感情（例：感謝、失望）
思考、イメージ、評価	これは認知領域であり、思考を指す。思考、イメージ、評価、記憶、計画、想像力、心のさまよい、白昼夢、空想などが含まれる。
行動衝動と行動	行動衝動は、基本的な状態（例：覚醒や興奮）と、より複雑な欲求や実際の行動（例：支配感の追求、思いやりや和解への動き）へと区別することができる。非常に基本的なレベルでは、覚醒とエネルギーの程度が、私たちが行動する気になるかどうかを決定する。恐怖や怒りなどの基本的な感情は、戦う、すくむ、逃げる欲求などといった行動傾向に直接関連していることがよくある。

注：5つ目の要素は、体験が展開する瞬間の文脈です。それぞれの瞬間は、身体感覚、感情、思考、行動といった絶え間なく変化する原動力で構成されています。

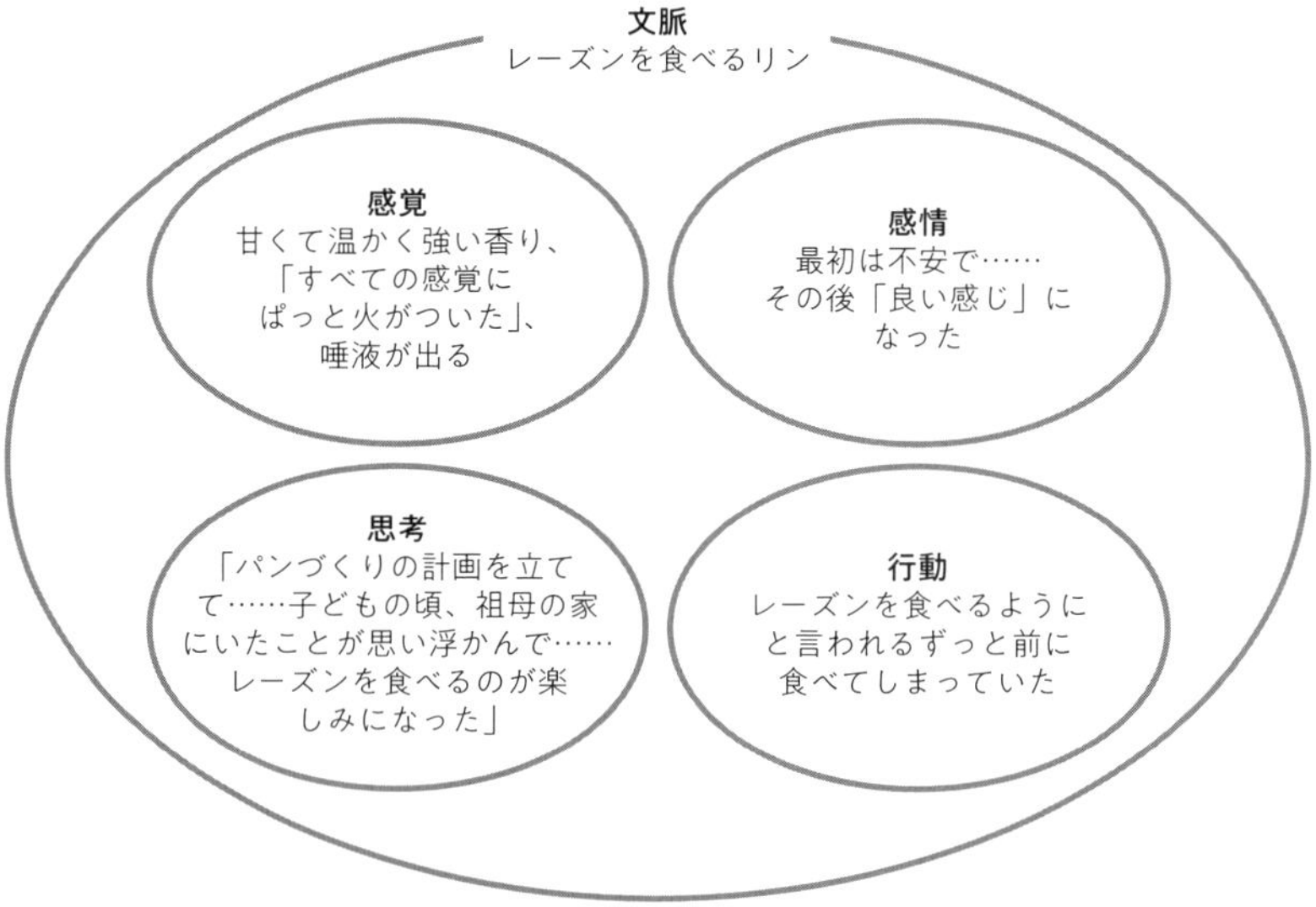

図 2･1　レーズンエクササイズにおけるリンの体験

文脈、あるいは特定の状況は、5つ目の要素――すなわち、それぞれの特定の瞬間の前提条件といえます。この5部構成モデルは、認知療法で広く用いられており（表2・1）、私たちの心の反応性を理解する上で重要な部分であるため、非常に役立つと考えられています（Kuyken et al., 2009; Padesky & Mooney, 1990）。

5部構成モデルは、あらゆる環境や状況での体験を構成要素に分けることを可能にします。例えば、レーズンエクササイズにおけるリンの体験を、身体感覚、思考、感情、行動へと分析できます（図2・1）。レーズンが計画（パンづくりの計画）、記憶（祖母の家）、そして（レーズンを食べることへの）期待を引き起こしたとき、彼女の心がさまよっていたことがわかります。これは、感情（「良い」感じ）および嗅覚と味覚（「甘くて温かい」）に関する身体感覚と結びついて、身体の唾液反応を引き出しました。これにより、レーズンを食べるという行動が始まりました。

どのような状況でも、気づきに利用しうる無数の身体感覚があります。思考やイメージは、多くの場合、自動的に、私たちが十分に気づいていなくても生じる可能性があります。それらはしばしば感情や身体感覚と密接に結びついており、行動衝動や行動と関連している可能性があります。これらすべては、私たちが置かれている状況と私たちの既存の心の状態の文脈の中で起こります。私たちが体験にもっと注意を向けるにつれて、私たちはこれらのさまざまな要素に焦点を合わせ始め、体験がどのように生じて、精巧につくり上げられているかを知ることができます。例えば、イメージはしばしば直接的に感情を形作ります（Holmes & Mathews, 2010）。一方、言葉は同様に強力になりうるものの、感情への影響においては、しばしば、より僅かで間接的です。

「あなたを助けたり世話をしたりした人、教師やメンターといった、あなたがポジティブな関係をもっていた人を思い出してください。その人を実際に心に浮かべてみてください。おそらく、その人があなたにやさしく親切だったときのことを思い出すことでしょう。頭の中でその人の画像と、その人があなたの世話をしてくれたその瞬間に何が起こっていたかを確認できるくらいイメージを鮮明にしてください。そうすると、

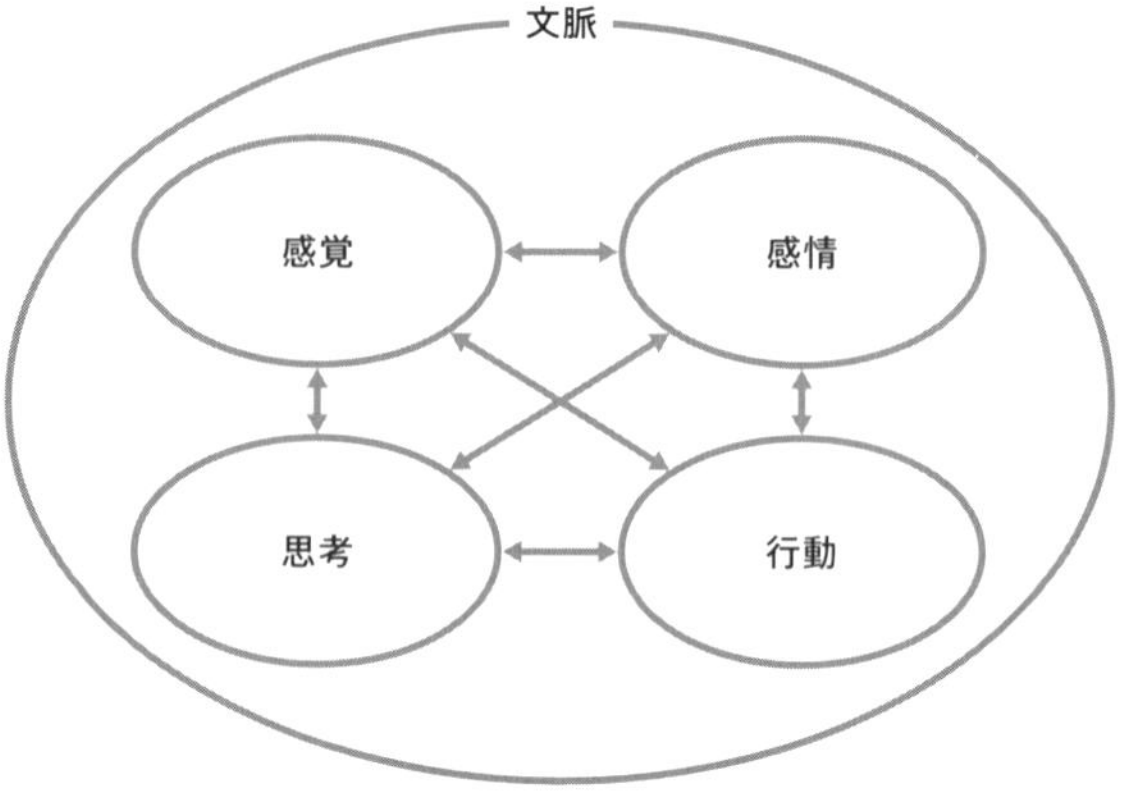

図2・2　体験を区分する：5部構成モデル

どのような感情が湧き起こりますか？」

イメージは感情を呼び起こす可能性があります。こういった恩人を思い起こすと、関連する感情が自動的に発生することがよくあります。

私たちがまず認識し始めてから、身体感覚、感情、思考、行動を区別すると、目新しくて興味深いものになる可能性があります。それは心の地図をつくるときの最初のステップであり、私たちの体験をより鮮明に明らかにします。このシンプルな5部構成モデルは、私たちが体験を切り分けて、異なる関係を築き始めることを可能にする方法として示されています。融合され、混ぜ合わされ、さらには**スープのように混濁している**体験を、より微妙で、区分された、よりはっきりとしたものへと変えることができるのです。私たちの体験はすべて人という条件の一部であるため普遍性がありますが、一方で、私たちは誰しもいくらか特有のやり方で体験するため特殊性もあります。

体験のさまざまな要素を区別することを学ぶにしたがって、身体の状態や感情、思考、行動のつながりがわかり始めます（図2・2）[*3]。思考がいかに感情や身体感覚を形作っているかがわかります。私たちの身体の状態、特に疲れが私たちの思考や感情をいかに形作っているかを知ることができますし、行動衝動が感情や身体の状態といかに関連しているかが理解できます。そして感情が私たちの思考や行動をいかに形作っているかを知ることができるのです。図2・2に示した両方向の矢印は、これらの関係を示しています。これらはいずれも、一般化（「私はいつも自分の思考を事実と見なしていたようです。疲れたときにネガティブに考える傾向があることには気づいていませんでした」）であり、エンパワーメント（「私には選択肢があるとわかりました。疲れているときは、自分をいたわり、大目に見る必要があります」）です。

心の科学からの重要な洞察は、私たちの体験はいつでも個別の要素（すなわち身体感覚、感情、思考、行動）に分けることができるということです。これらがどのように発生し、互いに影響し合うかを学びます。重要なことは、感覚、思考、感情、衝動とどのように関係するかを私たちは選択できるということです。

7 ダイナミックで常に変化する心の性質

マインドフルネスの実践は、心がいかに動的なものであるかを明らかにします。私たちが実践をするとき、瞬間瞬間における体験の展開をよりはっきりと見ることができます。永久に続くもの、不変なものはありません。私たちの心が感情、身体感覚、行動衝動を生み出すときでさえ、それらは絶えず変化しています。リンの場合、レーズンに注意を向けているときに、自分が空想にふけっていることに気づき（計画と記憶）、レーズンの匂いに注意を向けると、最初に不安による苦痛を体験しましたが、彼女が意図的に嗅覚と味覚を前面に押し出すにつれて「良い感情」へと変化しました。彼女は口内で唾液が出てきていることとレーズンを食べたいという欲求に気づきました（図2・1）。しかし、たとえ彼女が「不安による苦痛」を探索するのを止めていたとしても、そこにも思考やイメージ、感情、身体感覚、行動といった要素が含まれていたことでしょう。講師がレーズンの匂いを嗅ぐよう促し、リンがそれに応じた際には、新たな一連の思考、感情、感覚、および行動衝動が生じました。心の状態とそれらを構成する要素は、継続的な変化と流動の状態にあります。それぞれの瞬間は、次の瞬間を形作る文脈です。私たちの体験に注意と気づきをもたらすことは、このダイナミックな流れを明らかにします。

Box 2.3

エクササイズ：通りを歩く

少し時間をとって、自分が通りを歩いているところを想像してみてください。あなたの身体で何が起こっているのか、そしてあなたがどのように感じているのかを注意深く眺めてください。少し時間をとって、呼吸とつながってください。吸う息と吐く息の連続を観察します。安定を感じるまで、数回、呼吸をしてみます。

では、あなたが一人で通りを歩いていると想像して、通りの反対側から誰かがあなたに向かってくるのを想像してください。それはあなたの知り合いです。あなたがその人に手を振って笑っているところを想像してみてください。そして彼または彼女はあなたに気づかずに通り過ぎます。

想像をストップします：例えば、あなたの顔、胸、肩には、どんな身体の感覚がありますか？　どんな気持ちですか？　あなたの周りにはどんな思考やイメージがありますか？　何をしたいですか？

Box2・3の例は、右記の点を説明するために、認知行動療法とマインドフルネス・プログラムの両方で使用されています。このエクササイズは、一連の身体感覚、感情、思考、行動の癖を引き出した可能性があります。うつ

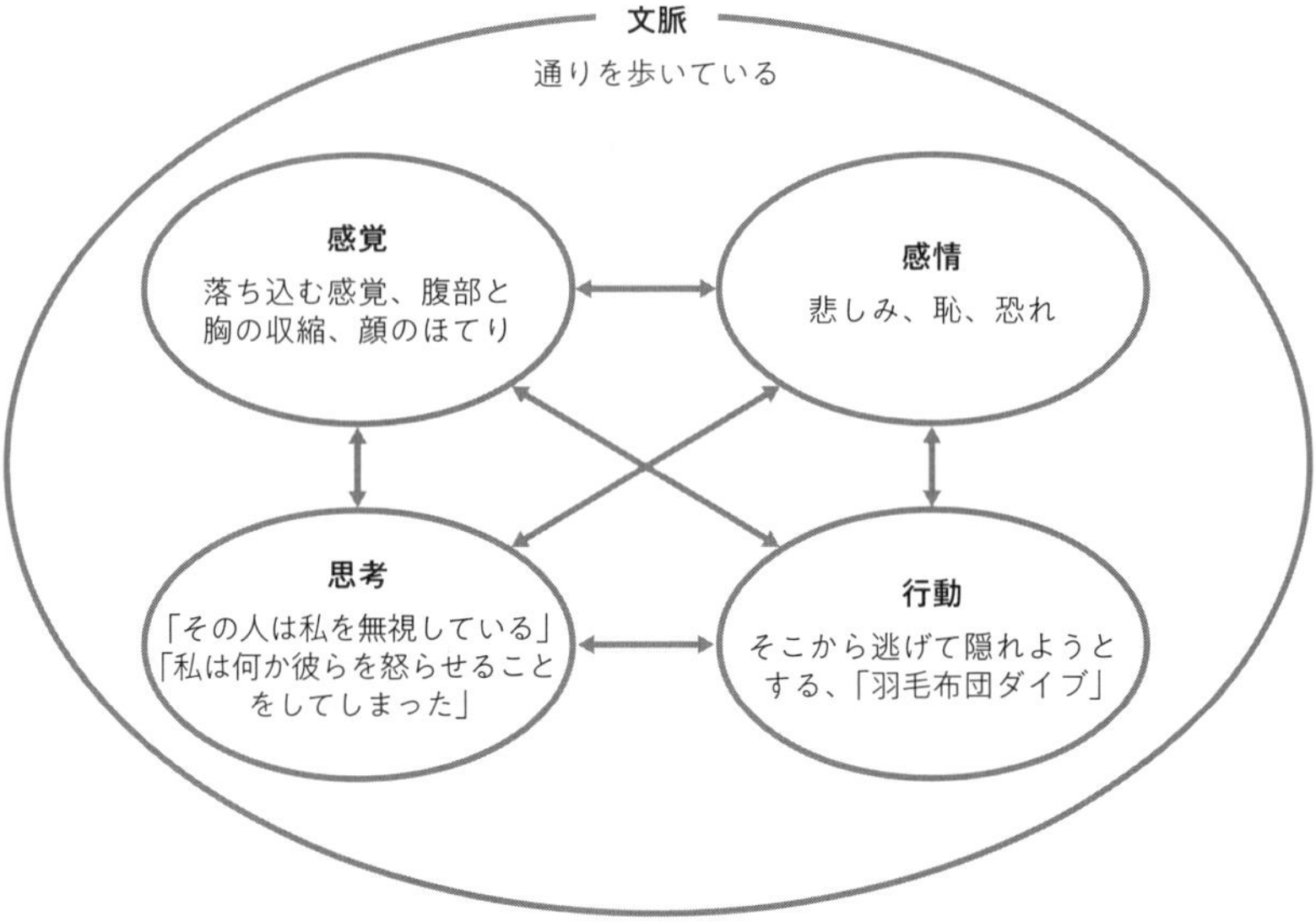

図 2·3 「通りを歩くエクササイズ」におけるリンの体験を 5 部構成モデルを用いて区分した図

病を経験した人にとって、もっとも典型的な感情は悲しみ、あるいは恥ずかしさや恐れの感情でしょう。身体感覚、もしかしたら落ち込む感覚、腹部と胸の収縮、顔のほてり、そして行動としては、そこから逃げて隠れたいという衝動。リンは人生で多くの逆境を経験しており、彼女が養護施設に住んでいた頃のある期間、他の子どもたちは彼女を排除していじめました。このエクササイズでは、彼女の早期の学習から、「彼らは私を好きではないから私を無視する」あるいは「私が何か怒らせることをしたから、彼らは私を排除しようとしている」といった思考と評価が生じました。これを図 2・3 に示します。ここでは、5 部構成モデルを使用して、リンの今この瞬間の体験を区分けしています。

他の人々は、これと同じ想像のシナリオに対して、より中立的な感情的、身体的な反応を示す可能性があります。ここでの評価は、より一般的には「彼らは忙しく、何かに気を取られているため、私を見ませんでした」です。このエクササイズでの人々の評価の内容は重要ではありません。エクササイズが示しているのは、ダイナミックで移り変わる心の性質であり、状況を評価するやり方がいかにその瞬間の私たちの体験を形作っているかということです。

心の科学からの重要な洞察は、私たちの体験は動的であり、継続的に展開および変化し、部分的には評価と判断によって推進され、状況、学習歴、およびそのときの心の状態によって色づけされるということです。

8 評価的な心を駆り立てる不一致モニター

心のあらゆる段階に強力な評価的要素があります。この評価は2つのレベルで行われます。1つ目は、体験が快か不快か、中立かを単純に評価することです。これは、一次評価と呼ばれることもあります（Lazarus, 1993）。仏教心理学では、それは *Vedanā* または感覚のトーン（feeling tone）とされます（Bhikkhu Analāyo, 2003）。2つ目の、より詳細な評価は、この体験がどのようにあるべきか、どのようになりたいか、過去どのようであったかと比較するやり方です。これは**不一致思考**（*discrepancy thinking*）と呼ばれることがありますが、私たちが物事をどう思っているかをモニターし、あるべきと考える姿と比較する傾向のことです（Higgins, 1987; Masicampo & Baumeister, 2007; Williams, 2008）。

マインドフルネスの実践は、この完全に優勢な評価的な心と、それがいかに自動的かつ迅速に特定のタイプの体験へと傾き、他の体験に背を向けるのかを明らかにします。レーズンエクササイズでは、その物体をこれまで見たり嗅いだり、味わったりしたことがないかのように、**初心者の心**でレーズンと関わるように求められます。これは難しいことです。なぜなら、心は自動的にラベルで隙間を埋め（「ああ、これはレーズンね」）、すぐにレーズンが「良いもの」（リン）か「嫌なもの」（ソフィア）かを判断するからです。そうであって欲しい姿と比較するこの評価的な心は、体験の背後で継続的に行われるプロセスです。

ガウタマ・シッダールタ（ブッダ）が閉ざされた生活から抜け出し、病気や老い、そして死を目の当たりにしたとき、彼が思っていた人生（彼の父による過剰な庇護によって閉ざされた世界において、安全で予測可能である）と、苦しみおよび死という現実の間の矛盾が露呈したために悩みを体験しました。私たちの心は、シッダールタが直面した病気や老い、死といったより大きな実存的な問題から、「レーズンは『良い』か『嫌』か」などといったより平凡な問題まで、あらゆるレベルの体験で常にこれを行います。

私たちの価値判断はほとんど自動的で連想的であり（Bargh et al., 1996）、十分な気づきがないまま前意識のレベルで行われます。すでに見てきたように、注意喚起と定位づけにはバイアスが組み込まれています（Friedman & Forster, 2010）。私たちの心は、さまざまな情報源（聴覚や視覚などの感覚入力、身体の状態）から入ってくるすべての情報を継続的にモニターし、「これは期待どおりか？　安全か、脅威か？　この体験に参加する必要はあるか？」などの問いかけをしています。こういった評価は、意図的で意識的な努力を要しないことが多く、種の存続に役立つよう進化した心と身体構造を使って（Barnard et al., 2007）私たちが人生で身につけた無数の連想に基づいています（De Houwer et al., 2001; McLaren & Mackintosh, 2000; Paivio, 1969）。

私たちは社会的な種であり、私たちの生存は、社会集団の一員であることによって与えられる安全性と利点を拠り所としてきたことでしょう（Darwin, 1871）。私たちの心は所属に関する社会的手がかりに合わせていますが、それは私たちの進化系統で集団への脅威を検出できるようにすることが選択されてきたであろうことが理由です。私たちの評価的な心は、注意喚起や心がつくる無数のポジティブおよびネガティブな関連づけといった構造に基づいています。この学習の重要な特徴は慣れです。何かが安全であることを知ったとき、私たちはそれを身近なものとして分類し、私たちの注意はそれを軽く扱います。これは効率的で理にかなっていますが、それはまた、比較的些細なこと（例：食事）も、時として重要な存在――多くの時間をともにする愛する人々（例：パートナーや子どもたち）のような――までをも含む、すべての体験に対して私たちが十分に注意を払うことをやめることも意味します。関連づけ、慣れ、不一致モニター、および評価は、情報処理を効率的に行うために設計された神経回路によってサポートされています（Barnard & Teasdale, 1991）。

リンの人生は、彼女を、排除されることに対して敏感にさせた。「通りを歩く」エクササイズ（Box 2・3）では、この初期の学習がすぐに結びついて、好かれないことや排除されることに関する感情や思考となった。このエクササイズで、彼女は心がこれらの思考をいかに連想的かつ迅速に生み出したかに驚いた。彼女は、ほとんどすぐに身体の収縮感に気づいた。それと同時に、逃げ出して、彼女が「羽毛布団ダイブ」と呼んだ、安全なベッドに入って恐怖や急降下する感覚から逃れたいという強い衝動にも気づいた。このように、リンが心を理解できるようになるにあたって、ある程度の距離をとって、注意や意味づけおよび評価のプロセスを見ることは役に立った。彼女が「いつもと違った反応を身につけられるかもしれない」と気づいたとき、まずはそれを理解し、次に選択と可能性の感覚を得た。

これまで述べたように、マインドフルネス・トレーニングは、私たちが体験をより明瞭に見ることや、自動的な反応に気づけるようになることを可能にし、より柔軟な方法で対応することを教えてくれます。このことをBox 2・4に示しますが、そこでは、マチウ・リカール（Matthieu Ricard）という、経験豊富なマインドフルネスの実践者について学びます。彼は非常に警戒すべき刺激（銃声）に心が反応する様子を眺めて、自身の反応を調整して落ち着いた状態に戻ることができます。

Box 2.4

驚愕反応と不一致モニターの認知神経科学

著名な神経科学者であるリチャード・デビッドソン（Richard Davidson）は、彼のキャリアを観想的神経科学の下位専門領域の発展に捧げてきました。彼は、マインドフルネス・トレーニングが私たちの脳と身体にどのように影響するかを理解するため、非常に経験豊富なマインドフルネス実践者について研究してきました。優れた音楽家の専門技術が時間の経過とともに発達するにつれて、楽器を演奏するときに使用される感覚皮質と運動皮質に関連する脳の構造と機能に変化が見られることは、以前からわかっていました。これは神経可塑性と呼ばれる、新しい環境や体験、学習に適応する脳の構造と機能です（Davidson & Irwin, 1999）。

非常に経験豊富なマインドフルネスの実践者もまた、注意の集中、注意散漫の管理、プロセスの再定位づけ、集中の維持に関連する脳の構造と機能の変化を示すことが明らかになりました（Davidson et al., 2003; Goleman & Davidson, 2017）。つまり、非常に経験豊富なマインドフルネス実践者の脳を研究すると、注意力の管理方法、行使できる実行制御の程度、さまざまな心の状態を調整するための選択法が、脳の回路の活性化と非活性化に映し出されていることがわかるのです。さらに、構造的には、これらの機能に関連する脳構造に観察可能な違いがあります。例えば、デビッドソンのもっとも重要な共同研究者の一人である科学者のマチウ・リカールは僧侶になり、長年にわたって膨大な瞑想の実践（2万時間以上！）に取り組んできました。リカールは、音楽家が楽器を演奏するために訓練するのと同じ方法で心を訓練してきました。

現在、科学者がリカールの心、脳、身体がさまざまな状況に対して、どのように反応するかを研究した多くの実験があります。ある実例的な研究では、リカールにさまざまな瞑想状態（集中的、開かれた気づき）になるように依頼し、号砲銃の大きな音——それは確実かつ極めて当然ながら注意を喚起し、驚愕反応を誘発します——にどう反応するかを確認しました（Levenson et al., 2012）。彼の驚愕反応は、似たような年齢や教育程度などの基本的な特徴をもつ男性からなる統制群の反応と同じでした。しかし、開かれた気づきの間に、リカールの膨大な瞑想トレーニングは、銃声が身体に関して驚愕を誘発したにもかかわらず（これは深部脳幹反応です）、彼は自分の反応を調整して落ち着いた状態に戻すことができたことを示しました。彼の主観的な体験としては、銃が発射されたときに彼の心が彼の体験とともにあろうとするほど、大きな音を彼の体験のダイナミックな風景として受け入れることができたということでした。対照的に、心がさまよっていた場合には、彼の驚愕反応はより強く出ました。訓練の結果、彼は体験に相当順応して、調整することができました。おそらく、彼は有益なやり方で、自分の体験の特定の側面に注意を向けることを選べたのでしょう。

私たちが身につけたパターン、連想、評価は、心の健康状態をつくり、維持することもできます。恐怖症の人は、比較的簡単に恐れている対象との連想が引き起こされる傾向があります。私（ウィレム・カイケン）はアフリカで育ちましたが、自宅の庭を含めて多くのヘビがおり、危険な種類のヘビもいました。私はヘビに対して自分では合理的な恐怖と考えるものをもつようになりました。イギリスに引越した翌日、少年の私は森の中を歩いていて、一本の棒を踏んだところそれが動きました。即座に、私の心は、脅威と見なすものへの警戒態勢をとらせて、棒をヘビに仕立て上げてしまいました。その瞬間、その棒は今にも私を噛もうと動く危険なヘビでした。ほとんど同時に、私の心と身体は恐怖に襲われ、私は後ろに跳ね上がって、これは友人たちを大いに楽しませました。このような高速の自動処理が心と身体に組み込まれていることや、連想的に学習されること、そしてそれには明らかに進化上の利点があることを示す、多くの研究があります（LeDoux, 2000; Phelps & LeDoux, 2005; Rogan et al., 1997）[*4]。

不安障害のある人は、脅威に対して過度に注意が喚起され、方向づけられる傾向があり、また、「試験に失敗する」、「皆、自分がどれだけ緊張しているかわかっている」、「何か悪いことが起こりつつある」などの誇張された思考パターンをもっています（Beck et al., 1985）。うつの人は、自分自身について過度に否定的で厳しい判断を下す傾向があります（例：「私は無価値で魅力がない」、「人々は私を好きではない」）。彼らはしばしば、あまりに素早く利用できるネガティブな記憶の大きな貯蔵庫（Beck et al., 1979）、あるいはさらに悪いことに、スキーマ的に過度に一般化された、これらの意味に結びつく記憶をもっています（例：「私の友情はすべて拒絶で終わる」：Williams et al., 2007）。これらの嫌悪的な考えや記憶が意識を支配するのを阻止しようとすると、実行注意が圧倒されてしまう可能性があります。この評価的な心は、あるレベルでは全く正常な心の特徴といえるのですが、それは人々を不安やうつ病に引き込む、抜け出すのが困難な流砂のようになることもあるのです。

こういった心の重要な側面（例：注意の安定化）は訓練しうるというエビデンスは増え続けています。運動は心臓血管系を形作り、筋肉の調子を整え、強化します。同様に、マインドフルネス・エクササイズは心身の構造と機能に影響を与えます。脳の構造と機能には「神経可塑性」があります（Davidson & McEwen, 2012; Garland et al., 2010; Goleman & Davidson, 2017）。マインドフルネス実践の最初の段階の一つは、人々が自分の心をよりよく知って理解すること、そしてそれが何かを判断する体験、つまり意味づけをずっと、できるだけ観るよう彼らを手助けすることです。時間の経過とともに理解が深まるため、経験豊富なマインドフルネスの実践者では、リカールが銃声による覚醒を下げるよう調整していたように、難しい心と身体の状態を扱うことができるようになります（Ｂｏｘ２・４参照）。私たちは皆、学習体験を通して、かつては機能していたものの今では役に立たない反応性へと私たちを閉じ込める、しばしば気づきさえもしない習慣的な心のパターンを発達させました。マインドフルネス実践の道のりは、これらのパターンと習慣を明らかにして、それを変えることを意図して構造化されています。

心の科学からの重要な洞察は、私たちは心のあらゆるレベルで自身の体験を絶えず評価しているということです。

「これは新しいか？　それともよく知っているものか？」「安全か、それとも脅威か？」「検討あるいは行動が必要か？」これは、不一致モニターによって駆動されます。「それらはどんなものか？　どうあるべきか？」私たちの満足や悩みは、物事が本来あるべき姿ではないと判断したときのこれらの不一致の作用です。これらのパターンを知り、変えることができます。

まとめ

過去１００年ほどの間に、心の科学は重要かつ有益な方法で心をマッピングしてきました。この章では、基礎的な心の科学からマインドフルネスを裏づけるもっとも役立つ要素をいくつか選んで、心の作業マップの概要を説明しました。

それらはすなわち、

- 私たちの心は多くの時間を自動操縦に費やしています。これには多くの利点がありますが、代償もあります。
- 知覚は私たちの感覚器官から生じる建設的で創造的なプロセスです。
- 私たちが払うような注意は、実際に私たちの世界の体験を変えます（つまり、私たちは積極的に自らの体験を創造しています）。
- 体験は、身体感覚、感情、思考、行動に分けることができます。
- 心はダイナミックで常に変化しています。
- 評価、判断、および不一致モニターは、あらゆるレベルの知覚と注意に存在し、体験を強力に形作ります。

● マインドフルネスの実践を通じて、心をトレーニングし、変容することができます。

次の章では、こういった考えに基づいて、心がこれらすべてを統合して世界を理解する方法を探ります。

●●● 注 ●●●

*1 地図（または理論）は抽象度が高い可能性があります。つまり、私たちが世界にどのように注意を払い、意味づけるか、そして私たちが世界でいかに反応し行動するかといった、普遍的に理解されている、私たちすべてに適用できる表現でありうるのです。私たちは、視覚、聴覚、触覚などを使用し、知覚を通して自分の生活と体験をマッピングします。これらは私たちの種を特徴づける心理的プロセスです。地図（または理論）は、特定のグループや一連の状況に特有のものにすることもできます。例えば、心理学者は、主要なメンタルヘルス問題（不安やうつ病など）それぞれについての理論と、特定の現象（利他主義など）を説明する理論を開発しました。

*2 心理学には、他の分野と同様に、認知心理学、社会心理学、臨床心理学などの下位分野があります。それぞれの下位専門領域は、窓のないサイロのように他の領域と連携することなく、理論的および経験的に発展する傾向があります。現実には、心をマッピングするために、これらの下位専門領域間での統合が必要です。

*3 これらの区別化は、より深い理解と応答性を支えるために人々が体験を解析するのに役立っています。実際、それらは精神構造と脳の構造／機能の観点から密接に関連していることがよくあります。感情は、評価（思考、イメージ、信念）を含み、行動衝動と密接に関連していることがあり、それはしばしば区分を識別するのが難しいほどです。おそらく、これらの区分は実際にもっとも正確な接合部で本質を切り分けるわけではありませんが、人々が自分の心をマッピングするのに役立ちます。

*4 ルドゥー（LeDoux, 2000）は、この種の恐怖に基づく処理は、迅速なパターンマッチング知覚（動く棒＝動くヘビ）の連鎖であると仮定しました。それは、より慎重で推論的な脳部位（皮質）を迂回する、視床－扁桃体回路の活性化とそれに関連する行動傾向（逃げること）です。理性が作動する心の部分が動くのは、その後のことです。

第3章

心の地図
——在ることと知ること

意識とは何か、と問われると、ルイ・アームストロングが、ジャズとは何か、とレポーターに質問されたときの回答に、勝るものはない。「ご婦人、他人に聞いているようじゃ、いつまで経ってもわからないだろうね」

——スティーブン・ピンカー（Steven Pinker, 1997）[*1]

心理学は、心の多くの不思議な面を、検証できる理論的な考えに変換してきました。ルイ・アームストロングの回答のように、意識的であるとはどういうことか、私たちは皆知っています。それは、愛する人を抱きしめることだったり、好きな食べ物や嫌いな食べ物の味であったり、ズキズキする歯痛の体験、自然界の美しさであるかもしれません。マインドフルネス実践におけるシンプルな招待は、このような知に対してオープンになることです。この章では、第2章で学んだ基礎的な心理学を基盤として、展開していくそれぞれの瞬間の中で、変化している無数の知覚、感覚、感情、思考、行動傾向を、私たちの心がどのようにしてつなげていくかについて概説します。私たちの体験が意味をもつことができるように、私たちの心が、どのようにしてストーリーの構造をつくり上げていくのでしょうか。この章では、以下のことを検討します。

- さまよう心はいかにして不幸な心なのか

- 異なる知り方・在り方
- 世界をどのように理解するか

1 さまよう心は不幸な心

マインドフルネス実践を始めるときに、私たちが最初に気づくことの一つは、私たちの心がいかにさまようものか、ということです。私たちが身体や呼吸に注意を向けるように言われると、私たちはすぐに、過去の想起や、未来の計画、体験への評価、他人の意図の推測、空想、その他さまざまなことに心がさまようことに気づきます。自分の心を「あちこち駆け出していってしまう小さな子どものようだ」と言う人もいます。彼らはよく、何か間違ったことをしているのではないかと心配して、「正しいマインドフルネス実践とは注意を固定して、心を空っぽにするようなことに違いないのに、自分はそれが全くできていない」と話します。しかし、第1章で見てきたように、ブッダは心について、良くも悪くも、衝動に従う訓練されていないゾウのようなものだ、と表現しています。ゾウが森の中で餌を探し回るのは良い例、ゾウが大農場を歩いているときに大きな音がしたら、驚いて大きな混乱と破壊を生んでしまうのは悪い例です。マインドワンダリング〔心がさまようこと〕は、誰にでも起こる体験です。私たちの心はさまよいやすく、さまようことこそが心のすることなのです。

今となっては古典となっている心理学実験において、成人2250人に対して、何週間かの間、（1）心がさまよったかどうか、（2）幸福だったかどうか、（3）そのとき何をしていたか、という3つのデータを繰り返し記録してもらう調査が行われました（Killingsworth & Gilbert, 2010）。3つの質問は、数週間にわたって不定期に繰り返し尋ねられ、巨大なデータベースが提供されました。後に影響力をもつことになるこの研究は、いくつかの重要な洞察を生み出しました。1つ目は、人々が時間の半分は心がさまよっていると報告したことです。2つ目は、マインドワンダリングが、そのときしていることにかかわらず不幸な気持ちと関連する傾向にあったことです。そして3つ目は、心が今ここにあるか、あるいはさまよっているかということが、実際にそのときしていることよりも、幸福な気持ちを予測したということです。研究のタイトルである、「さまよう心は不幸な心」は、まさにその主たる知見を表したものです。

これと並行して、神経科学者たちは、注意、知覚、計画、その他さまざまな認知機能と、神経との相関を調べるパラダイムを確立しようとしていました。つまり、「どの脳構造や脳内ネットワークが、これらの機能と関係しているのか?」です。マインドワンダリングの神経相関は偶然、発見されました。ある実験で、実験者は参加者に、**実際の**実験課題を待っている間、何もしないように求めました。すると、実験開始を待つ何もしていない間も参加者の脳は活動していて、何もしていないときに特有の脳活動も認められました。これが神経科学者がデフォルト・モード・ネットワークと名付けた脳活動であり、私たちが休息しているときに、心はこのデフォルトの状態になると推測されています(Raichle et al., 2001)。これまでわかってきたことは、意図的な活動から離れるときにデフォルト・モードがオンラインの状態になる、ということです。科学とマインドフルネス実践の両方が、私たちのデフォルト・モードがマインドワンダリングであることを見出してきたのです。

先導的な研究者たちは(Smallwood & Schooler, 2015)、マインドワンダリングの重要な区分けをしてきました。(1)何かに集中しようとするときのマインドワンダリング(例えば、マインドフルネス実践)、(2)〝休息〟をしているときのマインドワンダリング、(3)空想や創造的活動ともいえる、時に意図的な、自由連想のときのマインドワンダリング、の3種類です。例えば、私たちは、心配している問題や、立てなければいけない今後の予定、今従事しているプロジェクト、あるいは検討の必要がある緊急の問題に対して注意を選択的に向けやすいとされています(Hasenkamp et al., 2012)。

マインドワンダリングは、私たちが自分の人生の物語をつくり出すときにも、しばしば関係します。より最近のマインドワンダリングの研究では、ある特定の集団の人々に注目しました。予想どおり、抑うつ傾向がある人々は、心がさまよったときに、特に、繰り返しのネガティブな反すうに陥りやすいことがわかりました（Hamilton et al., 2011）。

リンは、シャワーや化粧、着替えをするのに、どれくらい朝の時間がかかるかについて述べた。彼女はその間、一度も今この瞬間にあるということはないと言う。なぜなら、今日これからのことについて心配したり、前の日からの問題について繰り返し思い出したり、他にもさまざまに思い悩むからだ。彼女がマインドフルネス・プログラムを始めた当初、彼女は心がさまよいかけると、そのことで自分を過度に批判してしまい、「私はダメだ、ちゃんとできないのが何よりの証拠、このマインドフルネス実践さえ私にはできないんだわ」と、さらなる反すうを引き起こしていた。

この現象は、認知療法が長らく仮説としてきた理論的枠組みと一致するものですが、抑うつ傾向がある人々は、自己・未来・世界に対してネガティブに考える潜在的な傾向があるといわれています（Beck et al., 1979）。これらの傾向は、普段は休眠状態ですが、例えば気分の落ち込みがきっかけとなり、活性化しやすくなります（Segal et al., 1996）。

心の中で展開されているこうしたプロセスを理解したり、反応の仕方を柔軟にしたりする人々の能力には個人差があります（Diamond, 2013）。重要なのは、マインドフルネス・プログラムは、この柔軟性をサポートするようにデザインされているということです。いくつかの非常に興味深い研究によると、マインドフルネス・プログラムは、よりマインドフルな状態へと導くだけではありません。プログラムによって、参加者はマインドフルネスのスキルを学ぶことができ、それはポジティブな結果や効果と関連するとされています。（Alsubaie et al., 2017; Bieling et al., 2012）。具体的にどういうことが起きているのでしょうか？

マインドフルネス・トレーニングは、人々がマインドワンダリングに気づき、意図的に今この瞬間に心を戻す方法を身につけるようサポートします。私たちが予想していたように、マインドフルネス・トレーニングは、マインドワンダリングを減少させ、デフォルト・モード・ネットワークの脳活動も低減させました。この効果は、上級のマインドフルネス実践家においてより顕著でした。（Brewer et al., 2011; Farb et al., 2007; Morrison et al., 2014）。つまり、私たちはマインドフルネスを実践すればするほどマインドワンダリングに気づきやすくなって、心を安定させることができるようになり、注意を向ける先を選べるようになる、ということなのです。

Box 3.1 マインドフルネス・エクササイズ
マインドフルに一呼吸置いて、マインドワンダリングに気づき、戻りましょう

少し時間をとって、一呼吸置き、あなたの心に気づきを向けてみましょう。もしかすると、あなたの心の状態に気づくために、今の状態を言葉にしてみるのもよいかもしれません。はっきりしている、ぼんやりしている、警戒している、疲れている、どんな言葉がよいでしょうか？　同じように、今この瞬間のあなたの感情の状態についても、気づきを向けています。満足している、不満がある、わくわくする、つまらない。今度はあなたの身体をスキャンしてみましょう。今この瞬間にある、どのような感覚にも気づいています。安らいでいる、縮こまっている、涼しい、暖かい。

では、ゆっくりと意図的に、呼吸に注意を向けてみます。呼吸によって生じるお腹の感覚にも、気づきを向けています。例えば、注意のスポットライトがあなたの呼吸と、呼吸を体験しているあなたのお腹のあたりを照らして

いるのを想像してみましょう。息を吸って、息を吐いて。吸う呼吸と、吐く呼吸に、気づきを向けています。お腹で感じる、呼吸のありのままの感覚を感じています。そこにはたくさんの気づきがあるかもしれません。広い気づきの中で、どんな思考、気持ち、身体感覚がそこにあったとしても、それを許し、認めましょう。しかし、前景には、お腹で感じる呼吸の感覚や、今ここの呼吸があります。何かを変えようとする必要はありません。ただ、お腹で感じる呼吸の感覚とともにあります。ありのままを感じ、意図的に、今ここにしっかりと存在しています。十分に気づいています。好奇心をもって、辛抱強く、取り組みます。

あなたの心は、必ずさまようことでしょう。これはごく自然なことで、実践の一部でもあります。心がさまよったことに気づいたら、その度に、これも実践の一部として取り入れます（「ああ、これはマインドワンダリングだ」）。もしかしたら、心がどこにさまよったか気づくかもしれません（計画、記憶、評価など）。気づいたらその度に、丁寧に、そしてしっかりと、注意を呼吸に戻します。

ではこれから数分間、この実践を続けます。呼吸に注意を向けて、マインドワンダリングに気づき、やさしく呼吸に注意を戻しましょう。

Ｂｏｘ３・１の、マインドフルに一呼吸置くエクササイズをやってみましょう。ほとんどのマインドフルネスのインストラクションには、心がさまよったことに気づいたら、その度に、今この瞬間に気づきを向けていたものに注意を向け直してください、という教示が含まれています。この短時間のマインドフルネス・エクササイズは、いつでも自動操縦状態から一歩離れられる方法の一つです。まずは今の心と身体の状態に気づき（例：私は今どこにいるのか）、そして意図的に、呼吸に注意を集めます。呼吸を安定したアンカーとして、注意を集中します。そうすると、マインドワンダリングは毎日の体験の一部でもあり、マインドフルネス実践の一部でもあるということがわかるでしょう。私たちは、マインドワンダリングに気づき、その度に注意を呼吸に戻す訓練を身につけていくのです。私たちの注意をうまく扱うこの能力は、世界での在り方と、世界の知り方について異なるやり方への扉を開いてくれるでしょう。

心の科学が見出した重要な知見は、心はさまよいやすいものであるということです。特に、抑うつ傾向など、よく知られているメンタルヘルスの難しさを抱える人においては、マインドワンダリングは不幸な気持ちと関連する可能性があります。マインドフルネス・トレーニングをすることにより、私たちはまず、マインドワンダリングに気づけるようになります。そしてそのうちに、マインドワンダリングがどんなときに役立ち、どんなときに役に立たないかについても、理解できるようになるでしょう。

2　世界での在り方と世界の知り方

世界に在ることと世界を知ることには、異なるやり方があります。私たちは世界について感じ、知覚し、注意を向け、その意味を理解します。そしてそれを、よりよく人生を過ごす道案内として用いています。しかし、音楽をつくり出す音符やキー、楽器のように、私たちの感覚や、知覚、気づきは、在ることと知ることに関する異なるやり方に構成されることができます。音楽のように、意識はさまざまな形をとり、多くの異なったやり方で体験されます。ジャズ、ソウル、ラップ、クラシック、これらはすべて、異なる形式の音楽です。同じように、心もさまざまな形をとります。

そもそも心の科学は、さまざまな在り方や知り方を探究することを目的に始まりました。30年以上にわたって、複数の心理学者が心理学における重要な転換に貢献してきました。その中でも主な人物は、フィル・バーナード、ダニエル・カーネマン、イアン・マクギルクリスト、ジンデル・シーガル、ジョン・ティーズデール、フランシスコ・バレーラ、マーク・ウィリアムズです。[*2] マインドフルネス・プログラムの鍵となる理論的基礎は、概念的なやり方で世界を知り世界にあることは確かに重要ですが、体験的なやり方で今この瞬間に在ることと知ることも重要であるというものです（Kabat-Zinn, 1990; Segal et al., 2013）。さらに、マインドフルネスに基づくプログラムは、あること（being）のありのままの体験的なやり方を訓練するだけでなく、モードを切り替えたり配分したりする方法を身につける手助けをして、より深い理解や、思いやり、スキルフルな行動につながるとされています（Crane et al., 2017）。

マインドフルネス・プログラムで、人々が学ぶ最初の心のモードは、自動操縦状態です（第2章で説明されています）。自動操縦状態に気づいた瞬間、私たちは、心を理解しはじめ、意図的な選択の練習が始まるのだと心に留めておいてください。リンは、今日これからのことをぐるぐると考えている間に、朝のルーティンが自動操縦状態で行われていたことに気づいたそのときに、自分がいかに自分の体験が見えなくなって、嫌な一日にしてしまっていたかを理解したのです。

では次に、体験的モードと概念的モードという、2つの心のモードについてより詳しく見ていきましょう。私たちはどのようにしてこの2つのモードをシフトしたらよいかについて、役立つ方法とそうでない方法の両方を概説します。

心の体験的モード

心の体験的モードとは、常に変化し続ける私たちの体験をあるがままに、今この瞬間に気づくことです。これには、視覚、聴覚、身体的な気づき、感情、行動衝動などを含みます。心の科学は、人の心特有の動きとは何かに注目してきました。実際は、人間と他の種は違いばかりでなく重なる部分があるのですが、それを無視してきたのです。

群れをつくる動物たち、例えばガゼルたちは満腹感への欲求に駆られて、食行動衝動を抱きます。彼らは草地において、群れのすぐ側で草を食べます。グループの一員として群れで休息を取るとともに、グループが安全か、脅威にさらされているかを知ることができるからです。彼らは群れの脅威を察知すると、草を食べているところから注意をシフトして、自身と群れの安全を確保するための適切な対応の準備に意識を向けます。脅威が過ぎ去るとすぐに、ガゼルは安全なグループ結束のモードにシフトし、安全性に基づいた行動をするようになります。つまり、草を食べることに戻るのです。脅威システムが弱まるように調節されると、再び安らいだ状態が立ち上がるということです。これは、連合学習によって条件づけられた、慣れ親しんだ状態です。外的刺激と内的刺激はすべて、適切な対応を可能にする統合的意味をもつように、互いに並走して処理されます。このような世界についての知覚と理解の方法は、私たち人類を含む多くの動物界で一般的なものです（Sapolsky, 2004）。

体験的モードは、パワフルで有益です。体験的モードでは、「物事が、可変性、無常性、相互連関性をもって、永遠に流れゆく全体の一部として、具体的に体現された個別性で、私たちに向かって立ち現れます」（McGilchrist, 2009, p. 93）。

体験的モードになると、どんな瞬間においても、身体感覚、感情、思考、行動衝動を含む私たちの体験に、最大限の範囲で気づけるようになります。これらの情報源から得られる情報はオンラインの状態になり、**身をもって**体験することができます。それにより、物事がどのような状態であるかにより十分に波長を合わせ、気づくことができるのです（表3・1）。体験的モードの体現のクオリティは、身体感覚、感情、思考、行動傾向に対する瞬間瞬間の気づきと一致します。これは、評価しないこと、忍耐強さ、信頼、平静さといった態度の側面に合わせて変化し

表 3・1　心の体験的モードと概念的モード

概念的モード	体験的モード
抽象的で、概念的な表現と物語を伴う	直接的な体験で、その個別性や範囲、力動のすべてを含む
評価し、分析する	許し認める
思考とイメージは事実として理解される	思考とイメージは心の中の出来事として体験される
過去や未来に注意を向け、心がタイムトリップする	今この瞬間に焦点を当てる

ます。

第2章で論じたように、刺激はまず、視覚や聴覚、その他の身体感覚といった主要な感覚の一つを通して記録されます。これらのシステムのすべての情報を統合したものが体験的な知識となり、私たちは世界の意味を理解することができます（Teasdale & Barnard, 1993）。体験的な知識は、私たちが置かれた状況が安全か脅威か、慣れ親しんでいるか新しいか、といったことを理解するのを助け、基本的欲求をどのように満たせばいいかを教えてくれます（例：温かさ、安全性）。私たちは社会的動物であり、その他のすべての社会的動物と同じように、グループの結束とグループ力動が重要となります。私たちは、家族がどこにいるか、無事でいるか、組織においてはどのような立ち位置かを知る必要があります。心は常に力動的な流れの中にあり、私たちは知覚することを繰り返して、自己の内外の世界におけるあらゆる変化を更新しています。

体験的な知識は、連合学習を通じて統合されていきます。例えば、このようにすれば物事がうまくいって、この設定だと普通は安全で、これは自分の親族で……といった具合です。この統合的学習によってそれぞれの瞬間に適した対応を選択することができ、対応は次の学習へとつながっていくのです（Glockner & Witteman, 2010; Kahneman, 2011）。

心の概念的モード

私たちはまた、人類であるために描いていた将来を想像してつくり上げ、過去を思い出して学ぶことができます。そうすることで、私たちは世界を**概念的に**知ることができます。心の概念的モードでは、私たちは自分の体験に立ち返り、その意味を振り返り、感謝や誇り、願望、後悔、その他さまざまな思いを抱きます。私たちは自分の人生について、自分たちを役者とした心的なストーリーを創作しています。このモードは計画を立てたり、創造性、言語を利用したりすることによって、自分が求めるものに対して、目標志向の行動を起こすことに役立ちます。さらに、私たちは高いレベルの言語力をもって、自分や他人に対し、自己の体験を説明したり、話し合ったりすることができます。自分の体験、この場合は概念的世界について振り返り、話し合う能力は人間に特有のものです。

この世界は明示的であり、抽象化され、区別化され、断片化され、静態的であり（それぞれの欠片は、機械のように動くようにセットされているにもかかわらず）、本質的には無機的です。私たちはこの世界から切り離されたように感じます。しかし、世界との関係においては、自分が力をもっているように感じるでしょう（McGilchrist, 2009, p. 93）。

心の概念的モードは並外れた人間の能力です。それは奇跡のようなものかもしれません。私たち人間の能力には、以下のものが含まれます。

- 抽象的思考をもつこと
- 想像力をもって、世界を再構築すること
- 意図的に創造力を働かせること

- 計画すること
- 豊かな自伝的記憶のデータベースをもつこと

この能力があることによって、私たちは複雑な人生を導くことができるのです。農耕、発明、天災の中で生き残る方法の発見、芸術の創造や交響曲の作曲、宇宙に宇宙飛行士を送ること、戦争、電化製品の開発、途方もない建物の建設、そして世界の安定を図るために国際機構をつくり上げること、いずれもこの能力によって、私たちの種が可能にしてきたことです。進化論的に言うと、言語を基礎とした心の概念的モードは、比較的最近、発達したものです。音声言語は、今からおよそ10万年前に出現したと考えられています（Dunbar, 2003; Dunbar & Shultz, 2007）。さらに人間は独自に言語を発達させていった結果、この概念的モードは私たち種に特有のものとなったのです。

心の2つのモードの区別は、表3・1にまとめてあります。

心のモード間のシフトをする

では、これらの2つのモードは、どのようなときに役に立ち、どのようなときには役に立たないのでしょうか？　意図的にモードを切り替えたほうがよいときは、どのような場合でしょう？　これら2つのモードには並外れた能力がありますが、これらの在り方や世界の知り方は、問題を引き起こす可能性もあります。1つ目の問題は、すでに指摘してきたことですが、**私たちは直接的な体験の豊かさや可能性から離れて、人生の多くの時間を自動操縦状態で過ごす傾向にあるということ**です。多くの人々の生活は絶えず**忙しく**、この問題はより悪化しています。体験から体験へと——忙しなく何かをして、して、してといったように——急いで行動すればするほど、体験的なモードには到達しづらくなってしまいます。前の章で紹介した食べるエクササイズでは、リンがゆっくりと自身の体験に気づきを向けたとき、彼女がいかに文字どおり意識を取り戻したかが説明されています。「匂いが私を空想から連れ出して、少し不安を感じました。でも、それから良い感じになりました。匂いは強く、甘く、温かくて、唾液が出始め、食べるのが楽しみになりました」

2つ目の問題は、より言い表しにくいことです。概念的に知ることは、すべてのことを考え（概念）へと分けてしまいます。それは、**体験の実際の風景を描き出す**とは限りません。私たちは、重要と思われる永続的な特徴やラベルを付けることで、体験を分割された存在に変えているのです。これらの概念は非常に抽象的で、私たちが今感じている現実からは全くかけ離れたものになる可能性があります。ウィトゲンシュタイン（Wittgenstein, 2009）は、「言葉は私たちに描画をもたらし、描画は私たちを囚われの身にするのだ」と表現しました。もちろん、私たちには世界を素早く分類できる能力が必要です。これは私の家族、これは知らない人、これは犬、これは椅子、といった具合です。しかし、これらの概念は私たちの体験を限定して、「私たちを囚われの身にする」可能性があります。体験が概念になった瞬間、私たちの思考は体験を別の形で思い描いていく方向に行きやすいのです。

マインドフルネス実践では、人々はできる限り、感覚を直接的に探索するように誘われ、体験的モードが探索をサポートしてくれます。これは、マインドフルネスを教えるときにも学ぶときにも重要なポイントです。私たちは、以下のような質問をしてみるように求められます。「その感覚は正確にはどのあたりにあるでしょうか?」「それはどこから始まり、どこで終わるでしょうか?」「それは鈍い？　それとも鋭い?」「それは脈打つよう？　それともずっと感じる?」「端はどこにあるでしょう?」「瞬間瞬間でどのように変化しているでしょうか?」すると、私たちは概念を越えて直接的な体験へと移行していき、体験が私たちに教えてくれるものを観察できるようになるでしょう。

3つ目の問題は、**物事が分割され、隔てられた概念的世界と、互いに関係・依存し、常に力動的パターンがシフトしていく感覚的世界との間には根本的なミスマッチがあるということ**です。心象風景の精査を止めると、体験的に知ることと概念的に知ることの間にあるミスマッチが顕れてきます。より直接的な体験から知ったことを概念と統合するのは、時として難しいことなのです。そのため、私たちは自動（自動操縦状態）がデフォルトで、概念的モードが主なモードになっています。私たちは体験的な知識の豊かさと、私たちの人生をよりよいものへと導いてくれるはずの理解を無視しているのです。

4つ目の問題は、第2章で紹介した不一致モニターです。概念と言語に依存することは、人間の元々の傾向と相まって、体験を評価して、パワフルな不一致モニターをつくり出します。私たちは、「それはどのようなものか」という問いのすぐ後に、「それはどのようなものであるべきか」という問いが出てきてしまいます（Higgins, 1987, 1996; Higgins et al., 1986）。この問いによって、私たちは、体験を自分がこうある**べき**だと信じる体験に変化させてしまうため、強迫的に努力するように駆り立てられます。目標と不一致について考えることは、とらえがたく意識に上らないような仕方で、体験をパワフルに形作ります。意識下では、情報が登録・評価され（悪い、良い、逃げている、しがみついている）、より込み入った反すう思考が続いていきます（例：「ああ、なぜ私はまたこんな気持ちになってしまうの？　私が何をしたというの？」）。

人は幼い頃から、自分がどうあるべきか、他の人がどうあるべきか、世界はどうあるべきかについての視点を養います。こうした視点は、直接的な体験から私たちを遠ざけてしまいます。世界を体験する代わりに、心の概念的モードは継続的に不一致を検出して、「どうしてこうなったのか？　どうすれば修正できるのか？」というように、不一致を修正しようと試みます。不一致を考えることによって心の概念的モードが駆り立てられると、強迫的に**頑張る**状態がつくり出されて、私たちはずっと体験と状況を修正しようとしてしまいます。

モハメドにとって、モードのシフトはどう見えるのでしょうか？

モハメドによれば、マインドフルネス実践によって、彼は「痛み」を別の形で知ることができたと言う。「刺すような感じ」「ズキズキする」、でも、かなり一貫して、身体の特定の部分にある、というような感じだ。この感覚はもちろん心地よいものではないが、彼はどの瞬間も独自であることを発見し、それが瞬間瞬間、変化することに気づいた。ボディスキャンを通して、彼は、「たいていの瞬間、身体とともにいれば大丈夫」という驚くべき洞察を得たのだ。また、モハメドは、彼が痛みについて抱く思考を、体験と結びつけることができた。感覚をより直接的に感じたのと同じやり方で、彼は思考を沸騰したお湯から浮かんでくる泡のように観察することができたのだ。彼はもう痛みについての思考（例：「これは耐えられない」）と一体化することはなかった。思考は気づきの中で生じうる体験となっていったのだ。

私たちは、自動操縦の概念的モードと体験的モードについて、より多いか少ないか、正しいか間違いか、良いか悪いか、ということを問うているのではありません。それぞれのモードにはそれぞれの機能と時間があるのです。重要なのは、私たちは両方のモードを使うことができることを知っておくことです。私たちは、自動操縦状態のオンとオフ、体験的モードと概念的モードのオンとオフのギアのシフトを選択することができるのです。マインドフルネス実践によって、このことに関する理解への道が開かれるでしょう。時間を経て、学びが広く深くなるにつれて、「ああそうだ、私はこのことがはっきりとわかっている。私が今ここですべきことが何かがわかっているという深い自信がある」というように、自信と能力が育っていくのです。

心の科学からの重要な洞察は、私たちには、異なる方法を用いて、世界に在ることと世界を知ることができるという、並外れた能力があるということです。自動操縦状態は、学習された反応・行動パターンを利用して、私たちを慣れ親しんだ領域の、非常に複雑な状態に導くことができます。私たちは自動操縦状態に気づくことができます。私たちがいつ自動操縦になっていて、いつ自動操縦になっていないかに気づくことは、私たちにとって役に立ちます。私たちは心のモードを体験的モードにするか、概念的モードにするかを選ぶことができます。私たちはマインドフルネス実践を行うことで、最初にこれら2つの心のモードを観察して、知ることになります。そしてやがて、十分な意図のもとで、これら2つのモードを行ったり来たりできるようになるでしょう。

3 世界の意味を構築する

すべての自然界のシステムには、似たような深い構造があります。単純なパターンはより複雑なパターンをつくるためにともに結びつき、そしてさらに複雑なパターンをつくるためにまた結びつくという構造です。心においては、情報の単純なパターンは、関連性のつながりに基づいてともに結びつき、より複雑で密着した情報のパターンとなります。

——ジョン・ティーズデール（Teasdale, 2016）

私たちの心はパターンを見出し、意味を創出します。これは、体験的モードにおいても概念的モードにおいても、たいてい自動的に行われます。私たちが見て、聞いて、感じたものはパターンとして融合され、それによって私たちは情報を評価し、記憶に書き込み、言語・想像・連想といったものに使えるようになります（Bargh et al., 1996; Cesario et al., 2010）。周囲の状況について素早く意味を理解することができると、安全か安全でないか、所属しているか所属していないか、近よるか避けるか、といった決定ができるようになります。こうした決定は多くの要素、知覚、注意、記憶が一緒に合わさってなされています（Barnard et al., 2007）。

人間は、言語を心的構造へと進化させてきました。言語は意味を構築するパワフルな手段です。言葉の驚くべき連想力を例証した実験を見てみましょう（Kahneman, 2011）。少しの間、以下の2つの単語を読み、あなたに何が起きるか観察してみてください。

バナナ　　吐く

単純にこれらの単語を読むと、心はすぐに、2つの単語の間を関連づける、パワフルな飛躍をもたらします。もっとも興味深いのは、たった2つの単語から、身体にも関連したストーリーがつくられるであろうということです。今すぐバナナを食べるとしたら、どんな気分がするでしょう。少しの間、上記の単語を読んだだけでも、バナナが嫌なものというストーリーが出来上がってしまっているのではないでしょうか。この例で、私たちは2つの単語を読むことしかしていません。実際には、私たちの目が、このページの光や色のパターンをとらえただけで、その先は何も決まっていませんでした。心には意味やストーリーを創造する傾向があります。心は意味の真空状態を好まず、始まり、中盤、終わり、主役のためのはっきりとした役割——目的格としての私（me）、私自身（myself）、主語の私（I）——を備えた物語的構造を好むのです。

Box 3.2

エクササイズ：ジョンは学校に行く途中でした

以下の4つの文章を順番に読んで、心が赴くままに、それぞれの文章における情報の意味を理解してみてください。もし可能であれば、次の文章に移る前に、どのようなイメージが目の前に浮かんでくるか、想像してみてください。

1. ジョンは学校に行く途中でした（いったん止まって、心のまま、この文章における情報の意味を理解してみてください）。
2. 彼は数学の授業について心配していました（いったん止まって、心のまま、この文章における情報の意味を理解してみてください）。
3. 彼は今日のクラスをコントロールできるかわかりませんでした（いったん止まって、心のまま、この文章における情報の意味を理解してみてください）。
4. これは用務員の職務内容を外れていたからです（いったん止まって、心のまま、この文章における情報の意味を理解してみてください）。

出所：Segal, Williams, & Teasdale（2013, p. 299）より抜粋

Box3・2を見てください。心がいかに意味と物語を創造するかについて、マインドフルネス認知療法（mindfulness-based cognitive therapy: MBCT）で用いられているもう一つの例に沿って考えてみます（Segal et al., 2013）。情報が制限されていたとしても、心はストーリーや物語をつくり出します。そして新しい情報が、物語を更新するために用いられます。Box3・2を読み始めると、私たちの多くは自然と、ジョンが学生だと思い込み、特定の年齢の男の子のストーリーとして位置づけます。どんな服を着ているかといった周辺状況まで、私たちの記憶や境遇からイメージを形作っているかもしれません。2つ目の段階で、ジョンは「心配している」と教えられると、感情が私たちの考えを形作っていきます。いくらか切迫した感じを受けるかもしれません。彼は何について心配しているのでしょう？　再び、私たちは連想の貯蔵庫を利用して、物語に評価を与えます。「彼は試験を心配しているの

かもしれない、友達と一緒にいるのだろうか、いじめられていたりして？　もし彼がいじめっ子のほうなら、報告されたのだろうか？」３つ目の段階では、意味が曖昧な文章なので、心がつくる物語はどのような方向にでも向かうことができてしまいます。そして最後の段階になると、人々はストーリーの役者を変えることになり、心は全面的に更新する必要性に迫られます[3]。

ある意味では、私たちはある程度決まったやり方で意味を構築するといえます。私たちは意味の構築を常にずっと続けているのです。しかし別の意味では、私たちの心がつくり出す世界はとても不思議で素晴らしいということです。マクギルクリスト（McGilchrist, 2009）は、以下のように重要な知見をまとめています。

> 注意の範囲が広がると、どのようなものに対してもオープンになっていきます。そして時間と空間を超えた壮大な統合と相まって、広く複雑な注意のパターンに気づいて物事の全体を知覚し、木だけでなく森までも見ることができるようになります。（p. 43）

4　文脈が鍵になる

文脈は、私たちの体験を強力に形作ります。私たちが情報や状況についてどのように意味を理解するかは、現在、過去、これまでの学習、心の状態、情報の枠組みといった文脈に影響を受けます。例えば、バナナが好きか嫌いかによって、先述の**バナナ**と**吐く**という単語を読む連想実験には影響があるでしょう。ジョンが学校に行くエクササイズでは、ジョンが用務員だとわかると、私たちは全体の理解を再調整することになります。このように、文脈の変化はすべての物事を変化させます。私たち自身の学校での体験、あるいは、私たちの子どもたちや孫たちの学校での体験が、私たちの評価を形作っていくのです。

では再び、第2章で紹介した、「通りを歩くエクササイズ」について考えてみましょう。私たちは、道の反対側にいる友人に向け、手を振っています。Ｂｏｘ３・３のシナリオを読んで、文脈がどのようにあなたの対応に影響を与えるか、見てみましょう。

Box 3.3

エクササイズ：通りを歩くエクササイズを、2つの心の枠組みで再びやってみましょう

あなたは、友人が道の反対側から歩いてくるのが見えます。あなたはその友人に手を振りますが、友人は手を振り返してはくれず、挨拶を返すこともなく通り過ぎていきます。

まずは、このシナリオが、あなたの心が休まっていて、楽しさや満足、希望を感じている日に起こったとしましょう。この状態で、道の反対側にいた人が、挨拶も手を振ることもしなかったことを、あなたはどのように解釈するでしょうか？

少し時間をとって、満たされた心の枠組みでシナリオをイメージして、身体感覚、感情、思考はどのように展開するかを見てみましょう。

＊　＊　＊

今度は、あなたの気分がやや落ちていて、疲れていて、心配がある日のことを考えてみましょう。この心的状態で、道の反対側にいた人が、挨拶も手を振ることもしなかったことを、あなたはどのように解釈するでしょうか？

少し時間をとって、気分が落ちていて、疲れて、心配がある心の枠組みでシナリオをイメージして、身体感覚、

> 感情、思考はどのように展開するかを見てみましょう。

マインドフルネス・プログラムにおける重要な学びのポイントの一つは、心がどのように与えられた状況を意味づけるかに、現在の心的状態や感情の状態が大きく影響するということです。第一に、ワーキングメモリーの**作業台**は容量に限界があるため、現在オンラインになっている感情状態に容量を取られていきます。私たちの注意資源は感情処理に消費され、他の実行機能に使える資源が制限されてしまうのです（Baddeley, 1996; Diamond, 2013; Hofmann et al., 2012）。

さらに、私たちの感情状態は、私たちが先に世界をどのように解釈し意味づけたかによって左右されます（Fox, 2008）。私たちの心の状態と思考パターンは、そのとき優勢な気分によって色づけられるということです。例えば、興奮と恐怖は、私たちの思考、身体、行動に影響を与えて、高度に選択的な注意と関連します。古典的な実験において、人々は安全が脅かされる状況に置かれると、その脅威に直接関連している状況の側面のみに、注意を向けて記憶するようになることが示されています。周辺情報はすべてほとんど記録されず、もちろん記憶にも残らないのです（Loftus & Palmer, 1996）。感情によって、いかに心が物事に選別的に注意を向けやすくなるかがわかることでしょう。しかし同様に、感情によって、心は私たち自身と私たちの必要性に即して心的世界をつくり出し、風景の一部分だけに選択的に注目しやすくなるのです。

悲しみや恥といった感情はどちらも自己を中心としていて、概ねネガティブな視点であるという点では同じですが、心を形作る方法は異なります。悲しみの状態では、ネガティブな記憶にアクセスしやすくなります。悲しみは私たちに、自分をよりネガティブに見るよう仕向けて、さらに他の人も自分をネガティブに見ているのではないかと感じさせます。これは体験を**色づける**感情です。恥は、私たちが失敗したと思っていることへの注意を縮こまらせようとします。これは、**身を縮こまらせる**感情です。不安や心配の状態では、世界がより恐ろしいものに解釈されやすくなります。これらは、私たちを**囚われの身にする**感情であり、私たちの注意を脅威に向けさせます。

異なる心的状態、例えば、楽しさや、感謝、配慮、思いやり、遊び心などは、より広大で、受容的で、包容力のある注意を生み出します。すると私たちは、他の人々がどう考え感じているかに広く目を向けながら、世界を理解することができます。周囲とつながる、創造的な状況が提供されるのです（Fredrickson & Losada, 2005; Garland et al., 2010）。

映画の音楽監督はサウンドトラックを通して、映画の雰囲気をつくり上げる役割を担っています。音楽監督たちは、音楽が私たちの心的状態を強力に形成すること、そして同様に、映画を全体としてどう体験するかをも枠づける力をもっていることを知っています。政治活動家たちも同じことを知っていて、恐怖あるいは希望を織り交ぜて政治的なメッセージを吹き込むのです。[*4]

心の科学からの重要な洞察は、私たちは知覚と感覚から意味を創出するということです。私たちは、たとえ部分的な情報しか与えられていなくても、物語構造をつくり出して、物事の意味を理解しようと試みます。文脈は非常に重要な鍵です。私たちの周囲や、私たち自身の中にあるすべての事柄は、私たちがどのように意味を理解し創造するかによって形作られているのです。

まとめ

私たちの体験は動的で、展開されている、豊かなものです。しかしその豊かさは、自動的で忙しい人生を送っていると、簡単に失われてしまいます。マインドフルネス・プログラムは、私たちの人生と日々の生活を、目覚めさせてくれるでしょう。

この章では、以下のことが示されました。

- 私たちの心は多くの時間においてさまよいやすく、訓練されていないさまよう心は不幸な心へと向かいやすいとされています。
- 私たちは、世界を知ることと世界に在ることについて、異なるやり方をもっていますが、そのうち2つの方法に注目しました。それは心の体験的モードと心の概念的モードです。この2つのモードは異なるときに、異なるやり方で作用します。
- 私たちの心は、瞬間瞬間の体験から**意味を創出し**続けています。心はパターンを探しやすいのです。文脈は重要であり、私たちの周囲に関する外的な文脈も現在の心の状態による内的な文脈も、いずれも重要です。こうした文脈が私たちの体験の意味理解を形作ります。

望遠鏡を少しずつ調節していくように、心の科学の発展は心について概観することと、より詳細に見ることとを可能にしてくれます（Glasser et al., 2016）。心の科学はまだ若い学問であり、私たちは心について知らないことが未だ多くあります。次の章では、私たちは古くからある仏教心理学へと向かいます。仏教心理学の考えは、異なる発見の形を通して構築されてきました。異なる発見の形とは、マインドフルネス実践によって心を調べ、訓練する体験です。心理学者が仏教心理学から学ぶことは多くありますが、逆もまたしかりでしょう。

••• 注 •••

＊1 スティーブン・ピンカーからのこの引用には以下のような前置きがあります。「心に関するもっとも深い2つの質問は『知性を可能にするものは何か？』と『意識を可能にするものは何か？』である。認知科学の出現により、知性はわかりやすくなった。少なくとももっとも抽象的なレベルの分析では問題は解決された、と言っても過言ではないかもしれない。しかし、意識や感覚、歯痛の生々しい痛み、発赤、塩味、中央ハ〔ピアノ調律や弦楽器のチューニングに基準音としてよく使われるイ（A）音のすぐ下のハ（C）音〕は、依然として謎の中の神秘に包まれた難問である」。

＊2 特に、ジョン・ティーズデールは、世界がいかにしてうつ病を引き起こすかについて、いかに異なる理解がなされているかについて取り組んだだけでなく、うつ病から抜け出す方法を提供することに彼の職業人生の多くを費やしました（Teasdale, 1993, 1999; Teasdale & Barnard, 1993; Teasdale & Chaskalson, 2011a, 2011b）。２０１６年、ジョンは私（カイケン）にイアン・マクギルクリスト（McGilchrist, 2009）の独創的で強い影響力のある本を紹介しました。それは、*The Master and His Emissary* という本でした。この本には、在り方や知り方に関する体験的、概念的な方法に関する類型論が非常に包括的で説得力のある形で示されています。これらの類型は、第4章で紹介する仏教の4つのマインドフルネスの基礎、およびダニエル・カーネマン（Kahneman, 2011）、ロバート・サポルスキー（Sapolsky, 2017）、フランス・ドゥ・ヴァール（De Waal, 2009）などの科学者の研究と重なっています。カーネマンの影響力のある研究は、人間は合理的、論理的、体系的な思考の膨大な可能性を自由に使える一方で、私たちのデフォルトは状況と感情によって強力に形作られた、より素早くて、自動的で、直感的なシステムであると論じています。サポルスキー（Sapolsky, 2017）とドゥ・ヴァール（De Waal, 2009, 2013）は、進化と動物の行動のいずれもが、人間の体験と行動のマッピングに役立つと強く主張しています。サポルスキーの『善と悪の生物学——何がヒトを動かしているのか』（*Behave*）という本は、人間の行動を形作るさまざまな影響力に関する素晴らしい論文です。進化の系譜を含めた人の人生の現在と過去において、ニューロンのレベルからより広い形成力までが論じられています。

＊3 私たちの思考、感情、体感、行動のダイナミックな相互関係を表すこのモデルは、私たち自身の体験と心理学の多くのエビデンスによって支持されています。例えば、多くの実験では、情報が非常に少ないために、情報を意識的に記録することができません。その後、研究者は感情状態に対する影響について調べます。ネガティブな言葉やイメージは否定的な気分（悲しみ、恐れ）を生み出し、ポジティブな言葉やイメージは肯定的な気分（幸福）を生み出し、中立的な言葉やイメージ（植物など）は中立的な状態を生み出します。これはダイナミックなものであり、直前のある気分状態がタスクをいかに遂行するかを形作るのです。悲しい人は中立的な情報にさえ、ネガティブな評価をする傾向があります。私たちが提示するモデルは、複雑な領域をすぐに使用できるレベルにまで引き出していきます。実際には、モデルの背後には多くの複雑さがあり、認知、感情、感覚、知覚そして意味の創造の間にはダイナミックな関係があります。認知と感情に関する優れた参考文献が、この領域の概要について示しています。例えば、エレーヌ・フォックス（Fox, 2008）の優れたテキスト、*Emotion Science* はその一つです。

＊4 私たちが**理解**という言葉を使うときには、しばしば言語を通した理解を意味します。しかし、体験的な知識は言語に依存していません。メタ

ファー、イメージ、音楽、芸術、非言語的な社会的合図、そして自然は言語に依存することなく力強く意味を伝えることができます。**メタファー**（*metaphor*）という言葉の語源はギリシャ語であり、**メタ**（*meta*）は「向こうに」、**ファー**（*phere*）は「運ぶこと」を意味します。したがって、メタファーは、文字どおり、**私たちを向こうにある理解という場所に運ぶ**ということを意味します。メタファーはより高度なレベルにおける意味づけや関連づけ、文字どおりの具体的な意味を超えた全体性を求めます。**猫がマットの上に坐っている**という言葉は、文字どおりのわかりやすい意味を伝えています。猫がマットの上に坐っているのを見て、それを理解します。しかし、**彼女は彼のとげのある言葉によってしょんぼりした**という言葉は、イメージやメタファーを呼び出すことによって、より豊かな意味を示します。社会的には、非言語的な手がかりはアイコンタクト、ボディーランゲージ、タッチなどのコミュニケーション力を高めることができます。それらはすべて、所属、安全、権力、そして階層を言葉よりも直接的に、おそらくより強調して伝えます。音楽も強力なコミュニケーション手段です。それは進化において言語よりも前のものですらあるかもしれません（Dunbar, 2004）。明らかなことは、私たちの非言語的な体験には、たとえそれが非概念的な体験であっても多くの理解があるということです。言語ではメタファーと詩は複雑で、より全体的な意味を伝える方法です。私たちは体験的に、安全やつながりといった状態を理解することができます。世界に対する私たちの理解と、私たちが反応したり、応答したりするやり方は、これらの身体的および非言語的な手がかりによって形作られるのです（Ackerman, Nocera, & Bargh, 2010）。

第4章 仏教心理学の地図
――苦しみの生から活き活きとした生へ

悲しみと嘆きを乗り越え、痛みと苦悶を終わらせ、平安と自由を実現するための道がある。それは、マインドフルネスを確立するための4つの方法である。
――比丘ニャーナモリと比丘ボーディ（Bhikkhu Nanamoli & Bhikkhu Bodhi, 1995）

私たちは幸せになりたいと願います。しかし、長く続いた幸福が消えると当惑します。平安を願います。しかし、争いと困惑が絶え間なく訪れます。他者に配慮し、思いやりをもって生きたいと願います。しかし、今この瞬間が恥ずかしさと非難でいっぱいになることもあります。つながりを感じ、活き活きとした状態でいたいと願います。しかし、容易にそれを忘れて、注意をそらせてしまいます。人生を通じて、すべての人が自分なりの喜びと悲しみを測る尺度をもっており、素晴らしいことにもそうではないことにも遭遇して、喜ばしい出来事あるいは悲しい出来事を経験します。仏教心理学は、私たちの人生には困難な状況や試練があるものの、真の喜びも深い苦悩もどちらも、心の中でつくられ、理解や混乱から生じていると一貫して教えています。不満を抱えている心を喜ばせるようなことは、この世にはほとんどありません。同時に、この世には、バランスと喜びに満ちている心を苦しませるようなこともほとんどありません。

第2章と第3章では、現代の心理学による心の地図について考察しました。この章では、いにしえの仏教の教え、特に仏教心理学による心の地図を見ていきます。本章の最後の部分では、こういった教えを、マインドフルネスに基づくプログラムの中の重要な要素と関連づけます。第5章と第6章はさらに、マインドフルネスのトレーニングを通じて、この地図が、苦しみの生から活き活きとした生へと移行することを助けるために、どのように使われるのかを詳説します。

特に、以下について論じます。

- 2本の矢の物語
- 悩みの3つの領域（①心身の痛み、②無常と変化、③悩みを煽るものに由来する苦しみ）
- マインドフルネスを確立するための4つの方法（①身体、②感覚のトーン、③心的状態や気分、④世界の経験へのマインドフルネス）

仏教心理学では、悩みを理解するためには、心が刻々とつくり上げている世界をまず理解しなければいけないと強調しています。マインドフルネスのレンズを通して心理的なプロセスを追っていくことによって、悩みから抜け出して、理解、思いやり、喜びへと向かう道を発見し始めます。

人生は、しばしば誰のせいでもないにもかかわらず、本当に困難なものになりえます。しかしながら、困難に対しては、慣れ親しんだ回避の戦略（解離、感情的抑圧、否認）か、あるいはマインドフルネス、思いやり、理解をもって出合うことができます。ブッダは彼の生きた時代において極めて革新的でした。回避が効果的ではないこと、この世を超越することは不可能であることを理解し、予測ができないこと、悩み、病気、加齢による避けられない影響を伴うこの混沌とした人生の中にあっても、平和とウェルビーイングを見つける可能性を提案したことにおいて優れていました。その可能性を追求するために、彼は心の地図を描くことに深く興味をもち始めました。そして、一見非常にシンプルに見えるものの、実は非常に深遠な悩みの地図を提示しました。その地図は、日常的に遭遇する小さな苛立ちや困惑、慢性的な痛み、病、死そのものといった人生における深刻な試練を網羅していました。この幅の広い苦しみを一語で適切に示すことができる英語の単語はありません。カバットジン（Kabat-Zinn, 1990）は、「厄介ごとだらけの人生（full-catastrophe living）」というフレーズを用い、人として経験しなければならない試練のスペクトラムを捉えました。痛みや不満に悩んでいることに気づいても、多くの場合、その苦しみを生み出すパターンを理解することはありません。その代わりに、意図せず、苦しみを維持し悪化させる戦略に頼るのです。

1 2本の矢の物語

2本の矢の物語は、私たちがどのように苦しみを増大させるのかを明快に説明します。これは、いにしえの教えと現在主流のマインドフルネスをつなぐ教えであり、マインドフルネスを実践する人にも、またそれを教える人にも意味のある中心的な教えとなっています。最初に、2本の矢に射られるという考えを紹介するところから始まります。

> 矢に射貫かれると、教えを受けていない者は、最初に身体的な痛みを体験する。それから、恐れと心配を体験して取り乱すであろう。このように、2つの種類の感覚、身体感覚と心理的な感覚を体験する。まるで、1本の矢で射貫かれ、その最初の痛みの後に、第二の矢がやってくるようである。

ここでわかるように、身体的な痛みと、痛みに対する反応性の痛みという2本の矢によって起こされた感覚を体験するのです。この物語は、さらに、マインドフルネスによって、第二の矢を避けることができるということを述べています。

……教えをよく受けた者の場合には、矢に射貫かれたときに、痛みを感じることを体験するが、心配したり、悲しんだり、嘆いたりせず、胸を叩いたり、泣いたり、取り乱したりしない。それは身体感覚という、彼らが体験する感覚の一種であって、心理的な感覚ではない。まるで、矢で射貫かれた者が第一の矢の後に、第二の矢を受けないようなものである。このため、第一の矢で引き起こされた感覚だけを体験するのである（Thanissaro Bhikkhu, 2017）。

このいにしえの物語は、2500年以上も昔に最初に述べられたときと同じように、現代のマインドフルネスに基づくプログラムにも意味のあるものです。

ここで重要な洞察は、痛み（第一の矢）は、人生という織物の一部であるということです。しかしながら、心配、抵抗、回避、必要以上に大騒ぎすること（第二の矢）を痛みに混ぜ合わせるかどうかは、選ぶことができるのです。

2 悩みの3つの領域

仏教心理学は、悩みや苦しみを3つの異なる領域、あるいは次元によって地図上に位置づける包括的な方法を提供している。

——「ブッダの教え」（Nanamoli & Bodhi, 2009）

痛みという痛み

苦しみの最初の領域は、痛みという痛み（痛みがあるということが痛みとなる）と呼ばれます。これは、誰もが経験する心と身体の苦痛のことです。事例としては、食べるものが十分になくて空腹であるとか、あるいは体力的に大変な仕事をして暮らしているとか、腰が痛いとか、歯の痛み、ひどい寒さで手や足が麻痺しているといったことです。空腹、痛み、寒さは身体で体験されます。それは、私たちがどれだけマインドフルであるか、そうでないかには全く関係がありません。それは身体の自然なのです。加齢には、痛み、病、傷つきやすさ、脆弱さといった独自の指標があります。身体は死を避けることはできず、死のプロセスには通常、痛みや困難が伴います。これが痛みという痛み、もしくは、第一の矢です。仏教心理学では、あらゆる苦痛の感情は、単に痛いという個人的で誰にでも起こる経験として認識されます。悲嘆、悲しみ、絶望、恐れは痛みを伴います。痛みという痛みは、誰のせいでもありません。この痛みを認識して処理するのは、すべての身体の自然であり、すべての心の潜在能力なのです。

痛みは、抵抗、恐れ、否認とともに体験することができます。また、配慮や思いやり、理解とともに体験することもできます。痛みという痛みに直面したとき、身体から解離しようとすることもできるし、あるいは、その代わりにマインドフルネスとともに身体に留まることを学ぶこともできます。困難な感情を体験していることに対して自分を責めることもできるし、思いやりをもってそれを体験することを学ぶこともできるのです。

マインドフルネスのプログラム開発の初期には、長期にわたる慢性的な症状に関連する痛みに人々がどのように取り組むことができるのかについて、多くの探究が行われました（Kabat-Zinn, 1982）。マインドフルネスが損傷した脊椎を癒やしたり、慢性的な病気を終わらせるだろうという期待はありませんでした。それらは第一の矢なのです。しかし、痛みがどのように体験され、痛みがその人の人生にどのような影響を及ぼすのかということに対しては、マインドフルネスは明らかに作用を及ぼしました。これらは、第二の、選択できる矢なのです。

すべては変化する、変わらないものはない：無常性と不安定性

人間の条件の2つ目の領域は、私たちが常に変化していて、頼ることのできない、予測のできない状況の世界に生きているという、シンプルで議論の余地のない事実について述べています。それは、ネガティブ、あるいはポジティブな真実ではなく、ただ単に議論の余地のない万物の本質です。雨は降らずに太陽が照ることだけを要求することはできません。私たちの人生に、素敵で、嬉しい出来事や感覚、人々だけがあるようにと決めることはできません。電車が定時で運行して、計画が常にうまくいくように求めることはできないのです。健康であったのに病気になったり、愛する人が容易にはどうしても受け入れられないような変化をしたり、私たちのものの見方や情熱も変化していき、最後には、自分自身の死ぬべき運命、誰もが知っているすべての人の死ぬべき運命に直面します。よい方向に向かうのであれば、時には変化を受け入れることもあります。歯の痛みを止めたり、あるいは困った隣人が引越しをするといったときにはそうでしょう。またある時には、安定への期待と願望にとって脅威に見えるような変化には絶望し、恐れ、逃げようとします。良いとか悪いという価値判断を下すよりもむしろ、常に絶え間なく変化しているありのままの世界を見て、理解するというもう一つの選択肢があります。私たちが生きている状況は、無限の安全性や確かさ、永続する幸福をもたらすことはできないのです。私たちは常に変化しているため、それと同じように常に変化し不安定である外部に安定性を求めることが、何の意味ももたないことを仏教心理学は指摘しています。

私たちの置かれている条件が備えている無常性と本質的な不安定性について深く理解するということは、仏教心理学では、あらゆる理解の中でもっとも人を解放するものの一つであると述べられています。そこには、私たちが体験している痛みを伴う反応性の多くを終わらせる力があります。もちろん頭では、不変で永遠に安定しているものがあるとは誰も本当には信じていないと確信し、賢明そうに頷きます。しかし、体験的には、変化は苦悶と苦痛

の波を引き起こす強力な引き金となりうるのです。マインドフルネスの実践は、あらゆる変化に直面したときに無常性の理解を体現して、苦痛を増すことになるような、つかんで離そうとしない習慣を手放すことを学ぶことを勧めています。

マインドフルネスはすべての体験に光を当てるので、私たちは浮かんでは消えていく思考や、変化する気分、移り変わるものの見方、高まっては消えていく身体感覚が直接的にわかるようになります。実際には、私たちが静的な状態ではなく動的なプロセスであるという深い理解への扉を開きます。私たちは刻々と移り変わっていくダイナミックな世界に生きている、ダイナミックで展開し続けていく存在なのです。変化や不安定さという現実との戦いをやめることを学ぶにつれて、平和、平静、勇気ある受容、バランスのとれた状態を垣間見ることができるようになります。時間とともに、それは垣間見ること以上のもの、つまり、揺るぎのない自信を伴う変わることのない理解になっていくのです。

抵抗、否認、嫌悪、渇望はすべて苦痛を煽る

3つ目の人間の条件の領域は、痛みへの抵抗と変化の否認です。抵抗と否認は、避けようとする当の苦しみをまさにつくり出し、さらに繰り返しそれをつくり上げます。結果として、私たちは苦悶と苦痛を増すことになります。渇望と嫌悪は、瞬間瞬間に変化している体験を拒絶するように私たちを駆り立てます。私たちは耐えられないと感じることを何とかして解決しようとします。2本の矢の物語では、このプロセスが第二の矢を招き入れるのです。

モハメドは、背中の痛みに苦しんでいるとき、例えば「これは24時間、7日間ずっと続く。もしこの痛みとともに残りの人生を生きなければいけないのならば、もう耐えられない」という考えに圧倒されていた。時々、

彼は「多分、死んだほうがましだろう」と思った。彼は、痛みのせいで家族の面倒を見られないことや、将来的に家族の負担になるようなら、ますます良くないと心配した。体調のために、水道配管工として請け負える仕事も限定されていたのだ。

身体的な痛みの感覚とモハメドの仕事上の能力の限界は現実であり、それらは苦痛の第一の矢だった。そして、彼の将来に対する心配と破局に陥るかもしれないという思考も十分に理解できるものではあったが、それは第二の矢であり、彼の苦痛を増大させて不安と反応性を引き起こす波となっていた。彼には自分の将来がどうなっていくのかがわからなかった。しかし、モハメドが自動的に行っていた第二の矢に射貫かれることを許すのではなく、その代わりに、好奇心、忍耐、平静さ、やさしさをもって苦痛を体験することを私たちは選択することができる。マインドフルネスの実践に基づいて、心をトレーニングするプロセスを通じて、それを行うのである。

モハメドは8週間のマインドフルネスに基づくプログラムを修了して、自分の心がいかに現実をつくり上げていき、自分が役立たずで他人に頼ることになるという将来を想像するのかを観察することができるようになった。マインドフルネスのクラスの期間中に、彼は、その週は自分の息子がレゴのブロックから緻密な形と構造物をつくり上げるのを見たと伝えた。彼は、将来を予見し自分が他者からのケアに依存し頼っている情景に必要以上に大騒ぎすることを通して、自分の心が構造物をつくり上げているのは息子がブロックをつくっているのとても似ているところがあるということが、マインドフルネスの実践の中でわかったと述べた。決定的なこととして、彼は自分が選択肢をもっていることに気がつくようになった。どんな瞬間にも、この破壊的なプロセスを認識して、そこから一歩引いて、その代わりに、新しくもっとポジティブな思考と感情の構造物をつくり上げることができるのだ。

モハメドの体験は、時間の経過とともに第二の矢がいかに苦痛を増すのか、そしてマインドフルネス・トレーニングによって心を知り、変容させるという強力な代替プロセスがどのようにして可能になるのかを説明しています。マインドフルネスを深めていくにつれて、第二の矢は選択できるものになるのです。もちろん、困難や苦難は避けることはできませんが、嫌悪、恐れ、自責、恥ずかしさ、評価、心配、焦燥感によって痛みや不快感を増大させるのではなく、それらに巧みに対応することを学ぶことができるのです。

2本の矢の物語は、一見シンプルですが、そのニュアンスは生涯を通じて学び続けることが必要となります。ソフィアの物語は、何が第二の矢であるのかを特定することがいかに難しいかを明らかにしてくれます。

ソフィアは最初の子どもを死産した。その体験は数十年にわたって、ほぼ毎日、彼女をとらえて離さなかった。子どもを失うことは非常に大きな喪失である。彼女は2本の矢の物語を誤解していた。子どもの死を第一の矢ととらえ、悲しみを第二の矢ととらえた。そして、自分が回復して人生を存分に生きる能力をその両方が抑圧していると信じていた。ずっと悲しんでいることは恥ずべきことであり、あたかもそれが自分の取った選択であり、弱さであり、個人的な欠点であるかのように思うようになった。彼女は、自分がマインドフルネスの実践にも自分の人生にもしっかりと向き合うことができないと話した。悲しみだけでなく、その上にさらに自分を裁くという心の層を重ねて生きていたのだ。子どもを失うことは十分に辛いことだが、その辛さに、さらにそれを悲しむことを悪いと感じることを重ねることが、もう一つの苦しみの層となっていた。ソフィアは、マインドフルネスの実践を通じてこのことをもっとしっかりと探索することによって、これは自責という大きな織物の一部であり、自分を過酷に裁く傾向であることを理解するようになった。悲しむことも第一の矢なのだ。子どもを失うという悲惨な体験と同様に、思いやりと配慮も受けるに値するものである。時とともに、彼女は自分を厳しく裁く傾向に対して、徐々に思いやりをもって向き合うことができるようになっていった。

喪失と望まない変化に接したときに、私たちは自分自身によくこんなことを言い聞かせます。「こんなことは起こってほしくない。これには耐えられない」「人生は不公平だ」「私は落伍者だ」と。私たちは第二の矢を自分に向かって射て、最初の痛みを増大させるのです。第一の矢、つまり痛みという痛みと、選択することができる第二の矢を区別するためには、注意と気づき、理解、思いやりの枠組みが必要となります。

ここでの重要な洞察は、永久に続くものなどないということです。すべては変化し、心理的な痛みも、身体的な痛みや不調も行ったり来たりします。それは人生の欠かせない一部なのです。否認と嫌悪で痛みを体験する場合には、そのことが悩みと苦しみをさらに増大させるのです。

3　マインドフルネスの4つの基盤

仏教心理学には、苦しみから活き活きとした在り方へのほぼ全行程を示した地図について述べた説法があります。それはサティパッターナ・スッタ（*satipatthana* discourse　念処経）です（Nanamoli & Bodhi, 1995）。それは数千年にもわたり、マインドフルネスを発達させようとする道の途上にある人々にとってのガイドとなってきました。そこには、私たちが今この瞬間を体験するすべての要素の中にマインドフルネスを確立するための実践的な枠組みが示されています。この枠組みは2500年前と変わらず、今日にも通じるものがあります。[i]

サティパッターナ・スッタのはじめには、マインドフルネスの実践は苦痛を終わらせ、永続する平静さを発見するために、苦しみの克服に向かう直接的な道を与えると示唆されています。マインドフルネスの確立は、まさに今ここにいるところ（マインドフルネスの4つの基盤として述べられるところ）から始まります。

1. 身体のマインドフルネス（例：身体的な体験）
2. 感覚のトーンのマインドフルネス（例：快、不快、そのどちらでもないという体験に対する初期的な評価）
3. 心理状態と気分のマインドフルネス（例：認知的かつ感情的な体験の領域）
4. 世界の体験のマインドフルネス（例：体験の認知的・推論的側面、ウェルビーイングを支えるもの、ウェルビーイングの障害となる要因も含む）

マインドフルネスを確立するための4つの方法は、生きる修行としての私たちの日常生活のためになるものとして意図されています。それらは、気づきと理解の能力を深めるために必要なものは、どの瞬間においても、私たちはすべてもっていることを示唆しています。これからマインドフルネスを確立する4つの方法をそれぞれに分けて探究していきますが、心に留めておくべきことは、その4つが体験の相互作用的な諸要素であり、互いが互いを形作ったり情報を与えたりするということです。

マインドフルネスを確立するための最初の方法：身体のマインドフルネス

身体のマインドフルネスを培うことは、マインドフルネスの実践における多くの体験的な学びにおいてその基盤をなしています。その教えは、坐っていても、立っていても、歩いていても、横たわっていても、身体を身体として知ること、身体が変化する性質をよく観ること、自分の身体が実際とは違っていてほしいと願うことなく身体を考察すること、私たちに共通する人間性とすべての身体に関する普遍的な物語を観ることを勧めています。この意味で、身体に気づきを向けることは、私たちの心における体験的なレッスンなのです。

このインストラクションは困難な場合があります。なぜなら、私たちは身体に対して過剰に同一化する傾向があるのと同時に、過剰に身体から解離する傾向もあるという矛盾する関係をもっているためです。どちらのパターンも、苦痛を引き起こす可能性と学びの可能性を内包しています。しかしながら、無数の形をとる苦痛の只中にあっても、常に身体に注意を戻すことはできます。あるマインドフルネスの師はこのように説明しました。「平安はいつもほんの一呼吸先にある」と（Thich Nhat Hanh, 1975）。言い換えるなら、いかなる瞬間においても、苦痛や苦しみを引き起こすような心と身体のパターンから抜け出すことを手助けするために、自分の注意を呼吸に置くことができるのです。

身体に気づきをもたらす唯一の道があるわけではありません。マインドフルネスに基づく活用法の中には、最初の実践としてボディスキャン、つまり、足のつま先から頭頂まで、身体の隅々まで意図的に注意を移動させていくという誘導的な実践があります。マインドフルネスに基づくプログラムの中では、一般的には40分ほどかけて行います。ボディスキャンでは、身体の中で注意を移動させていく際に、どんな感覚や出来事、身体の部分に対しても、特別に注目したり、固着したりするといった好みが向けられることはありません。すべては同じように扱われます。マインドフル・ムーブメントやマインドフル・ウォーキングも、気づきを身体にもたらすためのさらなる実践として導入されます。ここでの大きな違いは、身体が動いており、動きに伴う感覚に注意を向けることができるという点です。こうした実践において、体験の内容（例えば、身体感覚、感情、思考、衝動）に気を取られている状態から、好奇心と安定した注意とともに体験を保つというクオリティを備えた気づきとともに在る状態へと、非常に大きく革新的なシフトが行われるのです。

身体のマインドフルネスは、常に今この瞬間の実践です。昨日の歯の痛みや、明日の背中の痛みはないのです。今ここだけがあります。そこで私たちが気づくようになるのは、身体的な苦痛や大きな喜びを除けば、私たちは身体に真の注意をほとんど払ってはいないということです。その代わりに、私たちは主に自分の思考の中に生きることを選択しているのです。結果として、身体のある人間であることが何を意味するのかを知ることは稀になります。

しかしながら、これがマインドフルネスの本質であり、苦痛に終わりをもたらす鍵となるのです。私たちは、身体の特定の側面に注意を向けることはめったになく、他の側面に注意を引きつけられています。マインドフルネスの実践では、好奇心と親しみをもった態度で、それが足の指であっても、お腹であっても、顔であっても、身体全体に本当に幅広く気づきを向けている状態であっても、身体のさまざまな部分に等しく注意を向けるよう促されます。身体のさまざまな部分にどのような体験があるのか、そして、それがどのように展開していくのかを観ることは有益なことなのです。

リンの場合、マインドフルネスの実践への導入はボディスキャンからだった。彼女は、身体の体験に向かうということに対してそわそわしたり、すぐさま抵抗を体験したりし、自分の心の中に多くの抵抗があることを発見した。抵抗は、「これは本当に難しい。できるようには絶対にならない。また失敗してしまう」といった思考によって、さらに悪化した。

マインドフルネス講師のやさしい粘り強さとサポートによって、リンは集中を長く安定させて、少なくともいくつかの身体部分に注意を向けて、感覚に気づけるようになった。例えば、足の指の輪郭、形、足に感じる空気、床との接触点、足の重みを支えるときの足首の腱や筋肉が伸縮するわずかな感覚に気がつくようになった。彼女の心は、しばしばどこかにさまよってしまったり（例えば、仕事でやらなければならないあらゆることを考えることによって）、スキャンしていることそのものに反応してしまったり（例えば、「大丈夫。今は身体感覚を受け取っている。でもまたすぐにわからなくなってしまいそう」）したが、心がさまよってしまったときにはそれに気づいて、再び身体に戻ってくるように繰り返し誘導されることに従った。この気づくことと戻ってくることが、マインドフルネスの実践の一部なのである。

リンは成長期にさまざまな形での虐待に苦しめられ、身体の特定の場所に注意を向けたときに、「麻痺してしまっている」と感じたり、それに関連する強度の身体感覚が伴う困惑するようなイメージに襲われたりすることもあった。実践を始める前に、マインドフルネス講師はリンに注意深く関わって、そういうことが起こりうることをあらかじめ伝え、彼女がいつ体験に向き合い、いつ退くべきかを知ることができると自分自身を信じられるようにサポートした。彼らが一緒に取り組んだことで、リンは、トラウマに関連した体験に働きかけることに関して、賢明な選択ができるようになった。

身体をスキャンすることには、体験のすべてのスペクトラムが含まれていた。例えば、ある実践の後、リンはマインドフルネス講師に、次のように述べた。「自分の足の指について、形、感覚、触れている空気といった驚くほど多くのことに本当に気がつくことができましたが、他の身体の部分については、全くぼんやりとしていました。骨盤に注意を向けるようにという教示があったときには、自分の心がどこにあるのかを思い出せませんでした。呼吸の度にお腹の動きは安定していて、まるで海に浮かぶエアマットレスに横になっているようだったのですが、首と顔まで来たら、収縮して緊張していることを感じました。アンカーであるお腹の呼吸にいつも戻り続けました。そしてそれが助けになりました。呼吸は安定しているときもあれば、浅くて速いときもありましたが、常にそこにあったのです」

本当に自分の身体とともに在ることを妨げるような試練はたくさんあります。私たちはあまりにもしばしば、思考に埋没してしまうという癖に陥って、過去や将来のことで頭がいっぱいになり、この瞬間の身体的な体験よりも、感情や心理的な生活に主たる注意を向けてしまいます。痛みや病気の体験に向き合うことは難しいのです。身体から逃げるほうが、居心地がよく、安全に思えてしまうのです。過去の虐待された体験は、身体からの解離を自己防衛の手段と考えるように仕向けます。自己防衛は、かつてはうまく働いたことがあったかもしれませんが、もはやうまく役に立つことはありません。美しさ、若さ、強さ、スポーツの才能を価値と結びつける文化的な価値観は、身体への内面化された軽蔑へと（明白ではない形ではありますが）変換されてしまうことがあります。加齢や弱さへの恐れが、その瞬間の身体の現実をカモフラージュさせるためにいつも気を散らし続けることにつながることもあります。身体へのマインドフルネスを培うことは、身体に帰ることよりも解離することにつながる習慣的なパターンの波に逆らって泳ぐことにたとえられることがあります。

人は多くの場合、恐れ、嫌悪、期待のレンズを通して身体を見ながら一生を生きています。朝、自分はいつから父や母に似てきたのだろうと思いながら、批判的な目で鏡を覗くのです。しかし、マインドフルネスのレンズを通して身体を観るときには、自分に対して、適切に、こう問うことができるのです。「ここで学ぶべき教訓は何だろうか」「身体との関係を、根本から改めて形作ることを助ける認知的なシフトは何だろうか」

身体の今この瞬間の体験に、マインドフルネスを確立するにつれて、人生がそうあるべきだと信じていることよりも、むしろ、ありのままの人生とともにいられるようになります。回避、嫌悪、注意そらしのメカニズムは、人間である以上依然として機能していますが、それらが苦しみを生み出し継続させる力は弱くなります。自分の身体、心、人生を、今この瞬間の落ち着きの中で統合することができるようになると、苦痛を終わらせることの助けになる主な洞察や、認知的・行動的なシフトへのドアを開くことになります。

身体のマインドフルネスは、以下のような多くの洞察を提供してくれます。

1．全体的な物語をつくり出すことなく、身体を身体として知ることが人生のための学びとなります。感覚は、自分としてではなく、感覚として観られるのです。不快、快、そのどちらでもない状態は、恐れや不安のような反応や、苦しみに陥る判断なしに、すべてマインドフルネスのレンズを通じて観られるのです。

2．身体をプロセスとして観るとき、恐れたり退けたいと思う何か固定したもの、あるいは静的なものではなく、瞬間瞬間に変化するものとして身体を観ることができます。過去と将来へのすべての連想を含んだ「自分の膝」、「自分の背中」、「自分の病気」ではなく、瞬間瞬間に潮のように引いていき、弱くなっていくすべての感覚の流動的な性質を識別するようになり、こういった変化の知覚やそれへの対応において心も流動的でありうることを発見するのです。

3. 意図的なやり方で今ここに在ることをトレーニングすることによって、あまりにもしばしば心や生活を支配してしまう衝動性や反応性に関わらないという選択ができます。頭をよぎる思考、イメージ、評価に妨げられるのではなく、意図的に身体とともに在る可能性は、ありのままの瞬間に向き合い、解離のパターンを鎮める際の強力な構成要素となります。

4. 身体の今この瞬間の現実と、それに関する自分の物語との相違を識別することを学ぶことができます。身体の感覚と、心の反応は同じではありません。身体感覚は、快い、あるいは不快なものかもしれません（第一の矢）。それに対する反応と身体に関する物語は別のものであり、より大きな苦痛（つまり、第二の矢）を多くの場合にもたらすのは反応性であるということを理解することができます。物語と評価がどれほど気をそらしたり、緊迫感を感じさせたり、魅惑的なものであったりしても、それが起きていることを知ることができ、身体と今の瞬間の平静さにシンプルに戻ってくることができる道具を持っているのです。

5. ありのままの身体とともに今ここにいることによって、不快で辛いことと、その背景にある嫌悪や恐れといった感情的なパターンとのつながりを絶つことができるようになります。同様に、快く愛しいことと、その背景にあるこういう体験にしがみついて離さないようにする傾向とのつながりを理解できるようになります。嫌悪と執着を手放すと、痛みが和らぎ、感謝、喜びと、ありがたさの瞬間が立ち上がり、それらが去るがままにしておくことができるようになります。これは、より安定してバランスのとれた形で、身体と人生のすべてにおいて今ここにいる在り方ができるようになる力強いシフトなのです。

6. 継続的なやり方で身体を観ることができるようになると、心と身体がいかに相互に絡み合っているのかを理解することができます。身体的な痛みは、即座に、直接的に心でも体験されます。「ああ、痛い！」同様に、心が身体における体験を形作ります。心が感謝と喜びに満たされると、身体は心地よく、落ち着いて、軽やかに体験できるようになりやすくなります。心と身体は一致して働くのです。[*2]

7. マインドフルネスとともに身体を探索すると、無意識のうちに、個人史的な感情のパターンやトラウマが、現在の病状やトラウマとはほとんど関係ない麻痺や各所の痛みとして無意識のうちに身体に埋め込まれていることが明らかになります。こうした場所をやさしい注意とともに探ることで、その場所がよみがえって緩み始めます。このプロセスは有益であり、マインドフルネスの実践のクラスにおける学びの一部なのです。

8. 配慮と思いやりとともに注意を身体に向けるようにすると、こうした態度が、嫌悪と動揺という反応性に対する防御手段になることを学ぶことができます。配慮と思いやりには、嫌悪と評価でつくられた氷のような構造を溶かすやり方があることに気がつきます。「これは体験の一部であり、人間の条件の一部なのだ。私が何の躊躇もなく配慮を向ける愛する人と同じように、自分自身もまた配慮と思いやりを受けるに値する」という思いをもって、それと出合えるようになると、「自分はこれに失敗しそうだ」、「自分は負け犬だ」といった思いは溶け去るのです。

呼吸は身体へのアンカー〔船を停泊させる錨〕となります。身体のマインドフルネスは、瞬間瞬間の呼吸の体験とともに始まります。深い呼吸か浅い呼吸かにかかわらず、ありのままの呼吸をただ知ることを確立します。呼吸のマインドフルネスを裏打ちする意図は、身体の中の興奮と緊張を緩和することなのです。呼吸のマインドフルネスの中に、私たちは瞬間瞬間の感受性と注意を確立します。[*3]

マインドワンダリング〔心のさまよい〕に気づき、何度も何度もそこから戻ってくるように誘うことは、継続的な気づきの育成を支えます。心がさまよう度に、呼吸の長さや短さ、深さや浅さ、身体の落ち着きや動揺にかかわらず、心を呼吸と身体に戻して、ありのままの呼吸と身体を体験することは、大きな忍耐と努力が要求されます。心身相関的に、体験をありのままに知ることを学ぶのです。

実践するうちに、変化することが自分の身体およびすべての身体の性質であり、瞬間瞬間に感覚が起こっては消えていくことを直接的に理解するようになります。じっくりと観察し続ける中で、感覚が立ち上がっては消えていく光景を、自分がコントロールしているわけではないことも理解します。身体は固定的なものではなくプロセスであることを学び、身体的な体験の流動的な性質に、より気がつくようになります。その瞬間の現実に起きている身体的な体験そのものに関して自分たちがつくる物語、あるいはその体験に対する反応性の中ではなく、その瞬間の身体的な実際の体験そのものの中に、マインドフルネスを確立するのです。まるで身体が自分であるかのように、緊密に身体と同一化してしまう傾向が和らぎ始めます。

呼吸と身体を観察する技術が身についてくると、洞察が湧いてきます。気づきの中で、体験を観察し、保持することができます。体験は来たり去ったりするものです。思考も事実ではなく、体験として観ることができるようになります。痛みだと思っていたことも、身体とともに居ることができる人にとっては、人間としての幅広い体験の一部なのです。このように体験を観ることによって、自由が生まれます。Ｂｏｘ４・１のマインドフルネスのエクササイズを試してみてください。これは身体とともに在るというシンプルな提案です。

Box 4.1 マインドフルネス・エクササイズ：身体とともに在る

少しの間じっとして、今この瞬間の身体に注意を向けましょう。もしそのほうが良ければ、目を閉じてもよいでしょう。身体の姿勢と、足がどのように地面に触れているかを感じることから始めてください。部屋の空気と洋服はどのように皮膚に触れているでしょうか、聞こえている音はどうでしょうか。脊椎の形、顔の表情、手の置き方を感じてください。姿勢を少し調えて、威厳と、心地よさと、存在感を表現できるようにしてください。では、少し間をとって、身体が呼吸しているのを感じてみましょう。一回の呼吸の始まりと終わりに気づき、身体が、吸う息と吐く息のそれぞれにどのように反応しているのかに気づいてください。意図的に、注意を身体の中に向けて、思考やイメージは注意の背景にただあるようにしてください。

マインドフルネスとともに、快いか、そうではないかにかかわらず、この瞬間に在る身体の中の感覚の光景を感じてください。そして、身体のすべての部分に、もっと繊細な感覚があることに気づいてください。瞬間瞬間に感覚がどのように変化するのか、それがどのように弱くなったり、消えていったりするのかについて、マインドフルになってください。立っていても、坐っていても、身体が感じ、呼吸をし、音を聞いているときに、身体の中に注意を安定化させるということがどういうことなのかを探索してください。注意がどこか他のところに引かれたら、思考は思考として、イメージはイメージとしてただそれを知るようにして、求めたり、期待したりしないで、もう一度、この瞬間のありのままの身体の気づきに戻りましょう。

時とともに、リンは注意を十分に安定させることができるようになり、ボディスキャンが、心を落ち着かせる有益な方法であるだけではなく、自分の教師でもあると思うようになっていった。トラウマや虐待と関連する部分さえも含めて、身体の全体に自分の注意を向けられることを学んだのだ。自分の注意を呼吸というアンカーにいつも留めていることができることを学んだのである。トラウマに関連するパターンやプロセスは、多くの場合にはより条件づけられていて強烈であったが、他の体験と同じであり、ひとつのパターンやプロセスから別のものへとその学びを応用していくことができた。「最初に実践したときには、全く辛抱できなかったものです（「やらなくてはいけないことがたくさんあるのに。これに時間を割いている余裕はない」）。そして緊張してしまったと感じたものでした。ただ、すべてをそこにあるままにしました。前に話したあの黒い犬と同じように、感情や暗い思考を扱いました。お腹の腹筋が割れるほど強くなったわけではなかったのですが、心が強くなり、何に注意を向けて、何に注意を向ける必要がないのかを選択できるということがわかったのは、少なくともよいことでした（笑いながら）。恐ろしい記憶を呼び起こす、全く好きになれない身体の部分があります。呼吸が常に私とともにあって、かつてあなたに、平安は一呼吸先にある、と言われたことが気に入っていました。嫌な感情や記憶が起こり、好きになれない、恐れを感じている身体の部分に留まってしまっていると感じるときには、そういったことを、できるだけあの黒い犬だと思うようにしたのです」

リンは体験に対して向き合うべきとき、ともに留まるべきとき、手放すようにすべきときを識別して選択できるようになりました。注意のための筋肉をつけるということが重要であったのと同様に、好奇心（「何を発見するのかしら」）、辛抱強さ（「このままともにいてみよう。何が起きても、安定して忍耐強く」）、勇気、やさしさ（「大丈夫。大丈夫と感じてみよう」）といった重要な態度も含めて、実践にもたらすことを学んだ態度もまた重要でした。毎日の実践を続けて2か月が終わる頃には、リンは実践と身体に戻ってくることを「避難所」と表現するようになりました。

マインドフルネスを確立するための2番目の方法：感覚のトーンについてのマインドフルネス

マインドフルネスを培う2番目の領域は、体験における感覚のトーンを感じることであり、これは体験の最初の手触りと表現されることもあります。すべての感覚的な印象には、快い、不快な、どちらでもないという感覚のトーンがあります。心地よいあるいは不快な光景、音、味、身体的な衝動、香り、思考が体験のすべてです。知覚のすべての瞬間において、感覚のトーンがあります。さらには、快い、不快、そのどちらでもないと直接的に感じることは、すべての生命有機体に共通しています。植物も、光と水を検知するとその方向へ向かい、暗さと寒さを検知すると収縮します。

感覚のトーンは、感覚的な印象に本来備わっているものです。普遍的で、客観的な感覚的な体験があります。寒い、お腹がすいている、足の指をぶつけるといったことは、マインドフルネスでもマインドレスネスでもその程度にかかわらず、それとは独立して、不快であると誰もが感じるものです。しかしながら、感覚的な体験の感覚のトーンの多くは主観的で、その人の学習の歴史に直接的に関連しています。鳥が好きな人は、夜明けの鳥のコーラスの音に喜びますが、不眠症の人にはそれがとてつもなく不快に感じられます。日没の光景も、人によっては喜びであり、人によっては悲しみを引き起こす光景にもなります。瞑想のセッションの終わりに鳴る音も、背中の痛みを抱えている人にとっては世界でもっとも快い音になりますが、その瞬間に十分に満足している人にとっては、不快な邪魔でしかありません。重要なことは、感覚のトーンは前概念的であるということです。体験に対して、それが快、不快、そのどちらでもないとタグを付けることは、自動的かつ即座に行われます。それは体験することの一連の連鎖の中の重要なリンクになっています。

快い、あるいは不快な感覚印象は、意識に流れ込みます。多くは、ほぼ気づかれることもなく、単に通り過ぎていきます。しかし、快あるいは不快というタグが付けられた感覚のトーンが、潜在的な認知のパターンや傾向の引き金となって、心を反すう、不安、嫌悪、執着といった動揺に陥らせる感覚印象もあります。私たちの意識の中には、身体や心に登録された不快な感覚印象に嫌悪を結びつける生来の傾向が潜んでいます。**嫌悪**とは、他の章でより詳細に述べる広範な反応性をカバーするスペクトラムを表す言葉です。マインドフルネスとウェルビーイングにとってはもっとも大きな妨げとなり、評価、不安、抵抗、非難、恥ずかしさ、防衛性までを含みます。

身体と心の快い感覚的体験によって、圧倒されるような渇望、貪欲、執着が引き起こされる可能性もあります。渇望と嫌悪が立ち上がると、苛立ち、自分の見解を中心にすること、快さを追求して不快さを避ける行動のパターンで特徴づけられた世界の構築が作動し始めます。

快いものを維持し、不快なものを避けるという「英雄的な」努力は、私たちの心や人生を支配することがあります。人は気分が良いと感じたいと思い、気分が悪いとは感じたくないので、そのこと自体は理解できる部分もあります。いつも気分良くしていて、決して悪い気分にはならないための努力において考慮されていないのは、人生に影響を与える無数の条件は、すべての瞬間においてコントロールすることなど到底できないということです。感覚のトーンと、嫌悪と渇望の引き金が引かれることは自動的です。それらは、私たちの意思の統制を超えた思考と行動の反応性のパターンであり、多くの場合には十分に気づくことができません。レジリエンス、思いやり、自信、勇気は、多くの場合には、それぞれの瞬間のあるがままを体験したくないという根深い嫌気の犠牲となります。反応性につかまれてしまうと、選択と対応性には手が届かなくなります。

感覚のトーンは、瞬間瞬間に体験をつくり上げる連鎖のはじめにある微細な要素であり、簡単に見過ごされ、重要ではないものとして無視されてしまいます。しかしながら、仏教心理学では、感覚のトーンは意識を統治する、あるいは支配すると言われています。体験が展開する一番の始まりとされており、「マスターキー」であるとされています。なぜなら、体験が展開するときには反応性がその始まりで起こるからです（Goldstein, 2013）。感覚のトーンは反応性の鎖の最初の環なのです。このつながりが絶たれれば、反応性の連鎖も絶たれます。

マインドフルネスによって、瞬間瞬間の体験のもつ感覚のトーンをよりよく理解できるようになります。快いことを快いこととして、不快なことを不快なこととして見ることができるようになり、反応性、推測、習慣、同一化といった選択することのできる層から感覚印象を解放することができます。感覚と体験がやってくるままの状態でそれに注意を向けることができるようになることによって、感覚のトーンがいかに嫌悪（背を向けること）、渇望

（引き寄せられること）につながり、習慣的なパターンが発動する引き金になるのかが明らかになります。より深いレベルでは、感覚のトーンと反応性のこのつながりは、心の条件づけとパターンが現在において起こり、さらには将来において再び起きることを引き起こす準備段階になっている決定的なポイントであると考えられます。マインドフルネスの実践によって、こういったつながりが明らかになり、そのつながりを絶つ可能性が提供されます。それがマインドフルネスの実践において、鍵となる知見であり、力を与えるモーメントなのです。

リンにとっては、例えば悲しみ、恥ずかしさの記憶や感覚といった体験の断片が、簡単に嫌悪、うつ状態や葛藤への下向きのスパイラルを引き起こすのです。うつの傾向をもつ多くの人にとってもそれと同じことがいえます。リンはこれまでこういった体験から解離したり、それを避けたりするための、幅広い戦略を培ってきました。こういった戦略は、それを最初に身につけたとき、あるいは短期的にはそれなりに機能するかもしれませんが、将来におけるいろいろな問題を溜め込むことになりやすいのです。不快な感覚のトーンを伴う感覚的な体験の断片の多くは、嫌悪感と解離を引き起こす可能性があります。もしそれが失敗すれば、反すうや思考の拡散が始まります。例えば、朝起きた瞬間に「不機嫌さ」を感じることや、ふと「彼らは私を排除している」と考えることや、悲しみの感覚の始まりや疲れの身体的感覚、こうした一つ一つの瞬間が簡単に拡大していきます。リンにとっては、こういった一時的な体験には不快というラベルが付けられ、うつの再発に向かう可能性のある連鎖へのつながりとなります。こうした瞬間に対しては、いつもの対処戦略を取ってそれに背を向けて避けることを身につけましたが、彼女の心はそういったことを連想の連鎖に変えてしまっていました。しかし、マインドフルネスの実践によって、リンは「体験についての研究室」を与えられ、それまでの戦略をよく吟味し、それがよい結果につながるときと、悪い結果につながるときをよりよく理解できるようになりました。彼女は、解離と回避によって短期的な休息を得られるものの、将来に問題を積み上げていることがわかるようになりました。連鎖の中の早い段階でそれをつくっている環に気がつくことは、連鎖を断つことへの鍵となります。そのことについては後の章で、さらに探究していくことにしましょう。

感覚のトーンが、瞬間瞬間の体験における重要なリンクである一方で、感覚のトーンというこの基礎的な印象と、連鎖をずっと先に進めたより複雑な構造である感情とを混同しないように注意しなければなりません。感覚のトーンは、もっと単純なことなのです。それは、つかの間の前概念的な接触であり、快いか不快か、そのどちらでもないものとして体験される感覚の印象です。ただそれだけであり、それ以上でもそれ以下でもありません。[*4] 少し時間をとって、Ｂｏｘ４・２にあるエクササイズを行って、このことを自分自身で探究していただきたいと思います。

Box 4.2 マインドフルネス・エクササイズ：感覚のトーンのマインドフルネス

少しの時間じっとしてみましょう。この実践は、少し時間をとって、まず身体の中にマインドフルネスを確立してから始めてもよいかもしれません。身体の姿勢、地面や椅子と接している場所に気づき、身体が呼吸をしていることに気づいてください。それがどのような状態であっても、身体の中と、今この瞬間に注意が落ち着くようにしてください。この瞬間にあなたの感覚のドアにたどり着いている感覚印象、例えば聞こえる音、見えるもの、もしあれば匂いや味などを幅広く感じ始めてください。身体の中に印象をつくっている感覚、心の中に湧き起こる思考やイメージを感じてください。それぞれの感覚印象がもっている感覚のトーン、それが快、不快、どちらでもないということに気づきながら、単純な注意を向けてください。単純なマインドフルネスをそういった感覚印象に向けることがどういうことなのかを探索してください。注意が快いことに向かい始めるのか、不快なことに背を向けるのかに気がついて、そういった動きにマインドフルであるようにして、快いことを快いと、不快なことを不快であると、ただありのままに知るという可能性を探ってください。嫌悪や欲しいという気持ちが起きる反応や、快いことや不快なことについての物語の始まりに気がつくかもしれません。その瞬間こそが、選択とマインドフルネスの瞬間であり、衝動やストーリーという余計な層の中で迷子になるのではなく、その瞬間をありのままにただ知るということに立ち戻ることができるのです。

マインドフルネスを確立するための3番目の方法：心的状態と気分のマインドフルネス

マインドフルネスの3番目の基盤は、私たちの今この瞬間の心的状態と気分に関するより深い気づきです。そこには基本的な感情、例えば、悲しみ、怒り、幸福感、嫌気、恥ずかしさ、誇りと同様に、もっと複雑な感情、満たされた状態、畏怖、罪の意識、嫉妬といったすべてが含まれています。この基盤には、心的状態のすべてが含まれており、喜び、ありがたいと思うこと、愛、感謝の気持ちといったポジティブな状態が含まれます。例えば、シャーデンフロイデ（Schadenfreude）とは、他人が失敗する、あるいは不興を買うことで、自分の思考、快さや喜びの感情がさまざまに引き出されて、後になってそういう感情をもったことを罪深く思う可能性があるという、複雑ではあるもののよく理解できる状態のことです。感謝という心の状態も、思考、感情、身体感覚の混ざったものであり、ありがたいという気持ち、感謝の思い、つながり、そして典型的には、胸が開く感覚、目と口には少し微笑みをたたえていることなどが含まれます。感情には数百もの言葉があり、それぞれが変化形をもっています。例えば、悲しさには悲哀、怒り、失意というニュアンスが含まれていることがあります。幸福の変化形には、喜び、至福、満たされた状態も含まれます。怒りの変化形には、いらいらする、激怒、憤怒も含まれます。驚きには、驚嘆、衝撃、唖然とするといったことが含まれます。

心的状態のマインドフルネスには、落ち着いている、落ち着かない、ぼんやりとした、隙のない、広がりのある、縮んだといった心の在り方も含まれています。[*5] 文化によっても微妙な違いがあることから、心的状態はある程度は学習や文化的な背景によって形作られることが示唆されています（Lomas, 2016）。重要なことは、体験、特に定義上、言語に基盤を置かないものを知る経験的なやり方を十分に説明するには、言語には限界があるということです。単純に言語では適切にとらえきれない体験もあります。言語によって説明することが、体験を形作り、解析し、生きた体験から私たちを遠ざけてしまうのです。音楽を聴いて本当に感動したとき、自然の中で息を呑むような光景を見たとき、あるいは本当に大切にしている人に何かが起きて動揺したときに、体験を言葉で十分に説明することがいかに難しいかを想像してみてください。

心的状態の主な事例としては、以下のようなものがあります。

- 基本的感情：幸せ、驚き、悲しみ、恐れ、怒り、憤慨、恥ずかしさ、プライド
- より複雑な感情状態：喜び、ありがたいと思う気持ち、愛、感謝、関心、当惑、不安、うつ、疲れ、疲労困憊、退屈、シャーデンフロイデ、恨み
- 心の状態：落ち着いている、穏やかな、広がりのある、鋭い、気が散っている、鈍い、狭量な、平和的な、苛立っている

心的状態や気分は、いつでも存在しています。多くは愛すべきもので、例えば穏やかな、平和な、満足した、喜びに満ちた、愛情に溢れた、親切な心の状態といったことです。しかしながら、不安や苛立ちなど難儀で繰り返し起きてくる心の状態もたくさんあります。混在した心的状態もあります。イヌイット語には、**イクツアルポク**（*iktsuarpok*）という言葉があり、誰かを待っているときの期待感を指しています。これには、楽しみにするという快

い面と同様に、不安を含んだ予期という要素や、ある種の潜在的な焦燥感も伴っています。心的状態には、落ち着いて静かなものもある一方で、劇的でいつまでも続く、強烈なものもあります。私たちが体験する心的状態には、それによって自分のことを述べるほど、しばしば人生に現れる親しみ深い同伴者のようなものがあります。例えば、「私は楽天家です。不安になりやすい人です。怖がり屋です。のんきな人間です。怒るタイプです。満足している人間です」。また、もっとつかの間の心的状態もあります。

私たちは、現在の心的状態というレンズを通して世界を認識します。このレンズを通して、世界を解釈し、世界に反応する傾向があるのです。この瞬間の気分が、この瞬間の世界になります。恐れにとらわれると、世界が脅威と危険で満たされているように見えるものです。悲しみに支配されると、世界は暗くて、変化の見通しがなく、人生に意味がないように見えてしまいます。好ましくない心的状態にとらわれると、世界と自分自身の中に、自分を苛立たせ、間違っていて不完全なものだけを認識するようになります。穏やかでのびのびとした心的状態であれば、寛大な人に満ちた世界を見るようになります。心の状態、とりわけ助けにならない感情的な状態は、その瞬間を色のついた眼鏡で見るようなもので、主観的な体験の世界をつくり上げます。気分が注意の偏りを生み、いかなる瞬間においても、十分にマインドフルでいるための能力を妨げるのです。

心的状態によって、思考のプロセスや物語がつくられて、かえってその心的状態をより確かなものにし、必ずしも役に立たない閉鎖的なフィードバックのループをつくります。例えば、好ましくない心的状態はやさしさ、寛容さ、受容という思考を生み出すことはほとんどありません。その代わり、評価、比較、非難の思考の基盤となります。悲しみの気分からは、可能性、創造性、幸福の思考につながることはほとんどありません。一つの感覚印象が、ある心的状態の引き金となることがあります。すると今度はその心的状態が、その心的状態をさらに増長させて、それを具現化するような世界の認識の仕方を引き起こします。体験している心的状態を注意深く観ることができれば、困難で苦痛を引き起こす心的状態が、長く、強迫的で、説得力のある物語を生み出す傾向があることが明らかになります。満足した、幸福な、あるいは平和な心的状態には、物語や、そのことを反すうしてしまうようなことはほとんどなく、その代わりに、広くて自由に流れていくものであり、可能性や、自分のもっているものの豊かさという感覚をさらに高めます。

普段、自分の心の働きを観察するということはほとんどありませんが、マインドフルネスの実践によって、心的状態と、それが瞬間瞬間の体験にどのように影響するのかを初めて観ることができるようになります。マインドフルネスがない場合には、明瞭に観て、ありのままの瞬間にいるための能力に大きな影響を与える閉鎖的なフィードバックのループが形成されます。

一日の経験を振り返ると、心が移り変わる性質をもっていることに気がつきます。朝ご飯のときには不安だった心が、お昼ご飯までには穏やかで感謝する気持ちをもった心になり、夕ご飯までには再び反転して、重苦しい心になっています。心は鍛えることができるという性質は、反応性と同一化のパターンによって明らかに損なわれます。マインドフルネスによって、私たちはこのようなパターンを好奇心と親切さとで置き換えて、心を流動的で変化するプロセスにすることができます。

マインドフルネスによって、体験の世界が変化するという性質と、心的状態があらゆる瞬間にウェルビーイングあるいは苦痛の程度に対して大きな影響を及ぼすことを鋭敏に自覚している状態になることができます。ありのままの心的状態に気づくことができることを学び、その気づきの光のもとでは、苦しみを生み出す心的状態は私たちの人生を支配し、ウェルビーイングを決定する力を失うのです。

その瞬間の心的状態を読むための手がかりは、マインドフルネスがあれば、容易にアクセスすることができます。心的状態が、どのように身体を形作るかということにますます気づくようになり、身体の中に刷り込まれた悲しみ、不安、嫌悪、痛みにアプローチすることを学ぶことができます。心的状態を凝固させる物語の外部に踏み出すことを学ぶことができます。繰り返す感情のトーンを生むような思考の連続体に、その瞬間の心的状態への手がかりがあるかもしれません。もし、心配したり、価値評価したり、計画したりして一日を過ごしている自分を見るなら、それらは、その底にある不安な心的状態に対してマインドフルであるようにとあなたを誘っている手がかりなのです。穏やかな身体、安らいでいる身体、感受性のある身体にますます慣れ親しんでいくようになります。

心的状態のマインドフルネスは強力です。なぜなら、どんな心的状態がよい結果につながり、どんな心的状態が否定的な結果に至るのかを学び始めることができるからです。「これは助けになっているのか、それとも助けになっていないのか」、「このことが苦痛につながるのか、それとも苦痛の終わりに導くのか」と自問して、現在の自分の心的状態の探究の営みに識別力をもたらすことを学ぶことができます。これは単なる知的なエクササイズではありません。自分のその瞬間の心的状態への対応を導くための理解を育むやり方です。もし、ある心的状態が助けにならず、もがいたりあがいたりすることにつながることがはっきりとわかれば、マインドフルネスを用いて、自分の注意をどこか他の場所に移すことを選択できるかもしれません（例えば、その瞬間における身体的な体験に対して、注意を向けます）。これは回避や抑圧ではなく、苦痛の閉鎖的なフィードバックのループを妨げる、その瞬間における道筋に従うという意識的な選択なのです。役に立つ心的状態（例えば、穏やかさ、好奇心、心の広がり）に気がついたときには、そのことをマインドフルネスをもって探索して、癒やし、愛らしさ、巧みさを培う力を深めることができます。

マインドフルネスがあれば、心的状態の風景を表すための感情に関する語彙を発達させることもできるようになります。悲しみは悲しみであり、恐れは恐れであり、思考は思考です。気分を気分として、思考を思考として認識することは、人を自由にします。それらは自分を定義するものでも、事実でもありません。マインドフルネスによって、自分の心的状態と自分を同一化することを止めると、その心的状態が自分に及ぼす力を失います。優勢な心的状態と自分の心的状態が変化する性質をもつことに気がつくようになるため、困難な瞬間も、感謝、幸福、満足感という気分が訪れる健全な瞬間も、そのどちらにも気がつくようになります。

仕事が大変だった一日を終えて、リンは家に帰って家族と会いたいと思い、リラックスした幸せな夜が待っているという期待とともに駅に向かった。すると電車が遅れているというアナウンスが聞こえた。すぐに彼女の心的状態は苛立ちへと変わり、肩が緊張して、不快さと非難の考えからなる一連の流れが始まった。プラットフォームのベンチに坐ると、見知らぬ人が隣に坐っており、黒いラブラドールの子犬を連れていた。子犬は尻尾を振り、彼女の注意を引こうとした。彼女は内的なシフトを感じた。子犬に微笑みかけてなでてやっていると、身体がリラックスして、単純な心地よさと喜びを感じたのだ。家族と楽しむための夜の時間がもうほとんどなくなってしまい、残っている家事にもその限られた時間を割かなくてはいけないという考えが浮かんできた。再び、彼女は気分が沈み、憤慨を感じた。身体が緊張し、心がしめつけられた。

この数分の間に、リンは心的状態において、熱意を伴った期待から苛立った緊張へ、そして喜びから緊張した憤慨へと4回も大きなシフトを体験したのである。

気づきがなければ、この世でもっとも可愛い子犬でさえも何の印象もなくなるほどの苦しみを生み出す心的状態が支配的になってしまうでしょう。そして、気分による思考や身体への影響が、ますます熱を帯びて高まっていくサイクルの中にある苛立ちや緊張を深めることでしょう。マインドフルネスの働きとは、心的状態のシフトにより気づき、身体がどのように気分を現しているかに気づき、苦しみを生み出す心的状態をただ固定化し、永続させるような思考を煽ることなく、それに向き合うことができるようになるということです。このことによって、自分のもつ能力と自信の感覚を築くことができます。[*6] 少し時間をとって、Box 4・3に示すエクササイズを行って、あなたの現在の心的状態を探索していただきたいと思います。

Box 4.3 マインドフルネス・エクササイズ：心的状態のマインドフルネス

少し時間をとって，身体を意図的に，覚醒と静止の姿勢へと落ち着けてください。マインドフルな状態で，身体とともに居るようにします。少し時間をとってまさに今の瞬間の身体の生命に，つまり身体が知覚し，感じ，触れ，聞き，呼吸をしていることに気づきを向けます。注意をこの瞬間の心に向けてください。ただ，この瞬間の気分を知ってください。心は沈んでいますか，それとも明るいですか，落ち着かないですか，それとも穏やかですか，広がりがありますか，それとも縮んでいますか，不安ですか，それとも安心していますか。評価や非難をすることなく，ただありのままを知るのです。その瞬間の気分が何らかのやり方で身体に影響を与えているかどうかを知覚してください。身体に重たい感じ，あるいは覚醒した感じがありますか。身体に不安，あるいは安らかさがありますか。身体が落ち着かないですか，それとも穏やかですか。思考やイメージがそこに在ること，そしてそれらが気分によって影響されていること，また気分を強める潜在力をもっていることにマインドフルであるようにしてください。そのときにある気分がどのようなものであっても，その只中で，穏やかで，安心して，覚醒した身体の姿勢を維持しているものが何であるのかを探ってください。それこそが気分に引き込まれることなく，注意が戻っていくべき「家」なのです。

マインドフルネスを確立するための4番目の方法：いかに世界を体験するか

マインドフルネスの4番目の基盤は，どのように心的なパターンを体験するかということです。この基盤には，教えの2つの要素が含まれています。1つ目は、私たちを混乱に陥ったままにする心理的な習慣や気分について述べたものです。2つ目は、培うことができれば、その混乱を払いのけることができる心のクオリティについて述べたものです。これら2つを合わせて、マインドフルネスを培うという取り組むべき課題と創造的な緊張（習慣的な在り方から、より体現され、マインドフルで、思いやりのある在り方へと革新的なシフトをするということ）を表しているのです。

私たちは幸せを願いますが、それをつかむことは難しいのです。平和を願いますが、多くの場合、自分が、岩を丘の上に押し上げようとしては最初の場所まで落としてしまう神話に出てくるシシュポスのように感じられます。充実し、意義深く、覚醒した人生を生きたいと願いますが、実際には迷い、当惑していると感じます。つながっていたいと願いますが、しばしば仲違いした状態になっていると感じます。私たちすべてが自問すべき重要な問いは、「何がこういった核心的な願いを叶えることを妨げているのか、どうやってこの失敗を終わらせることができるのか」ということです。

マインドフルネスの4つ目の基盤は、主にこの問いに取り組むものですが、ほとんどは体験的なやり方でそれを行います。ここでもまた、私たちの苦痛の体験がこの探索の中心となります。仏教心理学では、心的な苦痛を生み出す5つの主要な反応性の要素を指摘しています。

1. 私たちは物事が今ある状態とは違うものであっていてほしいと強く願い、不快なことを快い体験に置き換えようと必死に求める。
2. 心は困難、試練、見知らないことに対して嫌悪をもって反応し、こうした不快な体験から自分を解離させ、それを取り除き、抑圧し、回避するための手段を見つけようとしてもがきあがく。
3. 困難を避けることや、それを取り除くことができない場合には、さまざまな条件によって成り立っている世界やその瞬間の体験に何とかして対処し、解決するための方法を探し求めるので、落ち着きのなさや心配が訪れる。

4．その問題を解決することが不可能であるとわかった場合には、自分自身をその瞬間の現実から遠ざけるための手段として、何も感じなくなろうとするか、解離しようとする。

5．それと認識できる上記のようなあらゆるパターンをつないでいるのは、疑い（変化できる能力、あるいは望むような人生を生きることができる力が自分にあることへの疑い）である。この疑いや懐疑的な態度は、自分自身に向けられることもあり（例えば、「これは時間の無駄だ」、「自分がこれをマスターすることは決してできない」）、あるいは外に向けられる（例えば、「この教えは自分にはちんぷんかんぷんだ」、「こういった実践は、教えが示すような変化を自分に生み出すとはとても思えない」）こともある。

心理的あるいは感情的な苦痛のいかなる体験であっても、それを注意深く吟味すると、この5つの主要なパターンが示されている在り方を観ることができます。それらは、意図、願望、マインドフルネスを妨げる失念（うっかり）状態のパターンとしても説明できます。ここでの失念状態とは、私たちが体験（最初の3つの基盤）に初心とケアをもって気づいていることをうっかり忘れるということを指します。

休日が近づくと、リンは、10代の子どもたちに親しみと尊敬をもって関わることを、もう一度、試してみようと決心した。これまで、休日になると、リンは子どもたちに対して批判的になってしまい、家族にとってお決まりの非難と否定のパターンに陥っていた。彼女は自分が認められないことや批判を胸に収めておけないことに気がついていた。休暇の最初の夕食は、リンが16歳の娘の今後の人生の選択について、不賛成であることをどうにか隠しながら問いつめるという、いつもの展開となった。彼女の娘は芸術、哲学、人文学に興味があり、学校をやめて世界を旅したいと望んでいた。勉強は後になってもいつでもできる、と娘は言うのだった。リンは穏やかでバランスがとれた状態でいることを意図してはいたが、評価と嫌悪で再び自分が圧倒されつつあると感じた。雰囲気があっという間に悪くなったことに気がついて動揺し、悲しみや後悔とともに、子どもたちはもう夕食のテーブルから早く逃げたいとしか思っていないことが理解できた。

リン：(16歳の娘に向かって) 卒業したら何をしたいのか、すぐに決めなければいけないでしょう。大学に行きたいのか、もしそうなら、どこに行きたいのか。

娘　：うん、わかってる (携帯を手に取る)。

リン：じゃあ、今の考えは？

娘　：わからない。

リン：(もう耐えがたくなってきたことに気づいて) そうね、今、そのことについて考えてもいいんじゃないかしら。(後から思いついたこととして付け加えて) 私は助けになりたいのよ。

リンの息子：(明らかにこの会話には加わりたくないので、どこかに行きたくて割って入る) 自分の部屋に行ってもいい？

リン：いいわよ。

娘　：私も行ってもいい？

リン：だめよ、携帯を置きなさい。

この時点で、リンは会話の可能性がなくなってしまい、これまで続けてきた習慣である解離と無感覚へと自分が降りていくのに気がついた。彼女は子どもを2人とも自分の部屋に戻らせて、彼らがいなくなってから、やけ食いをして心地よさを求め、一時的な安らぎと癒やしを得た。しかし、恥ずかしさと自己評価の波が押し寄せてきたのだった。「私は駄目な親だわ」、「私は子どもたちを人生に向けて準備させてやれていない」

感覚的な快感を渇望するというパターンは、リンにとって不快感を味わっている只中に心地よさを求めるためのお馴染みのやり方でした。私たちの多くは食べ物、幻想、気晴らしによって、自分を慰めようとします。嫌悪は、耐えられないこと、あるいは自分にとって脅威であると思ったことを押しのけるために使われます。動揺や落ち着きのなさは、不快感の解決法を見つけようとして懸命に取り組む、強迫的な行為を引き起こします。安全で心地よいと感じるやり方で、その瞬間の状況をうまく再調整できないときには、無感覚と解離を求める傾向があります。こういった反応性の普遍的なパターンはすべて、相互に関連し合っています。それは直線的なものではなく（例えば、自信のなさは、違う種類の人になりたいという渇望を引き起こし、嫌悪は落ち着きのなさを引き起こします）、困難を解決する戦略が失敗したときには、私たちは無感覚さに逃げ込むかもしれません。場合によっては、無感覚と解離は瞬間的には功を奏して、悩みや苦しみを忘れる助けになります。しかし、自己防衛のメカニズムは、長続きするウェルビーイングや幸福をもたらすことはありません。こうした防衛のパターンの失敗によって、自分の価値、能力、将来への希望に対する疑いの波が起こるのです。

マインドフルネスの実践に取り組むと、こういった習慣的なパターンがどのように起こり、私たちの行動を形作るのかにますます気がつくようになります。もちろん、こうした変化は必ずしもいつも簡単であるというわけではなく、マインドフルに生きることを学ぶときには、習慣的で衝動的に生きるよりもむしろ、私たちの中に緊張が起こります。なぜなら、多くの場合、変化しようと試みるときにはネガティブなパターンに陥るため（例えば、渇望、嫌悪、苛立ち、解離、疑い）、このプロセスを完全にネガティブなものであると思いたくなるのかもしれません。私たちは自分自身に対して価値評価をするかもしれませんが、それは単に緊張を増幅するだけなのです（つまり、自分自身で第二の矢をつくることになるのです)。しかしながら、実践が進むにつれて、変容のプロセスに緊張が織り込まれているのは極めて自然なことであると理解し始めます。こういったパターンが終身刑のようなものではないことに気がつきます。それらは心的状態と心理的な習慣であり、変容させることができます。レジリエンス、ウェルビーイング、思いやりとは、こういったパターンの外側ではなく、その内側に発達させるものなのです。

リンは、何が起きているのかをまず認識してから、最初に彼女自身、そして彼女の娘に対して思いやりをもって対応することを通じて、恥ずかしさ、自信喪失、ネガティブな思考という下向きのサイクルを止めることができた。「私が彼女の歳のころには、州立の若年層向けの施設に何年もいて、もうすぐ一人で生きていかなければいけない状態だった。当時自分がいかに強かったのかということには本当に驚くけれど、当時はそんなことは思わなかった。一日一日を何とか生きのびていた」。

夕食の後で台所を片付けて、こういうシンプルなやり方で子どもたちを育てていることに、ある種の誇りを感じた。娘の部屋の外で、彼女は3ステップ呼吸空間法をしてからドアをノックし、それまでの会話をいったんそのままにして、シンプルに「大丈夫?」と声をかけた。娘が顔を上げて頷いたときに、リンはこう言い添えた。「明日何をしたいのかを考えてみて。朝ご飯のときに、何をするか決めましょう。ボートの旅に行くのもいいかもしれないわね」。

彼女はそれから、息子の部屋に寄った。彼はコンピューターでゲームをしていたので、彼女はただ坐り、しばらくの間そばにいた。そうしても大丈夫そうだったので、リンは少し間をとって、息子とそうやって坐っていることに感謝し、「彼の隣に坐っていると良い気分になる。私が彼の歳の頃には、ケアの施設にいた。何が起こっていたのか正確に思い出すことすらできない。今彼は安全で、満足しているように見えるし、あの帽子をかぶっているとクールでハンサムな感じもする」という思いが浮かんできた。感謝の喜びが微笑みとなって、身体中に広がった。「何に微笑んでいるの？」と彼は聞いた。「何でもないの、ただ嬉しいのよ」と彼女は答えた。彼女はこの瞬間を十分に堪能して、ゲームで遊ぶ息子の横に黙ったままでいることを自らに許した。彼も、彼女が部屋にいることに十分に満足しているように見えた。

仏教心理学に織り込まれているのは、習慣的な傾向を根絶することに役立つ、私たちを解放する健全なクオリティを意識的に培うという提案です。現代のマインドフルネスにおいても、それと同じクオリティを培うことが経験的に探究されています。マインドフルネスの実践者は渇望、嫌悪、落ち着きのなさ、解離、疑いが立ち上がることに対して、ますます感覚が鋭くなって、失念状態に迷い込むよりもマインドフルであろうとする意図を維持することを学びます。こういった習慣に対して価値評価的になるのではなく、マインドフルネスの有益な対象としてそれにアプローチできるということを学びます。そういう習慣は、詳細に調べ、探究し、理解することが可能なものなのです。マインドフルネスの実践者は、困難に立ち向かう好奇心と勇気を発達させ、ただ一方的に圧倒されてしまうのではなく、レジリエンスを見出すのです。平静さやウェルビーイングは、いつか将来の瞬間へと先延ばしにするのではなく、こうしたパターンを避けるよりも、むしろそれらに親しもうとする意欲を通して見出すことができることを学びます。落ち着きのなさ、嫌悪、渇望の波に物語や反応性を加えないことを通じて、それらを穏やかにすることができるということを発見します。このことによって、動揺の只中にあっても、バランスと内的な一体感を培うことができる間《ま》がつくられるのです。

心身の体験に注意を向けるときには、嫌悪、落ち着きのなさ、心配、眠さ、無感覚、疑いだけでなく、自分の中で快い体験を渇望しているものに出合うことになります。こういったものはすべて、私たちを混乱と解離の領域に導く可能性があります。マインドフルネス・プログラムの参加者は、こういったパターンの強さにくじけることなく、やさしさと好奇心をもってそういったパターンを何とかくぐり抜けていくよう誘われます。ボディスキャンを実践する間に注意を維持していることが、昔からのパターンをよみがえらせる引き金になることもあります。多くの参加者が、退屈さ、興味の欠如、心が白昼夢や空想といったもっと快い領域に行きたくなるという体験を報告しています。そういうことは、例えば、痛みに向き合うことに初めて踏み出したときや、あるいは困難な思考や感情が現れたときに起こりうるのです。抵抗と回避が、その困難と一緒になってしまったように見えます。最初の衝動が逃避であるときに、じっとしていることは試練であり、これまで慣れ親しんできた痛みを伴う反すうのパターンに自分が引き込まれていくのに気がついたという報告もあります。身体と心は動揺と心配とでいっぱいになってしまうこともあります。こうしたことのどれかに圧倒されてしまいそうに感じるとき、そこから逃げ出すための見えすいた手段は、もう耐えられないと感じられる現在から解離するメカニズムとして眠りに陥ることです。自己批判、価値のなさ、能力のなさという思考の中に、疑いが現れます。私たちはマインドフルネスの実践や、自分が苦痛に耐える能力、変化できる能力をもっているかどうかに疑いをもつかもしれません。

自分自身の実践を通して熟練したマインドフルネス講師は、苦痛を生み、またそれを再生産するパターンの領域を熟知して、この領域を前に進んでいくことを学んできました。マインドフルネスを教える中で、自分自身の学びや体験を通じて、学修者の前進に同伴することを学びます。参加者は、探究を通じて、時には試練でもあるマインドフルネスへの旅は、異常なことでも珍しいことでもなく、単に心が苦痛や変化に対して反応しているだけであると理解するようになります。

リ　ン：（8週間のマインドフルネスのプログラムの8回目のセッションで、ボディスキャンの実践の後に）ものすごく落ち着かなくなって、この部屋から出たいと思いました。

講　師：（リンが落ち着いて話しているのに気がついて）本当に居心地が悪かったようですね。でも、よくそれと一緒にいることができましたね。何が支えになりましたか。その落ち着きのなさに取り組むのに、何に助けられましたか。

リン：簡単だったわけではありません。本能的に思ったのは、シフトして、できるだけどうにかして、何とかして気を紛らわせようということでした。けれども、私は自分自身にこう言ったのです。「大丈夫、リン、これは実践の一部なのよ」。身体のどこで、動揺が本当に強くなっているかに気がつきました。それは腕と脚だったのですが、次のような思考が私の頭を駆け巡っていました。「ここから出たい」。そして、こういった思考が多くの動揺を生み出していました。まず一回、深く呼吸をしたのですが、悪い気分に引き込まれそうでした。わかりますよね、動揺していたんです。これを30分の間に20回はしたと思います。（笑顔で）楽しめる体験だったとは言いませんが、それに取り組んでも大丈夫だという感覚をもつことができました。本能は駆け出したり、意識を失ったりしたがっていましたが、そうではなくて、これができたことで今はとても落ち着いています。

講　師：（視線と姿勢とで、リンを肯定して）よくできましたね。リン。

これまでに見てきたように、痛みとの距離をとりたいというのは人間的で、十分理解できる衝動です。しかし、不幸なことにこれは効果的ではなく、困難をさらに増幅してしまいます。マインドフルネスのクラスの間、心が気を紛らわすことに足を踏み入れそうになったり、どこか他の場所を求めたりすることに直面したときには、興味と好意的な好奇心をもって身体に戻ることを学びます。実践を通じて、嫌悪の真っただ中にあっても、やさしさ、配慮、親切さを培うことを学びます。身体の中に注意を維持することを学ぶにつれて、私たちの身体と心は穏やかになり始め、動揺や反すうのパターンに引き込まれにくくなります。思考を圧倒されるような流れとしてただ体験するのではなく、それを心の中の出来事として理解できるようになり、そのことによって思考が心を支配する力を低減できるのです。実践とともに、解離や、眠ってしまおうとする傾向は弱まり、十分に覚醒していて、活き活きと

表 4·1　マインドフルネスを確立する 4 つの方法

マインドフルネスの 4 つの基盤	8 週間のマインドフルネスのプログラム
身体のマインドフルネス	・ボディスキャンの実践 ・動く実践 ・坐る実践 ・歩く実践 ・毎日の活動のマインドフルネス、食べる実践を含む ・聞いたり、話したりする時の身体を心に留めておく ・3 ステップ呼吸空間法の実践
感覚のマインドフルネス：感覚のトーンを感じる	・快、不快経験の日誌 ・3 ステップ呼吸空間法の実践
心的状態へのマインドフルネス	・快、不快経験の日誌 ・思考や感情のエクササイズ ・観る／聞く実践 ・3 ステップ呼吸空間法の実践
世界の体験の仕方へのマインドフルネス：私たちの体験の認知的、推論的な側面	・困難や妨げるものに取り組む ・ストレス、うつ、反応性に光を当てることを意図した実践 ・ありがたいと思う気持ち、喜び、感謝、対応性に光を当てることを意図した実践 ・3 ステップ呼吸空間法の実践

注：「マインドフルネスに基づいたプログラムを定義するものは何か？」(What Defines Mindfulness-Based Programs?)（Crane et al., 2017）という論文では、こういったプログラムにおける重要で核となる諸要素が示されています。この表では、「マインドフルネスストレス低減法」といった特定のプログラムではなく、これらの重要な諸要素と関連づけました。いくつかの要素は、特定のプログラムにおいてのみ用いられています（例えば、3 ステップ呼吸空間法の実践）が、この表は、マインドフルネスの 4 つの基盤がどのように教えられ、学ばれるかを示すことを意図しており、決定的な表ではありません。8 週間のマインドフルネスに基づいたプログラムにおける教えやマインドフルネスの実践は、後の章でより詳細に紹介します。

している感覚が深まるのを体験することができます。実践のもっとも大きな恩恵の一つは、内的な能力の感覚が育つこととして体験されます。何とともに居るのかを選択することができること、困難に直面したときにもレジリエンスをもつことができること、非難と絶望という深く根づいた習慣が弱まり始めること、もっと親切で、寛容で、許すことのできる関係性を自分自身の心や身体との間に築くことができることを発見する自分の能力に気がつくのです。努力や体験を通じて自信が深まり、疑いは弱まり始めます。[7]

表4・1に、マインドフルネスの4つの基盤を、8週間のマインドフルネスのプログラムの重要な要素と関連づけて示しています

(Crane et al., 2017)。しかしながら、4つのマインドフルネスの基盤はすべて、ほとんどのマインドフルネスの実践にあり、この表は決定的なものではなく、示唆的なものであることを心に留めておいてください。

まとめ

満足感や覚醒していることに憧れながらも、私たちの体験は悩みや苦しみに満ちていることもあるために、人生の豊かさから切り離されてしまうことがあります。この章では、仏教心理学によって示される心の地図の概要を説明し、いかに悩みや苦しみが生まれるのかについて説明しました。あわせて、仏教心理学が、苦しみから活き活きした生へと向かう経路を示す地図をどのように提供しているのかについても概要を示しました。この地図には、以下の要素が含まれます。

- 2本の矢：痛み、病、そして究極的には死（これも人生の一部である）という第一の矢と、心配、抵抗、必要以上に大騒ぎしてしまうこと（これは選択できる）による痛みの増幅という第二の矢。
- すべては変化し、何ごとも同じ状態に留まることはないという洞察。
- 苦悶、否認、執着、嫌悪は苦悩や苦しみを焚きつける。
- マインドフルネスの4つの基盤と呼ばれるマインドフルネスを確立する4つの方法。

✧身体のマインドフルネス：身体的な体験
✧感覚のトーンのマインドフルネス：経験を快、不快、どちらでもない、とするもっともはじめの体験の評価
✧心的状態と気分のマインドフルネス：体験の認知的かつ感情的な領域

✧世界の体験のマインドフルネス：ウェルビーイングを支えるものとウェルビーイングの障害となる要因を含む体験の認知的かつ推論的な側面

マインドフルネスの実践を通じて、心が落ち着き、穏やかになるにつれて、よりしっかりしたレジリエンスと平静さの感覚が現れ始めます。サティパッターナ・スッタ（*satipatthana* discourse　念処経）の終わりのほうには、この学びが要約されています（Nanamoli & Bodhi, 1995）。

人は「これは苦しみである」と本当に知っている。人は「これが苦しみの源である」と本当に知っている。人は「これが苦しみの終わりである」と本当に知っている。人は「これは苦しみの終わりに向かう道である」と本当に知っている。

この章では、今から2000年以上も前に発展した心の地図を提供したいにしえの仏教の教えを概説しました。何とか生存しているという在り方から活き活きと生きる在り方へと向かっていくために、この地図をどう用いることができるのかという議論に向かう（第6章）前に、次の章ではいにしえの仏教の教えと現代の心理学との合流について考察します。

••• 注 •••

*1 本章と、後の章を通じて、サティパッターナ・スッタからの引用を示しています。引用文献の翻訳が使われていますが、「彼は」あるいは「彼を」といった箇所を、男女両方を指すようにするために「彼あるいは彼女に」「彼ら」に変えています。また、経典の中で「僧侶」とされているところを、より一般的に「人々」とするようにしました。

*2 デカルトの誤りは、私たちの体験に露呈しています。心と身体は本質的に相互につながっているのです。

*3 サティパッターナ・スッタにある身体へのマインドフルネスを確立するための教えに見られる教示は、実践者に瞬間瞬間の感受性と注意を確立することを、繰り返し次のように奨励しています。「その人は、長い息を吸っているときには『長い息を吸っている』と知っている。長く息を吐いているときには、『長い息を吐いている』と知っている。短い息を吸っているときには、『短い息を吸っている』と知っている。短い息を吐いているときには、『短い息を吐いている』と知っている。『身体全体を体験しつつ、息を吸う』と、その人は自分自身を鍛錬する。『身体全体を体験しつつ、息を吐く』と、その人は自分自身を鍛錬する。『身体の活動を鎮めつつ、息を吸う』と、その人は自分自身を鍛錬する。『身体の活動を鎮めつつ、息を吐く』と、その人は自分自身を鍛錬する」。

*4 サティパッターナ・スッタでは、このように記述されています。「ここにある人は、快い感覚を体験しているときには、『快い感覚を体験している』と知っている。痛みを伴う感覚を体験しているときには、その人は『痛みの伴う感覚を体験している』と知っている。快い感覚、あるいは痛みの伴う感覚のいずれも体験していなければ、その人は、『快い感覚、あるいは痛みの伴う感覚のいずれも体験していない』と知っている」。

*5 パーリ語の経典では、特定の言葉が立ち上がりつつあるより複雑な心理状態を表しており、翻訳がより困難なものもあります。例えば、**ボーディ**（*Bodhi*　**菩提**）という言葉は、リアリティの性質についての完全な洞察をもった状態、苦しみからの解放を示しています。**ドゥッカ**（*dukkha*　**苦**）という言葉は、私たちが苦しみとして言及する日常的な状態を表現するばかりでなく、些細なかゆみから耐えがたい痛みまでの幅をもった、体験の中にある不満足さも指しています。しかしながら、変化や無常に固有の苦しみも指し、同時に、感情、知覚、ものの見方、その他の心理状態が集まった（例えば、一般化された不安）ときに起きる条件づけられた苦しみも指します。

*6 元の経典の心的状態の観想についての部分では、心的状態をありのままに知ること、その状態が一次的な状態であることを見て理解すること、説明したり反すうしたりすることから一歩引くこと、できる限りシンプルにしておくことを勧めています。

*7 仏教心理学では、**四正勤**（*cattārimāni sammappadhānāni*）に言及しています。
- 健全ではない状態が起きていないこと（*anuppādāya*　断断）
- すでに起きた健全ではないクオリティを手放すこと（*pahānāya*　律儀断）
- まだ起きていない健全な状態と、巧みなクオリティが起きるように培うこと（*uppādāya*　随護断）
- すでに起きた健全な状態、迷妄のなさ、さらなる増加、十分さ、発達、巧みなクオリティを維持すること（*thitiyā*　修断）

第5章
悩みと苦しみの統合された地図

瞑想の科学はまだ始まったばかりです。さらに数十年にわたる研究が必要です。人々はAI（人工知能）や機械学習の話をしていますが、私たちは人間の知能がいったい何なのかについては、まだその上面を撫でてすらいません。

――ジョン・カバットジン（Booth, 2017）

刺激と対応のあいだには間《ま》があります。その間《ま》には、私たちが対応を選択する自由と力があります。私たちの反応には、私たちの成長と自由があるのです。

かゆみは傷になっていく。

一瞬の悲しみが「羽毛布団ダイブ」に発展する。

腰痛の焼けつくような痛みは「もう耐えられない。一生耐えなければならないのなら、死んだほうがましだ」という思考の引き金となる。

批判的なコメントは、強力な自己批判につながる。

サムのかゆみは、どのようにして自動的に引っ掻き傷になってしまうのでしょうか？　リンの一瞬の悲しみは、どのようにして一気に羽毛布団へのダイブになってしまったり、あるいは、うつ病が悪化したエピソードの一つである**死にまで発展して**しまうのでしょうか？　モハメドの背中の痛みの感覚は、どのようにして自己破壊的な思考につながってしまうのでしょうか？　ソフィアは、ちょっと批判されただけなのに、どのようにしてこれほど強い自己批判の波が起こってしまうのでしょうか？

この章では、第2～4章で概説された心理学と仏教心理学を統合して、悩みと苦しみがどのように生み出され、維持されるのかを描き出していきたいと思います。これは悩みと苦しみから、幸福と繁栄に向かうための道筋の基礎となります（第6～8章）。

1　刺激と反応

この章の冒頭の引用に示されている、もっともシンプルなモデルから始めましょう。いかなる瞬間においても、**私たちは刺激と反応のあいだに間《ま》をもつことができます**。私たちは人生のすべての困難に反応する必要はないのです。

これを、ソフィアとサムの例を使って説明しましょう。

ソフィアは10代の頃、自分が自分自身に課している厳格な基準を満たしていないと感じると厳しく自己批判をして、辛い人生を送っていた。ソフィアはこれが長年の問題だと思っており、子どもの頃に発症した不安や20代に罹患したうつ病には、おそらくこれが関係していると思っている。それによって、大人になってからの彼女の人生がダメになってしまった。この自己批判は、60代になっても、マインドフルネスの講師として、あるいは親や祖父母としてなど、人生のあらゆるところで再発する。それはまた、パーキンソン病がひどくなって健康状態が悪化して苦しんでいるときにも起こる。最近、彼女は、コースに対する評価でちょっとしたネガティブなコメントを受けたことによって、自己批判の気持ちが高まった。

サムは、乾癬《かんせん》というかゆみを伴う皮膚症状に苦しんでいるので、引っ掻きたいという衝動は慣れ親しんだ刺激だった。マインドフルネスの実践中に、サムはかゆみ（掻いてしまうと状態が悪化してしまうために、それを我慢することを学んだ）に気づいたが、気づいたら思考の流れにさらわれてしまっていた。マインドフルネスの講師がサムに、これについて尋ねると、彼は強力な思考の流れについて説明してくれた。「乾癬を患うのは嫌だ、それはとても不公平だ」「引っ掻きすぎると、炎症を起こした皮膚が悪化して、後でさらに苦しむことになるだろう」「他の人には私の顔の発疹がどれくらい見えているだろうか、私のことを奇形だと思うだろうか?」「私は普通じゃない。これのせいで、私の人生は台無しになった」

知覚は一つ一つの体験が進化して次の体験に移っていく、継続的に展開するプロセスです。刺激は反応を引き起こします（第3章と図5・1を参照）。かゆみを感じると、引っ掻きたいという衝動が起こります。

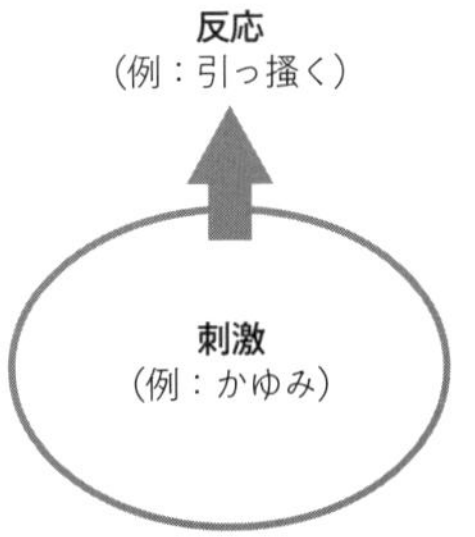

図5・1　刺激から反応へ

かゆみは刺激で、衝動と行動（引っ掻く）は反応です。多くの場合、刺激から反応への動きは、自分でも気づかないうちに、自動的に、すばやく起こります。刺激と反応を区別するのが難しい場合もあります。例えば、サムはかゆみ（刺激）と引っ掻くこと（反応）のあいだの一連の出来事を区別できませんでした。サムの乾癬がひどくなったときには、衝動的に引っ掻いてしまっていることに気づくでしょう。後から、引っ掻いたことで事態が悪化してしまったことに気づいて、イライラして動揺するでしょう。サムの場合、引っ掻くということと、ネガティブな思考の波の両方が反応となります。ソフィアの自己批判は、ちょっとした批判を知覚したことから、まるで炎の中でさらに火が燃え上がるようでした。私たちの反応とそれを引き起こす刺激はしばしば融合して、一つの体験のようになってしまいます。

刺激とは何か？

刺激とは、私たちの環境からもたらされる幅広い体験であると同時に、私たちの心と身体の内的な体験でもあります。外的なこととしては、私たちが潜在的に知覚できるすべてのものを指します（例えば、形、光、音、動き、他者、状況）。内的なこととしては、かゆみ、痛み、不快感、筋肉の弛緩と緊張、暖かさ、涼しさ、すべての感覚印象、音、光景などの身体感覚が含まれます。つまり、それは私たちの心が識別し、注意を払うことができる多くの身体感覚を含んでいます。刺激は思考、イメージ、想像力、記憶などの心的状態でもあります。刺激は感情でもあり、すべての感情状態（幸福、喜び、悲しみ、恐怖など）が含まれます。最後に、誰かとつながりたい、あるいは状況から逃れたいといった衝動もあります。

反応とは何か？

反応は、私たちが刺激を処理する方法であり、多くの場合自動的に行われます。かゆみの例では、反応は引っ掻くことです。リンはそれをきちんと認識していませんが、彼女の瞬間的な悲しみと、羽毛布団へのダイビングのあいだには反応の連鎖があります。ソフィアの例では、彼女がコースの評価を読んだときの反応は、自己批判の波です。

反応と対応の違いは何か？

反応性と対応性のあいだには決定的な違いがあります（Kabat-Zinn, 1990）。反応性とは，次のとおりです。

- 多くの場合，知覚，理解，行動が深く根づいている自然なやり方によって自動的に起こります（例えば，喉が渇いたら水を探し，疲れていると眠ります）。
- 経験によって身につけるものでもあります（例えば，自分の名前が聞こえたら，誰が呼んだか確認します）。
- このように，時として機能的でもあるので，世の中を舵取りしていく際には役に立ちます。

ただし，反応性も機能不全になる可能性があります。多くの精神障害は，特定の反応性のパターンによって特徴づけられます。例えば，不安になりがちな人は，脅威に対して過剰に警戒します。反応はそれが機能的であってもそうでなくても，いつもと同じ習慣の型に従う傾向があります。重要なことは，反応性においては，刺激と反応のあいだに空白がなく，選択する余地がないことです。

対応性は，知覚，理解，および行動をもっと柔軟な形で行うものです。重要なことは，刺激と反応のあいだに間《ま》があることであり，その間《ま》があることによって，反応がどう展開していくのかを観察できるのです。この間《ま》の中に，私たちが柔軟で創造的なやり方で対応する可能性があります。かゆみの感覚に対してゆっくりと関わり，そのままじっとして，引っ掻きたいという誘惑に抵抗することができれば，かゆみは通常，最初は強くなってくるので，引っ掻いて反応したいという強い衝動が高まるのがわかります。しかし，当然のことながらかゆみの感覚は変化していき、溢れ出したかと思うとそのうち衰えていくことに気づきます。つまり、かゆみはやってきますが、やがて去っていくのです。この例は一見するとささやかなことに見えるかもしれませんが、実は全くそうではありません。それは、たとえ行動を起こすよう強く要請するものであったとしても、すべての体験がやってきて、そして去っていくということを力強く示しています。私たちは、感覚も、私たちのすべての体験も永久に続かないことに気づいていけるのです。

あらゆる依存症では、刺激（依存を引き起こすきっかけ等）は、強力な渇望（依存物質を摂取すること等）を生み出す可能性があります。サムのかゆみがいかにして衝動を生み出すのかということと、さまざまな内的および外的刺激がいかにしてアルコールを摂取したいという衝動や、薬物を乱用したいという衝動を生み出すのかには、類似点があります。先に述べたように、退屈になると携帯電話に手を伸ばしたいという衝動に駆られたり、空腹でもないのに食事をしたいという衝動に駆られることにも、多くの類似点があります。こうした衝動に駆られて行動を起こすと、一時的には救われますが、悩みと苦しみは続きます。依存症の人のためのマインドフルネスに基づいた再発防止では、参加者は渇望という「波に乗る」ことを学びます（Marlatt & Gordon, 1985）。同じことは、他のマインドフルネス・トレーニングの渇望と衝動にも当てはまります。渇望はどんどん強くなっていますが、波に乗ることができれば、サーフィンと同じように、波はやがて砕けて海に広がっていってしまうことを学びます。

サムは、最悪のときには、死んでしまうほどのアルコールを飲み、薬物を乱用していた。結果的に、アルコールや薬物依存を治療するためのリハビリセンターにたどり着いた。リハビリセンターから退院するときに、彼には無数の人々（例えば、売人や彼がもっとも親しい友人と思っていた人々）、場所（例えば、彼の家、売人の家、彼がアルコールを買った場所）、そして刺激となって渇望を引き起こしたもの（例えば、彼の電話）があったことに気がついた。彼は渇望の高まりについて述べる際に、「波に乗る」という比喩を使った。彼は、渇望に沿って行動したい、そして飲酒や薬物乱用というつもの反応性に屈して売人にメッセージを送って、飲酒や薬物乱用につながる反応性の連鎖に沿ったいくつかのステップを踏んでしまいたいという衝動に駆られる体験をした。これに対して、サムは並外れた勇気と不屈の精神、そしてセラピストのサポートや12ステップのプログラム、12ステップの支援者によって、渇望の波に乗れば、それが起こってきたのと同じくらい確実に、その渇望は再び消えうせるということを学んだ。これらの複数の刺激と渇望のあいだに空白があることによって、彼は依存から回復することができたのだ。

ここで重要な洞察は、心が私たちの生活の風景を構成する多くの刺激を処理し、私たちはそれに対して反応するということです。刺激から反応への動きは、自動的かつ迅速に起こる可能性があります。私たちはそれに気づかないのです。気づきと理解は刺激と反応のあいだに間《ま》を空けて、その間《ま》によって、私たちはより柔軟に、創造的に、そしてスキルフルに対応する選択肢をもち始めるのです。

2　苦しみの第二の矢

刺激から反応に至る直接的な経路は、刺激を身体感覚あるいは心的状態として体験し、それがすぐに反応を引き起こすという、単一の直接的な矢を通ります。例えば、私たちは熱いものに触れて手を引っ込めますし、苦しみに出合うことで思いやりを広げるようになります。また、何か素敵なものを見ると、驚きとともに深い味わいのある喜びを感じます。

私たちの心は体験を評価するようにできています。刺激は自動的に、快、不快、どちらでもないのどれかに評価

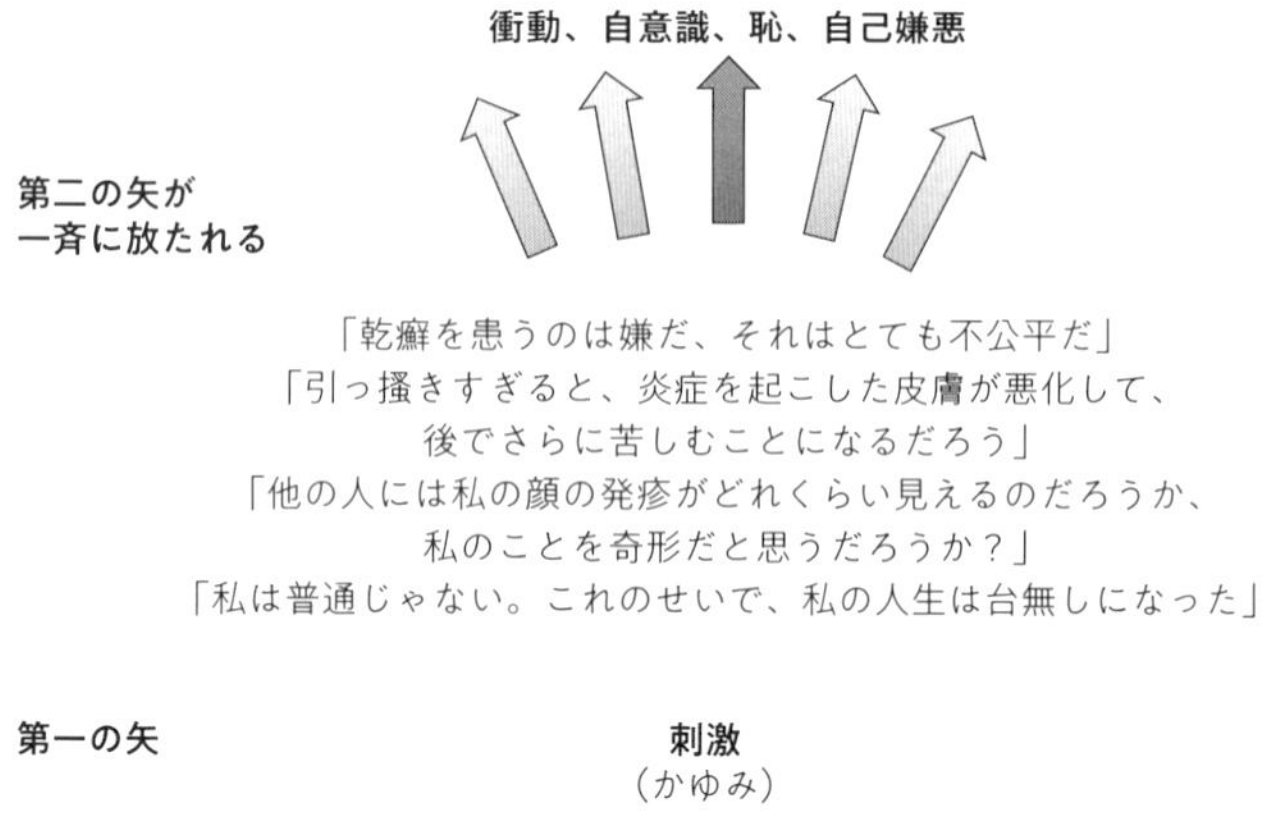
衝動、自意識、恥、自己嫌悪
第二の矢が
一斉に放たれる
「乾癬を患うのは嫌だ、それはとても不公平だ」
「引っ掻きすぎると、炎症を起こした皮膚が悪化して、
後でさらに苦しむことになるだろう」
「他の人には私の顔の発疹がどれくらい見えるのだろうか、
私のことを奇形だと思うだろうか？」
「私は普通じゃない。これのせいで、私の人生は台無しになった」
第一の矢
刺激
（かゆみ）

図 5･2　苦しみの第一と第二の矢：サムの第二の矢が放たれる

されます（第2章および第4章を参照）。それぞれの体験について、それがあるべき姿に照らして、過去はどうであったか、そして将来はどうなるかを評価します。私たちの最初の査定（快、不快、どちらでもない）と評価（私たちがあるべきだと思う姿といかに比較するか）が合わさって、苦しみの第二の矢がつくられます。第一の矢は自動的に、どうしても起こってくるものです。痛みの痛み（空腹、痛み、冷たさ等）、喜びの喜びなのです。これに対して、第二の矢は、私たちの心が体験にどのように**反応する**かなのです。そのため、さらなる悩みや苦しみを生み出します。

上述のサムの乾癬の例は、かゆみが第一の矢であり、一斉に起こる否定的な思考と引っ掻きたい衝動が第二の矢となります（図5・2を参照）。かゆみの不快感と、それから解放されたいという無理もない強い衝動が、第二の矢が放たれた瞬間です。否定的な思考は第二の矢であり、不快なかゆみの上に、苦しみの第二の層を加えるのです。

ソフィアは60代前半にパーキンソン病と診断され、振戦に苦しんでいます。こうした振戦は、彼女の第一の苦しみの矢である痛みの痛みと見なすことができます。彼女の話は、第二の矢である振戦に対する彼女の反応が、苦しみをどのように悪化させるかを示す、もう一つの例です。

ソフィアにとって嫌なことがあった日に、不快な振戦がずっと続いていたところ、第二の矢がいとも簡単に放たれてしまった。ソフィアが、今の自分の状態と、パーキンソン病と診断される前の元気だったときの状態を比べてしまうのは自然な反応である。また、彼女は容易に心を未来に走らせて、将来衰えていってしまうことに関するあらゆるシナリオを想像していた。多くの助けを必要とするかもしれないとか、ケアハウスに行くかもしれないといったことである。これは恐ろしいことかもしれない。さらに落ち込むときには、彼女の心は、病気によって人生がどのように終わってしまうかを想像するようになった。意欲がなくなり（それ自体がパーキンソン病の症状なのだが）、無力感が高まった。死産した子どもの思い出は、決して遠いことではなかった。過去や未来について反すうすること、そして無気力になっていくこと——これらはソフィアの第二の矢であり、振戦に、苦しみの第二の層を重ねていた。「それは古代の戦いのようなもので、射手の軍隊が一斉に矢を放つのです」。

ここで重要な洞察は、体験が最初に起こったとき（つまり、第一の矢）に、身体感覚、感情そして思考に気づくことができるということです。私たちはこれらの気がかりに対して、無理もないやり方、つまり短期的な救いを提供できるやり方で、反応してしまいます。しかし、これらの反応のいくつかは私たちの苦しみを増してしまうのです（苦しみの第二の矢）。

3　悩みと苦しみはどのように維持されるのか？

反応性と第二の矢が放たれることによって、心はどのように悩みと苦しみのサイクルにはまり込んでしまうのでしょうか？　これに答えるために、私たちは悩みと苦しみの**内容**（*what*）と**方法**（*how*）を区別します。つまり、最初に反応性にとらわれた心の内容、つまり感覚、感情、思考、衝動といった構成要素を分離します（what）。次に、反応性を促進したり維持したりするプロセス、つまり、体験を査定したり評価したりして、より快適なものを渇望して、不快なものから離れてそれを回避しようとする方法を分離します（how）。そして、**文脈**がどのように私たちの体験を強力に形作るかを検討します。

内容（What）：感覚、感情、思考、行動／衝動

私たちは、知覚、思考、感情、衝動が連続的に展開していくものとして世界を体験します。それらを構成要素に分解して、それらが互いにどのように関連しているかがわかると、私たちは体験をよりよく理解できます。認知療法家は、体験をどんなときにも起こりえるいくつかの重要な部分に区別する、有益な方法を開発しました（5部構成モデル：Padesky & Mooney, 1990：第2章を参照）。

- 身体感覚
- 感情
- 思考、イメージ、記憶、計画、空想、評価
- 行動したいという衝動、行動
- 文脈

第2章で5部構成モデルについて説明しましたが、そこで、私が手を振っても友人がそれに手を振り返してこな

かった瞬間について、感覚、感情、思考、衝動に分解する方法の例を示しました（Kuyken et al., 2009）[*2]。後で述べるように、体験は各々の瞬間の文脈によって強力に形作られます。ここでは、モデルの最初の4つの部分（感覚、感情、思考、衝動）を使って、ソフィアの自己批判の文脈を明らかにしていきたいと思います。

ソフィアの自己批判は、彼女の人生のあらゆる領域で引き起こされる可能性があり、それが彼女の人生全体を彩っていた。ソフィアが講師を務めた8週間のマインドフルネスコースへの評価における批判的なコメントに対する彼女の反応の仕方は、彼女の特徴を表す例の一つといえる。いつものようにうまくいったので、全体的なコース評価としては、彼女は素晴らしい評価を得た。多くの参加者がコース、教え方、そして講師としてのソフィアを賞賛した。しかし、評価の中には、教え方が単純すぎたというコメントがあった。その人は、「前から知っていることばかりだった」と書いていた。このたった一つの評価がコース評価に対するソフィアの即時的な反応を支配してしまい、彼女の自己批判が引き起こされた。ソフィアの自己批判が引き起こされた瞬間、彼女の身体感覚には、胃の締めつけられるような感じ、胸、肩、顔の緊張、そして「胃の具合が悪い」という感じが起こった。感情的には、良くないことが起こるという予感や恐怖感があった。「私の教え方は十分に良いとはいえない。私より上手に教えることは誰にでもできる……」など、いつもの思考が彼女の心に浮かんだ。彼女が30年以上も前、高校の教師としての訓練中だった頃に、難しい学生グループを教えたときの記憶がしばしば勝手に浮かんできた。彼女は、病気になった教師の代わりに、学校でもっとも荒れたクラスの一つを担当するように依頼された。記憶では、ソフィアは不安になって、「失敗してしまう、混乱に陥ってしまう」「私はひどい教師だ」「校長が来て、私が失敗してしまっているのを見て、私がひどい教師であることに気づいてしまうだろう」という思考が浮んでいた。記憶が心に浮かび、ソフィアは辞めたいという強い衝動に駆られた。ソフィアの反応の内容は、感覚、感情、思考、記憶、衝動という配置によって構成された（図5・3を参照）。

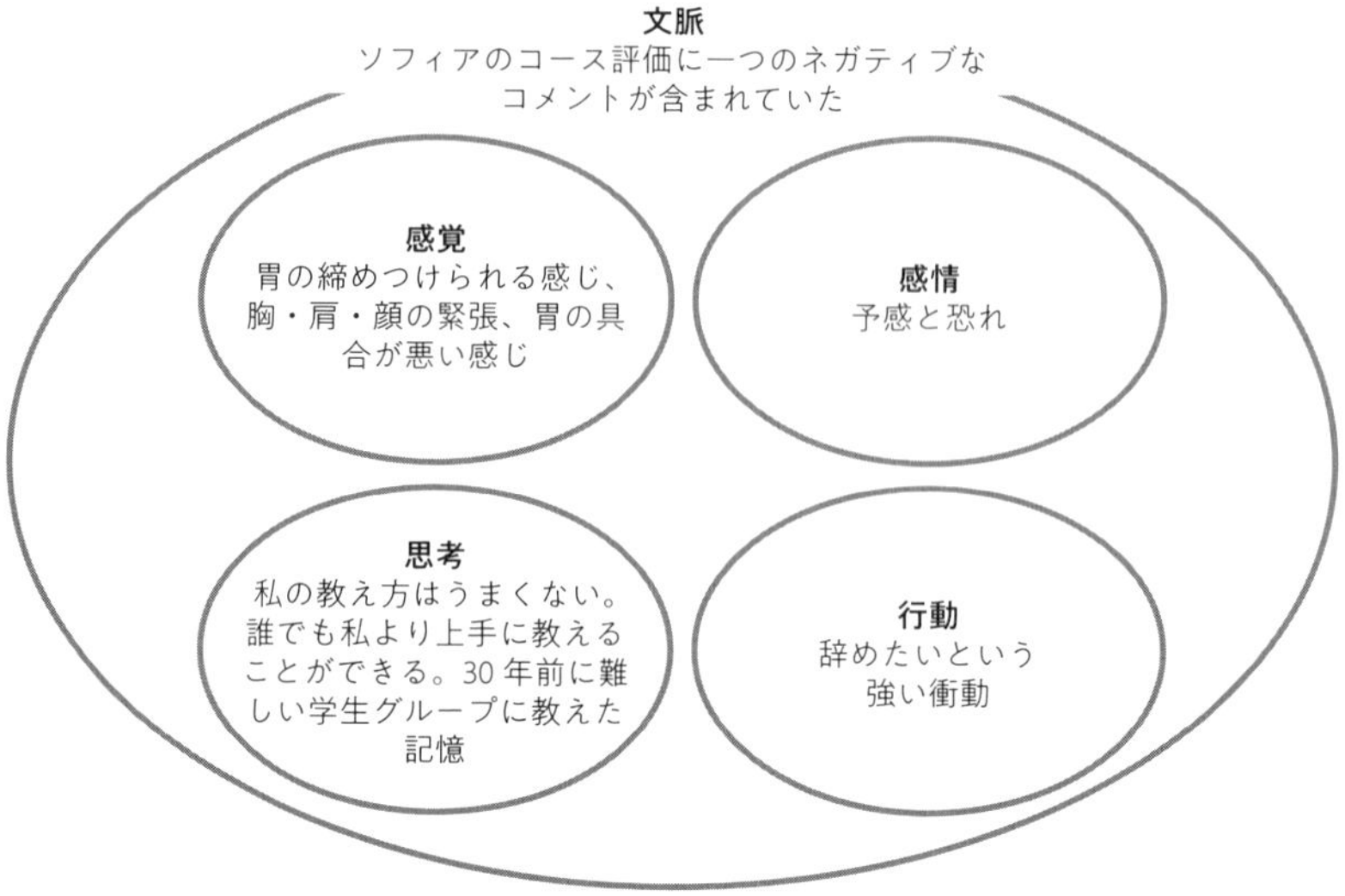

図5・3　5部構成モデル：ソフィアの自己批判は一つのネガティブなコース評価によって活性化された

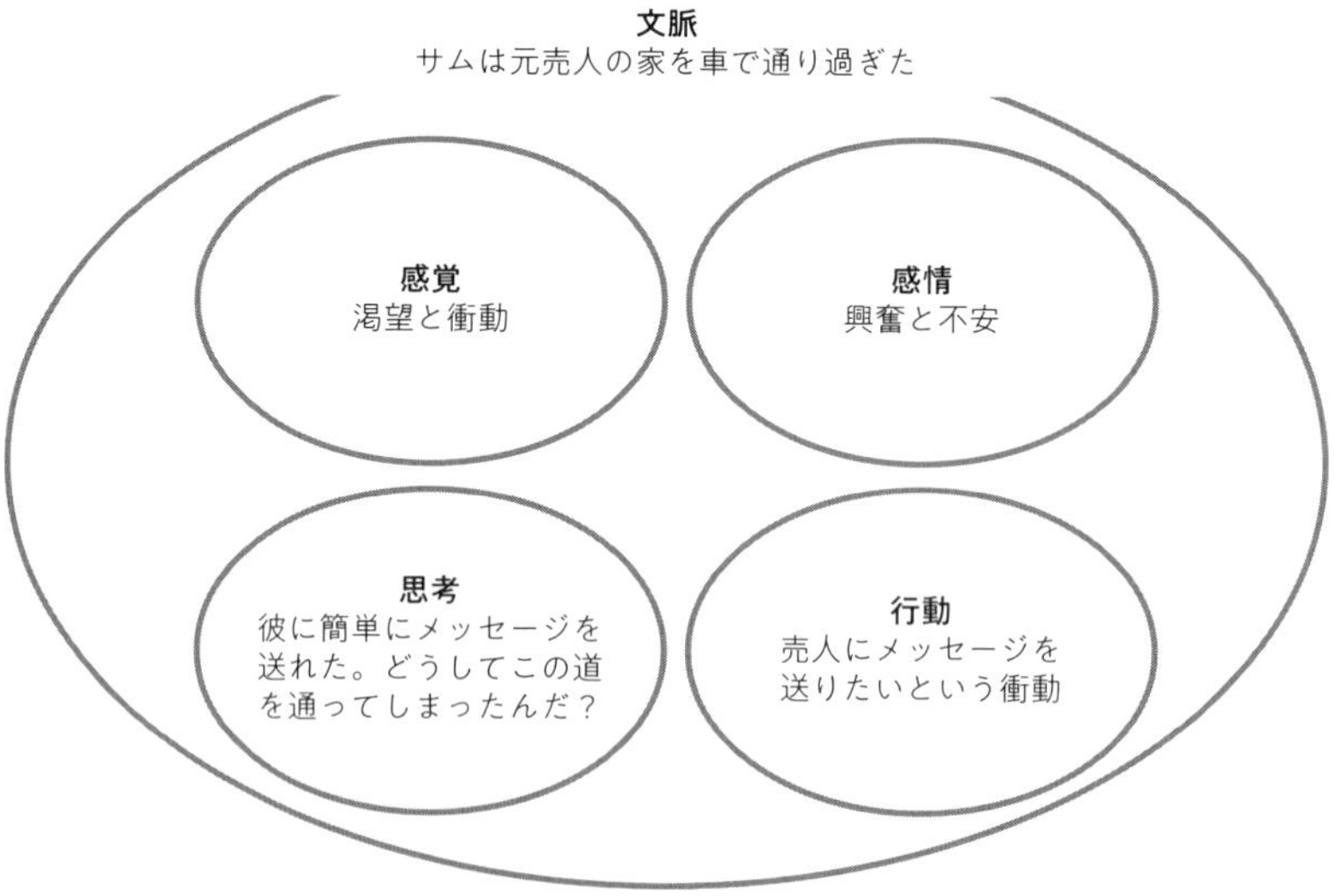

図5・4　5部構成モデル：サムは元売人の家を車で通り過ぎた

また、サムの依存症は感覚、感情、思考、衝動がどのように区別できるかを示しています。

サムはリハビリを終えた直後に、麻薬の元売人の家の前を通り過ぎた（図5・4を参照）。売人の家の光景は渇望を引き起こす刺激となった。このモデルを使って、その瞬間を以下のように描き出すことができる――身体的な衝動（感覚）、感情（興奮と不安）、付随する思考（「彼に簡単にメッセージを送れた」「どうしてこの道を通ってしまったんだ」）、行動衝動（売人にメッセージを送りたい）。

依存症は連続的にとらえられるものであり、薬物依存症と診断される人にのみ起こるものではありません。例えば、私たち自身が電話に手をかける（行動）瞬間、あるいは退屈になった（感情）瞬間に、「何かメッセージが来ていないか、あるいはソーシャルメディアの更新はあったかな」と考える瞬間も描き出すことができます。このように感覚、情動、感情、思考の跡に気づくと、行動衝動――すなわち、退屈によって生じる不快な感覚から逃れたいという根底にある願望にも気づくことができます。

このような記述的なモデルはマインドフルネスに基づいたプログラムでも用いられており、どんな瞬間でも、その時の心の**内容**（*what*）を描き出すことができます。それは日々の状況でも同様に用いることができます。例えば、退屈なときに電話に手を伸ばしてしまう瞬間、サムのように依存症から回復しつつある人が再発の危険にさらされている瞬間などです。それは、悩みを感じる瞬間や、例えば友人と話しているときの楽しい瞬間、そしてやっていることがうまくいってやりがいを感じる瞬間にも、同じように用いることができます。

ここで重要な洞察は、私たちの体験は感覚、感情、思考、行動に分解できるということです。

方法（How）：今の状態ではない何かになりたい（渇望）

心がどのように反応のサイクルにはまり込んでしまうかを理解するためには、体験が展開していくプロセスと、何がそのプロセスを推進するかを理解する必要があります。体験が展開していくにつれて、私たちは次のようなプロセスを歩む傾向があります。

- 体験に対して、快、不快、どちらでもないのラベルを付ける
- 体験を評価し、それらをさらに磨き上げる
- 渇望するとともに、不一致をモニターする

◇ラベル付け

私たちの心は私たちの体験を継続的に監視し、それを快、不快、どちらでもないに分類します。これがあらゆる体験が展開する最初期です。多くは無意識のうちに起こるので、気づくことはありません（第2章と第4章を参照）。しかし、注意を向けてみると、体験を快、不快、どちらでもないとラベル付けをした瞬間がわかります。例えば、愛する人の笑顔、おいしい料理の味、達成した瞬間、そして美しいオブジェは快です。かゆみ、焼けるような痛みを伴う感覚、腐った食べ物のにおいは不快です。通常は、地面に接触している身体の感覚、周りの温度や背景にある音はどちらでもありません。潜在的に気づいている無数の刺激に対するラベル付けは、知らない間に、ほとんど自動的に行われます。私たちの体験のどの瞬間にも多くの感覚が展開しており、それらのすべてに注意を向けることは不可能ですし、役に立たないでしょう。私たちの体験のうち意識に上るのはごく一部で、そのような体験はたいてい、私たちが快・不快のラベル付けをしているものなのです。

◇評価をすることと磨き上げること

プロセスの2番目の部分は、何かに気づいて、それを評価して、それを磨き上げます。多くの場合はそれについて判断を下してから、それを変えたり修正したりすることを試みます。「これは不快だ。これを違うものにしたいが、どうすればそれを回避できるのか、どうすれば修正できるのか？」と自分自身に言うかもしれません。あるいは「これは快だ。私はそれが好きだ。どうすればそれにしがみつけるか、それをもっと手にすることができるか、それを蓄えることができるのか？」

体験、評価をすること、磨き上げることとの連鎖が展開していくこのリンクは、体験的にではなく、概念的に人生に向き合う傾向があるため、問題になる可能性があります。私たちは、過去について考えすぎてしまって反すうし、未来について心配します。そして、自分の体験を他の人の体験と比較して、上か下かと比べます（よりよいか、より悪いか）。私たちは体験そのものに触れるということを全くしないのです。

なぜこのようなラベル付けや評価のプロセスが苦しみを生み出すのでしょうか？　プロセスを理解するには、（1）何が評価を促進するのか、あるいは（2）文脈がいかにして私たちの体験を強力に形作るのかを、より深く見ていく必要があります。

◇渇望と不一致モニタリング

渇望には、相互に関連する3つの主なタイプがあります。どれもが、私たちに、その瞬間を置き去りにして、私たちの体験を磨き上げ始めるよう導きます。いずれも物事がどのようであるかと、それらがどうあるべきと信じているか、のあいだにある矛盾から起こります。渇望は、直接的な体験や反応を十分に生きることを妨げます。満足することができる本物の食欲とは違って、渇望が満たされることはめったにありません。

・**第一の渇望のタイプは、感覚的な喜びの渇望です**。感覚的な快楽への渇望には、良い気分になりたい、快楽を体験したいという私たちの願望が含まれます。不快や人生における困難から身を守るために、私たちがしている際限のない活動の多くがそれに該当します。私たちが不快や脅威に耐えることができないのは、私たちの感覚に深く根づいているからです。その代わり、私たちは自分には起こりえない幸福感をもたらすために、自分自身を幸せにする何かを自分の外に求めます。感覚的な渇望は、私たちが人生における素晴らしいもののすべてに心から感謝し、喜ぶような真の幸福と混同されるべきではありません。

あるレベルでは、感覚的な快への渇望はかなり良いもののように聞こえます。良い気分になりたいと思うのは、人として当然のことです。しかし、私たちは不快を避ける方法を際限なく模索するため、この渇望は私たちを、衝動に駆られた活動をする生活に導く可能性があります。不快なものを**修正すること**にこだわるあまり、私たちには不快な体験に耐える能力がないという信念をいかに強化し続けているかに、気づかないことがあります。私たちが習慣的に不快感から目をそむけることによって、人生がもたらす避けがたい不快から身を守るという無理難題に取り組むことになり、それによって不安な人生を送る条件をつくり出してしまいます。サムの場合でいえば、お気に入りのウェブサイトにアクセスして、ウェブサイトのリンクを無目的に見ることに何時間も費やすことが、そうした方法に含まれます。これらの活動そのものが問題というわけではありません。それらはすべて本質的に快です。問題は、サムが不快感という感覚をなくすための方法として、これらに目を向けていることでした。

・**第二の渇望のタイプは、私たちがそうあるべきだと信じているような人になることです**。私たちが実際の自分自身ではない誰かになりたいと思う絶え間ない衝動は、私たちが幸福で、健康で、そして覚醒した状態で有意義な生活を送る能力を妨げます。この渇望によって私たちの不満や苦痛は和らぐかもしれませんが、その代わりに、私たちは自分自身やその瞬間に十分に向き合えなくなります。ほとんどの人は称賛され、愛され、成功し、賞賛されるような人になりたいと思っています。それは、楽しい体験しかない人、病気になったり老いたりしない人、子どもたちが成功する人、常に完璧な休暇を過ごす人、人生をコントロールしている人かもしれません。私たちには希望や憧れや計画があり、私たちの心が未来に向かっていることに気づきます。今この瞬間は**十分ではないものとして片付けられて**、完璧な未来のただの待合室になってしまいます。同様に、私たちは自分のことを十分ではない、失敗する、あるいは価値がないと見なしています。これはソフィアの自己批判をよく表しています。教えることのどんな喜びも達成感も台無しにしてしまうのは、この**十分ではない**という感覚です。ポジティブなコース評価に満足するのではなく、一つのネガティブなコメントが彼女の自己批判を引き起こして、完璧な講師でありたいという彼女の理想的なイメージを脅かし、自己批判の連射（あるいは、第二の矢）を引き起こしました。当然のことながら、私たちが望んでいるような完璧で理想的な人にはなりえないままです。

- **三番目の渇望のタイプは、体験を避けて遮断し、さらには完全になくしてしまうことです**。私たちは失敗したり、達成できないことに努力し続けたり、孤独であったり、人から気づかれないような人にはなりたくありません。病気であったり、痛みを感じたり、受け入れられないような思考や感情をもっているような人にもなりたくありません。子どもたちが面倒なことになって、希望を失い、計画が果たされないような生活を送りたくはありません。自分自身や自分の生活をせわしなく修正しようとするので、受け入れがたいものをないものとして、自分自身を評価したり、非難したり、あるいは絶望したり、茫然自失に陥ったりします。ソフィアの場合、彼女は荒れた生徒がいるクラスの前で固まってしまった教師という恐ろしいイメージを何としても避けたかったのです。それが彼女の「仕事を辞めてしまいたい」という衝動を駆り立てたのでした。20代のときに不安がうつ病に変わり、しばらく仕事を休んで自宅にいたときに、ソフィアは感情的にも精神的にもふさぎ込んでしまいました。

すべての経験をなくしてしまうことの究極の形が自殺です。

モハメドの痛みとの闘いは、大学のフットボールの試合中に始まった。そのときに、背中のいくつかの椎骨を粉砕したのだ。直後から、痛みの瞬間の度に、その後に反すうの洪水が起こった。「私があんなに下手なタックルさえしなければ、普段からそれほど攻撃的なプレーヤーではなかったなら、以前の怪我によって身体を鍛えるようにと警告されていたなら」。彼は自分自身を、彼が衝突したプレーヤーを、そして人生の不公平を非難した。モハメドは耐え難い痛みの未来だけを見ていた――彼は痛みを憎み、それをすべて終わらせたいと思っていた。実際、痛みを抱えて生きるこれからの人生を想像したとき、もはや死ぬしかないのではないかと考えた。彼がもう「痛みを憎む」ことはないという境地に到達するまでには時間がかかったと言う。健康に向かっていく動きは、非難が終わり始めたところから始まった。

文脈

どんな瞬間でも、文脈が体験を強力に形作ります（第3章を参照）。これには、私たちの注意に対する他の要求が含まれます。直前に起こったこと、生涯にわたる学習の歴史、気質、現在の精神的および感情的な状態、より広い社会的および文化的文脈、あるいは進化論的な学習の歴史などです。すべてが心の内容（what）と方法（how）の両方を形作るでしょう（Sapolsky, 2017）[*3]。サムの場合、積極的に依存するようになった早い段階では、売人の家を通過することがきっかけとなって、まるで昼の後には必ず夜が訪れるように、確実に麻薬の注射につながっていきました。しかし、回復時には、特に感情的にも身体的にも気をつけていれば、同じきっかけでも彼の心的状態の文脈は変化しているため、違った反応を引き起こしました。彼は人生の異なる段階で、きっかけに対して、違った心構えで向き合うことができました。リンは、「倦怠感があるときや一年の中の特定の時期は、何でもきっかけになってしまう可能性があるので、警戒しなくてはならない」と述べました。ソフィアにとっては、彼女のコース評価に関するコメントという文脈がきっかけとなりました。「前から知っていることばかりだった」というコメントも、それを言ったのは誰だったのか、そしてその人がどういうつもりでそう言ったのか、によって意味が異なる可能性があります。ソフィアが幸せで安心しているときには、疲れてうんざりしているときよりも、自分なりにコメントを受け取りやすくなります。また、ネガティブな評価が、コメントの山の最初に置かれるか最後に置かれるかによっても、どのように体験されるかは変わる可能性があります。それが最後に置かれていた場合には、その前までのコース評価はすべてポジティブであったという文脈で体験されます。

私たちの体験は、概念と言語によって強力に形作られます。体験を言語で説明する瞬間に、私たちは体験を形作ります。概念と言語は強力です。私たちの心は意味や全体性をもちたいと思う傾向があるため、体験をすっきりとひとまとめにしたいと考えています。モハメドにとって、**慢性的な痛み**という言葉は、苦しみが入った大きな釜のようなものでした。その言葉は彼の怪我と、長年にわたる障害、闘い、苦しみをひとまとめにしたものでした。それらはアイデンティティにも結びついていました。「私の慢性的な痛みが『私』であり、それは私が誰であり、何ができないかを定義しています」。この本で例として紹介されている人たちは、彼または彼女の苦しみを支える同じような定義の構造をもっています。——それは、リンの**愛されなさ**、ソフィアの**自己批判**、サムの**空虚感と断絶**です。しかし、これらは概念であり、注意深く検討してみれば、それは巧妙につくられたものなのです。苦しみから活き活きとした生への道筋を検討する際には、ここに立ち返ります。

最後に、どんな瞬間も、社会的あるいは文化的文脈の中で展開していきます。２５００年前、ブッダが生きていた頃に生きていた誰かの痛みと苦しみを考えてみてください。平均寿命は、今日の先進国で期待される年齢の半分でした。多くの人にとっては、住むところや食べるもの、そして安全という基本的なニーズが優先事項でした。今日、世界中で安心や安寧の向上を求める傾向が見られますが（Pinker, 2011）、多くの人は依然として、生存、安全、不公平、差別が生活の主要なテーマとなっているような困難を伴う文脈で生きています。自分たちの生活の文脈によって形作られるこうした基本的な優先事項が、私たちの心や優先順位を形作るということは避けがたいことでしょう。人間の心はここ数千年の間、あまり進化していません。社会的あるいは文化的な集団間にある心の構造や機能の相違点よりも、もっと多くの共通点があります。しかし、安全性が常に問題となっている人、あるいは水や食料、住まいといった基本的なニーズを満たすのに苦労している人は、おそらく、そして当然のことながら、これらのことに関心をもっているでしょう。煙の臭いがして、火事だと思うのであれば、迅速に安全を確保するのは賢明なことです。個人がもつ文脈や学びの経歴は、マインドフルネスの講師が必ず考慮すべきことなのです。

ここで重要な洞察は、私たちはすべての体験を快、不快、どちらでもないとして自動的にラベル付けをしているということです。このように、体験を快あるいは不快とラベル付けすることは、私たちが体験に反応し、それを磨き上げるためのテンプレートとなります。私たちは、物事がどうであるかと、私たちがどうあるべきかとのあいだに生じる矛盾に目を向ける傾向があります。評価的な磨き上げをしてしまう動機は、快への渇望、私たちがあるべき人になろうとする渇望、時には意識が朦朧としてしまうような渇望なのです。

4　悪の花

悩みや苦しみがいかにして生まれ、維持されるのかをまとめた例として役に立つのが「悪の花」です（Salkovskis, Warwick, & Deale, 2003）。このアナロジーは、時間経過におけるさまざまな文脈で、何度も何度も起こってくるような類の問題を説明するのに、特に役立ちます。それは、私たちが不快な体験を修正しようとする試みが、まるで花びらのように私たちの困難を維持し、永続させる反応性のパターンへとループしてしまうことを説明するものです

（図5・5と図5・6を参照）。悪の花のたとえを、それが発達していく段階を通して概説します。

1. **悪の花の中心は、気づきに至る体験です**。通常、それは見分けがつく部分で構成されており、お馴染みのパターンに体験を結びつけることから始まります。これは感覚、感情、思考、衝動／行動が何かであり、それらには、それまでの学習を通してつくられてきた関連するつながりがあります。すでに、ソフィアについて見てきたように、実際の、あるいは知覚された批判のきっかけは、彼女の自己批判がつくられた第一段階、つまり、感覚、感情、思考、衝動の特定の布置に当てはめられます。

2. **不一致モニターは、私たちの体験を、それがどうあるべきか、またはあらねばならないかと比較して、継続的に評価します**。体験に対して気づき始めるプロセスの最初に、心はそれを快、不快、どちらでもないと評価します。体験が不快と判断されると、不一致モニターのきっかけになります。――これは第2章で「評価する心」と呼ばれているものです。私たちの不一致モニターは、物事がどのようであるかと、私たちがそれがどうあるべき、あるいはどうあらねばならないと感じているか、とのあいだにあるギャップを評価するために、絶妙に調整されます。それは渇望によって突き動かされます。不快な感覚、感情、思考は耐え難いものであり、当然のことながら、それらがそこからなくなることを望んでいます。良い気分になりたいし、あるべき人になりたいのです。ソフィアの場合、「私の教え方はうまくない」という思考と、30年前に彼女がコントロールできなかったクラスの鮮やかな記憶はいずれも耐え難いものであり、それらは一連の不快な感情や感覚に関連していました。彼女は自分がなるべき教師像を理想としており、今この瞬間に、自分が認識している自分とあるべき自分とのギャップが、悪の花の次の発達段階へと促します。

3. **問題を修正したり／あるいは回避するための戦略**。物事がどうであるかと、私たちがそれがどうあるべきと思うかのあいだのギャップを埋めるために、私たちは修正したり／あるいは回避するための戦略を立てるプロセスに入っていきます。これらの戦略を用いるのには正当な理由があります。少なくとも短期的には、悩みからある程度逃れて安心できるのは、効果的であることが多いためです。これらの戦略は、磨き上げること（例：反すう、心配、没頭、自分自身と議論する、問題解決を試すことにとらわれる）と回避（例：他人のせいにする、気晴らしをする、安全行動をとる、安心を求める、食べたり飲んだり、テレビやコンピュータを使って感覚をなくす等）に大別できます。これらの戦略は、たとえ反応的、あるいは回避的な戦略であっても、スキルフルなものであることもあります。それらは自分を守るためのマインドフルネスの一部である可能性があるのです。つまり、心は破壊的な思考や衝動を認識して、自分自身を守るために行動するのです。これらの戦略は、心理的、身体的、そして人生の課題に対処するために用いられる理解可能な方法です。ソフィアの一連の戦略を図5・6に示します。これには、幅広い反すう、次は過剰に準備をして完璧にやろうとする傾向が含まれています。それでも失敗した場合には、インターネットサーフィン、おいしい食事、過眠による回避が含まれます。

4. **これらの戦略は、うっかりと舞い戻って問題を悪化させ、永続させる可能性があります。**皮肉なことに、問題を解決し、自分を守るために行った反応的な戦略が、かえって問題を悪化させ、さらには問題を長期的に維持してしまうことさえあるのです。これは、根本的な原因に対処をしないで、短期的な安心を得ることによって行動が強化されるために起こります。つまり、その戦略は短期的には機能するものの、同時にそれを何度も繰り返してしまうからであることを学びます。その戦略は、私たちを反応のサイクルに巻き込みます。ソフィアの場合、教えるために過剰な準備をすることによって優れた教師になれましたが、それは機能的ではない条件付きの仮定を前提としているため、自己批判が強化されるのです：「私がとてもきちんと準備していれば、良い教師ではないという事実が明るみになることはないでしょう」。条件付きの仮定のもとには、不十分である、あるいは価値がないといった中核信念があり、それらは挑戦したり、再構築することができ

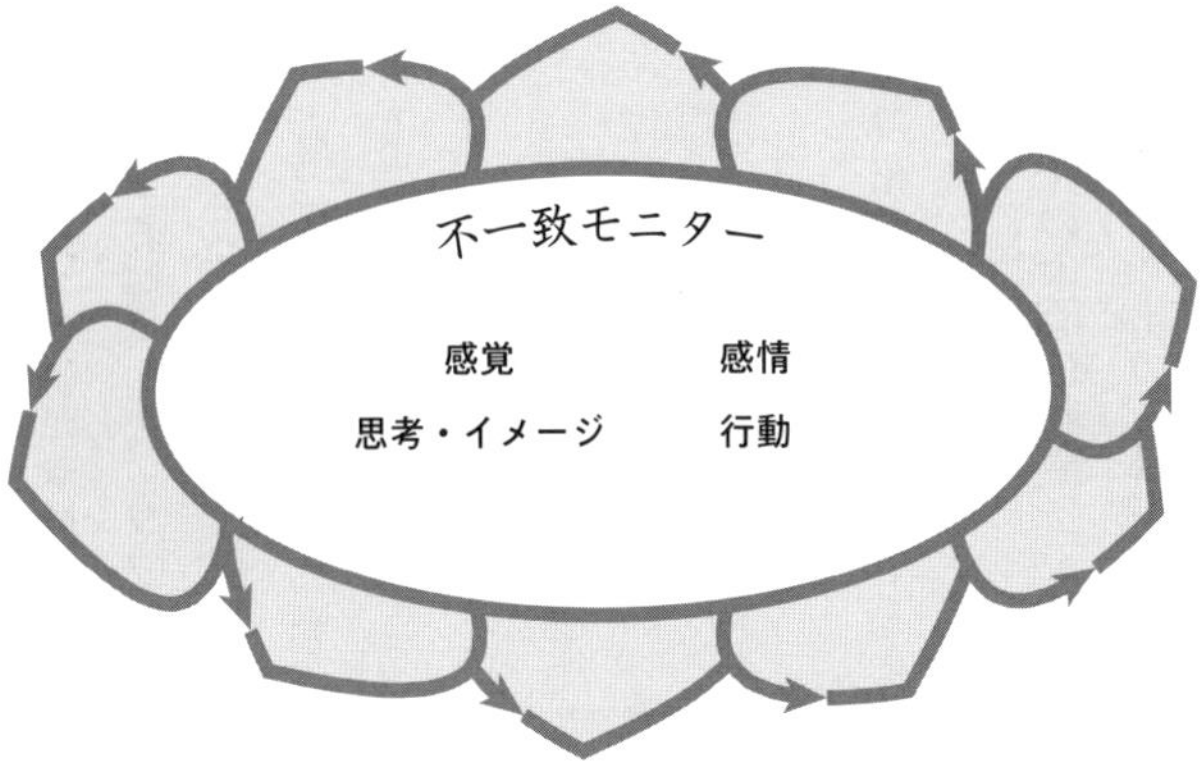

図 5・5　悪の花：悩みと苦しみがいかにして維持され、永久に続くか

ないとされています。回避、睡眠、おいしい食事は短期的には安心を提供してくれますが、問題は依然として私たちの心の隙間で待ち受けています。戦略が、周りにある花びらを形作っている問題に舞い戻ってきてしまうため、それは「悪の花」と呼ばれています。

悪の花の比喩は、健康不安がいかにして維持されるかを説明するために、最初に認知療法で開発されました（Salkovskis et al., 2003）。臨床心理士のメラニー・フェネルは、自殺念慮や自殺行動を起こしやすい人々とのマインドフルネス・プログラムで、これを使い続けました（Williams, Crane, et al., 2014）。しかし、それは繰り返し起こっているいかなる問題の説明にも、同じように使うことができます。例えば、電話に過剰に時間を費やしてしまったり、仕事でうまくいかないことがあるとすぐに転職してしまったり、パートナーや子どもに対して批判や非難をするなど関係性のパターンにとらわれてしまっているように感じたり、ぐずぐずして繰り返しさぼったり、ヨーヨーダイエット〔体重の増減を繰り返すダイエット〕など不健康な生活習慣を引き起こすことに巻き込まれてしまっているときに使えます。要するに、悪の花は、繰り返し起こる傾向のある多くの問題を説明するために、用いられます。

ソフィアの場合について、もう一度まとめてみよう。批判が直接的に刻み込まれたのは花の中心であり、それはすぐにお馴染みの感覚、感情、思考、衝動に結びつけられる（図5・6の中心を参照）。ソフィアにとって、批判は、彼女が知覚された自己と理想的な自己、つまりそれは、彼女が自分のことをどのように感じているか（不十分で価値がない）と、彼女がこうあるべきだと思っている理想的な自己イメージとのあいだに大きな矛盾を引き起こした。ソフィアの自己批判が活性化されたとき、それを何とかしなければと思う心は反すう的な思考で反応した（例えば、「私は教えることをあきらめるつもりだ。それはあまりにも大変で、それが得意ではない。誰だって、私よりも上手に教えることができる。どうして私はそんなに絶望的なのか？」）、彼女は良い気分になろうとした（インターネットサーフィンに時間を費やす等）。しかし、最終的には、おそらく誰からも批判されないような、完璧な水準でコースの準備をすることによって解決するだろう（図5・6の花びらを参照）。これらはすべて一時的な安心を提供するものであり、自己批判の根源にあるもの（不十分さや無価値が根底にあるという感覚）に対処するものではない。実際、ネガティブなセルフトークと過剰な準備は、常にうまくやるということを条件とする彼女の価値への信念を強化するのに役立った。

悪の花のたとえは、第1～4章で取り上げた心理学と仏教心理学の考えの多くに対応しています。

1. 花の中心は刺激です。花びらは反応です。
2. 花の中心は、体験をあるがままに見ることができ、生きられた体験に近い形で区分けされ、描写される場所です[*4]。
3. 花の中心は第一の矢で、花びらは第二の矢です。
4. 花の中心における体験が一つにまとまるのは、体験が快あるいは不快とラベル付けをされたときに起こりま

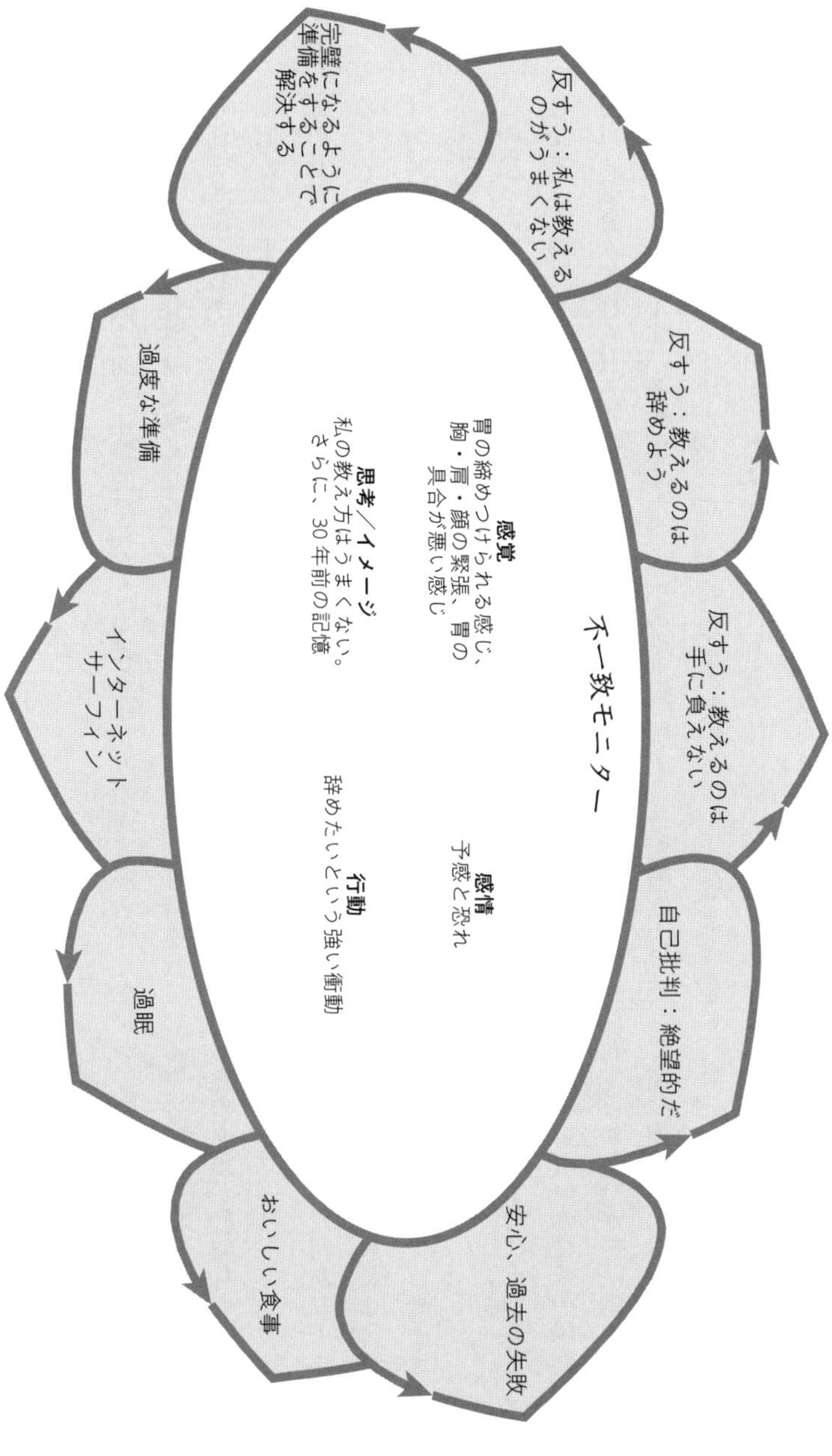

図 5・6　悪の花：ソフィアの自己批判

す。これは、反応性の連鎖が起こる最初のリンクです。

5. 評価的な磨き上げの建設的なプロセスが、花びらの生成を促進します。

6. 気分が良くなることや悩みから逃れることを求めるときには、不一致モニターの継続的な判断の根底に渇望（否認、愛着、嫌悪）があります。

7. 花の中心には、概念的・体験的な存在と知識の在り方の両方がありえますが、概念的モードは、花の不一致や花びらを顕在化させやすくなります。ある体験が体験的に理解されている場合には、依然として不快かもしれません。しかし、問題を概念的に解決しようとする試みによって、反応性の連鎖が展開していく可能性は低くなります。

8. 悪の花は、マインドフルネスの定義のいくつかのレンズを通して見ることができます。ただありのままに知るということは、悪の花の内容とプロセスを見るために距離を置いて立つことであり、それによってそれを十分に分解することができるのです。心は精神的・身体的な痛みから身を守ろうとするので、たとえ誤ったものであったとしても花の要素には身を守ろうとする気づきも含まれます。

9. このたとえは、どんな体験もそれが起こり、悪の花が形作られるまでの文脈を含めるように広げることができます。そのときに優勢となっている気分状態（幸せ、悲しみ、イライラ）によって、いかにその瞬間が体験され、評価が形作られるかにも似ています。こういったことは、植物が開花するかどうかを決定する気象条件のようなものです。それはまた、人生の学びの歴史、遺伝的素因、そして種全体の進化の物語の末端に位置する可能性があります。例えば、私たちが長年抱いている信念や習慣は、特定の繰り返される反応パターンという傾向を生み出すでしょう。根底にある中核信念、条件付きの仮定、そしてたとえの中で学んできた反応の仕方は、悪の花の根や茎となる可能性があります。

10. 最後に、このたとえはいくつかのやり方で、変化を構成するために使うこともできます。まず、発展のどの段階でも、中断することができます。リンクが連鎖しているように、どのリンクも切断される可能性があります。第二に、花のように、太陽、土壌、水などのさまざまな条件が必要です。これらの条件がないと花は咲きません。同様に、いくつかの支持的な条件（例えば、体験を評価する、不快な感情を修正するための戦略を立てる）を与えないことによって、悪の花が開花するのを防ぐことができます。最後に、このたとえは、思いやり、喜び、そして健全な心的状態や行動を培うときにも、同じようにうまく使うことができます。変容し、活き活きとした生を生きるというテーマが、本書の残りの部分の主題となります。

悪の花のたとえで重要な洞察は、私たちは誰もが反応的に対処していますが、それは一定のレベルでとてもよく理解できるものであり、むしろ守りとなるものでもあるということです。しかし、よく吟味してみると、これらの対処方略はしばしばいたずらに問題を維持してしまい、時にはそれを悪化させる可能性があることがわかります。

まとめ

この章では、本書の冒頭で投げかけた質問に立ち返りました。悩みは何によって生まれ、何によって悩みや苦しみが維持されるのでしょうか。どのように理論を使えば、心を描き出すことができるのでしょうか。私たちは心理学と仏教心理学を元に仮説を立て、悩みと苦しみに巻き込まれた心の風景を描き出しました。この重要な章は、いくつかの重要なアイデアにまとめられます。

1．第一に、心は、少なくとも部分的には、私たちに役立つ程度に説明し、理解することができます。

2. 多くの場合、私たちは生活の風景を構成する多くの刺激を、全く自動的かつ迅速に処理します。私たちはしばしば自分の反応にも気づいていません。気づきと理解によって、刺激と反応のあいだに間《ま》ができて、その間《ま》の中で、私たちはより柔軟に、創造的に、そしてスキルフルに対応する選択肢をもち始めます。

3. 刺激から反応への直接的な経路は、単一の直接的な矢印のようなものであり、そこで私たちは刺激を身体感覚あるいは心的状態として体験し、それが今度は即時反応を引き起こします。私たちはこれらの気がかりに理解可能なやり方で反応します――それは役に立ちますし、痛みや悩みから短期的には救われます。しかし、これらの反応のいくつかは私たちの苦しみを増します。これらは苦しみの第二の矢として説明することができます。

4. 悩みと苦しみがどのように維持され、悪化していくかは、「内容（what）」と「方法（how）」に分けることができます。内容は、私たちの体験を感覚、感情、思考、行動に分解することを指します。方法は、ラベル付け（快、不快、どちらでもない）に関するもので、その後、文脈に影響された体験に対して行う磨き上げられた評価のことを指します。これは快への渇望、自分自身や人生に対する理想、そして時として忘れ去ってしまいたいという願望によって引き起こされます。反応は、体験を認識して、それをあるがままにしておくことの難しさ、つまりどんな瞬間にも困難を伴う体験に向き合うことができないことから起こります。

5. 悪の花のたとえは、見かけによらず、悩みと苦しみがどのように維持されているかを記述し、説明するための簡単な方法です。私たちは皆、反応的な対処方法を用いています。それは一定のレベルにおいてはとてもよく理解できるものです。しかし、それはいたずらに問題を悪化させ、維持する可能性があります。

6. 健康とメンタルヘルスは、悩みが私たちの心の中でいかにしてつくり出され、再作成されるかを理解することから生じます。そのため、これらのプロセスを理解し、それを変えることができるのです。そうすることによって、新しいやり方で対応できるようになります。

次の3つの章では、この地図に基づいて、より健康で、ウェルビーイングな状態で、活き活きと生きる方向に導くのに役立つ道筋をつくります（第6章）。在り方、知り方、そして対応の仕方に関する新しい方法がウェルビーイングや活き活きと生きる基盤となるのです（第7章と第8章）。

注

＊1 この引用の出典は不明です。スティーブン・コヴィー（Covey, 1999）は教えの中でそれを広く用いていますが、図書館でそれを見つけたものの出典を確認することはできなかったと言います。ヴィクトール・フランクルに由来するとされることもありますが、これについて検証可能な情報源はありません。

＊2 認知療法では、思考とイメージが主要なものと見なされ、感情と行動の前駆的なものとなります。ここで、モデルは、ある要素が他の要素よりも優位かどうかに重きを置いているのではなく、まずは体験を分解すること、そして、私たちの体験のあらゆる瞬間に、要素がつくられたり、再作成されるときに、要素間で起こるダイナミックな相互作用を確認することができるようにすることです。もう一つの重要な違いは、認知療法は困難を維持および悪化させる根本的な信念を特定するのに役立つことです。これらは、条件付きの信念（「私がマインドフルネスを完璧に教えれば、人々は私の不十分さに気づかないだろう」）あるいは無条件の、時にはコアと呼ばれる信念（例えば、「私は不十分である」）である可能性があります。

＊3 サポルスキー（Sapolsky, 2017）の書籍『善と悪の生物学——何がヒトを動かしているのか』（*Behave*）は、これらの各層が、今この瞬間の私たちの体験をどのように形作るかに関する優れた論文です。

＊4 実際には、私たちの直接の体験は、感覚、感情、思考、および行動への弁別よりももっと微妙で独特なこともあります。5部構成モデルは単なる省略形に過ぎません。

第6章 変容――マインドフルネス・トレーニングの道筋

繰り返し慣れ親しむことで、私たちは間違いなく新しい行動パターンを確立することができます。習慣を強みにする私たちの傾向を利用するのです。着実に努力すれば、どんなネガティブな状況も乗り越えることができ、人生にポジティブな変化を起こすことができると私は思います。しかし、本質的な変化は一晩では起こらないということを覚えておく必要があります。

――ダライ・ラマ（Dalai Lama, 2011a）

第2章の冒頭で、人は地図がなければ、堂々巡りをする傾向があることを示唆する研究を紹介しました（Souman et al., 2009）。最後の4つの章では、私たちが心の風景をよく知るのに役立つ明確な地図を示しています。それらは、充足感、喜び、安らぎ、意味によって特徴づけられる有意義な人生を送るために必要なツールです。

この章では、変化と変容のための道筋を示します。これらの地図は、仏教心理学と現代科学の豊かさがマインドフルネス・プログラムを特徴づけるようにします。それによって、ポジティブな変化をもたらすために、マインドフルネス・トレーニングが的確さとスキルをもって利用されることができるのです。あらゆる状況、あらゆる人、あらゆる瞬間は異なっています。これらの地図は、特定の状況で、特定の人が、特定の瞬間に、何を必要とするのかを教えてくれます。それらは変化へのさまざまな道筋、さらには変化の方法を示しています。苦悩から抜け出す方法は人によって違います。マインドフルネスや思いやりを培う方法もまた、人生の時点や、人によって異なる傾向があります。これらの地図は障害物を予測し、対処することも可能にします。動揺、頑張りすぎ、懐疑的な態度、疲労、自信のなさ、知性への偏重――これらはすべてこの作業における障害物であり、道筋はこれらの障害物を切り抜ける道を示します。地図がなければ、マインドフルネスは役に立つような、あるいは立たないような、単なる一連のテクニックに過ぎません。地図があれば、悩みや苦しみから抜け出す道、喜び、ウェルビーイング、可能性を実現する道がわかります。

ソフィアについて考えてみましょう。私たちは、彼女が20代で初めて不安とうつ病が混ざり合った深刻な発作を体験してから、60代でマインドフルネス講師として働くまで、マインドフルネスとともにあった彼女の旅路を見守ってきました。

長い年月を通して、ソフィアは彼女の内なる厳しい批評家をまずは認識し、それから仲良くなることを学んだ。彼女の内なる批評家が現れたとき、彼女はそれが引き起こした感情、感覚、思考とともにあり、それらがそこにいることを許すことができた。彼女は愛情を込めて自分自身にこう言い聞かせることができた。「こんにちは、大切なお友達、私を辛い目にあわせるために来たの？ 私はあなたをよく知ってるわ、大切なお友達、あなたが何をしようとしているのかわかるのよ」。彼女は内なる批評家が再び現れる可能性があること、悪の花が簡単に再び生じるかもしれないことがわかっていた（第5章、図5・6参照）。

何年にもわたるプロセスの中で、ソフィアは内なる批評家がもつ彼女を妨害したり弱体化させたりするような性質を、より健全な意図のもとに置くことができた。こうすることで、彼女は内なる批評家のことを、自分を表現するのが苦手な善意の友人として見ることができるようになった。彼女は、批評家の根底に、良い教師になろうとし、学修者たちに最善を尽くし、教育のために教えることを楽しみ、良い母親、祖母、妻、友人になろうとする健全な意図があることに気づいた。恐怖心や欠乏感に動機づけられているわけではないのだ。ソフィアがこの意図に気づいたとき、内なる批評家から不快な感じがなくなった。彼女は自分自身に対して「ああ、すごいわ、あなたは最善を尽くしている」と言った瞬間について話してくれた。彼女は奉仕すること、他の人の活躍を見ること、仕事と人生に喜びを取り入れることに対する意識をもった。彼女の仕事と人生は意味と喜びに満ち始めた。

心は最愛の友人にも最悪の敵にもなりえます。それは苦しみに対しても喜びに対しても同等の力をもっています。私たちは繰り返し苦しみ、自分自身を傷つけ、衝動に基づいて行動し、反応性に起因する否定的な感情に襲われ、私たちを苦しみに閉じ込める**悪の花**をつくり出すことがあります。心は大きな喜び、明快さ、創造性、対応性についても同等の力をもっています。心は真の友人になる可能性を秘めています。しかし、もし私たちが、今日、昨日のルートマップを使って運転するなら、行こうとしている場所にはたどり着けないでしょう。苦しみからウェルビーイングにつながる道筋とは何でしょうか？　どのような道筋が喜びと活き活きとした生につながるでしょうか？

私たちは、マインドフルネスを紹介した後（第1章）、心の科学（第2章と第3章）と仏教心理学（第4章）について説明し、心の地図を示しました（第5章）。丁寧な地図の製作者が画像や色を使って風景を正確かつ適切に表現するように、熟練した地図の利用者は、さまざまな場所へとつながる地形を進むことができます。この章では、マインドフルネス・トレーニングを受けている人のための主要な通過点を示すために地図を用います。それには、以下の項目が含まれます。

- 注意を安定させる
- 新たな知り方と在り方

- スキルフルに対応する
- 再評価、洞察、智慧
- 体現

地図だけでは十分ではありません――風景を安全に通り抜けるために解釈し、自らを導くには、スキルと知識が必要です。この章の締めくくりには、マインドフルネス・プログラムがこの変容する旅をどのように支えるのかを示します。

1 注意を安定させる

マインドフルネス・トレーニングは、私たちが**何に注意を払うか**、そして**どのように注意を払うか**について、より意図的に選択する方法を教えてくれます。私たちは、注目したいと思うものに懐中電灯のように、注意の光線を当てることができます。光線の中心がもっとも明るくなり、端にあるものは少し暗く、外側にあるものは見えなくなります。私たちは、懐中電灯のレンズ（視覚、聴覚、触覚などのさまざまな感覚）を選択したり、レンズフィルター（好奇心、思いやり、公平性などの態度）を変更したりすることができます。これらはマインドフルネス実践で養う心の態度です。

私たちは、マインドフルネスやマインドフルネス実践の鍵となる、注意のいくつかの側面について強調します。それらの側面とは、以下のようなものです。

- 注意は体験への入口である
- 注意は防御的な気づきと意図性に根ざしている
- 注意はトレーニングはできるが、ある程度、自動的でもある

注意は体験への入口である

私たちの体験の質は、私たちがどの刺激に注目し、どの刺激には周辺的にしか注目せず、どの刺激を無視するのかによって決まります（第2章参照）。私たちが何に、どのように注意を払うのかは、マインドフルネス・プログラムを通して鍛えられます。

これまで論じてきたように、私たちの注意は困難なものや不快なものに引き寄せられる傾向があり、素敵なものや楽しいものを軽視してしまいます。臨床精神科医のリック・ハンソンは、それをマジックテープとテフロンの心と表現しています（Hanson & Mendius, 2009）。マジックテープのように、心は不快なものにくっつくことができます。テフロンのように、心は楽しい体験に直接触れることなく動くことができます。マインドフルネスの実践は、注意がいかにして困難な身体と心の状態（動揺、眠気、鈍痛、鋭痛）に向かい、マジックテープのようにそれにとらわれてしまうのかを示します。また、心と身体にとって素敵で正しいものを、まるで滑らかなテフロンで覆われているかのように、注意が上滑りするのを見ることもできます。

マインドフルネスでは、私たちの体験に意図的に注意を向けるために、**心の所有権を取り戻します**。注意のトレーニングは、マジックテープやテフロンの心に向かっていく自動的な性質を明らかにします。しかし、十分に注意を安定させるとき、体験の豊かさがより明白になります。

マインドフルネス実践は、注意を安定させる力を強化します。心の内容（感覚、感情、思考、衝動）だけでなく、

そのダイナミックな過程にも焦点を当て、理解することを学びます。刺激と対応のギャップを見ることができるので、話したり行動したりする前に、最良の対応を考える時間をとることができるようになります。私たちは自由に発想し、創造的になることができます。新しい試練に直面したとき、それらをより明確に知ることができます。避けられない誘惑や衝動に対して、もし抵抗することを選ぶならば、それらに抵抗することができますし、意識的に衝動のままにするという選択も可能です。注意が、好奇心、親しみ、思いやりを伴うとき、**初心者の心**（つまり、改めて今この瞬間に向き合う力）を体験にもたらすことができます。これは、反応性に振り回されずに、それが快であろうと不快であろうと、体験に向き合う力を発達させます。（エグゼクティブ・コントロールとしても知られている）このような注意のコントロールは、今までにないような深さと綿密さで、あらゆる体験（マインドフルに食べること、ボディスキャン、コーヒーの匂いをかぐこと、愛する人と一緒にいることなど）を豊かにすることができます。

安定した注意は防御的な気づきと意図性に根ざしている

注意に意図をもたらすことは、単なる生存よりも繁栄へと向かう旅の最初の重要な一歩です。また、習慣的な反応性から対応性への転換でもあります。マインドフルネスのこの防御的な側面は、反応のパターンから距離をとり、代わりに、より効果的な対応性をもって状況にアプローチすることを可能にします。私たちは、強い欲求や不一致モニターによって、行動、思考、感情を習慣的に駆動するのではなく、立ち止まって「この瞬間に何が必要か」と自問することができます。それは、より深い慈悲、探求、落ち着きといった、意図的に身につけることができるようなクオリティでしょうか。それは、さまざまに反応すること、あるいは全く反応しないということでしょうか。マインドフルネスの実践は、習慣的で役に立たないパターンに直面しても、意図的に何が起こっているのかに注意を向け、自分自身をこの瞬間につなぎ止めるという選択をすることができることを教えてくれます。自分自身をつなぎ止めることで、防御的な気づきは、門番や警備員のように、私たちを助けてくれるものにアクセスすることを許可し、苦しみを引き起こすものにアクセスすることを拒否することができます。例えば、ストレッサーに直面したときに、ストレスや苦しみを増幅させるような心と身体の習慣に圧倒されるのではなく、その瞬間の身体感覚に注意を向けることができます。何に気づきを向け、何のアクセスを拒否するのかをスキルフルに選択することによって、注意が保護的に展開されます[*1]。

ジョージ・エリオット（George Eliot, 1860）は書きました。「私たちは懸命に生きている間、決して憧れや願いをあきらめることができないようです。美しく良いと感じるものは確かに存在し、それらを渇望せずにはいられないのです」。人々がマインドフルネス・プログラムに参加するとき、そして学修者が伝統的な瞑想的発達の道を求めるとき、彼らは幸福、充実感、覚醒に対する同じ憧れを共有します。また、良い、あるいは悪くないと感じること、そして自分がなるべきだと思う人になることなどにも同じ欲求を共有します。マインドフルネスは、神話的で永続的な理想の今を生きることに関するものではありません。なぜなら、それは新しい苦しみを追加するようなものだからです。むしろ、勇気と気づきをもって、今と向き合う意図的な力を発達させることに関するものです。そうすることで、私たちの心を変容する過程が始まります。今この瞬間の体験の世界に、慎重かつ意図的に注意を向けることを学ぶため、私たちを悩みに縛りつけるような衝動性や反応性の支配から抜け出すことができるようになるのです。

注意は訓練可能だが、ある程度、自動的でもある

注意の自動性は必要不可欠です。それは、すべてのものに意図的な注意を払わなければならないというできもしないことから、私たちを解放してくれます。第2章で詳しく説明したように、注意は、緊急の注意を必要とするあ

らゆる刺激について迅速かつ自動的に警告します（脅威と痛みは2つのわかりやすい例です）。さらに、私たちが日常的に行っていることの多くは、意識を超えたところで自動的に行われています（体温調節とバランスの維持は2つのわかりやすい例です）。この自動性により、私たちは、圧倒されることなく、多くの複雑な情報を一日中処理することができます。この自動性は大きな強みですが、マイナスにもなる可能性があります。例えば、不安を感じやすい人の注意は、脅威や脆弱性といった感覚に引き寄せられます。彼または彼女の気づきは知らないうちに先入観によって曇り、反応性が活発になることを許してしまいます。これは、私たち全員にとって多かれ少なかれ当てはまることです。私たちの注意の偏りは、知らず知らずのうちに、抑制されることなく、私たちの体験を色づけます。

私たちが注意を安定させると、展開する瞬間瞬間の体験は速度を落とします。私たちは、心の内容と過程をはっきりと見ることができます。それは新鮮さ、洞察、識別力をもって対応する可能性をもたらします。マインドフルネス・トレーニングは、心についてよく知ることを奨励し、注意が私たちの世界を構成していること、また、注意がその世界によって構成されていることに気づかせてくれます。心の**内容**と**方法**の両方に光を当てることによって（第5章）、気づきの中に入ってくる刺激がよりはっきりとわかります。なぜなら、私たちは、身体感覚、感情、思考やイメージ、行動的な衝動により順応するからです。私たちは、体験を、快、不快、どちらでもないと分類する瞬間がわかるようになります。不一致モニターと評価が始まるのがわかります。これらは、苦しみの第二の矢が発射される瞬間です（第4章と第5章）。私たちは、悩みと苦しみがどのように生み出され、永続しているのかがわかります（悪の花、第5章）。

マインドフルネス・プログラムの定型的なエクササイズは、最初に注意を安定させ、次にこれらの洞察が出現するための間《ま》をとることによって、注意を訓練することを意図しています。例えば、ボディスキャンでは――制御された安定感と、好奇心、思いやり、忍耐を伴いながら――注意の光線を身体中に移動させます。そして、毎回心がさまよい、しっかりと、でもやさしく身体へと心が戻されることに気づきます。この実践では、そこに何があるのかを実際に見ることができるように、光線を安定させ、好奇心、親しみ、思いやりの態度にレンズを絞ります。こうした実践は、時間が経つにつれて、私たちの注意を、どこに、どのように向けるのかを選択する力を強化します。また、好奇心、思いやり、忍耐の態度が習慣になるように、私たちの心をつくり変えます。

望遠鏡が何世紀にもわたって段階的に改良されたように、数週間から数か月にわたるマインドフルネス・トレーニングは、私たちの注意を安定させ、体験をますます詳細に見ることができるようにします。これは、いかなる瞬間にも体験をより詳細に識別することができるという安定した感覚と、時間の経過に伴う心の風景のダイナミックな転換という、いずれにおいても真実です。

ソフィアの内なる批評家が引き起こされたとき、彼女はその瞬間に、そのときの身体感覚、感情、精神的出来事、衝動を識別し、解析することを学んだ。こうしたとき、彼女は、反応性へと突き動かされるのではなく、展開するプロセス、その体験が不快だと強力にラベル付けされる瞬間、さまざまな種類の強い欲求（例：大丈夫だと感じることへの欲求、完璧な教師、母親、祖母、妻になることへの欲求など）が生じる瞬間を知ることができる。これらは、第二の矢の一斉射撃が行われようとしている直前の瞬間である。このプロセスにおけるこれらの各段階は、一度わかれば、予防できる可能性がある。

注意のコントロールが上達すると、私たちは選択肢をもち始めます。刺激と反応の間にある空白の中で、立ち止まってもっとも役に立ちそうな対応について考えることができます。立ち止まることができるようになればなるほど、私たちは自分の体験に意図的な注意を（自信をもって）向けるようになり、選択を行う機会やスキルフルに行動する機会を自分自身に与えるようになります。第2章で紹介した主要な心理学者の一人であるウィリアム・ジェームズ（William James, 1890）を思い起こし、ここで再び彼に立ち返りましょう。なぜなら、変容における注意の重要性について、とてもうまく説明しているからです。

「何度も何度もさまよう私たちの注意を自発的に連れ戻す力は、判断、性格、意志の源です。それをもっていない人に有能（compus sui）な人はいません」

マインドフルネス・プログラムは、人々が自分の心をよりよく理解し、扱い、変容することを支えるために、この力を正確に鍛えます。これは、マインドフルネス・トレーニングの道筋における最初の通過点です。

2　知り方と在り方

この世界の美しさと謎は、愛情、注意、関心、思いやりを通してのみ現れます。（略）あなたの目を大きく開き、この世界の色、細部、アイロニーに注意を向けることによって、この世界を実際に見てください。

——オルハン・パムク（Orhan Pamuk, 2002）

私たちは、さまざまな心のモードになることによって、さまざまな方法で世界を体験することができます（McGilchrist, 2009; Teasdale, 1999; Teasdale & Barnard, 1993; Teasdale & Chaskalson, 2011a, 2011b）。第3章で概説したように、私たちは世界を体験的かつ概念的に知っています。体験的モードでは、物事が、可変性、無常性、相互連関性をもって、永遠に流れゆく全体の一部として、具体的な固有の在り方で、私たちに向かって立ち現れます。体験的モードは、一瞬一瞬継続的に展開し、形成と再形成を繰り返しながら、具体的な固有の在り方をする今この瞬間の直接的な体験に関わっています。一方、概念的モードは、抽象的な考え、概念、物語、語り、作業モデルとして世界を表象し、過去の物語を思い出したり、未来を計画したりすることを可能にします。多くの場合、多分に言語に基づいており、評価と分析の基準をもっています。マクギルクリスト（McGilchrist, 2009）は、この心を駆使する体験の感覚と、**再びそれを示す**（ただし概念的に）感覚とをとらえるために**表象する**（represent）という語を用いています。体験的モードにおいても、概念を体験できることに気づくのは大事です。しかし、ここでの思考やイメージは、鍋が沸騰し始めることで生じる泡のようなものであり、その瞬間の一時的な現象や精神的な出来事として体験されます。

体験的モードと概念的モードは、世界における全く異なる知り方と在り方につながっています。各モードは、異なる心の建物によって支えられており、異なる脳の構造と機能を活性化します（McGilchrist, 2009）。オーケストラのように、各モードは、異なるキーで演奏される、異なる楽器の組み合わせを用います。オーケストラの指揮者のように、私たちは、意図的にモードを切り替え、異なる音や気分を生み出すことを選択できます――あるいは、心の天気については、異なる知り方と在り方を生み出すことを選択できます（Barnard & Teasdale, 1991）。異なる音楽が異なる状態を生み出します――つまり、異なる心のモードも異なる在り方を生み出すのです。Ｂｏｘ６・１のエクササイズを試して、心の天気とはどういうものかを明確に理解してください。

Box 6.1

マインドフルネス・エクササイズ：心の天気に気づく

少し立ち止まって、注意を内側に向けてください。今のあなたの心の天気を感じてください。あなたの心は動揺や落ち着き、縮こまった感覚や広々とした感覚を感じているでしょうか？　あなたが選んだりコントロールしたりしていないさまざまな状況の影響を受けて、心の天気が一日を通してどのように変化したのか、今日、あなたはどれくらい認識していますか？　あなたの心の天気が今の思考をどのように形作っているのかを感じてください。心の天気があなたの身体にどのように刻まれているのかを感じることができるように、身体に注意を向けてください。あなたの身体が動揺によってどのような影響を受けるのか、また、落ち着きによってどのような影響を受けるのか、わかるようになるかもしれません。

マインドフルネスの学習には、まず心の天気について理解し認識することが含まれます。私たちは、自動操縦状態になり、習慣的な考え方や振る舞いをしてしまってはいないでしょうか？　それとも、そこに存在するものとともに**在る**ことができる、より受容的な、今この瞬間の気づきの中にあるでしょうか？　概念的であったり、考え込んでいたり、あるいは考えすぎていたりするでしょうか？　それとも、概念的でありつつも、創造的で自由な心のモードでいるでしょうか？　私たちの注意を安定させ、トレーニングをすると、現在の心の天気をよりよく理解することができ、以下のことがわかるようになります。

- モードを出たり入ったりする心
- 刺激と反応性の間《ま》
- （快、不快、どちらでもないといった）感覚のトーンに刺激が割り当てられるとき
- 評価を磨き上げることの始まり
- 反応性の第二の矢の一斉射撃が行われるとき
- 第二の矢の一斉射撃の効果

マインドフルネス・トレーニングは**心の内容と方法**（第5章）を認識し、理解するための、この力の発達を支えます。しかし、この理解は内省的な自己陶酔の一種ではありません。それは実用的なものです――すなわち、私たちが苦しみから抜け出し、ウェルビーイングと活き活きとした生に向かうのを助けるために養われます。

私たちが痛みを知り、理解する方法が良い例です。腰痛に苦しんでいるある人が、「私の慢性的な腰痛は耐えがたいものです」あるいは「この痛みは決して消えないでしょう」と言うかもしれません。体内で直接感じられるものが何であれ、それに「耐えがたい」という意図的な評価や「決して消えないだろう」という持続時間が与えられることで、**痛み**という概念に変換されます。それは、例えば「私は慢性疼痛患者である」というような、個人のアイデンティティとも関連しているかもしれません。直接的な体験はおそらく不快で、苦しそうでさえありますが、「腰痛」「耐えがたい」「慢性的な」という概念が伝えられたときよりも、「私は耐えがたい慢性的な腰痛をもっています」あるいは「私は慢性的な腰痛患者です」という物語にまとめられたときに、特に絶妙なニュアンスが付加され、力強いものになる傾向があります。

モハメドは、彼の心と身体を探索するために中核的なマインドフルネス実践を用いた。これにより、彼は自分の体験を異なる方法で知ることができるようになった。彼が気づいたのは、痛みが刺すような感じで、脈打っていたということ、また、身体の特定の部位にかなり一貫して痛みがあったということだった。感覚はそれほど不快ではなく、彼はどの瞬間にも特徴があり、一瞬一瞬変化しているということを発見した。モハメドが彼の痛みを体験的に調べたとき、彼は、身体感覚、（「耐えられない」という）鍋で沸騰する水の泡のような思考、感覚を修正したい、感覚から抜け出したいという理解可能な欲求をより直接的に観察することができた。「ボディスキャンを行っているときに、彼は「たいていの瞬間、私の身体は不健康なところより健康的なところのほうが多い」という素晴らしい洞察を得た。

心のモードの両方をマスターする

マインドフルネス・トレーニングには、体験的な心のモードと概念的で言語的な心のモードの両方を深く理解することによって、内なる世界の様相を知ることが含まれます。時間が経つにつれて、私たちはそれらがいつ役に立ち、いつ問題になるのかを学ぶことができるようになります。その後、この理解を用いて、不安と苦痛から抜け出し、よりよいウェルビーイングへと進むことができます。また、意図的に注意を方向づけ、モードを切り替えられるようになります。

このシフトの多くは非常に自動的に起こりますが、私たちはある程度意図的かつ自発的にこれらのシフトを起こすことを学ぶことができます（Norman & Shallice, 1986）。何か（例：自転車に乗るようなスキル）を初めて学ぶとき、または状況（例：下さなければならない決断や解決しなければならない問題）について非常に慎重に分析したいとき、私たちは、意図的で、計画的で、制御された処理を行うモードになりがちです。しかしながら、多くの場合、そこにはかなりの自動性があります（Bargh et al., 1996; Kahneman, 2011）。マインドフルネスの実践は、まずこれらのプロセスがわかるようになり、次にできるときには選択できるように注意を訓練します。

心のモードの両方をマスターすることは、探索的な気づきを支えます（第1章）。それは、概念的なインクワイアリと体験的なインクワイアリの両方を可能にし、考えと、感情や身体に喚起されるものが等しい重みをもつようにします。私たちは、謙虚に、体験に対して耳を傾け、体験から学ぶことに対して開かれます。これは、私たちの日常生活とマインドフルネス実践の両方における探索的な気づきの働きです——すなわち、見て、理解し、学ぶという素晴らしい心の可能性を引き出すことができるように注意を安定させ、概念的そして体験的な知り方と在り方を受け入れるということです。

これらの内的なシフトは容易ではありません。マインドフルネス実践の実用性と新しい学習の統合は難しいものとなる可能性があります。しかし、８週間のマインドフルネス・プログラムの枠組においてさえ、参加者はどのように体験に注意を向けるのかに関する大きな変化を体験していることに気づきます。マインドフルネス・トレーニングを通じてウェルビーイングを培うことができると学ぶことは、多くの人にとって新しいことです。それは、うつ、痛み、長期的な身体疾患のような困難な体験に直面するとき、新しい選択肢を提供し、私たちにいつもと違う考え方や行動をするための大きな力を与えます。

20代半ば頃からずっと、ソフィアは、生活と距離をとり、マインドフルネス実践を発展させ、他の実践者の協力的なコミュニティの中で沈黙を楽しむ方法として、サイレントマインドフルネスリトリートに参加していた。これらのリトリートは、彼女の学習を多くの形で支えた。

ここ数年、ソフィアはリトリートで、パーキンソン病の診断が不安の中心にあること、その症状の多くが不安の強力な引き金として機能していることを学んだ。彼女は「これはどのように進行するんだろう？」「これらの症状にはどういう意味があるんだろう？」「孫の成長を見られないなんて寂しい」「私にはまだやりたいことがたくさんあるのに」「心と身体の衰えに直面するのが怖い」「周りの人から弱くて困っている人だと思われるんだろうな」といったような思考にいつも襲われていた。

マインドフルネスリトリートでは、ソフィアが一瞬一瞬の直接的な体験に立ち返ることができるように、静けさや広大さ、そして講師が、呼吸と身体に注意を固定することを何度も何度も促した。リトリートの過程で、不安の圧倒的な支配は弱まり、彼女は心と身体に直接つながることができるようになった。そうだ、彼女は疲労し、恐怖し、自発性をいくらか失っていたが、ものを見て味わう豊かさももっていた。彼女には不健康なところよりも健康的なところの方が多かったのだ。この気づきの広がりは、彼女の夫、子ども、孫、友人、そして人生そのものに対する大きな愛の感覚を解放した。

ソフィアは講師であるだけでなく、作家でもあり、いくつかの短編小説と詩を出版していた。彼女は学習、発想、言葉、言語が大好きだったが、いつも自分をダメにしてしまうと感じていた。彼女はマインドフルネスリトリートを通して、内なる厳しい批評家の浸透が彼女の創造性、自発性、生産性をどのように損なったかを学んだ。リトリートの過程で、体験的な知り方と概念的な知り方の間を行ったり来たりするにつれて、彼女は、短編小説、本、家族や友人と行うこと、病気がさらに進行する前にやっておきたいことのリストに関する創造的な発想を得た。これらは、気づいたままにしておいて、その日の夕方に日記にメモすることで手放すことができるようなものだった。不安にとらわれるたび、圧倒されることを避けるために、彼女は呼吸と身体のアンカーを用いて、それに名前をつけた。これは必ずしも簡単なことではなかった。時々、彼女は自分自身を安定させる前に、不安の渦に吸い込まれた。リトリートの終わりには、人生に取り入れることができるような安定感と安らぎが現れ、落ち着いてきた。

体験的な心のモードと概念的な心のモードを知り、それらを切り替え可能にすることは、人に力を与えます。困難な思考を、生じては消えていく単なる思考だと見なすことができると、非常に楽になります。思考が心を強くとらえることもありますが、私たちはその同じ思考がこの瞬間の精神的な出来事として体験されうることを知っています。人々は、思考は事実ではなく、私たちに対して力をもつ必要はないことを学びます。

3ステップ呼吸空間法

マインドフルネスに基づく認知療法（ＭＢＣＴ）で学んだ、重要なマインドフルネス実践の一つは3ステップ呼吸空間法です（図６・１：Segal et al., 2013）。Ｂｏｘ６・２の手順に従って、試してみてください。

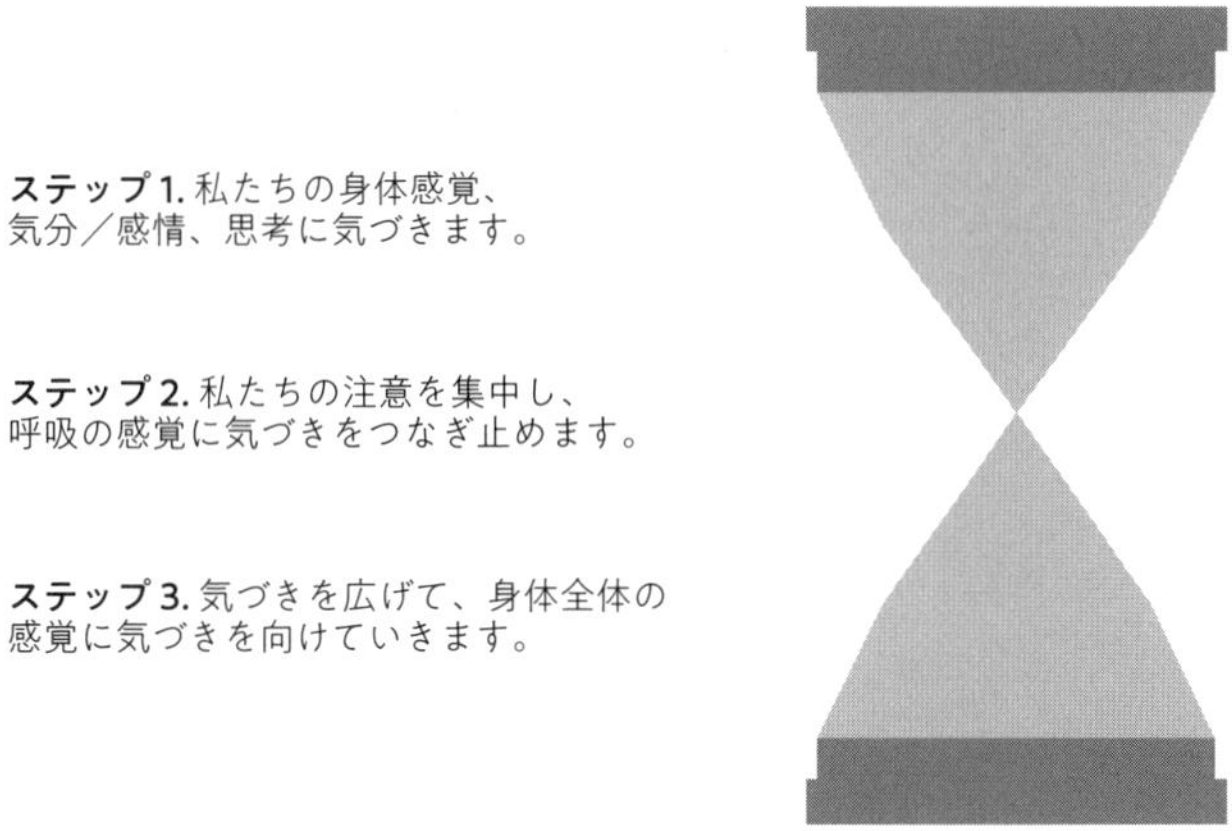
ステップ 1. 私たちの身体感覚、
気分／感情、思考に気づきます。
ステップ 2. 私たちの注意を集中し、
呼吸の感覚に気づきをつなぎ止めます。
ステップ 3. 気づきを広げて、身体全体の
感覚に気づきを向けていきます。

図 6･1　3ステップ呼吸空間法

3ステップ呼吸空間法には多くの機能があり、各ステップが重要です。3ステップ呼吸空間法を行うたびに、私たちは、あらゆる瞬間における心と身体の特徴——没頭、安らぎ、怒り、興味、怠惰などに気づくようになります。クリス・カレン（Chris Cullen）はこれを「呼吸空間法の多様な側面」と表現しています。ヘラクレイティス（Heraclitis）が言ったように、私たちは同じ川に二度足を踏み入れることはできません。それは川が絶えず変化しているからです。私たちもそうです。3ステップ呼吸空間法の機能——立ち止まって感覚に注意を向けること——は同じですが、私たちの毎回の体験は異なっており、それぞれの特徴があります。参加者は、それがよりよい安定と理解への入口であることを学びます。一連の出入口のように、それは私たちに対して、一連の違った部屋を開いていきます。

ここで重要な洞察は、私たちは世界を体験的にも概念的にも知ることができ、そこに在ることができるということです。この力は私たちの生活を豊かにします。

Box 6.2

マインドフルネス・エクササイズ：3ステップ呼吸空間法

ステップ1．気づく

可能であれば目を閉じて、坐ってでも立ってでも構いません。背骨をまっすぐにして威厳のある姿勢で、この瞬間に何が起きているのかに気づきを向けてください。その後、自分自身に以下のように尋ねながら、あなたの気づきを内なる体験に向けて、それに気づいていてください。

- 今ここで、どのような**身体感覚**が生じていますか？
- 今ここで、どのような**気分や感情**が生じていますか？
- どのような**思考**が心を通り過ぎていますか？

ステップ2．集める

次に、呼吸に伴う身体感覚に焦点を当てて注意を向け直します。あなたがもっともはっきりと呼吸を感じられるところに注意を向けて、落ち着きます。息を吸い込む間ずっと、また、息を吐き出す間ずっと、これらの感覚に注意を向けてください。

ステップ3．広げる

そして、呼吸の周りに気づきの範囲を広げていって、身体全体の感覚、姿勢、表情を含んでいきます。できるだけ、この広い気づきを一日の次の瞬間にももたらします。

出所：Teasdale, Williams, & Segal（2014, p. 183）から応用。

スキルフルに対応する

あるマインドフルネスの講師は，「マインドフルネス実践の生涯における目的は何ですか？」と尋ねられ，「適切な対応です」と答えました。刺激と反応性のあいだには空白があります。私たちはこれまで，気づきのないままに生きていると，いかに反応性が不安とメンタルヘルスの問題を悪化させうるかを見てきました。私たちは，悪の花の花びらという，善意の，しかし最終的には役に立たない戦略で不安を解消しようとして行き詰まります。

3ステップ呼吸空間法は，対応性を即座に支えることができます。注意を安定させ，つなぎ止め，心と身体に生じていることにより開かれてから，次のような質問をすることができます。

- この瞬間に何が必要でしょうか？
- あなた自身やあなたの状況に対して，どうしたら賢明で思いやりのある対応をすることができるでしょうか？
- あなたや他の人のウェルビーイングを支えるものは何でしょうか？

呼吸空間法は，これらの質問に対する，より幅広く，より創造的で，より賢明な回答を多く生み出します。これらは身体に注意を向けること，困難に向かう方法として分析を行う概念的な心を用いるのではなく，身体を用いることを含むかもしれません。私たちは同じ原材料を処理しますが，それを心の違ったモードに保ち，心のもっとも深く賢明な部分——つまり，身体に処理させます。

役に立たない否定的な思考からの解放は、3ステップ呼吸空間法から直接得られます。3ステップ呼吸空間法を行う間、私たちは思考が行き交うのを見て、思考を分類し（例：判断、計画、心配、破滅的思考、完璧主義、全か無か思考、心を読むこと）、より意図的でバランスのとれた視点に立つことによって（例：「私のもっとも賢明な心はこれらの考えについて何と言うだろうか？」）、思考から距離をとることができます。最終的には、この間《ま》によって、幸せ、ユーモア、美しさ、愛の瞬間に至る対応が行えるようになります。私たちは、これらの体験をより認識して、より向き合えるようになっています。「ああ、ここに喜びがある。……こんな感じです」。これらの体験をより十分に味わうことや感謝することは、特に身体でそう感じられるときに、私たちに栄養を与え、ウェルビーイングを支えます。そして、見過ごしてしまいがちな多くの祝福を含む、人生におけるすべての良いものに目を開く習慣を身につけることができます。

安定した注意は、心が展開する過程に光を当てます。それによって、私たちが身体感覚、思考、感情を直接体験し、行動的な衝動をただの衝動だと見なせるようになります。そうすると、私たちは痛みを痛みとして、喜びを喜びとして体験することができます。これらの刺激は、瞬間瞬間に直接体験することができます。これは、悪の花の中心です（第5章、図5・6参照）。

忍耐、やさしさ、思いやりをもって、体験をあるがままに受け入れ、それに向き合うことは今までとは異なる対応の仕方の始まりです。それは私たちの不一致思考を無効にして、強い欲求を弱めるための間《ま》を提供することができます。それは、より具体化された対応、体験的な知識に基づく対応の可能性を開きます。それは私たちの意図を明らかにし、私たちの対応が意図に基づくようにします。体験的な心のモードは、ダイナミックな心の速度を落とし、感覚、感情、思考の展開を明らかにすることに役立ちます。それは意図に根ざし、親しみと思いやりに満ちた方法で対応するための空白をつくり出します。

親しみと思いやりが織り交ぜられた安定した注意は、私たちの心理的な風景を変化させます。それは対応性への の道の始まりです。私たちは、内的にも外的にも、友人や敵、追求する体験や回避する体験などに世界を分割することをやめます。痛み、不安、不一致思考、自己批判、恨み、対立、――つまり反応性を促進するすべての思考と行動の習慣は、理解はできるものの役には立たない習慣だと見なされます。これにより、反応性を引き起こし、維持するパターンの根源が切り捨てられます。世界に対して思いやりのある慈悲深い関係を築く力は、私たち自身に対して思いやりのある慈悲深い関係を築く力に深く根ざしていることを発見しました。時間が経つにつれて、スキルフルに対応する力と自信は強くなります。

より対応的であることは、痛みと不安の第一の矢を、より効果的に扱うことを助けるだけではありません。素敵なもの、喜びの瞬間、美しさ、達成、愛など、私たちの感情や理性を高める瞬間と体験に対して、私たちを開きます。これらの瞬間は認識され、許され、味わわれます。これは何も難しいことではありません。ガーデニングのように、私たちが栽培するものは何でも活き活きとします。悪の花を咲かせる植物を栽培すれば、その花が咲きます。しかし、喜び、絆、美しさは、正しい条件――安定した注意、好奇心、忍耐と思いやりの態度、味わいなど――を提供することによって、マジックテープの心とテフロンの心のいずれにも代わるものとなります。植物のための水、光、栄養のように、マインドフルネスはスキルフルに展開され、心と身体が活き活きとするようになります。

対応性の条件を培うほど、それが起こる可能性が高くなります。心が受け入れるもの、心が傾くものが、心を形作ります。重要なのは、対応性は恐怖、不安、思考停止状態への解毒剤だということです。

ここで重要な洞察は、マインドフルネス・トレーニングが、よりスキルフルな対応を選択することを可能にする間《ま》をつくり出すということです。

3　再評価、洞察、智慧

私たちの心理的な風景へのマインドフルネスの導入は、以前は固定した**現実**のように見えていた物語やストーリーが、ダイナミックで、変化と可能性に開かれた、展開する過程であることを明らかにします。これは、根本的な洞察です。なぜなら、それは私たちの信念を再定義し、それらを固定された存在ではなく**過程**だととらえさせるからです。

知覚とものの観方の枠組みを変えることは、第1章で打ち出したマインドフルネスの4つ目の機能でした。習慣的な反応は壊れていて、ややこしくて、不完全な世界にいるという自分に対する記述、世界観、アイデンティティに私たちを縛りつけます。[*2] マインドフルネスによる変容の第一段階は、偏りや好みのない瞬間に注意を向けることで、同一化や同一性形成へのとらわれを緩めることです。私たちが脱中心化[*3]と呼ぶ、知覚とものの観方の枠組みを変えることは、健康へと向かう動きです。

リンは苦しみの大きな鍋のような職場、裁判所で働いており、その仕事はストレスフルなものだった。彼女の人生や感性からして、毎日この苦しみにさらされ続けることはかなり困難だった。裁判所からそう遠くないところに、街の周辺部の丘へと続く道があった。彼女はよく昼休みに、ベンチに坐って昼食を食べるため、丘の上へと元気に歩いていった。この見晴らしの良い場所から街を見下ろすと、裁判所、町の広場、商店街、郊外を見ることができた。そうして裁判所を見下ろすと、リンはその日のストレスや課題を視野に入れることができた。それはその日の仕事を通して聞いた、多くの動揺するようなケースに関するストレスや苦しみから、彼女を切り離すのに役立った。数年かかったが、リンは最終的に新しい仕事――彼女にとって栄養となるような仕事で、彼女が10代の頃には誰もそばにいてくれなかったのだが、彼女の10代の子どもたちのそばにいるためのゆとりを彼女に提供するような仕事を、見つける必要があることに気づいた。

マインドフルネス・トレーニングは、私たちが脱中心化すること、私たちの体験を異なる観点、新しくて見晴らしの良い視点から見ることを可能にします。これは、リンが行ったような人生選択のレベルだけでなく、あらゆる瞬間的な体験のレベルで起こりえます。私たちは、リンがベンチに坐って彼女の街を見下ろしたように、私たちの体験を見ることができます。こうすることで、よりはっきりと理解できるようになり、公平性と対応性を高めることができます。通常、私たちの体験は前面にあり、気づきそのものは背景にあります。脱中心化では、これが逆になります。気づきを前面に出すことで、私たちの体験はより広い知覚分野で感じられます。ストレス、悲しみ、痛みを感じ、依存的な衝動や苦しみにとらわれたり突き動かされたりするのではなく、私たちは、これらの状態を認識し、気づきの領域に保つことができます――「ああ、ここにストレス、悲しみ、苦しみがある……」といったように。

私たちは自分自身がこうであると信じる人物である必要はありません。また、こうあるべき、こうするべきと感じるような人になろうと頑張りすぎる義務もありません。マインドフルネスによって、私たちの心は過程に過ぎず、**自己の**感覚もまた過程であり、一つの定義によって十分に固定することは不可能だということに気づきます。時間が経つにつれて、私たちは体験的な知り方と概念的な知り方の両方を用いることで、新しい知り方を学びます。また、まず体験が永久ではないことを理解することで智慧を得るようになります。この体験には、固定されたアイデンティティの体験を含みます。

健康的な心は従順で柔軟です。反応にとらわれるのではなく、今この瞬間の体験を探索し、疑問をもつことができます。ろくろの上で粘土を形作る巧みな職人の手のように、私たちもまた心を形作ることができます。これまで議論してきたように、マインドフルネスは、今この瞬間の心の状態を識別し、探究する力を発達させます。これは、不安、動揺、嫌悪感の役に立たないパターンや、私たちが何年、あるいは何世代も従事してきたパターンについて認識するのに役立ちます。何かに長い歴史があるからといって、それに同じように長い未来があるわけではありません。思考を思考として、感情を感情として、感覚を感覚として見ることを学ぶと、反応性よりも対応性、剛性よりも柔軟性の力を発達させるのに役立ちます。反応は過去の体験と想像された未来の体験に根ざしていますが、対応性はありのままの今この瞬間と関わる力に根ざしており、つながりの苦しみから解放されています。

健康的な心は、恐れる必要のない友人のようなものです。それはウェルビーイング、安心、そして困難な感情や心的状態に圧倒されずに受け入れる力によって特徴づけられています。健康的な心は、苦しみに深く触れても、バランスと思いやりをもってそれに向き合うことができる回復力のある心です。マインドフルであることは、物事に無関心であることではありません。私たちは、喪失、失望、病気、愛する人との別れによって心が動かされ、悲しむこともあるかもしれませんが、痛みと悲しみの瞬間が、決して物語の終わりではないことを学ぶようになります。私たちは、壊れることなく呼吸をし、人生を通して行動し、愛し続けることができます。

過度に概念的なやり方で問題を分析すると、多くの熱気が生まれますが、栄養や洞察を得ることはあまりありません。内外の世界に対して安定して気づきを向け、注意を払うことは、物事をよりはっきりと見ることに役立ち、「この瞬間に何が必要か」という問いに対する答えを探すことができるようにします。

安定して、より開放的な体験的モードにつながると、この瞬間に何が必要かを明確にすることができます。「ああ、今、かなりはっきりしています。私は、このことをこんなにも考えすぎていたなんて信じられません」と人々が言うのも珍しくありません。この新しい、役に立つやり方で問題に対処することを学ぶにつれて、私たちは新しい信念をもち、新しいアプローチを試みるようになります。例えば、「これも通り過ぎていくだろう」「私はそれがうまくいくだろうと信じる」といった新しい信念が生まれます。

フォーマルなマインドフルネス実践を通じて，また日常生活における学びの応用によって，私たちが難解で苦労させられると感じるようなものは，実際には一時的なものであったり，コントロールできないことを受け入れなければならないようなものであることがわかるようになります。これは，全般性不安障害（小さなことにも大きなことにも，ほとんどすべてのことについて反復的で制御不能な心配をすること。Beck, Emery, & Greenberg, 1985）に苦しむ人々のための認知療法の戦略の一つによって示されています。この障害をもつ人々は，心配を紙に書き出して瓶に入れておいて，1週間後くらいに取り出して見るように求められます。彼らは，今日，心を支配しているものが，1週間後には些細なことのように思えることがわかります。彼らの頭をいっぱいにしていた問題は，たいていは過去のことになっていて，もはやそれほど関係がなく，重要ではありません。今日は，おそらく何か違うものが彼らの心を支配しているのです。全般性不安障害をもつ人々にとって鍵となる学びは，彼らの苦悩は心配の**内容**から生じるのではなく，心がマジックテープのようなものにくっついていて，繰り返し，コントロールできず，概念的に問題を解決しようとする**過程**から生じるのだということです。全般性不安障害は，いくつかの点で，私たち皆の心の傾向を描写しています。心配から離れて，より役に立つような知り方と対応の仕方を身につけることができるという選択肢に気づくことが，洞察を深めます。

私（クリスティーナ・フェルドマン）が郵便局のカウンターに向かっているとき，若い女性が反対方向から近づいてくるのに気づいた。私が彼女に先を譲ると，彼女は「なんて素晴らしい」と言いながら，驚いた表情になった。何がそんなに素晴らしいのか尋ねると，彼女は「たいていの人は私のことを決して見ようとはせず，いつも私の前に割り込んできます」と答えた。

アイデンティティは苦痛に根ざした長い歴史をもつことがあります。アイデンティティは，権威を授けられた優位な思考や感情を同定することによって、その瞬間に形作られています。反応性を理解して、それを増幅させず、代わりに対応性の種をまいてそれを培うのは、変化の種をもつ瞬間です。郵便局の女性の場合、より全体を見るために、そして他者からも見られるために、**彼女の視線を上げる**ことができます。

ここで重要な洞察は、マインドフルネス・トレーニングが、私たち自身、他者、そして世界に関する重要な視点のシフトを生み出すことができるということです。

4 体現

ウェルビーイングへの道筋は、体現につながります。体現は、私たちの意図、思考、身体表現、行動の間に連携がある場合に起こります。認知神経科学者のスティーブン・ピンカー（Steven Pinker, 1997）は、これを「心の社会」と表現し、理解、仕組み、集団行動を共有する機能的な社会という比喩を用いています。心も健康的な社会として機能することができます。これが起こると、私たちはある程度安心して存在し、意図的に、今この瞬間を思いやりをもって生きることができます。体現はマインドフルネス・トレーニングの基本であり、私たちはそれにまるまる一章を捧げます（第8章）。

ここで重要な洞察は、マインドフルネスはそのもっとも深い意味において、注意や心の態度以上のものであるということです。それはまた、明快さ、思いやり、安らぎとともに世界に存在する方法――つまり、穏やかさが持続することによって特徴づけられるような在り方であるといえます。

5 マインドフルネス・プログラムがこの変容の旅をどのようにサポートするか

変容への道筋における通過点は、注意を安定させること、新しい知り方と在り方、スキルフルに対応すること、再評価、洞察、智慧、そして体現です。マインドフルネス・プログラムの構造と中核的な構成要素は、これらの通過点を通る人々をどのように支えるのでしょうか。マインドフルネス・プログラムは、参加者が鍵となる構成要素をそれぞれ順番に学ぶことができるように構成されています。マインドフルネス・プログラムは、たいてい、日々の活動（例：食べること）を観察することから始まり、私たちの体験がどれほど気づきを超えていて、私たちの生活がどれほど自動的に操縦されているのかを示します。初期のマインドフルネス実践は注意を安定させて、心と身体がいかにして悩みを生み出し、苦しみを永続させるのかに気づき、理解するのに役立つスキルを教えてくれます。マインドフルネス実践と講師の体現は両方とも、親しみと思いやりをもって体験に向かう力を発達させるのに役立ちます。

その後のセッションでは、苦しみがどのように生み出され、維持されているかを示し、参加者は苦しみを永続させるような思考と行動の習慣から抜け出すために学習を応用し始めます。より安定した注意と視点のシフトに伴って力と自信が身につきます。これらのセッションは、マインドフルネス・プログラムが終わっても生活の中で学んだことをすべて応用できるように、参加者を支え、彼らに栄養を与えるものについて検討することを手助けします。

第1章では、マインドフルネスを学ぶことは、カヤックの漕ぎ手が激流を進むことを学ぶようなものであると述べました。マインドフルネス・トレーニングの構造は、カヤックでのトレーニングで、川の道筋を提供するようなものです。実践とエクササイズは、カヤックのスキルや、これまで以上に困難な状況でそれを応用することを教えます。時間が経つにつれて、カヤックの漕ぎ手は、川を進み、問題を予測し、激流や危険の中で道を安全に見つけ

表 6・1　マインドフルネス・プログラムに不可欠な要素と柔軟な要素

不可欠な要素	柔軟な要素
・観想的諸伝統、科学、医学や心理学や教育における主要な学問分野を総合することから引き出される理論と実践によって特徴づけられていること ・人間の苦悩の原因とそれを緩和するための方法に関する人間の体験的モデルによって支えられていること ・今この瞬間への焦点化、脱中心化、アプローチの方向性によって特徴づけられるような体験との新しい関係性を築くこと ・思いやり、智慧、公平性などの肯定的なクオリティと同様に、注意力に関する自己統制、感情的・行動的自己統制の促進を支えること ・マインドフルネス瞑想の実践、インクワイアリに基づく学習過程、洞察と理解を深めるためのエクササイズに関する、持続的かつ集中的なトレーニングに参加者を従事させること	・中核的な必須課程の要素は、応用課程の要素と統合され、特定の文脈や対象に合わせて調整される ・プログラムの構造、長さ、実施方法のバリエーションは、対象や文脈に合わせて形成される

出所：Crane et al.（2017, p. 993）

るための理解とスキルをもつことができるようになります。プログラムの終わりまでに、参加者が自分の人生の本流を進むための理解と能力を発達させることが目標です。

マインドフルネス・プログラムには、特定の文脈や対象に合わせて調整できる要素と、その志向性、基礎となる理論的前提、内容、教育を定義する不可欠な要素があります（Crane et al., 2017；表６・１参照）。

セッションを通して連続して積み重なっていく学習のプログラムが存在するように、マインドフルネス・プログラムは意図的に構成されています。マインドフルネス・プログラムの典型的な学習とセッションの内容の一部を表６・２に示しました。

試練と実践を妨げるもの

マインドフルネスを学ぶ上で予測される試練があります。それらは道を妨げるような問題ではなく、マインドフルネスを学ぶときに歩む道の一部です。その試練とは、焦り、退屈、動揺、眠気、より楽しい体験を求める気持ち、心配、疑いなどです。これらの試練を認識し、対処するとき、私たちは注意を安定させ、理解を深めることができます。表６・３にもっとも典型的な試練の概要と、各試練に対応し、対処する方法に関する提案を示します。

これらの典型的な試練はすべて、それらが何であるかを認識し、第5章で概説した**内容**と**方法**の観点から理解され、安定した、友好的で、思いやりのある注意をもって向き合うことで、利益をもたらします。試練は心について、そして悩みがどのように生み出され、永続するのかについて教えてくれます。それらに対処することで、どのように悩みが緩和され、どのように障害と向き合い、克服することができるのかがわかります。

これらの試練がもつ力の多くは、その習慣的な性質から来ています。悪の花のアナロジーは、これらの試練を実際にはっきりと見るために用いることができます。習慣を認識したり中断したりすることは容易ではありませんが、そうすることで試練から多くの力を奪い、代替案が出現する間《ま》をつくり出すことができます。困難な状況の周りや下には、可能性の領域があることがわかります。森の中で懐中電灯を照らすように、私たちは、まず、困難な状況に注意の光線を当て、――懐中電灯の先に、友好的な好奇心のレンズがあることを確認したりしながら――、気づきを広げるか、他の場所に移すことを選択することができます。変化には時間がかかるので、よく染みついたあらゆる習慣と同じように、私たちは粘り強く、辛抱強くいなければなりません。

いくつかの試練は、私たちの意図や願いを損ない、妨害します。マインドフルネス実践を行う中で、多くの実践者は試練について学び、それらが個人的な試練であるだけでなく、誰しもが立ち止まって自分の心を見つめるときに体験する普遍的なパターンであることを理解して、安心感を得たと報告しています。私たちは、強い欲求、悪い意志、鈍さ、疑い、動揺がいつ現れ、いつ消えるのかについてシンプルに知ることを奨励します。私たちは、これらが固定された状態ではなく、私たちを定義しているわけではないこと（例：「私は怠惰な人ではない」）、他のすべてのものと同様に、生じては、過ぎ去っていく状態であることを、マインドフルネスによって知っています（例：「怠惰や無関心が訪れては去っていく」）。私たちは、それらに圧倒されたり、それらによって自分を同一化するというよりも、マインドフルネスや思いやりによってこれらの変化するパターンに向き合う力を発達させ始めます。友好

表 6・2　セッションの主題、鍵となる学習、中核的マインドフルネス実践を含む典型的なマインドフルネス・プログラムの概要

セッションの主題	鍵となる学習	鍵となるセッションとホームワークの内容
1. 自動操縦に気づく	・自動操縦パイロット ・注意を安定させる ・マインドフルネスの態度的特徴	・歓迎、導入、オリエンテーション ・レーズンエクササイズ ・ボディスキャン ・家での実践：ボディスキャン、毎日の決まりきった活動をマインドフルに行う
2. もう一つの在り方：身体に注意を向ける	・注意を安定させる ・マインドフルネスの態度的特徴 ・新しい体験的な知り方と在り方 ・心がいかに意味をつくり出すか	・ボディスキャン ・「思考と感情」のエクササイズ ・家での実践：ボディスキャン、体験カレンダー
3. 散らかった心を集める	・注意を安定させる ・マインドフルネスの態度的特徴 ・新しい体験的な知り方と在り方 ・マインドフルネス実践を通して私たちの感覚に立ち返る ・日常生活にマインドフルネスを取り入れる	・見る／聴くエクササイズ ・坐る実践とマインドフル・ムーブメント ・呼吸空間法 ・マインドフル・ストレッチ ・家での実践：マインドフル・ムーブメントと坐る実践、呼吸空間法、体験カレンダー
4. 反応性を認識する	・注意を安定させる ・マインドフルネスの態度的特徴 ・新しい体験的な知り方と在り方 ・反応性を認識し受け入れる ・反応性のサイクルがどのように悩みと苦しみを維持し永続させるのかを体験的に学習する	・見る／聴くエクササイズ ・坐る実践 ・呼吸空間法 ・マインドフル・ウォーキング ・マインドフル・ストレッチ ・家での実践：坐る実践かつ／またはマインドフル・ムーブメント、呼吸空間法、体験カレンダー、マインドフル・ウォーキング
5. ありのままでいることを許す	・注意を安定させる ・マインドフルネスの態度的特徴 ・新しい体験的な知り方と在り方 ・安定と寛容さを養う ・受け入れることと親しくなることで反応性の力を弱める	・坐る実践 ・困難に対する坐る実践とムーブメントの実践 ・親しくなる実践 ・詩「ゲストハウス」(The Guest House) (Barks & Moyne, 1997) ・家での実践：坐る実践、困難に向き合うこと、呼吸空間法
6. スキルフルに対処する	・注意を安定させる ・マインドフルネスの態度的特徴 ・新しい体験的な知り方と在り方 ・識別力をもってスキルフルに対応する ・再評価、洞察、智慧：思考は事実ではないことを学ぶ	・坐る実践 ・心理教育的エクササイズ ・呼吸空間法 ・家での実践：ガイド付き実践の中から選択する、呼吸空間法

（次頁に続く）

7. どうすれば自分をよくケアすることができるか	・注意を安定させる ・マインドフルネスの態度的特徴 ・新しい体験的な知り方と在り方 ・課題に直面して巧みな行動をとる ・自分自身に栄養を与えることを学ぶ ・思いやり、喜び、公平性を育む ・再評価、洞察、智慧	・坐る実践かつ／またはムーブメントの実践 ・栄養と消耗の振り返りとバランスを取り戻すこと ・呼吸空間法 ・マインドフル・ウォーキング ・家での実践：継続的なフォーマルあるいはインフォーマルなマインドフルネス実践のパターンを確立する
8. 生活のためのマインドフルネス	・コースと重要な学習の振り返り ・注意を安定させる ・マインドフルネスの態度的特徴 ・新しい体験的な知り方と在り方 ・再評価、洞察、智慧 ・継続的な学習と実践のための計画を立てる	・ボディスキャン ・コースの振り返り ・個人的振り返りのアンケート ・実践を維持し継続するための資源 ・マインドフルネス実践を締めくくる
9. 8週間のコースを超えて	・実践を維持し継続する ・より深くより強くプログラムを再訪する ・日常における感謝、親しみ、思いやり、マインドフルネス ・より充実した応用と生活への統合：学んだことを体現する	

注：多くのマインドフルネス・プログラムには、セッション6か7あたりに、丸一日マインドフルネス実践を行う日が含まれています。これは、参加者が長時間実践にひたることで、長時間にわたるマインドフルネス実践の栄養となる効果を直接体験し、学習を統合することができるようにするためです。

表 6・3　マインドフルネス実践において現れる試練と対処法

試練	対処法
より楽しい体験や刺激への強い欲求	身体や心の中で今この瞬間に生じているものに対して関心をもってください。強い欲求、願望、欠乏感をはっきりと見ましょう。それはいつ現れますか？　いつ消えますか？　それが発生する直前に何が起こりますか？　それが通り過ぎると何が起こりますか？　体験の連鎖をつなぐものは何ですか？　私たちが連鎖のつながりをたどると、どこにたどり着きますか？　壊すことができるつながりはありますか？　それらを壊すと何が起こりますか？　身体や心の中にある、より大きな安心感と幸福感を探しはじめてください。 手放すことと、自制することを練習しましょう。
嫌悪感、ありのままではない状態を望むこと、怒り、自分や他者に対する批判、継続的な厳しい判断	困難と親しくなり、それに向き合い、体験がありのままであることを許容し、好奇心、忍耐、公平性を育んでください。私たちの体験に思いやりをもちましょう。より楽しい体験への強い欲求に対処するためにした質問を、同じように用いることができます。嫌悪感はいつ現れますか？　いつ消えますか？　それが発生する直前に何が起こりますか？　それが通り過ぎると何が起こりますか？　連鎖をつなぐものは何ですか？　連鎖のつながりをたどるならば、どこにたどり着きますか？　壊せるつながりはありますか？　それらを壊すと何が起こりますか？ 感謝や喜びを引き出すような別の対象に注意を移すことを検討してください。
落ち着きの無さと心配	身体や心の中に注意を維持することを学んでください。忍耐、規律、思いやりをもって落ち着き、安定し、注意をつなぎ止めます（この妨げるものにはしばしば深いルーツがあります）。集中力とエネルギーのバランスをとらなければならないので、落ち着きのなさに対応するための十分な集中と安定したエネルギーが必要です。注意を向けるための特定の対象を選択して、実際に安定した注意をこの対象に向けることは、非常に正確な集中を行うのに役立ちます。例えば、「ああ、ここにいたのね、落ち着きの無い心さん。見つけたわ」といったような、思いやりやユーモアが、気づきの落ち着きのなさを緩和することがあることも知っておいてください。嫌悪感についても、身体と心の中をよく見ていきましょう。
感覚鈍麻、退屈、眠気	身体に注意を移します。注意を培うような意図的で積極的なマインドフルネス実践（例：目を閉じている場合は開ける、とても注意深く呼吸を感じる）、あるいは、新鮮な空気を吸ったり身体を動かしたりすることで、心と身体を活性化させましょう。覚醒させるような、着実に注意を向けていられる対象を選択し、その対象とともに安定した状態でいます。この妨げるものは、実践からの撤退のようなものであると知っておくことは役に立ちます。巣穴に逃げ戻るウサギのように、心が自分を守ろうとしているのだということがわかります。 もし非常に疲れているなら、休んでください！
疑い	疑いに巻き込まれるのではなく、疑いから生まれる、あるいは疑いの前触れとなるような身体感覚、感情、思考を注意深く観察してください。習慣的にではなく、疑いに対してマインドフルに対処する力を体験的に学びます。身体の中に注意を維持することによって、疑いの物語から抜け出すことを学んでください。重要なのは、最初に疑いを認識し、次に疑いについて、それが何なのか、**私たちの直接的体験を曖昧にする思考の層**なのかどうかを見ることです。

的な好奇心をもって向き合うと、それらのパターンを探索することができ、その探索自体を通じて、多くのことを学ぶことができます。

これらの実践を妨げるものと試練は、注意のコントロール、マインドフルネスの態度的特徴、理解を発達させるのに役立ちます。課題（例：動揺と疑い）に直面して繰り返し実践を行うことは、注意を維持するための力を発達させます。身体と心の状態がどのように生じ、過ぎ去っていくのかを見ることで理解が深まります。しかし、この作業は微妙で曖昧です。鈍さと疲労は、生活の中で限度を超えて頑張りすぎた結果である可能性もあります。しかし、鈍さや疲労への**解決策**は、常に減速したり撤退したりすることではなく、私たちの人生をどのように生きるかを問うことでもあります。疑いもまた、私たちの生活と実践に対して重要な問いを投げかけることで私たちを支えることができます。私たちは疑いが、私たち自身や他の人を疑う感覚、信頼し、コミットし、つながりと愛の感覚を発達させる力を無効にする感覚に深く根ざしていることに気づくかもしれません。

マインドフルネスは、私たちに感受性と感謝の力を発達させることを教えてくれます。それらは、不満を解決するために用いられる感覚的な強い欲求とは全く異なるものです。苦しみに直面して、私たちは然るべくして妨害されてしまうこともあるかもしれませんが、それは自動的な嫌悪ではなく、スキルフルな対応につながる可能性があります。

ここで重要な洞察は、心と身体に注意を向けて、心を安定させたり変容させたりしようとするとき、私たちは必然的に特定の試練に直面するということです――気づき、親しみ、思いやりをもってこれらに向き合うことは、マインドフルネスの重要な要素です。

この章では、マインドフルネス・トレーニングのプログラムを通じた道筋と変容について概説しました。ここで、この旅の様子を表す例を示して通過点を強調することで、この章を締めくくります。

この最初の例では、私たちの一人（ウィレム・カイケン）は、再発性うつ病の既往をもつ人の集団にマインドフルネス・プログラムのセッション6を教えていた。私は参加者が身体の呼吸に**気づきを安定させるようにサポート**していた。「あなたの呼吸にできるだけ注意を向けてください。今ここで、あなたの身体で体験されているままに。どこにも行く必要はなく、何も達成する必要はありません。ただともに在り、瞬間瞬間の呼吸に注意を向けます……息を吸って、息を吐いて」。この実践では、呼吸に集中することを選び、注意を安定させることで、気づきの意図的な選択を促そうとしていた。

実践中、蜂が部屋に入り込んで飛び回り、部屋中でその音がしたので、私は目を上げた。蜂は興奮しておらず、単に飛び回っていて、ほとんどの人は蜂に気づいていたと思うが、グループの誰一人として目に見えてパニックになってはいなかった。この蜂が多くの人の注意を乗っ取っていそうだと思ったので、私はそれを教えの良い機会として使うことにした。「今まさに、心がどこにあるのかに気づきます。もし、音を聞いているなら、そのトーン、そのボリューム、それが部屋のどこにあるのか、どこで始まりどこで終わるのかに気づくことに心を向けます……呼吸はいつでもアンカーとなります」。私は人々が**反応性を認識**して、**体験とともに在ること、刺激と反応のあいだに間《ま》をつくり出すこと、そしてそれを体験的に知るように**促したいと思った。

その後、蜂が飛び回ったりとまったりしていたので、その音が部屋を行ったり来たり、動き回っていた。それが頭の上を飛び越えたとき、私の恐怖感は高まり、それが飛んでいってどこかにとまると安心した。こうしたことが3、4回起こった。「あなたが耳を傾けている間、その瞬間に、心と身体で何が起こっているのかに気づいてください……そしてこの瞬間……可能な限り、音、そのボリューム、そのピッチに注意を向け、近く、遠く、左、右、空間でそれらを体験しましょう……心が今まさにどこにあるのか、どのようにあなたの体験とともに居るのかに気づいて、**あなたの体験に忍耐と愛情のある好奇心を向けてください**」。

実践の後に行われるインクワイアリで、ある人は彼の体験をこう説明した。「蜂が入ってきたとき、私は何かでそれを叩き殺したいという強い衝動を抱きました［反応性］。しかし、私は教示に従って、音がどのように恐怖と苛立ちを私にもたらしたのかに気づきました。私は『この蜂は誰かを刺すんじゃないか？』『なぜ窓を閉めないいんだ？　そうすればマインドフルネス実践が邪魔されないのに』と思いました［概念的理解と判断］。しかし、蜂とともに居続けることで、私はこれらの思考や感情が非常に強く渦まいている様子や、自分が説得力のある問題解決モードにとらわれていることに気づくことができました［不快なトーン、強い欲求、解決への衝動］。

しかし、私が速度を落とすと、音は、体験の豊かなタペストリーになりました。それはかなり圧縮されていて、力強いものでした。その後、蜂がどこかに落ち着く度に、私の思考や気持ちもゆっくりと落ち着きました［体験的に知る］。私は、蜂が飛んだりとまったりするにつれて、心が自動的に動き出したり落ち着いたりする様子に気づきました。私の身体も一緒に、動揺したりとらわれたりして、その後落ち着きました。実践が続いて、5分ほど経ってから、私は呼吸をアンカーとして、実際に蜂とともに居る体験をすることができるようになりました。他の人が落ち着いて坐っているのを見て、私自身を落ち着ける助けとしました。私はこのクールな安定感が最後まで続くのを見ることができました［再評価と洞察］。蜂を叩くという、身体中の線維が望んでいることを、ただしないでいるのは、類まれなことでした［異なる対応…何もしないという選択は対応である］」。

マインドフルネスによって、私たちは何を体験しているのかという**物語**とその瞬間の**現実**との違いを見極めます。上記の例は、一見些細な体験の中でも、マインドフルネス実践がこの変容を可能にする様子を示しています。蜂の音は変化し動く音として体験されていました。時間が経つにつれて、音は他の体験と並行して体験されることもあります。「なぜ窓を閉めないんだ？」といったような思考や、蜂を叩いたり、蜂から逃げたりすることへの強い衝動は、生じては消えていく思考や衝動と見なされて、時間や安定とともに飛んでいきます。

同様に、リンの急激な気分の落ち込み、サムの強い欲求、モハメドの刺すような背中の痛み、ソフィアの内なる批評家は、私たちを定義する確固たる存在ではなく、絶えず変化している体験の土台であると見なすことができます。マインドフルネスは、状態や体験からの脱中心化を支え、新しい知り方ができるようにします。私たちは、自分の身体感覚、思考、衝動、感情、気分そのものではないことを学びます。私たちはそれらを気づきの光のもとに保ち、見ることができます。思考は招かれなくてもやってきます――衝動や身体感覚は現れては消え、しばしば私たちのコントロールの範疇を超えています。悩みを繰り返し生み出すような動揺した思考は、私たちが持続している今この瞬間の体験についてよく知ることを学ぶにつれて、落ち着き始めます。心が落ち着くにつれて、身体も落ち着き始めます。マインドフルネスは変化への体験的な気づきをもたらし、同定することによって具体化されるものに対して反応する傾向を和らげます。

この新しい知り方は、愛情深い好奇心と組み合わせることで、心と身体に対するより友好的で思いやりのある関係を築くことを可能にします。私たちは、判断や自己批判のパターンがさらなる悩みを生み出す習慣であることを知り、自己批判よりも思いやりの方がメリットがあるとわかりはじめます。どんなときにもさまざまな体験が共存しているという気づきは、健康であるためには困難が消える必要があるという信念に異議を唱えます。それらは共存しており、私たちはどこに注意を向けるのかを選択することができます。私たちの体験全体を体現し始めることができるのです。

ソフィアが20代で「精神的破綻」を経験したとき、彼女は回復するための最初のステップとして、かかりつけ医に診てもらい、抗うつ薬による治療を開始した。数週間後、彼女の心をとらえていた不安とうつ病の症状は緩和した。しかし、少し良くなり始めても、彼女には何が起こっていたのかほとんど理解できなかった。かかりつけ医の提案で、彼女は認知行動療法を始めた。彼女は、いかに強力なイメージが不安を駆り立てたか、落ち込んでいるときに内なる批評家がどれほど自分に浸透しているかを学んだ。セラピストは彼女に否定的な思考に対処するための戦略を教え、彼女は学校の校長や同僚の支援を受けて徐々に教職に復帰した。

40代後半、家族が成長してきたとき、ソフィアはマインドフルネス講師としてのトレーニングを受けることを決めた。マインドフルネス講師としてのトレーニングは、参加者として8週間のマインドフルネス・プログラムを体験し、内側から徹底的にマインドフルネスを学ぶことから始まる。この8週間で、ソフィアは彼女の内なる批評家について、また、それが彼女の人生をいかに強力に形作ってきたかについて、より多くのことを学んだ。彼女は自分の心がどのようにして不安とうつ病を煽るような状態をつくり出し、それを悪化させるのか学んだ。彼女は、常に表面下にいて、あらゆる思考や行動に飛びつく準備ができていて、創造性と自発性を抑えつけていた、内なる批評家と親しくなった。彼女は内なる批評家と仲良くなること、彼女自身に思いやりをもって対応することを学んだ。

ソフィアは、より大きな意味、思いやり、尊厳をもって生きるために、人生で学んだことをより広く活用した。彼女は、20代後半に不安やうつ病を克服するために学んだ理解と戦略が、マインドフルネス・プログラムでの学びと組み合わせられること、そしてそれが人生において彼女をより広く助け、教師としての仕事、友人や家族との関係、人生の避けられない課題、病気、老化などに対処することに役立つと気づいた。

マインドフルネス講師としての訓練を受けた後、ソフィアは地域社会の人々にマインドフルネス・クラスを教えるためにパートタイムで働き、マインドフルネス・クラスのすべての卒業生のための毎週午後のマインドフルネス実践グループを設立した。これらはかなりのイベントになった。時には、卒業生が学びを深めるため、また、コミュニティの感覚を得るために戻ってきて、部屋が定員いっぱいになることもあった。

ソフィアは60代でパーキンソン病と診断され、かかりつけ医にこう言った。「パーキンソン病が私の人生に大混乱を引き起こし、いくつかの暗い影を落とすことは知っています。それでも、私は再びうつ病になることが想像できません」。医者は驚いて、なぜそう思うのかと尋ね、彼女はこう答えた。「マインドフルネス実践が、もっとも恐ろしく、もっとも暗い思考や感情に対処する力に関して深い信頼を与えてくれました。私はそれらが過ぎ去ることをよく知っています――私の人生はそれよりもはるかに多くの意味をもっています」。

ソフィアは、パーキンソン病の振戦によって居間でお茶をひっくり返したときの話をしてくれました。

「今週、私は孫のノアと犬のルーファスと一緒に居間にいました。ノアはトラックのおもちゃで遊んでいて、ルーファスはベッドで眠っていました。振戦がかなりひどかったので、私は坐っていた椅子のひじかけにマグカップを置いたのですが、マグカップは床に落ちてしまいました。お茶はこぼれて、マグカップの取手は壊れてしまいました。ルーファスはベッドから顔を上げて、何が起こったのかを見にきて、飲む価値があるかどうかを確認するために液体のにおいを嗅いで、飲まないと決めたら、ベッドに戻っていきました。ノアは、騒音、マグカップが壊れたこと、お茶がこぼれたこと、犬の反応など、その光景すべてを喜んで見ていました。彼もまた同じように状況を探索するためにやってきました。もっとも、彼は、液体、マグカップ、壊れた取手について調べるために手を使いましたが。ルーファスとノアが、私が本能的にもっていた方法で反応しなかったのを見て、本当に興味深く思いました」

「マグカップをひっくり返したとき、私は恐怖と怒りという自動的な反応をして、いつの間にか、頭の中に『このバカ』という言葉が出てきていました。私が少女だったとき、私の家には非常に高い基準がありました。

私の両親は間違いを許さなかったので、何か間違ったことをしたときには、とても恥ずかしく思ったものでした。もし何か間違ったことをしたときには、私は追い詰められていました。時間が経つにつれて、私は自分を追い詰めることを学びました。何か『間違った』ことをしたときには、常に『ああ、深刻なトラブルを引き起こしてしまう。私はなんでこんなにバカなんだろう？』という明白な恐怖を伴う強力な反応をしていました」

「でも、今回はマグカップが落ちるのを見て、反応しませんでした。その短い合間に、異なる対応をするチャンスがありました。また、ルーファスやノアがどのように反応するのかを見ることに興味がありました。ノアの両親、私の息子と義理の娘は、バランスがとれていて思いやりがあります。ノアは私のように批評家を内在化していません。彼はただ好奇心旺盛で、この興味深い体験を喜んでさえいました。このささやかな場面における私たち3人——私、ノア、ルーファス——は皆、こぼしたお茶と壊れたマグカップに注意が引き寄せられるという最初の体験をしました（第一の矢）。私の心は、「完璧に振る舞わなければならない。間違いを犯すのは愚かさの証拠だ」という、成長する中で学んだことに起因する第二の矢を発射する準備ができていました」

「私は、自分を追い詰めたり、動揺したりする代わりに、ノアと一緒に床に降りることを選び、私たちは一緒に笑いました。木の床だったので、特に被害はありませんでした。私はノアに私との良い思い出をもっていてほしいし、それ以上に、私の一部であった内なる批評家によって不自由にされることなく、彼に幸せになってほしいと思っています。このような瞬間は、彼が私に大きな喜びをもたらすような才能をもつことを示唆しています。私は息子とたいていうまくやっていますが、ノアはとても落ち着いていて、とても幸せそうで——そのことが私に大きな喜びを与えます」

これらの例は、変容の旅とその旅における通過点について示しています。私たちのクラスの参加者の一人はこう言いました。「それは考えうるあらゆる方法で、私を変えました」（Allen et al., 2009）。もちろん、私たちの人生経験は一人一人違います。しかし、心が悩みと苦しみをつくり出す方法、また、喜びをつくり出す方法、そして活き活きとした生とウェルビーイングに向かう旅路には多くの共通点があります。

まとめ

重要な前提は、意図的かつ効果的に、注意を安定させ、活用することを学ぶときに、メンタルヘルスとウェルビーイングが支えられるということです。私たちは、体験的にも概念的にも、新しい知り方と在り方につながり、それらをいつどのように切り替えるかを習得します。マインドフルネス・トレーニングによって、私たちは、意図的かつ効果的に注意を分散し、よりよい識別力、智慧、対応性を有効にする間《ま》をつくることができるようになります（図6・2参照）。

哲学的、瞑想的、宗教的な教えの多くは、次のような祈りの視点をもっています。

> 変えられないものを受け入れる冷静さと、変えられるものを変える勇気と、それらを見分ける智慧を与えてください。

マインドフルネス・トレーニングを通じて起こる変容は、この理解、受容、勇気、識別を支えようとしています。それは新しい知り方と在り方を支えます。最後に、それは、よりよい親しみ、思いやり、喜び、公平性をもって人生を生きるための状態を育みます。これらについて、次に第7章で見ていきます。

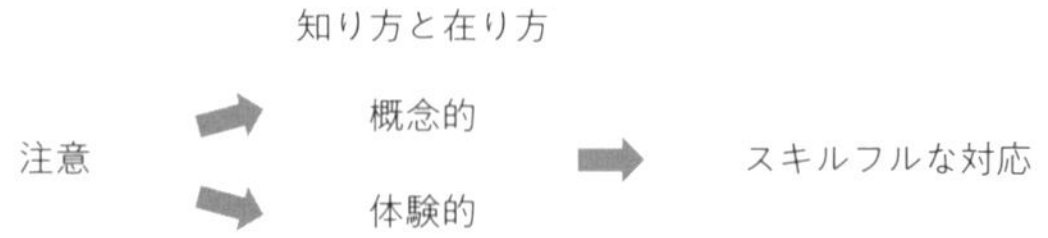

図6・2　マインドフルネス・プログラムにおける変容の旅

注

*1　マインドフルネスの第一人者であるティク・ナット・ハンは、防御的な気づきの適用の仕方の一つとして、私たちが**どれほど多くの**ニュースを、**いかに**消費しているかを識別するように勧めています。マジックテープのような心は、一日中流し続けるような形でニュースを消費する傾向があり、もしそうすることを許してしまうなら、それが心を形作ることになるでしょう。さらに、同じニュース記事を、存在感、思いやり、平静さ、あるいは正当な憤りや怒りのいずれかの感覚をもって読むことができます。ティク・ナット・ハンは、世界のニュースは重要ではないとか、ニュースはいつも役に立たない反応を引き起こすといったことを示唆しているわけではありません。ただ、ニュースを消費するかどうか、どれだけ、どのように消費するかを選択することができるということです。

*2　経典におけるブッダの説法は、説明をする際にさまざまなたとえや言葉を用いています。例えば、**もつれ**や**藪**には見通しがきかないという感覚やそれを解決するという挑戦という意味が含まれます。

*3　脱中心化は、メタアウェアネスと呼ばれることもあります。「メタ」な見方をするために、気づきを用いることができます。

第7章

実践における心情
——親しみをもつこと、思いやり、喜び、そして平静さ

親しみをもつことという土壌から、思いやりという美しい花が咲く。そして、喜びという涙が水を与え、平静さという木が涼しい日陰をつくり出す。

——ロンチェンパ（Longchenpa, 1976）

仏教心理学において、親しみをもつこと、思いやり、喜び、そして平静さは、心の変化や解放のために極めて重要なものとして考えられています。これらの要素は、マインドフルネスを実践していく中での私たち自身の変化の土台となるものでもあります。注意力が鍛えることのできる能力であるように、上述した4つの要素も、培ったり、鍛えたり、自分のものにすることができるものです。しかし、親しみをもつこと、思いやり、喜び、平静さは、これらがもっとも必要とされる非常に苦しいときには消えてしまいやすいものでもあります。仏教の教えでは、これら4つの要素が一番必要なときに効果的に使えるよう、はっきりと発達させていきます。それらがどのように教えられ、学ばれるかにかかわらず、さまざまな状況の変化に対応できるように4つの要素が学ばれていくことがもっとも重要なことです。

モハメドは一日中痛みを抱えていたときでも、ある程度の安定を保ち、周りへの配慮ややさしさも持ち合わ

せていた。

ネガティブな考えが頭を巡る中でも、リンは、自分の避難場所のようなものになってきた身体感覚に注意を向けることができた。

ソフィアはパーキンソン病への恐れをやさしく包み込むために、生涯を通じてマインドフルネスの実践を支えにしていくことができるようになった。

サムは依存行動への渇望のきっかけを認識することができた。彼は、もう依存行動に振り回されていたあの頃には戻りたくない、ということに、体験的に気づくことができ、よりよい生き方へと舵をきった。

第5章では、悩みや苦しみがどのようにつくられ、維持されるかを概観しました。そして、この章では、マインドフルネス・トレーニングの道筋（第6章）に基づいて、4つのマインドフルネスの態度を探求していきます。マインドフルネスの基礎となる4つの態度とは、以下のとおりです。

1．親しみをもつこと（Befriending）：好奇心、友好的、やさしさなどといった、あらゆる体験に対する本質的な態度のこと。

2．思いやり（Compassion）：人の痛みや全人類共通の痛みへの理解と、やさしさ、共感、平静さ、そして辛抱強さをもって、痛みと出合う能力のこと。

3．喜び（Joy）：自分の喜びや他者の幸せへの喜びを感じること。この態度によって、感謝の気持ちをもつこと、心が満たされることが促される。

4．平静さ（Equanimity）：気づき、配慮、思いやりを備えた内的バランスの質のことであり、内面・外界であらゆる瞬間に起こっていることに、しっかり関わっていること。

この章の最後には、関連のある心の科学について端的に述べたいと思います。

1 マインドフルネスのトレーニングと心の4つの態度の培い方

4つの態度は、出来事に対する自分の反応へと気づきを向け、そのことについて考えていくきっかけを与えてくれます。そして、私たちが成長していくための土壌となるものです。また、この4つの要素は、このチャプターの最初のロンチェンパ（Longchenpa, 1976）の文章にあるように、相互に影響を及ぼし合うものでもあります。私たちの意図、ものの観方、倫理感にもつながっていくものであり、マインドフルな人生の道における基礎となるものです。

マインドフルネスのトレーニングは、私たち誰もが4つの要素を、人生において少なくとも一瞬は体験したことがある、という事実をベースに進んでいきます。トレーニングは、抽象的なものでも、難解なものでもありません。マインドフルネスでは、自分の体験を用いて、**日々**、そこから理解や智慧を深めていこうとします。日々のどのような瞬間も実践の材料となり、どのような実践も私たちを成長させてくれる一助となると考えられます。そこで、まずは、自分や周りの人のウェルビーイングのために、態度のクオリティを向上させる実践を行いましょう。

もし、現在、非常に辛い状況や葛藤の最中にあったとしても、やさしさや他者の温かさに触れる瞬間や、他者との友情を広げていくことができる可能性があるかもしれません。思いやりは、誰しも体験したことのあるものです。例えば、悩みや痛みの最中に、他者からのサポートに触れる、といった思いやりの体験をすることもあるでしょう。また、喜びや感謝は、私たちにとっては身近なものです。素敵なことに遭遇した際に、心が明るくなったり、心躍るような気持ちになったりすることを指しています。困難に陥った際でも、平静さやバランス感覚を保ち、内なる静寂さを感じられるような瞬間もあるかもしれません。そういった、温かさ、幸福感、思いやり、平静さなどは、無理やりつくり出すことはできないかもしれませんが、培っていくことはできます。自分の心を、解放や癒やしへと導くような力や態度を学び、発達させていくことはできるのです。そういったマインドフルネスの性質は、常に「今、ここ」の瞬間の中で体験されるものとなります。昨日体験した思いやりや、明日体験する喜びは、今この瞬間に体験できるものではありません。今この瞬間に、自分自身の内面とのつながりや他者との関係の中で起こっていることへの気づきによってもたらされるものなのです。

そういったマインドフルネスの性質を伴う瞬間は、実際は期待しているよりも少ないかもしれません。どちらかというと、私たちはすぐに絶望や困難のほうへと引っ張られてしまうように感じられるかもしれません。しかし、それらは、忘れられない瞬間であり、活き活きとし、受容的で、現実にしっかり関わっている人生に現存している、という在り方を垣間見せてくれるものです。

親しみをもつこと、思いやり、喜び、平静さといった4つのクオリティは、マインドフルネスの態度の基礎となります。これら4つのクオリティを意識的に培っていくこと、そして、体験へと発展させること抜きにしては、マインドフルネスのトレーニングとはいえません。これらのクオリティを培っていくことが、悩みをつくり出すパターンから自分の心を解放するための重要な鍵となります。

また、4つのクオリティを培っていくことで、教室で学んだマインドフルネスの資質を、日常生活に汎化させることができます。私たちの生活はさまざまなものや人との関係性の中で成り立っているため、マインドフルネスは、個人の内面の発達だけでなく、私たちがどのように周囲の物や親密な他者、苦手な他者、そして知り合いではない他者等と関わっているか、ということに対する深い気づきにも関係してきます。

リンは自分の心や身体の反応について、どのように対応するかということを学んでいった。そうしていくうちに、自分自身の心身のウェルビーイングのみならず、育児においても応用できることに気づき始めた。

ソフィアはマインドフルネスの実践によって、学校の教師、そして後にマインドフルネス講師としてマインドフルネスを体現することができるようになった。

サムは、渇望と依存行動への反応から脱したことで、新しい視点で周囲の人々を見られるようになり、人間関係を再構築することができた。

モハメドは「痛み」に対してやさしさと配慮を向け始めた。時間が経つにつれ、自分の全身、結婚生活、彼の両親、彼の母親の介護、そして仕事に対してもやさしさと思いやりを向けることができるようになった。「身体の一部には不快感がありますが、一部は心地よさがあることに気づいています。でもそれはボディスキャンをする度に変化します」と言っている。

親しみをもつこと、思いやり、喜び、平静さを土台としたマインドフルネスは、不信感、疎外感、不安などによって深く傷ついた自分の内面にも貢献しうるものです。自分自身と身体や心との関係性、すなわち、不安や嫌悪、動揺を自分自身に向けやすいか、それとも、配慮や思いやり、感謝の気持ちなどを自分自身に向けやすいか、とい

うことは、自分と他者との関係性との縮図のようなものです。不安と嫌悪は、私たちを外的世界から遠ざけ、他者との関係から引き離します。例えば、モハメドの場合は、痛みが彼自身を束縛したり、何かから彼を引き離したりしてきました。そういった例を見てみると理解しやすいかもしれません。配慮、思いやり、喜び、平静さなどは、それとは真逆の効果があります。たとえ、身体の痛みや心の悩みがあったとしても、寛大な心、感情移入、他者との親密性を保ちながら、その体験とともに居ることを可能にします。

仏教の初期の文献では、**瞑想**（meditation）という言葉は、**育成**（cultivation）、または**何かを存在させるようにする**（to bring into being）と翻訳されていました[*1]。マインドフルネスの実践の中で培われていくのは、親しみをもつこと、思いやり、喜び、ストレス耐性、バランス感覚に加え、よりはっきりと気づき、対応することができる力です。これらのクオリティは態度に関わるコミットメント、意図、培われた傾向性であり、発達され訓練される実践でもあります。

「私たちの心は、私たちが頻繁に考えていることに傾いていく」ということを覚えておいてください。マインドフルネスは、私たちの心がどのような思考に頻繁に陥りやすく、どのように注意が向いていくのかを教えてくれます。そういったことを識別することで、私たちの思考が悩みに向かっているか、それとも自由や能力が拡大する方向に向かっているかが明らかになります。これが理解できるようになると、親しみをもつこと、思いやり、喜び、平静さといった、自分自身や他者との心地よい関係性の基礎となる要素が培われていきます。

もし準備や資源が不足しているときに自分の傷つきやすさに直面したら、無力感や絶望感が出てくるでしょう。個人としても、また集団としても、傷つきやすさを弱さや失敗と見なしたり、傷ついている自分を責めたりすることもあるかもしれません。そして傷つきやすさを恐れるようになります。変化や不確実さ、痛みがあっても揺らがない**完璧な**人生を築こうとしても、核にある傷つきやすさの意識や人生そのものをコントロールしたりそれらから自分を守ったりすることはできず、結局もがき苦しむことが多いのです。また、時には、忙しくしたり、別のことをしたりして、傷つきに直面することを避けて、個人的にも集合的にも忘れようとすることもあるかもしれません。そうすることで一瞬にして人生が崩れ去るという気づきから距離を置いているのです。

マインドフルネスのトレーニングは、私たちがそういった傷つきやすさを理解し、やさしさ、思いやり、喜び、平静さによって傷つきやすさを抱えられるようになる上で助けとなります。これらは私たちの心の解放にとって、また、私たちがどうにかして望むものになろうとするのではなく、人生とあるがままに向き合うための重要な要素となります。親しみをもつこと、思いやり、喜び、平静さは、困難を感じている状況の中で培われていくものです。困難とは、どうしようもないような身体的な痛み、慢性的な病気、ストレス、不安、うつ状態や、自分が消えていってしまうような辛い思考や感情、他者と生き、仕事をする上で避けようのない他者との葛藤など、さまざまなものが挙げられます。例えば、リンにとっては、リンの子どもたちが10代のもっとも難しい時期に差し掛かったとき、自分自身、そして、自分の子どもたちにどのように対応するかという両方の対応性の力を発達させるよい機会にもなるのです。やさしさ、思いやり、喜び、平静さは、〔そのような困難の最中のみならず、〕美しいものや愛に触れたとき、人とのつながりや喜びを感じられたとき、また、毎日の生活の中でも培っていくことができるものです。どのような状況の中でも、やさしさと思いやりをもってその状況に身を置いてみることはできるのです。そうすることで、安らぎや平静さが訪れる可能性が広がるでしょう。

ここでの重要な教えは、マインドフルネス・トレーニングは、マインドフルネスの態度に関わる風景の一部である4つが相互に編み合わされたクオリティを培うということです。

2 親しみをもつこと

親しみをもつことには、好奇心、友好的であること、やさしさが含まれています。そして、自分自身に対して、また自分の体験に対して、誰もが発達させることができる力でもあります。それはどんな人でももつことができる力であり、「感情や理性が宿る家」（Feldman, 2017）のようなものでもあります。親しみをもつこと、思いやり、喜び、そして平静さは、それぞれ相互に影響を及ぼす要素ですが、その中でも親しみをもつことは他の3つの要素の素地となるものといえます。なぜなら他の3つの要素は、私たちがやさしい好奇心をもって自分の体験と対峙したときに初めて生起するからです。

Metta というパーリ語・サンスクリット語の起源を知ることで、この親しみをもつ、ということの理解が深まるでしょう。Metta は、親しみやすさや、やさしさで**溢れている**ことを意味しています。動詞として訳された場合は、自分の体験、自分自身や他者との関係、出来事や状況など、すべての事柄に対して、それが快か、不快か、どちらでもないかは関係なく、親しみをもって接することと訳すことができます。思考、気持ち、行動などに区別されるものではなく、Metta とは深い**ハートフルネス**（heartfulness）のことを指し、私たちの思考や行動に多大な影響を与えます。親しみをもつこととは、自分の心や思考だけでなく、人生に起こる素晴らしいことや難しいことなどのすべてを包み込むような態度ともいえるでしょう。温かく穏やかな感情とも似ています。その根本的な意図は、悪意を取り除き、感謝の気持ちや寛大さ、やさしさを育むことにあります。自分にとって好ましいかどうかによって変わってしまうような条件付きのやさしさは、親しみをもつこととは別物であり、そのようなやさしさは**近くにいる敵**（near enemy）[*2]であるために間違われやすいものです。そして、親しみをもつことの**遠くにいる敵**（far enemy）は、悪意、怒りや憎しみでしょう。

常に変化し、コントロールのできない予測不可能な世界に生きている私たちは、誰しも傷つきやすいものです。そのため、私たちは理想的な自分になろうという渇望をもつようになります。しかし、この予測不可能で完璧ではない世界における傷つき、変化、不確実性の現実をよく見て、そして、自分だけでなくすべての人の実態に目を向けてみると、傷つきやすさは誰しももっているものであることに気づくかもしれません。

マインドフルネスの最初の心理的な動きは、今この瞬間の体験に目を向けて、それを理解することです。これは、自分の傷つきやすさから逃げたり、それを恐れたりするのではなく、傷つきやすさに向き合うための最初のステップとなります。そして、次のマインドフルネス的な動きは、現在体験していることがどんなに困難なことであっても、**やさしい好奇心**をもってその体験とともに在る力やそうしようと思う意思を育むことです。

親しみをもつ力を発達させるということは、痛みや困難を**好き**にならなければいけない、ということではありません。もし、自分の痛みや困難に圧倒されることなく、親しみをもってそれとともに居ることができれば、その困難の全体像を見渡して探索することができるようになっていきます。親しみをもつことは、自分自身の傷つきやすさを受け入れる最初のステップとなるのです。傷つきやすさへの恐れや自分自身の価値、能力、他者から愛されているかどうかについての不安（第5章の悪の花を参照）がきっかけとなって起こるお馴染みの戦略や回避というメカニズムは、消失していくでしょう。

試練を伴うような瞬間にも親しみをもって接し、恐れず自分自身の傷つきやすさに向き合う力を発達させることは、とても重要なステップとなります。この**やさしく好奇心を伴った**態度は、マインドフルネス講師の言葉やガイドを通して教授されていきます。講師のガイドの中では、やさしく、好奇心をもって、身体的、心理的痛みをやさしく探索するように声掛けがなされます。マインドフルネス・トレーニングの参加者たちは、少しずつ自分自身の悲しみ、痛み、落ち込み、絶望に対してやさしさや好奇心をもって接することができるようになっていくことに気づくでしょう。トレーニングを受けている他の参加者たちとグループで話し合う中で、自分だけが抱えている問題と感じていたようなことが、実は誰しも共通してもっている傷つきやすさであることに気づくかもしれません。モハメドがマインドフルネスのクラスの中で、「今後の人生、この痛みを抱えて生きていけるかわからないんだ」と言ったとき、慢性疾患を抱えた参加者たち全体に「私たちもその感覚がわかる」といった共通理解が広がったようでした。リンが自分のネガティブな思考（例えば、「私はダメな親だから子どもの人生をダメにするに違いない」）を、「ビルを破壊する鉄球のような思考」というパワフルなメタファーで表現したとき、うつ病を抱えてきた参加者たちのあいだに安堵感が広がりました。「私たちにも鉄球のような思考があるわ」と。つまり同じ思考をもっていたのです。

マインドフルネスの学修者は、困難を回避するのではなく、マインドフルネスとやさしさをもって困難との対話を確立することができる、ということを学びます。そうすることで、苦悩が近づきやすいものとなり、逃避・恐れ・回避の習慣が自動的なものではなくなります。悩みをなかったことにしたり、防御しようとしたりするのではなく、悩みに対して親しみをもって接することができることに気づくでしょう。その中で得られる大きな学びは、嫌悪や抵抗は一生続くものではないということ、そして、それらは痛みを大きくするだけであるということです。嫌悪感は私たちを痛みに縛りつけて、困難な出来事や体験を「嫌悪や恐怖に満ちたもの」として解釈させるということがわかってきます。「今後の人生をこの痛みを抱えて生きていけるかわからない」という思考や「私はダメな親だ」という思考は、苦しみを形成し続けます。もちろん、そういった思考は、理解できるものです。ただし、それらの思考は「ビルを破壊する鉄球のような思考」でもあるでしょう。一方で、その思考を、好奇心ややさしさをもって、一歩引いて見ることもできるのです。そして、そういった思考にノックダウンされるのではなく、思考をやり過ごすこともできるのです。親しみをもって困難に接することの可能性を模索していくと、困難は近寄っていくことや理解することが可能な、変動するプロセスであるということを、私たちは理解し始めます。

マインドフルネスが伝統的な設定、あるいはまた、現代的な設定で教えられたとしても、それに関係なく、嫌悪感から親しみをもつことへのシフトは、マインドフルネスを学ぶ参加者にとってもっとも劇的なシフトとなります。親しみをもつことは、困難な感情が出てくる度に、参加者が何度も立ち返る基本となる態度的な関わり方です。それは、非常に難しい学びであり、難しい実践でもあります。8週間のマインドフルネスに基づいたプログラムの終わりに、多くの参加者は感想の中で、心の態度としての「やさしさ」を育むことができた、と述べています。どのようなことに対しても、やさしさをもって接することができる、ということへの気づきは、非常に強力です。やさしさは、自分たち、周囲の人たち、そして自分自身の体験に対してだけでなく、身体的な痛み、辛い思考や感情、そして圧倒されるような状況に向けることもできるのです。**やさしい好奇心**を向けることは、決して状況や出来事そのものを変化させるわけではありません。困難なことが、勝手に心地よいことに変わることはないのです。変えられるのは、私たちの心の持ち様です。やさしさに根ざした心の持ち様は、私たちの体験に大きな影響を与えるでしょう。嫌悪感が薄れるにつれ、困難は近づきやすいものになっていきます。

サムは依存症から回復した若い男性だ。サムは、常に乾癬という炎症性皮膚病に悩んできた。彼が初めてボディスキャンをしたとき、乾癬の症状であるかゆみに注意を向け、いつもの嫌悪感と対峙することとなった。掻きたい衝動は非常に強かったが、彼は経験から、掻くことがかゆみを悪化させることを知っていた。この衝動は非常に強烈で、無理もないものだったが、人生においても同様のことが多く起こってきたことに、彼は気づいていた。

ボディスキャンを実施した1週目の実践で、サムは掻きたい衝動と不快感を認識し、受け止め、観察するように教示されて、それに従った。このやり方は、彼にとっては慣れないものだった。いつもならすぐに反応していたからだ。そのことを通して、彼は、自動的に出てくる強い嫌悪感や、掻きたい衝動、そして皮膚の感覚についての理解を深めることができた。すぐに反応する代わりに、好奇心、忍耐、親しみをもって、この衝動と向き合うことにした。それは決して心地よいものではなかった。そうするうちに、そのかゆみは強まったり弱まったりすること、そして感覚には強さや激しさがあることに気づいていった。そして、激しさを過ぎると、かゆみは感じられなかった。

　サムは、自分自身の身体に対して親しみをもって接することができるということを学んだ。ボディスキャンの実践を通して、不快感は彼の一部であるだけでなく、他のさまざまな身体感覚とともに在ることもわかった。そして、不快感に対してこれまでと違った対応をすることができる、ということに気づき始めた。この心の態度の発展は、ゆくゆくはサムが自分自身にとってもっとも強烈で破滅的な依存に対する渇望と対峙するための足掛かりとなった。やさしい好奇心をもって、そして、たとえ渇望がより大きなものであったとしても、渇望が強まったり弱まったりすることに気づき、親しみをもって渇望の波に乗ることができるということをサムは学んだのだ。

　そうしているうちに、サムは、自分の内面だけでなく、外界のことについても学んだことを応用するようになった。回復するにしたがって、12ステップのプログラムにおいて、サムは自分の依存症によって傷つけた人々に対して償っていく必要があった。困難に対して親しみをもって接するという能力は、彼の人間関係の修復のためには必要不可欠だった。そうすることで、彼は自分自身の辛い思考や感情に対して忍耐強く、寛容でいることができた。そして、依存症によって傷つけた人々に対して償いをしながらも、その中で起こりうる誤解や議論に対して、十分な余裕をもって対応することが可能となったのだ。

18世紀の仏教の学僧（Shantideva, 1997）は、自分や他者に対する親しみをもつ力を培うことについて、以下のように述べています。

自分を大切にしながら，その人は他の人たちを大切にする。
他の人たちを大切にしながら，その人は自分を大切にする。
どうすれば自分を大切にしながら，他の人を大切にできるだろうか。
マインドフルネスを実践し，それを発達させ，育てることによってである。
どうすれば他の人たちを大切にすることで，自分を大切にできるだろうか。
辛抱強さ，傷つけないこと，親しみを持つこと，そして，配慮によってである。

マインドフルネスに基づいたプログラムにやってくる人たちは，人生をより覚醒した状態で，喜びをもって，誠実に生きていくために，困難や悩みに対してよりスキルフルに対処していく方法を求めて参加します。このプログラムでは，どのような瞬間や出来事にも親しみをもって接することを学んでいきます。それによって，あらゆる困難がなくなり，すべての傷つきやすさが解決されているような，私たちがすがりがちな理想の瞬間を待ち望む人生ではなく，自分が生きている人生に私たちをしっかりと据えてくれるのです。注意力が育まれるものであるように，親しみをもって接する力も意識的に培うことができるものなのです。

冷たい眼差しで困難と向き合うこともできるでしょう。しかし，そのようにすると，嫌悪や猜疑心が生まれやすくなります。一方で，同じ困難に対しても，やさしさや好奇心をもって，それに触れようとする純粋な意志とともに関わることもできるのです。それこそが，その瞬間と，それに伴うすべてのことに**親しみをもつ**ということです。サムの例のように，親しみをもつ力を培うことは，深く根づいた自分の反応性に対する気づきを促し，その反応性を根絶することを可能にしてくれます。嫌悪したり，修正したりしようとするのではなく，親しみをもって接することはそれとは根本的に異なったアプローチで，いわば，心の「直交回転」であり，それによって，変容を可能にする在り方なのです（Kabat-Zinn, 1990）。私たちの心は行動に影響し，今度は，行動が私たちの感情や理性を形作ります。

サムが兄との関係を立て直そうとしていた際、何度も以下のような思考が浮かんできた。「まだ兄さんはアルコール依存症から抜け出せていないし、僕がどれほど辛い思いをしているのかわからないだろう。なんで兄さんのことなんて気にかけないといけないんだ。そもそも僕が依存症になったのも彼のせいなのに」。こうした反応や嫌悪感でいっぱいになっていた。しかし、このような思考が出てくる度に、その思考に親しみをもって接することで、思考を抑え、口をつぐむことができたのだ。過去には抑制することができなかったが、今は抑制のおかげで落ち着いて間《ま》をもつことができた。そして、その間《ま》が、彼と兄の信頼関係の立て直しを促した。その中で、彼は償いをし、そして、自身の心の平和を見出すことができたのだ。

サムは、言動をする際にも、親しみをもつことが本質的に結びついていることに気づいた。回復のための12ステップに参加して4年目の記念日に、サムは、これから1年、自分が話すことは理解とやさしさに基づいたものにすることを誓った。どんなに小さなことでも、ゴシップや他者の悪口を話したり、嘘をついたりすることなく過ごすことに決めたのだ。周囲の人々は彼に信頼を寄せるようになり、自信のある面だけではなく、傷つきやすさも見せるようになったことに気づいた。サムは自分自身の自尊心が感じられるようになってきた。相談する仲間がいることは、自分自身の意図や価値観により気づきやすくなるための影響の強いトレーニングとなった。ゴシップ話をしたり嘘をついたりするときは、大抵、嫌悪や悪意から起こっていることに気づいた。

親しみをもつ、という新たな意図をもつ機会は、どのようなときにもあります。ただし、それで困難や嫌悪感が消えるわけではありません。年を取るにつれ、病気にかかったり、身体的な限界を感じたりすることが避けられないように、困難はいつでも訪れる可能性のあるものです。そのため、人生のどんなときでも、親しみをもつ力を培っておく機会はあるといえるでしょう。親しみをもつことは、実践とともに深まっていく能力です。自分自身の体験に親しむという生得的能力が、再び目覚め、そして、困難なときにも、また、生きがいを感じるとき、つながりを感じるとき、愛を感じるときにも、段々と使えるようになります。Ｂｏｘ７・１のエクササイズを試してみてください。

Box 7.1 **マインドフルネスのエクササイズ：親しみをもつ**

しばらく動きを止めて、身体と心、そして周りで起こっていることを感じていきます。そして、オープンで、やさしさと威厳を感じられるような姿勢をとります。

身体感覚に注意を向けます。椅子に触れている部分の身体感覚、空気が肌に触れている感覚、そして、顔や肩のあたりの感覚を感じていきます。今の気分にも気づくかもしれません。もしかしたら、疲れ、慌ただしさ、あるいは平静さを感じているかもしれません。背景にあったぼんやりとした思考やイメージを認識し始めることもあるでしょう。今、この瞬間、見えているものや聞こえている音に対して敏感になっていることに気づくかもしれません。しばらく時間をとって、一歩下がって、静かに自分の注意を身体感覚に戻していきます。好奇心をもって、焦らず、やさしく注意を戻します。空気や洋服が肌に触れている感覚を感じます。そして、聞こえている音にも気づきを向けていきます。背骨の姿勢、顔の表情、手の感覚を感じてみます。心地よさや楽な感覚を感じられる身体の部分に気づいていきます。

身体の痛い部分や緊張している部分にも注意を広げていきます。この部分に配慮、好奇心、やさしさを向けてみるとどんな感じか見てみましょう。

もしよければ、心の中で、以下の言葉を唱えてみます。何かを変えようとするのではなく、以下の言葉を言ってみて、どうなるかを見てみるのです。

「安全で心地よい」

「満ち足りていて平安」

「気遣いとやさしさ」

身体感覚をアンカーにしながら、十分だと感じるまでこれを続けます。寄せては返す波のような、瞬間瞬間の感覚にマインドフルに気づきを向けます。注意を身体感覚や呼吸に安定させるのはどんな感じかを探っていきます。もしどこかに注意がそれたら、シンプルに、次のような言葉を思い出してください。思考は思考である、イメージはイメージである。そして、もう一度、今この瞬間の身体感覚に戻ります。期待をしたり、強制したりしないで、あるがままでいます。

今この瞬間に存在している思考やイメージ、気分に注意を広げていくことが、どういうことなのか感じてみましょう。自分を混乱させたり、評価したりするような、困難な、不快な思考やイメージがあれば、それにも注意を広げていきます。どのような感じでしょうか。どのようなものにもやさしく、注意深く、マインドフルに注意を向けてみるとどのような感じかを探っていきます。もう一度、先ほどのシンプルで明確な言葉を唱えてみるのも良いかもしれません。

「安全で心地よい」

「平安」

「気遣いとやさしさ」

このプロセスでは、現在起こっていることを変えるのではなく、現在起こっていることに親しみをもって接する力を培っているということを忘れないでください。何か特定の感情を起こすために行っているのではなく、今起こっていることにやさしさを向ける力を身につけているのです。
この実践を終える際には、日常生活の中でこの実践を継続する意思を抱きます。

3 思いやり

私たちは誰しも思いやりを体験したことがあります。痛みや悩み、苦しみの最中に、感じられる穏やかさや、自分自身の傷つきやすさを受け止めることが、思いやりの体験にあたるものです。思いやりの体験が生起する瞬間は私たちにとって身近なものです。例えば、家族の誰かが病気になったときや、高齢の親戚が少しずつ弱っていっているとき、そしてもう少し広い世界を視野に入れた場合には、破滅的な自然災害や愚かな暴動により罪のない人々が傷ついているときなどです。このようなときには、自分と他者の境界が薄れて、批判や非難の態度が消えていき、ほんの少しの間かもしれませんが、やさしさと思いやりの溢れる世界を感じることができるでしょう。

思いやりは「個人の痛みや人類に普遍的な痛みを認識し、その痛みに対してやさしさ、共感、平静さ、忍耐をもって対峙すること」(Feldman & Kuyken, 2011, p. 143) です。これは「**ともに悩む**」という意味のラテン語の *Compati* を起源としています。「**苦しみに対峙し、震えている心**」と表現される仏教の教えとも似ています。思いやりとは深い共感、つながり、そして対応を含むものです。何らかの感情ではありません。どちらかというと、思いやりは、意図的に理解する態度ともいえます。その根底にある意図とは「生物の痛みや苦しみを和らげようとする心や身体の全体的な動きであり、開かれた心の自然な対応」のことを指します (Goldstein & Kornfield, 1987, p. 99)。思いやりの**近くにいる敵**は憐れみです。憐れみは自分と他者を分断し、「あなたの苦しみを見下している」というようなニュアンスが含まれるからです。思いやりの**遠くにいる敵**は、誰かを傷つけたいと願うことやあからさまな冷酷さです。

　思いやりは私たちの進化の過程にも見られるものです（Darwin, 1871）。ダーウィンは『人間の進化と性淘汰』（*The Descent of Man, and Selection in Relation to Sex*）の中で、思いやり[*3]は私たち人間のもっとも強い本能であり、時に自分自身への関心よりも強くなることがあるということ、そして、「もっとも同情心のある人がもっとも繁栄し、子孫を残すことができる」という意味で、自然淘汰によって広がりやすいと述べています（Darwin, 1871, p. 130）。フランス・ドゥ・ヴァール（De Waal, 2009）はロシアのマトリョーシカ人形のメタファーを用いて思いやりの多層性について説明しています。それぞれの層は、（1）苦しみの認識（アメーバでさえも他の生物の状態に影響を受けている）、（2）他者への気遣い（これは社会性のある生物のみに見られる）、（3）他者の視点に立つ（社会性のある生物の一部のみに見られる）、（4）他者を助ける、の4つからなります。進化と動物の行動から紐解くと、思いやりは、傷つきやすい他者を助けるという対応をしようとする私たち人間のもつ性質からくるものであることがわかります。思いやりは、傷つきやすさを内包する社会の構造を支えていくために、選りすぐられたものなのです。

　発達心理学における興味深い知見をご紹介しましょう。乳幼児は生まれてからの最初の1年のうちに、周囲の他者の悩みを感じ取ることができます。乳幼児は身体でその感覚を感じ取りますが、自分と他者を切り離して考えることはできません（Donovan & Leavitt, 1985）。自他の分離は、他者がどのように感じ、考えるかがわかるようになる幼児期の後期になって出てくるものです（Greenberg & Harris, 2012; Singer, 2006）。また、乳幼児が共感力や自分の痛みと他者の痛みを区別する能力、思いやりをもって相手に対応する能力を発達させる上で、養育者による関わりが重要な役割を果たしていることがわかっています（MacBeth & Gumley, 2012）。健康的な思春期や青年期には、自他への思いやりの基盤となる、繊細な倫理的枠組みや学習過程の発達が見られます。

　思いやりは、仏教、キリスト教、ヒンドゥー教、ユダヤ教そしてイスラム教など、多くの精神的伝統においても重要な要素となっています。それぞれ異なる形をとっていますが、自己中心性を超越する意図や、痛みや苦しみに対して思いやりをもって反応するような呼びかけは、どの精神的伝統にもあります。そして、思いやりはトレーニングによって培われるものであり、継続的、献身的な実践によってそうした感情を教育、再教育することができる、という見解もどの精神的伝統にも共通しています（Armstrong, 2011）。思いやりは私たち人間の性質から来るものであり、乳幼児期にも見られるものです。しかし、教育、研鑽、トレーニング、そして実践によって、より大きな意図と幅広い倫理的枠組みをもって思いやりのある対応をすることが可能となるでしょう。

思いやりのマトリックスとプロセス

思いやりはマトリックスとプロセスによって形成されています。すなわち、相互に関連する要素のセットが組み合わされたもの（マトリックス）と、痛みからその緩和への動き（プロセス）で成り立っているのです。その中には、痛みや苦しみを認識すること、苦しみと共鳴すること、痛みや苦しみの普遍性を理解すること、それらにオープンになり受け止めること、そして、苦しみを緩和する力やモチベーション、行動を発展させていくことが含まれます（Strauss et al., 2016）。思いやりは、マトリックスのように、これらの要素から成り立っており、展開するプロセスのように、これらの様相を経ていきます。

瞬間瞬間、そして私たちの生活の中に思いやりを培っていくにつれて、思いやりをもった対応にも細かな段階の違いがわかってくるでしょう。思いやりは、痛みと悩みに寄り添い、認識し、理解することから始まります。それは**感情の震え**や**共感的共鳴**といった性質のものです。そして、静かに、寛大な心で、困難と向き合います。モハメドの場合は、背中の痛みを認識することから始まりました。リンにとっては暗い思考に気づくことであり、サムにとっては依存行動への衝動、そしてソフィアにとっては自己批判の認識から始まりました。この痛みと苦しみの認識には、自分の身体感覚や感情、思考、生活状況に対して、安定的に、やさしく、配慮をもって、積極的に注意を向けようとする意志が欠かせません。すなわち、「これから死ぬまでずっとこの痛みに耐える必要もないし、振り回される必要もない。この瞬間、ゲストとして迎え入れて、できるだけやさしさや配慮をもって対応するだけでよい」ということです。

多くの人が、これまで痛みや悲しみを悪者のようにとらえ、回避するか、戦うか、修正するか、という選択肢しかないように感じてきたかと思います。そういった反応は非常に一般的ではありますが、思いやりの最大の障壁にもなります。さらに良くないことに、そういった反応をすることで、苦しみが維持される（第5章参照）ことにもなります。マインドフルネスでは、逆境の中でも平静さと好奇心をもち、逆境があること自体を認め、その風景を探索し、それと親しみをもつことを学びます。ここで必要な行動とは、痛みや苦しみの体験の中でも、思いやりを呼び起こすことです。そのためには、忍耐力、決意、勇気が必要です。最初のうちは、このやり方は私たちの感覚と相容れず、**間違っている**ように感じられるかもしれません。なぜなら、私たちの多くが慣れているのは、困難を避けたり、修正したりすることだからです。しかし、この最初の一歩は、自分たちの人生や自分自身が苦しみに支配されないための一歩となります。その中で、自分自身の弱さを恐れるのではなく、許容し、向き合い、抱えることを学んでいきます。そうすることで、痛みと悩みへの気づきは、共感的共鳴で覆われていきます。つまり、「ああ、ここに痛みがあるな。大丈夫。やさしさと思いやりをもって、この痛みに寄り添うことができる」といったように、痛みの最中でも、今この瞬間にあり続ける意思は、思いやりをもった対応を促す新たな機会となります。

マインドフルネスと共感的共鳴

次の段階では、**共感的共鳴**を用いて痛みや悩みを緩和するような思考・言葉・行動についての理解を進めていきます。それは、勇気をもって自分や他者の痛みや苦しみと関わることでもあります。モハメドの場合では、慢性的な痛みに対して行う身体的なセルフケアがそれにあたります。例えば、自分の行動や姿勢、薬のコントロールなどです。また、それと同様に重要なのが、自分自身のメンタルケアです。苦しみが増すような**第二の矢**を放ちそうになったときに、それに気づき、いつもの反応の仕方とは違う反応を選択する、というのもその一つです（例：「この瞬間にいるだけでいいんだ。瞬間瞬間に、この痛みを何とかしようとしたり、あるいは我慢しようとしすぎる必要はないんだ」）。リンも、抑うつ気分と戦っていましたが、あるとき、「今、気分がとても悪くて、身体全体が布団に潜り込みたくてどうしようもなくなってる」ということに気づきました。そして、「ああ、これが私の『ブラック・ドッグ』（うつのメタファー）だわ。彼の機嫌を取ろうとするのではなくて、彼を取り出してエクササイズしないと」と思ったのです。

私たちは、痛みや悩みがあることを責めたり、恥ずかしく思ったり、そのことで他者や自分を評価することがありますが、マインドフルネスではそういった傾向を緩和する方法を教わります。責めることや評価することによって、ストレスは少しも軽減されません。むしろ、そうすることで、ストレスは増したり、ストレス自体の理解を妨げたりします。責めること、そして評価することは、終わりのない物語や反すうや維持をもたらし、痛みや悩みを緩和するための他の方法を見えなくするのです。

人生の逆境やストレスの多くは、自分たちがコントロールできるものではなく、さまざまな条件が重なって生じるものです。モハメドは、しつこい背中の痛みと、取り組まなければならない仕事の問題とで注意散漫になっていました。ソフィアは、身体的健康が週ごとに悪化していく受け入れ難い現実にとらわれ、孫を抱きしめた喜びを感じられずにいました。私たちは、苦しみとは、「あってはならないもの」であり、失敗であり、何か悪いことをした罰である、と考える傾向があります。そして、自分、他者、そして状況を責め、恥だと感じて、評価することが多々あります。

頭の中に延々と出てくる「不公平だ」というような考えの落ち着かせ方をマインドフルネスは教えてくれます。この「不公平だ」という考えは、共感的共鳴をもってストレスと向き合うことから私たちをどんどん遠ざけます。ソフィアは、パーキンソン病との関係の転換点について、「これまでずっと『なんでこんなことが私に起こったのだろう』と考えていたけど、そう考えるのではなく『こういうことが起こらないという確約なんてあるだろうか』と考え始めてから、癒やしが始まった」と述べています。自分たちの批判や恥の意識によく耳を傾けてみると、それ自体が悩みの表現であり、喪失体験や痛み、孤独と同様に、思いやりをもって扱うことが大事な要素であることがわかります。アインシュタインは、このことを重要なこととして取り上げています。「人間の真価は、自分自身(the self)からどれだけ自由になれたか、その度合いと認識によって決まる」(Einstein, 1956/1999, pp. 7–8)。

思いやりの全貌を探索するために、まずは自分自身の痛みへの関わり方を探索してみるとよいでしょう。私たちの多くにとって、痛みや困難との関わり方は、自分自身の捉え方や生き方に影響を及ぼします。もし、どんな人の生活にもあるような痛みや弱さに対する自身の脆さを恐れ始めたら、自分自身が弱く価値がない人間のように感じられてくるかもしれません。そして、傷つくことから自分を守ろうと、動揺や回避といった行動へと傾いていきます。困難や不確実なことが出てくると、意図的に**忙しく**したり、解決方法を探したりします。そのことによってさらに、困難自体が、受け入れたり取り込んだりしがたいものとなっていくかもしれません。とにかく痛みを取り去るべく一生懸命になって、行動したり、修正しようとしたりするのです。忙しくすることはありのままの苦悩に直面することの代用となり、自分自身や他者の困難に**共感的共鳴**をする能力が妨げられてしまうのです。自分の心身の感覚や体験から離れ、今この瞬間からも遠ざかり、人類という大家族からもさらに遠くなっていきます。不安な生活が始まります。悩みに圧倒されることを恐れながら生きていくことになるのです。そして、人生の最大の困難が訪れた際に、平静さや思いやりをもってそれと向き合うことは不可能である、というような信念は深くなっていくばかりでしょう。

マインドフルネスを培い、今この瞬間に起こっていることに対してあるがままに注意を向けるようになると、たとえ苦しみに対する解決方法がなかったとしても、対応の仕方はいくつもあることがわかってきます。すべての痛みを消し去ることができるわけではない、と理解することは、決して「受け身であれ」という助言ではありません。そのことを理解することによって、たとえひどい痛みが伴うときでも、その痛みに対して配慮する対応を見出すように、という励ましなのです。このように、痛みから逃げない意志をもつことが思いやりのある対応への最初のステップとなります。すべての痛みや苦難が解決できるわけではありませんが、もしやさしさと思いやりをもって接することができれば、それらが和らいでいくのです。

思いやりと配慮の態度を発達させることで、苦しみ自体やその原因、そして苦しみの結末、（たとえその苦しみの結末が継続している困難の最中に見出される場合でも）について理解しやすくなるでしょう。苦しみについて理解することで、今この瞬間の体験が薄れてしまったり、消えてしまったりすることは決してありません。むしろ、この理解によって、私たちは一人ではなく、人類という家族の一員であること、そして誰しも核には傷つきやすさをもっていることに気づくでしょう。思いやりが培われていくにつれ、自分自身の中に威厳を保つことができるようになり、他者の苦しみにも心を配ることができるようになっていきます。思いやりのマトリックスとプロセスは、「私」や「私のもの」、「あなた」や「あなたのもの」といったような感覚を薄めていくものです。すなわち、苦しみや喜びはすべての人間が共通してもっているものであることが認識され、向き合われ、受け止められるような世界を垣間見ることになるのです。そのことで、さらに思いやりをもった反応ができる状態がつくられていきます。こういったことについて理解していなければ、思いやりという心のもちようは不安定なものとなってしまいます。なぜなら、もし思いやりを、それにふさわしい人たちだけのためのものとして限定してしまうと、過去のアパルトヘイトのような観念的で強制的なものになってしまうからです。

上記のような限定的な思いやりは、否応なく、恐れや疎外を増強します。このような限定は、「この痛みは大丈夫だけど、この痛みはダメなもの。この人は思いやるに値する人だけど、この人は値しない」といったような考えから始まります。理解と思いやりは同時に発達していくものであり、マインドフルネスの実践によってどのように思いやりをもつのかを学んでいきます。例えば、風邪の子どもや、自然災害である津波の被害に遭った人、健康が損なわれていく高齢の人のように、どこにも責任の所在がないような苦しみを抱えている人々のことを考えてみてください。そして、次に、ある加害者によって苦しみがもたらされた人々のことを考えてみてください。例えば、民族的対立から逃れるため難民となった人々や、誰かから被害を受けた後で、今度は誰かに被害を与えることになった人たちなどです。この例を見てみると、私たちの心は、すぐに誰かを責め始めたり、誰が被害者で誰が加害者かということを考え始めたりすることに気づくでしょう。しかし、理解と思いやりが同時に発達していくと、感情や心から対応することができるようになります。そのことによって、習慣的な反応ではなく、バランスのとれた思いやりのある対応をすることができます。つまり、私たちの対応は、私たち自身が意図的に選ぶことができるものなのです。

ソフィアは、パーキンソン病が進行していく中で、家族や友達が自分の機能低下を目の当たりにする度に苦しむ様子が見て取れた。みんな、何を言えばいいのか、どうすればいいのかわからない、といった様子が感じられた。こういった様子は、彼女の治療にあたる医師や看護師にも時々見られた。できることをすべてやっていても進行していく症状を目の前にして、どんな言葉かけや行動をすればいいというのだろうか。ソフィアは何年もの間マインドフルネスを実践してきたので、家族や友達、治療者にも理解と思いやりを示すことができた。彼らの表情に時々出ていた不安や嫌悪感は、ソフィアのこうした態度によって、和らいでいった。そして、家族や友達と毎日会話をしたり、真摯に対話をすることができるようになっていった。

持続性と変容

持続性は、思いやりと共感において重要な要素です。マインドフルネスを学んでいる人は、今この瞬間、心や身体に起こっていることに対して繰り返し注意を戻していく練習をします。痛み、恐怖、逃げたい欲求などが起こっている最中に、マインドフルネスを維持する力を培っていくと、安定性やレジリエンスが向上していくことにも気づくでしょう。悩みに対して思いやりをもって接する自信もついていきます。持続性とは、歯を食いしばることでもなければ、痛みにストイックに耐えることでもありません。喪失感や、気が重く嬉しくない変化、そして痛みに対して恐れることなく接していく方法を理解していくことなのです。

私たちは、自身の人生や世界の悲しみに強く影響を受け、その悲しみに終わりがないように感じることがあります。仏教の初期の教えでは「なくすことができない人生をどうしたらよいか?」という問いがありました。これを、「心の痛み、喪失感、病気、私たちに苦痛をもたらす人生には、解決策や終わりがないようだけれど、どうしたらよいのか?」と捉え直してみて、自分自身に問いかけてみましょう。私たちの自由やバランスのためには、思いやりや配慮をもって、この人生やこの瞬間を生きることが重要です。どうなる**べき**か、という物語の中に迷い込むのではなく、今この瞬間に注意を向けることは、レジリエンスと勇気、思いやりを発達させていく基礎となるのです。

マインドフルネスに基づいたプログラムでは、この癒やしへの変化について特別な理解の仕方をします。変容というのは、悩みや苦しみが消失する、ということを意味しているのではありません。今この瞬間の悩みをもたらした状況を吟味するために過去を掘り返すこともしません。過去の状況や出来事は変えられないのです。その代わり、マインドフルネスに基づいたプログラムでは、現在が変容すれば、過去と新しい付き合い方ができるようになる、ということを学びます。現在の変容とは、過去についての物語や覚えている身体感覚との関係の変化する過程であり、その変化は、今この瞬間に過去についての考えや身体感覚が出てくることによって起こります。そして、その変化によって、悩みを引き起こす不安や評価、物語から解放されていくのです。思いやりは、この過去との関係性の変化において重要な役割を担います。

リンは、子どもの頃のトラウマについて話をした。虐待的で心理的ダメージをもたらす両親によって、彼女はずっと憂鬱な人生を歩んできた。子どもだった頃、怒りっぽい父親と一緒に住んでいたが、それはまるで卵の殻の上を歩いているかのような毎日だった。父親の高圧的な虐待は、自分が何者なのか、という感覚さえもむしばんでいった。彼女の母親も怖い人で、アルコールに入れ込み、頻繁に酔っ払ってしばしば不在だった。怒り、恐怖、当惑、嘘、混乱は家族全体をバラバラにした。リンの家族は、リンが治療を始めた頃には、文字どおり壊れてしまっていた。

リンはこの体験によって、人間関係に対して恐怖心をもち、自分自身の可能性を見限るようになってきた。時々、「なんで私なの？　私のせいなの？　何か違うことをすべきだった？」という反すうをした。彼女は自分を責めていたのだ。不完全さと父からの拒絶への怒りで心がいっぱいになっていた。里親のもとへと移り、施設での療養を受け始めるようになったとき、このテーマは里親や施設の仲間との間で繰り返し出てきていた。権威のある人や不愛想な反応をする他者と会うと、恐怖感と無力感の波が押し寄せ、過去に引き戻される感覚になっていた。愛情を示されたとしても、猜疑心と敵意が出てくるばかりだった。防衛的な反応をすることしか知らなかったのだ。それがリンにとっては自分を守る、安心できる方法だった。

10代から成人初期にかけて、リンは、父が従妹に虐待をしていたことに気づかなかった自分を責めていた。「なんとか従妹を守ることはできなかったのだろうか。そして家族をつなぎ止めることはできなかったのだろうか」と自問していた。ある晩、彼女は横になりながら、親戚との集まりについて思い出し、なぜ気づかなかったのか、と考え続けていた。なぜ、従妹への虐待を続けさせてしまったのか、と考えていた。そして、徐々に、自分自身や従妹を裏切ったかのような気持ちになっていた。彼女自身はまだ子どもだったにもかかわらず、家族がバラバラになったのは自分のせいだ、と自分自身を責めていた。

リンが20代になってから、リンの父親から虐待を受けたという人が新たに2人出てきた。父親は起訴され、無罪を申し立てた。裁判で、リンはひどい虐待の話を聞いたものの、自分が受けた虐待について話すことはできなかった。父親は、刑が確定する前に刑務所で亡くなったため、すべての裁判や判決がなくなった。罪や恥、怒りの気持ちに苛まれ、藁をもつかむ思いでリンは助けを求めた。セラピーを受ける中で、家族の誰にとっても幸せな終わり方はなかったのだということを知った。セラピーを通して、心の安定を構築し、体験をリフレームすることで、次第に恥や怒り、防衛的な反応をしなくても、生きていくことができるようになった。

リンは、安定するようになってから、1対1のセラピーに続いて、8週間のマインドフルネス認知療法（MBCT）のプログラムに取り組んだ。マインドフルネスの実践によって、トラウマの記憶と影響に、思いやりをもった態度で少しずつ近づくことができることに気がついた。起こったことは常に状況が悪化していくことばかりだったが、そのことについても「思いやりをもって触れることができる傷」として表現した。実践が深まっていくにつれ、リンはきっかけとなる瞬間を感じられるようになり、その際に足が地面についている感覚や落ち着いている身体の部分を感じることもできるようになっていった。緊張と胴体の収縮は恐怖心や不安なのだ、ということにも気がついた。それは、すぐに反応するのではなく、まずは自分自身をつなぎ止め、安全であることを感じ、十分に安定するために、そして、自分自身をケアするのに必要なことをするために、使うことができるサインであることを学んだ。

リンの身体は彼女の安全な避難場所になった。過去についての思考やイメージは未だによく出てくるが、今はそれを単なる思考やイメージとして見ることができるようになった。そして、その思考やイメージに飲み込まれることなく、今この瞬間に在り続けることができるようにもなってきた。恥や評価ではなく、思いやりの感覚が深まっていくことで、小さかった過去の自分と今の自分を抱えることができる、ということを少しずつ理解し始めている、とリンは言った。それが自由、そして新たな始まりの一歩なのだと。

そして、このとき、リンはこの力を親としても活用することができた。恥の感覚や自責感が弱まっていくのを感じるにつれて、自分の子どもと向き合える時間が増えたのだ。子どもが近くにいるときの、自分の気分や反応性への衝動が変化したことに気づいた。そして、気づき、受け止め、できる限り対応するように繰り返し実践をした。虐待的で不安定な子ども時代を過ごした彼女にとっては、特に難しいことでもあったが、子どもの養育をする中で避けられない困難が訪れた際も、安定していることが徐々にできるようになっていった。

他の能力と同じように、思いやりの力も意識して培おうとすることで、発達していくものです。それに取り組む機会はいくらでもあるので、特に劇的な痛みや悩みのときを待つ必要はありません。例えば、ほんのかすかな身体的苦痛があったとしたら、やさしさや思いやりをもって、マインドフルに身体の声を聴くこともできるのです。恥や不安、自責などの思考や感情を、評価しないで認識することができたら、自分たちの内面や今この瞬間により調和することができるようになるでしょう。徐々に視野が広がり、一日の中で出会う人たちの傷つきやすさが見えてくるかもしれません。例えば、泣いている子ども、慎重に歩いているお年寄り、または道端で物乞いをしている人も目に入ってきていることに気づくかもしれません。そういった気づきの中で、思いやりをもって、自分の悩みに接すると、心が震えていることを感じます。恐怖や評価に逃げ込むのではなく、この瞬間に起こっていることを思いやりと共感をもって抱えるバランス感覚と勇気をもち始めていくのです。

8週間のマインドフルネスに基づいたプログラムの中で思いやりはどのように培われるのか

マインドフルネスは、プログラムのどの段階においても組み込まれていますが、それと同様に親しみをもつことと思いやりといった態度に関わる次元もプログラムに組み込まれている重要な要素です。第1章でマインドフルネスを定義した際にも、注意と気づきの核となる態度として、これらを挙げていました。『マインドフルネス認知療法』（*Mindfulness-Based Cognitive Therapy for Depression*）の第二版においても、やさしさと思いやりの章が新しく設けられました。なぜなら、「MBCTを通して学ぶことの中でもっとも大事なことの一つがやさしさと自分への思いやりである」（Segal et al., 2013, p137）からです。マインドフルネスストレス低減法（MBSR）でも同様のことがいえます。MBSRについては、「クリニック全体の雰囲気は、常にやさしさと思いやりを体現していた」と述べられています（Kabat-Zinn, 2005, p. 285）。

そのため、マインドフルネスに基づいたプログラムでは、最初はマインドフルネスの講師の体現によって思いやりを教わることになります。例えば、講師が参加者を、「患者ではなくゲストとして、温かいおもてなしの心と、たとえひょっこり来てしまったとしてもプログラムに参加した勇気に対する尊敬の念をもって扱う」（Segal et al., 2013, p. 137）ように、講師が体現している思いやりをもった態度を、参加者は見て、学んでいきます。思いやりはプログラムのあらゆるところに組み込まれている要素です。例えば、参加者の扱われ方、クラスの運営のされ方、実践の導入の方法、そして参加者の実践がサポートされ、敬われることなどに、その要素が散りばめられています。そういう意味で思いやりは、明確な何かを通して教わるというよりは、講師の体現的な教えを通して教わるということになります。これは意図的なものでもあります。

うつ病や他の精神疾患の傾向をもつ人は、例えば、頑張りすぎること（例：「うつ病を克服しなければならない」）、嫌悪感（例：「怖い。どこかに隠れてしまいたい」）、強い自己批判（例：「私は無価値で、何にも値しない」）など、さまざまな精神状態が引き起こされやすいといわれています。質の高いマインドフルネスの講師は、このことに気づいています。思いやりをもつことについて露骨に誘《いざな》われると、上述したような、元々あった信念や傾向が強化されることによって逆効果になる可能性があります。虐待的な家庭で育ったリンは、誰かからやさしさや思いやりを向けられると、後退りし、疑い、時には敵意を示していました。そういった自分の傷つきやすさや反応を隠すために、濃い色のついた眼鏡をかけていました。親しみをもつことや思いやりといったような態度を示しても安全である、と、リンのような参加者も思えるような状況をつくるには、非常に高度な技術を要します。自分のペースで、気づき、受け止め、それと共鳴し、傷や反応を癒やしていくことができるような安全な空間を提供され、そういった安全感や実践そのものによって、リンは親しみをもつことや思いやりを培っていくことができるようになりました。マインドフルネスの実践や講師による安全な空間の醸成を通して、彼女は学んでいったのです。

マインドフルネス・プログラムの初期の段階において注意を向けるのは身体です。参加者は注意の持続を実践しながら、その都度出てくる不快感やその他の感覚と向き合います。マインドフルネスの教示の中では、もし痛みが出てきたら、「歓迎するためのマットレス」を用意するようなイメージで、できる限りその痛みに好奇心とやさしさを向けてみるように言われます。最初の3セッションでは、マインドフルネスの実践の中でも、核となる実践が行われ、意図的にやさしく注意を向ける実践をしていきます。具体的には、ボディスキャン、マインドフルネス・ムーブメント（ストレッチとウォーキング）、そして呼吸のマインドフルネスです。実践では、**注意を向ける力**を発達させていくのと同時に、強迫的・習慣的な思考のパターンやそれに伴うネガティブな心的状態や評価のパターンを知っていきます。サムは、実践の際に、自分自身の中によく出てくる妨げとなるものをすべて体験しました。皮膚炎（かゆみを取り除くために掻きたいというもっともな気持ちが出てくる）や依存症からの回復途中において出てくるどうしようもない渇望（「つまらない12ステップなんてうんざりだ。今すぐ一杯やらなきゃ！」といったような嫌悪感を伴う思考が出てくる）などがサムにとっての障壁でした。

マインドフルネスを通して、抑うつ的な思考を増強する自己批判や自責の勢力を徐々に減退させることができるようになっていきます。そして、よくある思考のパターンから意識的に抜け出したとき、どのようになるかを観察していきます。参加者は呼吸や身体感覚に注意を向け、気づく力を発展させ、今この瞬間への注意や感覚への気づきを培います。2週目には嬉しい出来事を日誌に記入していくことで、常に抑うつ的な気分に覆われてばかりいるわけではない世界を認識し、その世界とつながることができるでしょう。プログラムを通して、好奇心、親しみをもつこと、やさしさは継続的に強調され、そのことで自分の内側または外側に不快な出来事が起こった際に有用なスキルや態度が培われていきます。自分自身の中にある喜びの力を新しく発見することになるでしょう。マインドフルネスに基づいたプログラムでは、日常生活の心地よい出来事も不快な出来事も、どちらにも寄り添うよう促されます。そしてそのときの感覚、感情、思考、そして衝動を変えようとせずに、ただ記録してみることが提案されます。このことを通して、自分自身の変化を支える平静さが培われていきます。

MBCTのうつ病再発防止プログラムの後半では、うつの再発のサインに対して適切に対応できるよう、マインドフルネスと思いやりを身につけていきます。参加者は、どのように考え、どのように行動するか、といったような自分自身の反応の傾向を理解していきます。この頃には、すでに「親しみをもつこと」が浸透しているでしょう。「親しみをもつこと」のわかりやすい例としては、ウィンストン・チャーチルが自分自身のうつ病について「黒い犬（black dog）」と表現していたことが挙げられます。彼の「黒い犬」は、暗い存在ではありますが、良くも悪くも彼の人生の一部でした。マシュー・ジョンストン（Johnstone, 2007）は『ぼくのなかの黒い犬』（*I Had a Black Dog*）という素晴らしい本を執筆し、うつ病との関係の変化を見事に表現しました。そのアニメシリーズの中では、最初は黒い犬が彼の体験のすべてを支配するような強い力をもっている様子が描かれますが、徐々に彼は犬と親しくなり、ともに暮らすようになり、遂には違った見方で犬のことを見られるようになっていきます。

マインドフルネスに基づいたプログラムの全行程を通して，参加者は人類共通の感覚をもち始めます。例えば，MBCTで行われるうつ病を患っている人々のグループでは，体験の共有によって，うつ病は個人の失敗ではなく，多くの人が抱えている悩みなのだということが明らかになっていきます。持病を抱える人や，がんを患っている人などのグループでも，同様のことが起こります。自分だけだと思っていたことが，実は他の人も同じような体験をしている，と知ることで，悩みの普遍性を強く感じることができるようになります。この悩みの中に一人ぼっちでいるわけではない，ということがわかるのです。最近では，8週間のマインドフルネスに基づいたプログラムを超えて，さまざまな思いやりの教え方が開発されてきています（van den Brink & Koster, 2015）。そして，思いやりの力を育むことによってレジリエンスを高めることの効果が実証されつつあります（Schuling et al., 2018）。

心理学者のクリストファー・ガーマーとクリスティン・ネフは，セルフ・コンパッションを教える方法を発展させ，8週間のプログラムを開発しました（Germer, 2009; Neff & Germer, 2013）。彼らは心理教育の重要性を強調しています。心理教育によって背景知識が得られるだけでなく，思いやりをもって，痛みや悩みに対してオープンになるときと閉じるべきときが識別できるようになります。どのようなときに，癒やしの要素をもって痛みに接することができるか，また，どのようなときは，苦しみに圧倒されてしまい逆効果になるため，近づかないという判断をするか，ということを知るのです。彼らは，**バックドラフト**（backdraft）という，役立つメタファーを紹介しています。火事になった部屋の窓やドアを開くと，酸素が部屋に急激に入り込み，さらに燃え上がります（これがすなわちバックドラフトです）。例えば，強い嫌悪感を抱きやすい傾向がある人にとっては，やさしさや思いやりに触れることで，嫌悪感のバックドラフトが起こる可能性があるのです。そのため，どれくらいやさしさや思いやりに対してオープンになるかということについての心理教育や実践的理解が必要である，と彼らは述べています。彼らの主張は，トラウマに対するマインドフルネスを教える際の私たちの体験とも一致します。

多くのマインドフルネス講師は，思いやりの力を培うための明確な方法を取り入れようと試行錯誤しています。

古くから続いている方法もありますが、すべてにおいていえるのは、根本的な変化や癒やしをもたらすこの力を磨くための最善の方法はどのようなものか、ということの丁寧な検討と学びが重要である、ということです。関心のある読者は、以下の著作にあたってみてください（例：Germer, 2009）。Ｂｏｘ７・２にある思いやりのマインドフルネス・エクササイズをやってみましょう。

Box 7.2

マインドフルネス・エクササイズ：思いやり

椅子に坐り、今この瞬間の体験に注意を向けていきます。まずは、心地よく感じられる、または、楽に感じられる身体の感覚に注意を向けてみましょう。もしよければ、手のひらの感覚や足が地面についている感覚を感じてみてください。身体の静寂さ、安らぎに注意を合わせていきます。緊張を感じる身体の部分を意識的に緩めていきます。好奇心、やさしさをもって注意を向ける、という感覚を感じていってみてください。

次に注意を身体の緊張しているところや不快なところに、注意深く広げていきます。親しみの感覚をもって、身体の心地よい部分と不快な部分に、交互に注意を向けていきます。共感と思いやりの気持ちをもって、悩みにじっくりと耳を傾けてみましょう。どのような感じでしょうか。

もし可能であれば、自分にとって大切な人や、それぞれ喜びや悲しみなどの体験をもつ毎日会う人たちに、注意を広げていきましょう。よければ、喪失体験や病気などの、避けがたい人生の痛みに苦しんでいる人を想像してみてください。そして、思いやりを共鳴させる中で、その人を抱える感覚を感じてみてください。

次のシンプルなフレーズを試してみるのも良いかもしれません。

「許し」

「平安」
「安らぎ」
「やさしさ」

4　喜び

喜びは本質的な心の性質であり、嬉しさ、情の深さ、やさしさなど、感謝する力や充足感を促進する要素が含まれています。苦しみに直面した際に心が震えるのと同じように、幸福感や美しさに触れた際にも、心は震えるのです。喜びの情緒的な特徴としては、喜ばしさ、活き活きとした感覚、また、活気が挙げられます。そして、幅広い感情との関連があります。例えば、充足感、驚嘆、誇らしさ、晴れ晴れしさ、感謝、そして嬉しさなどです。

共感は、思いやりと同様、喜びの発展のための中心的な要素です。心地よい状態のとき、共感は、深い味わいのある喜び、充足感や感謝の気持ちを感じることへと花開いていきます。ここでは、これら一つ一つについて説明していきます。何が喜びを覆ったり、遮断したりするかについても見ていきたいと思います。

喜びの**近くにいる敵**は、感傷や熱狂です。私たちは、その瞬間において喜びを真に活き活きと味わうのではなく、喜びという観念に押し流されてしまうことがあります。例えば、1年のうちのほとんどの日をお祝いに費やすと、日々起こっていることへの喜びに対してオープンにはなれず、ただうわべだけの歓楽にふけってしまう可能性があります。喜びは、困難に対して親しみをもって向き合うこと、そして、平静さと思いやりをもって苦しみと対峙することを可能にします。私たちは喜びを感じる力をもっていますし、他者の幸せや成功に対して喜びを見出す力ももっています。実際に、仏教の基盤的な教えでは、喜びの共感的、利他的な側面が強調されています。そして、そういった性質が、他者とのつながりや調和をもたらすのです。

喜びの**遠くにいる敵**は、憤りや**シャーデンフロイデ**（*schadenfreude*）です。シャーデンフロイデは、絶妙なドイツ語の単語であり、他者の失敗を見て喜ぶということを意味しています。一方、他者の幸せに喜びを見出すことは、憤りの解毒剤となります。妬み、怒り、強欲、そして終わりのない批判から、自分の気持ちと心を解放したとき、自分や他者の健康を心から喜ぶことができるでしょう。

喜びは、注意や親しみをもつこと、思いやりと同様に、意図的に研鑽し、練習していくものです。このことはよく見過ごされてしまっていますが、喜びは、すべての人がもっている力であり、トレーニングによって発達していくものでもあります。喜びは、人の心の健康の主たる要素であり、感謝の感覚や満足感、そして自信を内包しているものです。また、心の態度の一つであり、マインドフルネスの実践によって、また、日常の過ごし方によって磨かれていきます。喜びを意図的に培っていくと、喜び自体について、**自分が安住する家**という感覚が生まれてくることに気づくでしょう。すなわち、喜びという家に帰ってくる感覚です。そのことによって、ストレスや悩みをもたらす批判的な感覚や不十分な感覚へと傾いてしまう傾向から、自分を撤退させることができるのです。

喜びと意図

喜びの基盤はシンプルです。それは、「やさしさに基づいた思考、言葉、行動」（Feldman, 2017, p. 94）であるといえるでしょう。私たちの思考、言葉、そして行動は、最終的に悩みや苦しみをもたらしているでしょうか。それとも、幸福感や健康の支えとなっているでしょうか。第5章、第6章で見たように、喜び自体は、気づきを伴った対応性と意図によって生じるものです。

何年もの間、ソフィアの一日は、30～60分のマインドフルネスの実践から始まった。この実践は、大抵、その日会う予定の人たちと自分に向けて、健康を願うことから始まった。このことで、特に、彼女にとって難しい人に対しても、会話ややりとりの際に思いやりを向けられるようになっていった。

サムは依存症から解放され、日々を過ごす中で、心がクリアになり安定していった。そして、そのことで、自分自身や周囲に対してやさしさや思いやりをもって接しやすくなっていった。

リンは、子どもの父親と別れるとき、子どもたちの親権や、どちらと一緒に暮らすか、金銭面のことなどを交渉しなければならなかった。その中で、元パートナーに対して厳しい口調になったり、罰するような態度になる可能性が幾度となくあった。しかし、自分自身に注意を向けて、衝動に抵抗し、リンは自分自身と元パートナーのいずれもが、自分たちや子どもたちとの良好な関係を保てるような状況をつくり出した。

やさしさや思いやりに基づく意図は、私たちや周囲の喜びの状況をつくり出してくれます。また、そのことで、心の中に後悔や恥が残らないようにもなります。

深い味わいのある喜び

音楽を聴くことや、空の星に気づくこと、太陽の光できらめいている葉っぱ、大切な周りの人たち、おいしい食事、そして、どんな瞬間においても自分の身体の中に起こっていることなど、それらを楽しむために必要なのは、ほんの少しの心のこもったマインドフルな一歩だけなのです。それはどんな瞬間でも体験することができます。そして、より継続的な充足感を得る感覚をつかむことにつながります。この一歩によって自動操縦や自動的な反応から抜け出すことができるのです。体験を深く味わうことは、反応ではなく対応する能力を発達させます。

何かを深く味わうことには、ある種の無垢なものの見方が伴うものです。しかし、多くの場合、私たちはすぐに何かを評価しようとしたり、自動的に判断しようとしたりします。これは、世界の見方においても同様のことがいえるでしょう。例えば、マインドフルネスに基づく子育てのプログラムの場合、8週間の最初のほうに、「子どもが寝ている間に、子どものそばにいながら、自分の身体、感情、思考に注意を向けてみてください」という教示があります。

何かを深く味わうには、ある一定の心の向け方、無垢なものの見方、鍛錬が必要となります。それらによって一瞬一瞬の出来事を体験し、見ることにつながります。一瞬一瞬を認識し、自分の知覚の中に迎え入れ、そしてそれを十分に体験するのです。

サムは両親がくれた湖のそばの家に住んでいた。依存症だった時期を含め、人生のうちの多くの時を過ごした場所だった。依存症から回復した今、初めて、この湖のそばの家を堪能することができるようになった。ある日の夕方、サムは、自分の知覚や認識の変化を書き留めておこうと思いたった。

「のんびりと長い一日。湖を横切り平坦な山々の地平線は永遠に続いている。湖の表面はカメレオンのよう。無数の人格をもつ。落ち着かなかったり、リズミカルだったり、泣いている子どものようだったり。または、白いトップスをまとっていたり、震えていたり、仏の呼吸よりも静かで安定しているようだったり。子どもがやっと落ち着いたような様子だったり、夕暮れの月にキスをしているようだったり。夜にきらめいたり、濃い油で覆われたようだったり、暗い様子だったり、正体がわからないような感じだったり」

「松の樹脂、木炭、シトロネラ（ハーブの一種）、日焼け止めローションの匂い、空気中のはっきりとした甘さ。葉っぱの音、子どもたちの笑い声や泣き声、そして大声が湖を越えて届いてくる。鳥の鳴き声、大声、そしてガラガラ声。一瞬の虫の音。そして時々、静かになる。心が柔らかくなって、震え、そして無垢なものの見方で人生と対面する」

「時々、不快な感覚が襲ってくる。ハイになっているときに、湖に向かって車を走らせたこと。無意識のうちに物事が進んでいくような都会の生活に戻ることへの焦り。その焦りに掻き立てられ、きつい言葉を放ち、後悔したこと。再び、丁寧にやさしく、夏の長くのんびりとした一日に注意を戻す」

「時間は静かに止まっている。そして瞬間瞬間、自分の人生のために私はここにいる。失った人生を、この瞬間、取り戻している」

喜びを味わうことによって、何かを評価したり、体験を解釈しようとする傾向や、自動操縦モードになりやすい傾向が和らいでいきます。毎日の瞬間瞬間を、**無垢なものの見方**によって味わうことができるようになるでしょう。このことはシンプルなようですが、実は鍛錬と意思が必要です。喜びを味わう一時の瞬間を、永続的な充実感へと変化させていくためには長い時間とトレーニングが必要となるのです。Ｂｏｘ７・３のエクササイズを試してみてください。

Box 7.3

マインドフルネス・エクササイズ：深い味わいのある喜び

心全体で何かを味わうように注意を向けることが、喜びの根幹となります。一日を過ごす中で、見ること、触れること、聞くことに心全体で注意を向けてみましょう。周囲のあらゆることに、どのように自分が触れているか、また、それらが、どのように自分に触れてくるか、ということに注意を向けるのです。立ち止まる時間をつくりましょう。肌に風が触れる感覚を感じ、遊び場から聞こえる子どもの笑い声を聴き、そして、食べものを存分に味わってみます。今日一日、うまくいったことを振り返ってみましょう。例えば、自由に移動できていること、食事をとることができ、温かくいられること、そして自分自身のケアができていること。木だけを見るのではなく、木の周りの空間も見てみましょう。星だけを見るのではなく、星が輝いている空の広さを見てみましょう。周囲の人の何気ない寛大さに気づきを向けてみましょう。周囲の人が向けてくれる微笑みや、誰かがドアを開けたまま待っていてくれること。どんなときも、ありがたい気持ちを感じられることはあるか、探してみましょう。

毎日、意識して、いつもやっている自分が楽しめることに注意を向けてみてください。何でもいいのです。朝の紅茶やコーヒー一杯、歩くこと、好きなお菓子、自分の好きな人や感謝している人との会話、ペットとの時間、どこかに移動しているときの空白の時間など。心全体で今この瞬間にいてみましょう。そして、身体の感覚、感情、思考に注意を向けてみます。自分の体験に対して、無垢な知覚と感覚を向けてみます。見ているもの、音、味、そして触れているもの。自分の注意が無垢なものの見方で満たされていくと、今、この瞬間がどのように変化するか、しっかり感じてみましょう。そして、その体験の中で、心が**震え**、今この瞬間のシンプルさで心が満たされる感覚を味わってみます。

充足感

充足感とは、一瞬だけ何かを味わうような一時的な状態のことではなく、人の在り方のことを指します。それは、心が休まる在り方であり、満たされる感覚や力を抜いていられる感覚、そして大丈夫であるという感覚を深く理解できているような在り方でもあります。私たちの脳は、幸福感や心の平安よりも、生き延びること、そして子孫を残すことのために発達してきました。この生物学的遺産によって、私たちは自然と、何か間違っていることはないか、何か脅威になっていないか、ということに多くの注意を向ける傾向があります（Sapolsky, 2017）。

何か美しいことに気づき、そのために時間を使うのは、ほとんどの人にとって簡単ではないはずです。ストレスを感じているときには特にそうでしょう。しかし、美しいことや心の栄養になるような人生の側面に気づきを向け、充足感を伴った在り方を築いていくために、自分自身を鍛えることは可能です。顔を上げて、視野を広げることで、たくさんの喜びを味わえる瞬間があることに気づくでしょう。何事にも評価や批判をしてしまいやすい傾向に気づき、観察し、そこから抜け出すことで、満ち足りた在り方の素地がつくられていきます。

充足感の鍵になるのは、絶え間なく評価を下す心を見極めて手放し、ありのままの体験に**安らう**ということです。次のように自分に問いかけるのも役立ちます。

「幸せになるためには、今この瞬間、何が必要だろう」

「この瞬間、欠けているものは何だろう」

この練習はとても効果的でしょう。この練習によって、評価的な心の在り方が、どれだけ充足感や心を休めることから私たちを遠ざけるか、ということがわかります。中国のことわざでは「私たちの心の中に緑の枝を育てておくと、やがて自ずと歌う鳥がやってくるでしょう」という表現があります。

だからと言って、決して充足感によって困難や痛みが否定されるわけでも、また、建設的に評価する目をもつことの価値が否定されるわけでもありません。ただ楽天的にポジティブに考える、ということではないのです。実は、充足感とは、困難を認識し、そして、第二の矢のように苦しみを永続的なものにしかねないもがきやあがきを手放して、困難の中で安らいでいることなのです。また、困難の最中には見えなくなってしまうような、本当はそのときにもそばにあるような良いことに、目を向けることです。このような意味で、充足感とは、いつ、どんな瞬間でも、起きていることに対してオープンになること、ともいえるでしょう。例えば、快、不快、どちらでもないこと、そして、実際には存在しない完璧さや理想、安定の追求を手放すこと、などです。

何十年もマインドフルネスの実践をしてきたソフィアは、パーキンソン病だと診断されたとき、このように思った。「パーキンソン病による振戦がひどくても、私はいつでも自分が生きている感覚、存在の安らかさに戻ってくることができる。勘違いしないでほしいのは、だからと言って、決して心地いいことではないし、とても怖い、ということだ。怖さを通り越して恐ろしくなるときもある。それでも、苦しみの最中でも、落ち着いた感覚に心を休めることはできる。その中には、自分の人生の中の良い側面もすべて含まれているから。パーキンソン病の診断が下ったとき、私は何日も震えあがっていた。私のアイデンティティや将来がすべて変わってしまうような気がした。診断の際に、予後も悪いと言われたが、やはり、実際にいろいろなことが変わってしまった」

「でも、マインドフルネスの実践を通して、自分の心に安定を取り戻せることを思い出した。そして、そのことで、パーキンソン病を患う新しい自分に親しみをもつことと思いやりを向けることができるようになった。例えば、公園にお茶を持って出かけたとき。公園、お茶の味、鳥、空、すべてがいつもと同じだった。自分の心も身体も同じだったが、今はパーキンソン病と診断された。今、自分があることのある種の安らぎが戻ってきた」

マインドフルネスの実践では、恐怖や不満を喚起する評価的な態度は手放し、嬉しいことや困難なことにオープンになる、ということを学びます。ソフィアの例より、必要なときにマインドフルネスの実践で学んだことをどう引き出すかがわかったのではないでしょうか。充足感は、素敵なものや試練など、人生において起こるあらゆることに気づけるように、私たちを導いてくれるものです。充足感を培うためのＢｏｘ７・４のエクササイズをやってみてください。

Box 7.4

マインドフルネス・エクササイズ：充足感

少し時間をとって、注意を安定させましょう。威厳が感じられ、はっきりと目覚めた感覚を感じられる姿勢をとってみてください。呼吸を整え、注意を呼吸へと向けていきましょう。身体感覚、感情、思考に気づきを向けてみます。呼吸をアンカーにしながら、どのような感覚、感情、思考が出てきたとしても、そのままにします。「今、幸せになるために何が必要だろう?」「今、欠けているものは何だろう?」と自分に問いかけてみます。できる限り、今この瞬間にいます。注意がそれて、評価をし始めたり、自分の人生に関する問いへと心がさまよっていることに気づいたら、そっと**この瞬間**へと注意を戻していきます。そして、「今、幸せになるために何が必要だろう?」「今、欠けているものは何だろう?」という問いに再び戻ります。今この瞬間にゆったりと身を任せる感覚を探ってみてください。息を吐き終わり、息を吸い始めるまでのわずかな間《ま》、音と音のあいだの静寂、身体の感覚、それらにゆったりと身を任せる感覚を探索してみます。

感謝

感謝とは、何かを深く味わうことや充足感を促し、サポートするものです。人生の中で大事なものすべてを認識しようとする、積極的な態度ともいえます。些細なことのように感じられる出来事、例えば、見知らぬ人のやさしさに触れたときに、もしくは、親密な人との関係や自分の健康など、自分にとって大切なことに対して、感謝の気持ちをもつこともできます。私たちの心は、欠けているものや完璧でないことに注目しやすいのですが、感謝の気持ちをもつことは、それに対する解毒剤のようなものになります。

感謝の気持ちを培うためにはさまざまな方法がありますが、その中の一つとして、自分が当たり前と思っていることに目を向ける方法があります。目を向けるだけなく、いつもよりもじっくりと認識する時間をとり、その事やその人がここに存在する所以であるすべての人や物に対しても感謝の気持ちを広げてみます。例えば、本を読むことを楽しんでいたら、その本を書いた人に感謝の気持ちを向けてみるのです。その本の出版者やそれを出版に導いたチーム、本の紙を製造した製造工場、本を印刷した印刷工場、本のカバーのイラストを描いたイラストレーター、紙の原料となった木、そして、木が育つために必要だった太陽、雨、土など……[*4]。

感謝とは、感傷的なものでもなく、困難に対する否定でもなく、そして、簡単なものでもありません。新しい心の傾け方であり、私たちが大切にしたいものへの心の向け方のトレーニングです。そのことで、自分の注意をどこに向けるか選ぶことができるようになります。例えば、友達から良い報告を受けたら、「なんで彼にこんないいことが起こるんだ（例：スポーツや学業での成功、新しい車、新しい彼女など）」と、嫉妬心をもち、その気持ちをくすぶらせることもできるでしょう。しかし、その瞬間、嫉妬心から一歩下がり、友達の幸せに寄り添うことを選ぶこともできるでしょう。この方法は、心が閉じてしまいそうになったり、逃げたいと思ったりするような困難に対峙したときにも用いることができます。困難なときでも、感謝の気持ちを培い、鍛える方法を見つけることはできるのです。

ヘロインとアルコールを絶ってから5周年の記念の際、サムは、自身の体験、支え、そして希望を12ステップのミーティング内で共有してほしい、と言われた。彼は以下のように述べた。

「こう言うと変かもしれないけど、自分の依存症には感謝している。これまでにないくらい、今は周りの人とつながっていると感じている。前は全くなかったような感覚だったけど、自分の人生の中の良かったことに対して感謝の気持ちが出てきている。自分が体験した依存症は、他の誰にも体験してほしくはないが、前にはわからなかったことが回復の過程ではっきりとわかるようになったことが嬉しいんだ。感謝の気持ちをもつことと何かを大切にすることの実践の機会は毎日のようにある。依存症で亡くなった友達もいる。回復しようとしていた友達が、最後と思って薬物に手を出したようだが、彼の身体が持たなかったみたいだった。まだ30代だったのに、そのことで彼は亡くなった。僕は毎朝祈りから始める。毎日、祈りの中で、自分の回復に感謝の気持ちを向けているんだ」

感謝の気持ちは、実にさまざまな方法で培っていくことができます。ソフィアやサムの例のように、毎日のちょっとした方法でも、人生を通して続ける方法でも、どんな方法でもよいのです。

喜びを促進するものと妨げるもの

前述したように、喜びとは、意思であり、培うものであり、**そして**、実践です。すべての人が喜びを体験する能力をもっていますが、この力はトレーニングし、発達させることができるのです。喜びを体験する力は、時折、枯渇してしまうので、この力を発達させることは非常に役立ちます。例えば、医療関係者や教員といった職業の人々は、大きなストレスを抱えやすいため、そのストレスに圧倒されてしまうことがあります。**共感疲労**（*compassion fatigue*）が高まり、自分を守るために防衛的になる人もいるでしょう。しかし、そういった中で、嬉しさ、感謝、そして喜びを意図的に培っていくことは、自分の内面の資源を新たに満たし、思いやりを維持する助けとなるでしょう。また、喜びは、私たちに気づきを与え、モチベーションを高めてくれるものなので、実践の支えとなります。喜びの中には、そもそも報酬的な要素が含まれており、自然と私たちを実践へと導いてくれるものとなるだけでなく、その中での私たちの肯定的な変化を支えてくれます。苦しみの最中には、私たちは変わりたいと強く思うのですが、苦しみが和らいだ途端、いつもの状態に戻ることがあります。しかし、喜びに含まれる報酬的要素によって、悩みがないときでも、実践を続け、変化することができるようになるのです。

喜びを感じているときは、大体の場合、目線が上がり、心地よい感覚を逃さないために気づきを向ける範囲が広がり、全身でその感覚を味わおうとします。ただ、気づきへの過程の一部である喜びは、爽快感や至福とは異なります。どちらかというと、心で感じる静かな嬉しさであり、安らぎや感謝の力のことを指します。満足感にしがみつくことではありません。満足感にしがみつくことは、欠乏感をもたらすことが多いのです（第5章と第6章を参照）。喜びとは、**自分のこと**でも、**自分のもの**でも、**自分のストーリー**でもありません。どちらかというと、もっと自然で、本質的な能力であり、自分が主人公となるナラティブをつくり上げてしまうような自分（*self*）や**自分事にすること**（*selfing*）から抜け出すための力なのです。

多くの人が知っているとおり、大抵の悩みは、現実と理想のギャップから生まれるものです。このギャップは自分たちがつくり上げたストーリーから生じます。例えば、周りの人の成功している様子や裕福さと同様のものを得られることが幸せにつながる、と信じていたとします。たとえそれをすべて得たとして、幸せを一瞬感じたとしても、また同じような欠乏が訪れた瞬間に、その幸せが手をすり抜けていってしまうように感じるでしょう。学校や職場は、成績やパフォーマンスが評価される場であるため、「自分は不十分である」という感覚は自然と大きくなっていってしまいます。そのことで、理想の状態になろうと努力をし続けることが強化されていきます。この延々と続くサイクルは、一見、喜びを追求していると勘違いされやすいのですが、現実はそうではありません。むしろ、自分の意思をもつことや喜びを味わうこと、そして充足感からは遠ざかっていくことになります。今すでにもっている喜びに目を向けるのではなく、外に目を向け、何かを所有すること、手に入れること、目標に到達することを自分に課してしまっているのです。このハムスターの回し車のようなサイクルから離れ、強迫的な願望から来る衝動を手放すことで、私たちは、自分の意思を確認することができ、喜びを味わうことができ、充足感と感謝の気持ちの土壌を耕していくことができるのです。Ｂｏｘ７・４で見たように、自分自身に以下のように**問う**ことが大事になってきます。「充足感のためには、今自分は何が必要だろう」「この瞬間に本当に欠けているものは何だろう」。

うつや不安、慢性的な痛みや病気を抱えている人々は、嬉しさを感じにくくなることによって、絶望感が強くなっていくかもしれません。不安やうつは、私たちの生活から喜びを奪い去ります。試練や困難の中では、喜びは、遠く、かすかなものであるように感じられていきます。苦難や病気、うつがなくなった後、再び喜びがやってくることを願うばかりとなるでしょう。そういったときは、心の中が逆境のことで埋め尽くされてしまい、自分の気づきの範囲がどんどん狭くなっていきます。

喜びを培うには、一定の心の志向性、訓練、そして厳格な正直さが必要となります。そのためには、視線を上げ、人生における心地よいものや正しいものをすべて見渡し、喜びと渇望を区別して、自然と湧き起こってくる理想のストーリーを認識し、そこから外に出て、そして、心地よいことと不快なこと、両方に対峙する勇気をもつことが求められます。

マインドフルネスに基づいたプログラムで喜びを培う

マインドフルネスに基づいたプログラムを通して、喜びは多様な方法で培われていきます。最初の方法は、とらえがたいものかもしれません。例えば、マインドフルネス講師の様子や、講師がどのように教えるか、といったことが含まれます。オーケストラの指揮者が、どのような音色を引き出すか、またどのように引き出すかを調整できるように、マインドフルネスの講師も、参加者が喜びを培うための機会を発見したり、喜びによって学びが促されるという気づきを促すように働きかけることができます。このことは、サムと彼のマインドフルネス講師とのやりとりからも見ることができます。

サム：20分の実践の中で、心はとても安定していて、雑念や雑音は止まったような感じがして、とても楽にしていました。暖房がカタカタ鳴っている音も、興味深く楽しんでいたんです。それから、「こういう至福の時間はとても好きだな。もっとこういう時間があればいいのに」と思いました。

講　師：その思考の後はどうなりましたか？

サ　ム：しがみついていました。またその至福の時間に戻るために、姿勢を変えて、呼吸をして、と試していました。（自分の渇望に気づき、笑う）

講　師：興味深いですね。それにとても大事なことです。実践の中では、注意は安定していて、楽で、暖房の音さえ興味深く感じられていたんですね。そこで、思考が浮かんできて、「この状態は好きだな」「もっとこの状態を体験したい」と。その瞬間、評価する心が戻ってきて、状態を修正したり、変えようとしたりしたんですね。まさに、そのときが、自分の評価する心を認識して、そこから一歩引くときなのです。鍛錬と思いやりをもって、ただ呼吸に戻り、そして、来たり去ったりする事象を眺めるといいかもしれません。

評価する心が出てくる前に感じていた「楽」な感じについて、もう少し聞いてもいいですか？

サム：それは、まるで手の上に止まって休んでいる蝶のようでした。絶え間なく動く自分の心が落ち着いて、身体が楽になった感じでした。暖房機のすぐそばに坐っていたので、手を暖房機に伸ばして、その上に置き、温かさを感じていました。水道の音や、パイプの音、いろいろな音が行ったり来たりして、部屋の暑さを感じていました。充足感がありました。

講師：ああ、あなたの心は手に止まって休んでいる蝶のようだったのですね。そして楽で（頷きながら、2人とも少しの間静止し、味わう）。それで、その蝶はどうなったのですか？

サム：（微笑む）そういうことか。そのままそれが飛んでいって、そしてどこか別の場所に降り立つままにしておくのではなくて、あたかもそれにしがみついて、ぎゅっと握りしめようとしていたようでした。

このやりとりの終盤で、講師は「楽さ」や「充足感」といった瞬間をただ味わう、ということへ主軸を戻しています。このことからもわかるように、講師は参加者に、**鍛錬**によってこの瞬間に戻ることができるのだ、ということを伝えます。このように、さまざまな気づきの要素を意図的に探索していくことは、より深い充足感や心地よさを選択する力を培ってくれます。サムの言葉を借りて言うと、蝶が手に止まって休めるようにすることができるのです。しかし、それを捕まえようとすると、渇望という心の状態へと変わっていきます。ただ、サムの場合、今回は薬物に対するものではなく、マインドフルネスの実践における至福感への渇望でした。

マインドフルネスに基づいたプログラムの2週目では、参加者は、毎日嬉しい出来事を記録しておくという家での実践をするよう言われます。うつや不安が強い人にとっては、最初は違和感が生じるかもしれません。なぜなら、そういうときは注意が繰り返し絶望感や心配に引っ張られてしまうからです。一週間の中で、この宿題を意識的に実行することで、日々の生活の中の嬉しいと感じるような出来事や瞬間を発見することとなります。とはいえ、それらは必ずしも大きな出来事である必要はありません。むしろ、とてもシンプルな出来事や瞬間であることがほとんどでしょう。例えば、子どもの笑い声が聞こえてきたこと、寒い日に手の温かさを感じたこと、犬が一生懸命に走って棒を追いかけていること、見知らぬ誰かが自分のためにドアを開けてくれたことなどです。嬉しいことに気づきを向けることを自分自身に**課す**ことで、そういったことに対して心がよりオープンになり、発見しやすくなっていくでしょう。

書籍『自分でできるマインドフルネス——安らぎへと導かれる8週間のプログラム』(*Mindfulness: A Practical Guide to Finding Peace in a Frantic World*)(Williams & Penman, 2011)の中のカリキュラムでは、参加者は毎日10個、良かったこと、自分が人生の中で大切にしていることを書き留めていきます。その中では、自分が大切にしていることを身体で体感し、吸収し、育てていくよう推奨されます。「良い『こと』を、良い『体験』にする」ということに重点を置いています。この実践の意図としては、日々、気に留めず流れていってしまうことにも気づきを向け、時間をとって味わい、体験するよう促すことです。

マインドフルネス・プログラムの終盤には、日々の生活においてどのようなことが自分の栄養になっているか、どのようなことが喜びの感覚をもたらしてくれるか、ということに対して目を向けるよう促されます。加えて、そういった体験を日々のスケジュールの中に多く入れ込んでみることを勧められます。ソフィアにとって栄養や喜びをもたらすものとは、マインドフルネスを教えること、そしてマインドフルネスのクラスの参加者たちの同窓会の準備をすることでした。教えることや学ぶことは、ソフィアにとって、この上ない喜びをもたらすことでした。しかし、パーキンソン病が進行していくにつれ、同窓会に来た人々が自分の身体の振戦を見て不快に感じるのでは、と心配をするようになりました。ただ、ソフィアは、そういった活動が自分の心の栄養となり喜びとなることを十分理解していたため、活動を維持し続けることができました。そして、自分をケアする方法として、クラスの参加者の助けも借りながらクラスを実行しました。ソフィアが慎重に自己開示をし始めたため、クラスの参加者たちは、

「ソフィアもマインドフルネスを用いて自分の病と向き合っているんだ、そして、もう一人の講師と一緒にこのマインドフルネスのクラスを続けようと努力しているのだ」ということに気づき始めました。

心地よい体験や感謝の気持ち、自分の栄養になる体験を味わうことにフォーカスするエクササイズによって、私たちはとても重要なことを学ぶでしょう。そのエクササイズの中では、自分たちが何に注意を向けるか、そしてどのように注意を向けるか、ということを自分で選択するように言われます。嬉しい体験のカレンダーと感謝のエクササイズは、注意を向けるものを選択するためのエクササイズです。困難や苦難がのしかかっているときは、痛みが自動的にすべてを押しのけて前景となり、良いことは背景となって私たちの注意が向かない領域に行ってしまいます。しかし、そういった困難の最中にも、意図的に身体や感覚において楽に感じられるところを前景にもってくることができます。そして、そのことが、私たちの注意の領域を広げ、和らげてくれることに気づくでしょう。

モハメドは、もうサッカーをすることはできないが、今でもできる限り自分のチームのゲームを観戦したり、テレビで見たりしている。この時間が、自分が好きなこと（スポーツ）を前景にし、苦しみを背景にしてくれるのだ。試合後にスタジアムから出ていきながら、周りのサポーターたちとの一体感を感じ、勝利の喜びを味わっていた際に、この2時間は痛みがほとんど感じられなかったことに気づいた。

マインドフルネスの実践によって、私たちは、強迫的な思考や反すうに支配された世界から解放され、より広い世界を見たり聞いたりすることができるようになっていきます。侘しさが今この瞬間の体験であるのと同じように、喜びや感謝の気持ちも今この瞬間の体験である、ということがわかっていきます。私たちの今この瞬間の世界は、心や注意がどのように傾くかということで生成されているのです。また、感謝や嬉しさを感じる力は、悲しみや苦しみによって消し去られることはなく、それらは共存しているということもわかってくるでしょう。嬉しさや安心感は、厳しい状況や視界が狭くなってしまっているような中でも見つけることができるものであり、培うことができるものでもあります。嬉しさや感謝の気持ちを感じられる、という自分の力を思い出すことができれば、世界は苦しみしかないと決めつける必要がなくなるでしょう。誰も喜びや嬉しさを画策することはできませんが、マインドフルネスを学ぶ人たちは、そのための心の余地をつくることを習得していきます。中国のことわざでは、「悲しみは砂に書き、喜びは石に書こう」といったものがあります。このことわざは、私たちが困難に注目しやすい傾向があること、そして、うまくいっていることよりうまくいっていないことに注意が向きやすいことに気づかせてくれます。

リンの娘は7歳だったとき、脳腫瘍と診断された。リンは何週間か娘と一緒に小児病棟で過ごしたが、その際、心配と緊張状態に苦しんでいた。ただ、病棟にいる彼女の娘や他の子どもたちは、リンと同じような恐怖心はもっていないようだった。子どもたちは痛みを伴う大変な治療過程を頻繁に経てきたが、その度に元気を取り戻してきた。みんなで一緒に笑い、可能なときは一緒に遊び、時々一緒に泣いた。病棟には悲しみと笑顔の両方が訪れた。

恐怖の世界に浸ることを選ぶこともできる。しかし、その恐怖を人間らしいことと認め、喜びの瞬間に対して心を開くことを選択することもできるのだ、ということをリンは学んだ。現在、リンの娘は10代に成長した。時々、リンは自分のペースを落として、現在の娘の様子を写真におさめるかのように眺める。その瞬間、リンは、娘の存在と命、彼女が幼少期に脳腫瘍を生き抜いたこと、そして今、活気に満ちた若者となったことに対する嬉しさや感謝の気持ちをかみしめる。「ゆっくりとペースを落とすんです。そうすると、気づかずに駆け抜けてしまって見失っていたかもしれない人生の中の喜びをかみしめることができるのです」と、リンは言う。

感謝の気持ちや嬉しさは、私たちが想像するよりもずっと近くにあるものです。考え込んでいるときや、頭痛、疲労、心配があるときには、マインドフルネスは気づきの幅を広げるよう促してくれます。痛みや辛さの最中にも、意図的に、身体のそれほど痛みのない箇所や心地よい箇所にも注意を向けてみます。嬉しさというものは、困難を乗り越えた際に与えられるご褒美のようなものではなく、どちらかというと、困難に圧倒されることなく困難を包み込むための大事な要素であり、良いことや素敵なこと、美しいことすべてを認識するための要素であるといえるでしょう。優れたマインドフルネスの師が言うことには「平安はほんの一呼吸先にある」のです。どのような瞬間も、一呼吸する毎に、心を安定させ、喜びへと心を向けることができます（Thich Nhat Hanh, 1992）。「幸せの度合いは、自分の心が決めたとおりとなる」という表現からもわかるとおり、自分の意思や心の態度が喜びを呼び起こし、培うといえるでしょう。感謝や喜びは、一時的な体験以上のものです。それは、「心のクオリティを高める」ものであり、「人の在り方」であり、「はっきりと目覚めた心の基盤」となるものです（Feldman, 2017, p. 88）。感謝や喜びは培っていくことのできる心のクオリティであり、能力であり、充足感へと熟成されていくものでもあります。

5　平静さ

マインドフルネスの4つ目の態度である「平静さ」とは、心のバランスのことを指し、気づきや思いやり、配慮を伴うものです。平静さは、自分の内面・外界で起こるすべての出来事において関わってくるものです。その情緒的な特徴としては、冷静さや安定感が挙げられるでしょう。根底にある意図としては、私たちの体験が、不一致モニタリングや学習の積み重ねにあまりにもかたどられすぎていることを理解していく、というところにあります。平静さの**近くにいる敵**としては、人生そのものから距離をとったり、排除しようとするような冷ややかさです。平静さとは、すべての出来事に際してその場にいる、ということであり、その出来事に圧倒されることなく対応する、ということです。平静さとは、意思の伴うものであり、出来事に関わっていこうとする姿勢であり、実践です。平静さの**遠くにいる敵**としては、渇望があります。渇望とは、こうあるべきという理想に固執すること、そして、自分に安心と幸せを与えてくれるであろう条件や物事を常に追い求めることを指します。平静さは、さまざまな面で既存の価値観や慣習とは相反する要素といえるでしょう。現代の文化には、名声や賞賛、そして非難へと人々を駆り立てるものが数多く存在します。また、幸せの終わりなき追求や、物質的な豊かさの追求、学校や会社での成功の追求などが推進されるような文化があります。これらの文化が、平静さのアンチテーゼであるあがきや渇望を引き起こします。

どんな瞬間でも、私たちの身体はさまざまな感覚を体験しています。思考は生じては消え、一日のうちにさまざまな人と会い、いろいろな出来事に遭遇します。私たちはいつでもそれらの真っ最中にいるのです。平静さによって、今、自分たちが触れているすべての事象の中、今この瞬間に存在することを学んでいきます。そして、静けさや受容、安定感をもって、その瞬間に触れることを学びます。

平静さは、親しみをもつこと、思いやり、そして喜びによって満たされ、そして、それらを満たすものでもあります。平静さによって、親しみをもつことには、バランス感と無私性（selflessness）がもたらされ、勇気と忍耐が加わることで思いやりが支えられ、感傷的になることから喜びは守られます。これらの4つの資質がすべて合わさることで、理解（第5章）と悩みの緩和、そして、さらなる発展への道（第6章）が可能になります。親しみをもつこと、思いやり、喜び、平静さの4つは、交互に関連し合って作用します。

平静さは培っていくことができるものですが、そのためには、それが重要となる場面での実践が必要となります。平静さは、マインドフルネスのフォーマルな実践、私たちの日々の内面の動き、そして外界の世界との交流の中で培われていきます。私たちの心や身体や生活は常に変化し続けているため、どのような瞬間でも平静さを培うための実践をすることが可能です。その中でも平静さを培うのに最適なのは、自身ですべての役回り（監督、プロデューサー、主役、敵役など）を演じる物語の中に、自分が没入してしまっているときでしょう。あるいは、痛みや快感、欲望に圧倒されているようなときも実践の良い機会となります。

平静さと身体

平静さを培うことは、マインドフルネスに基づいたプログラム全体を通して組み込まれています。実際、参加者は、トレーニングの最初の段階で落ち着くための実践を学びます。身体へのマインドフルネスは、すべてのマインドフルネスの実践において中心となるものですが、最初の段階の実践であると同時に、上級者のための実践でもあります。たとえて言うならば、幼稚園で学ぶものであり、大学で学ぶものでもある、というようなイメージです。身体感覚を探索する際、私たちは、今ここでの感覚の濃淡を体験するでしょう。その感覚は快、不快、あるいはどちらでもないということもあるかもしれません。動揺するような感覚や落ち着いた感覚もあるかもしれません。現代のマインドフルネスに基づいたプログラムの中で重要な実践の一つであるボディスキャンは、どこか一部だけに注目するのではなく、少しずつ注意をずらしながら身体全体をスキャンし、どの感覚にも平等に注意を向けていきます。マインドフルネスでは、心地よい感覚と不快な感覚のどちらかを優先させるということなく、また何も感じない、ということを排除するわけでもなく、すべての感覚を平等に観察していきます。このことは、私たちの人生において、大事な教訓にもなります。もし、偏った注意の向け方から一歩外に出ることができれば、同時に、私たちの注意が習慣的に向きやすい嫌悪感、渇望、固執から抜け出すことを学ぶことにもなります。ここで、もう一度、現代のマインドフルネスに内包された仏教の教えについて見てみましょう。つまり、**身体を身体として知り、感覚を感覚として知る**、ということです。バランスが崩れ、圧倒されるような感覚を引き起こしているのは、身体的な

出来事そのものではなく、その出来事への私たちの**反応**であるということを、私たちは初期の段階から理解していくことになります。

平静さと心

溢れ出す思考や気分、感情が私たちの今ここでの体験を乗っ取っている最中に、そのことに気づくことができれば、さらに落ち着く力を培っていくことが可能となります。例えば、損、得、名声、恥、称賛、非難、幸福、苦痛など、どこでもそのようなことが起こったときは、実践のチャンスとなるのです。これらすべての最中にも、そこにいること、そして、気分を気分として、思考を心の出来事として、感情を感情として、衝動を衝動として認識することをマインドフルネスでは学んでいきます。この現在を中心とした気づきの向け方、そして、平静さは**反応**ではなく**対応**することを可能にするだけではありません。成果や名声、称賛、「これが幸せになるために必要なこと」と言われてきた事柄等に基づいて自分自身を定義することからの脱却を可能とします。自分自身を自分の気分や思考に基づいて定義する傾向が弱まっていくと、自分たちの体験していることや**自分自身**に対して、配慮と思いやりをもって自由に向き合えるようになっていきます。

マインドフルネスは自分自身の心模様の移り変わりのパターンを観察することを可能にします。自分のいつものパターンに固執しなければ、嫌悪感や不安は変化し、通り過ぎていくものであるということがわかっていくでしょう。嫌悪感や決めつける心をもって苦痛な気分や思考に対峙すると、さらに長引いてしまうということにも気づきます。渇望を手放すと、現在の出来事に近づいたり離れたりするような心の動きがなくなり、ただ、快、不快、どちらでもない感覚がやってきては去り、やってきては去る、ということが体験されます。そして鋼のようにしっかりした静けさが生じて、苦痛が和らぎ、喜びが芽を出すでしょう。

サムは以下のように言った。「バランス感覚については知っていたつもりだった。でも、依存行動がひどかったときは、バランス感覚らしきものを握りしめながら、結局ある所から別のところに心が極端に動いていったんだ（微笑する）。今は、何かを渇望し始めて、興奮させてくれるものが必要になって、アドレナリンを求めている心を観察するんだ。そして、自分の呼吸と身体をアンカーにする。今は、そうすると、ただ、大きな振り子が、あるところから別のところに動いている、という感じなんだ。これってとてもパワフルなことなんだ」

平静さは、自分たちの内的世界のために取っておくものではありません。私たちの健康や人生の状況、人間関係、そして世界におけるより規模の大きなチャレンジは、平静さを培うための**多くの材料**を私たちに与えてくれます。それらは常に変化します。周りの人々は自分たちが望むようにいつも動くとは限りません。また、自分たちの人生も常に期待するように進むわけではありません。地球温暖化や政治的な問題、移民問題など、刻々と変化する世界にはさまざまな困難な状況があります。自分自身に対して、他者に対して、そして自分の人生に対してどのように対応するか、そのバランスを見つけることが私たちには求められているといえるでしょう。私たちは、毎日、輝かしいこと、そして困難なことの両方に直面しうる世界に生きているのです。

ソフィアのパーキンソン病との付き合いには平静さが必要だった。病状の進行は避けられないものであり、苦痛が伴うものだった。最初に診断されたとき、ソフィアは半狂乱でいろいろと模索した。症状の条件を検索し、セカンドオピニオンを受け、食事を変え、身体状態を記録する器具を買い、さまざまなサポートグループに参加した。どこかでこの窮地が終わってくれることを願って。同時に、彼女の心は突如として心配や怒り、そしてこの上ない恐怖に襲われた。

ある日、ソフィアはビーチで孫のノアと砂の城をつくっていた。潮が満ちていくのに伴い、ソフィアはノアを自分の膝にのせ、砂の城がだんだん沈んでいくのを見て楽しんでいた。そうしているうちに、ノアは彼女の膝で眠りにつき、日が沈んで肌寒くなってきたが、しばらくの間、そこにノアと一緒に留まった。そこには、活き活きとした時間と、そして現実があった。砂の城が無常であることには、普遍性があった。ソフィアは、診断に伴う自分の苦悶が、さらなる苦しみをもたらしていると気づいた。潮が満ちていくのと同じように、避けられない自分の人生の変化、自分の病気の進行とともに生きていく、ということに対する平静さは、親しみをもつことや配慮といった心の態度によって少しずつもたらされた。

ソフィアは毎日の実践の中で、意図的に自分自身に語りかけた。「あなたのことを本当に想ってる。状況は変えられない。でも私は自分の身体の大丈夫な部分や人生においてもたらされる喜びも受け止める。身体の状態が悪化していっている部分もできる限り受け入れて、許して、抱えよう」。この言葉を心に抱いて一日へと向かっていくことを意図して、ソフィアは毎日のマインドフルネスの実践を終えていた。このことで深い無常の感覚が培われていき、平静さがもたらされていった。強力な思考、感情、気分、そして状況は変化していくことを知り、彼女は「これも過ぎていくものだ」ということについての深い理解が得られていった。

人生の中には予測不可能で曖昧なことが多くあります。それらすべてを、途方に暮れることなくくぐり抜けていくために、自分自身をガイドしていく方法を、私たちは平静さを通して学びます。砂の城をビーチにつくることは楽しいことですが、潮が満ちてきてすべてを流し去り、砂と貝のみが残る、ということ、そして、それは避けられないことだと、私たちは誰もが知っています。何かをつくったが流されていく、という状況において、親しみをもつことや感謝の気持ち、思いやりをもって、その瞬間にいることを選ぶこともできます。そして、平静さをもって、喪失と受容のどちらにも気づいていくこともできるのです。人生を通して、素敵なことに出くわすこともあれば、悲しみに出くわすこともあるでしょう。愛する人がいることに喜び、美しいものに遭遇したら嬉しさを感じます。思いやりのある人間関係の中で幸せになることを私たちは望みます。しかし、時には私たちの世界は一瞬にして崩壊することもあります。また、配慮や愛だけでは、悩みや痛みから誰かを完全には守ることができないことも知っています。誰かの愛や思いやりが、移り変わる人生のさまざまな困難から私たちを完全に守ってくれるわけではないことも。素敵なことも困難なことも、両方とも私たちの人生や世界には訪れるのです。平静さの感覚を培っていくにつれ、私たちは、快、不快、あるいは、どちらでもない、といったさまざまな人生の側面に、気づき、配慮や思いやりをもって触れることを学んでいくでしょう。Ｂｏｘ７・５の平静さのエクササイズを試してみてください。

Box 7.5 マインドフルネス・エクササイズ：平静さ

少し時間をとって、呼吸をアンカーにして、呼吸に注意を向け、注意を安定させていきます。意識がはっきりとしていて、威厳のある姿勢をとってみましょう。

注意が安定したら、心に、自分のよく知っている山を思い浮かべてみてください。その山の裾野、側面、そして、どっしりとした裾野から頂上にかけての様子を思い浮かべます。自分自身が山になったかのように感じてみてください。地面についているどっしりとした裾野の感覚、身体は安定していて、頭は身体の上で支えられています。山が四季を通して、そして一年を通して、毎日安定してそこにあるように、威厳をもって意識がはっきりとした状態で坐っている自分の感覚、そしてアンカーとなっている自分の呼吸、訪れては去っていくさまざまな体験を感じていきます。山は周りの天気が変化しても変わらずそこにあるように、あなたの身体や心も、思考、イメージ、身体感覚、衝動、感情が行ったり来たりする中でも、そこに安定してあります。安定している感覚、そして永続する山の自然に対して心を開いてみましょう。

日々の生活の中で，その日の瞬間瞬間への気づきを向けてみてください。そして，できるだけそれらを認識し，それらが揺れ動いたり，バランスをとることを受け止めます。快，不快，どちらでもない感覚のいずれの体験に対しても，できるだけそれと同じような態度を向けていきます。認識し，受け止め，そして，一日のすべての瞬間を，思いやりをもって包み込みます。

心のこもった応答性

喜びにしろ，悲しみにしろ，それらに触れた際，圧倒されたり何かを失ったような気持ちになったりするのは，出来事によってそうなるのではなく，その出来事に対して私たち自身が抵抗しようとするからである，ということをマインドフルネスでは繰り返し思い出すことになります。人生を振れ幅のない静かなものにしようとすればするほど，さらに苦しくなっていくのです。**「〜すべき」**，**「〜しなければならない」**，という言葉が出てきたときには，危険信号と考えてよいでしょう。そういったときというのは，今ここの体験から自分自身を切り離し，否認と拒絶の物語に入り込もうとしていると考えられるからです。

自分の生きている状況や条件の多くは私たちがコントロールできるものではありません。努力した分，必ず結果がついてくるという保証はないのです。天気をコントロールすることも，素敵な人たちばかり周りにいるようにすることも，良い出来事ばかり起こるようにすることもできません。しかし，私たちは自分たちの内面や外界に影響を与えることはできるのです。自分の注意を安定させて，反応へと自分たちを突き動かす（第5章）ような内面の状態に気づく力は，誰しもがもっています（例：疲労感，自分の考えへの没頭，せわしなさ等）。安定した注意力を

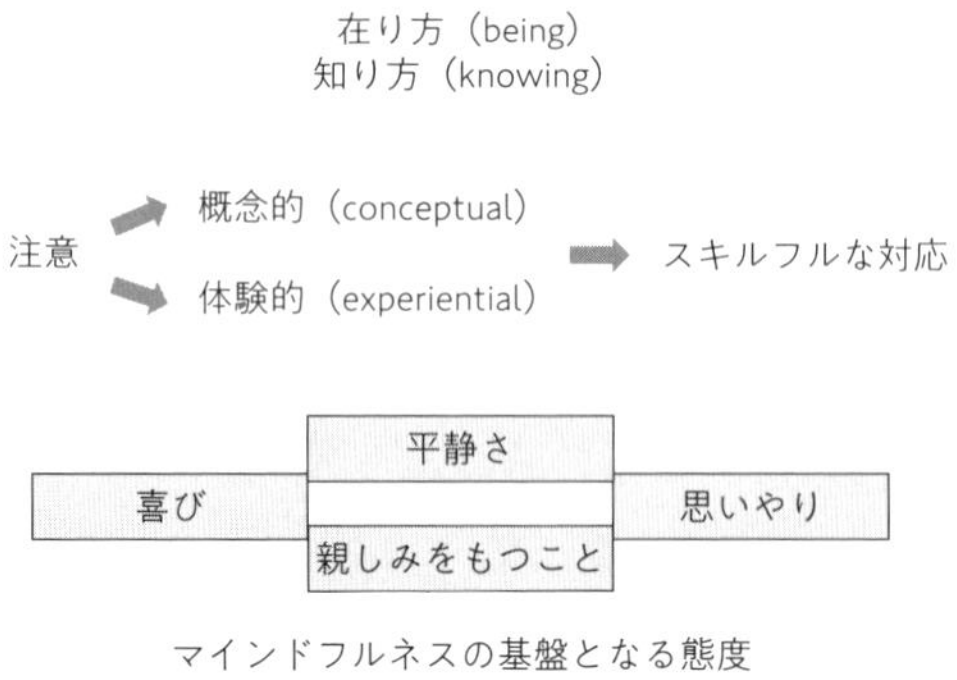

図7･1　マインドフルネスに基づくプログラムにおいて生じる、4つの態度に基づいた変容過程

培っていき、予測不可能な人生を生きていくための新しい方法を培い始めたら、困難に遭遇したときにも落ち着いて対峙することができ、スキルと現実検討力をもって困難に対して反応することができるでしょう（第6章）。マインドフルネスの4つの態度（親しみをもつこと、思いやり、喜び、平静さ）は、これらの変容が起こるための基盤となります（図7・1参照）。

ここでの重要な洞察は、マインドフルネスは、身体の平静さと静けさを確立するために、親しみをもった態度で、今ここの現実に戻ってくることを思い出させてくれる、ということです。そして、そのことが、バランス感覚と思いやりを保ちながら、困難とともに居るための力となります。そして、親しみをもった態度は、素敵なときだけでなく、困難の最中にあっても、充足感と喜びを見つけることを可能にします。

6　心の科学

親しみをもつこと、思いやり、喜び、平静さといった4つの基盤となる態度のうち、心理学的研究では、親しみをもつことと思いやりがもっとも注目されてきました。しかし、それらの理論的モデルと方法論の検証はまだ初期段階にあります。

一連の研究は、思いやりを定義し、実験していくことから始まりました。その際、以下のような基本的なリサーチクエスチョンが立てられました（Strauss et al., 2016）。「他の種と比べて、人間の思いやりはどのように構築されているのか」「思いやりと感情移入はどのように関係しているか」「自分への思いやりと他者への思いやりは同じか、異なるか」「どのような主要素が組み合わさり、思いやりが構築されるのか」。すでにこれまで見てきたような思いやりの過程や要素を考えると、思いやりの測定が難しいことは明らかです（Neff, 2003, 2016; Williams, Dalgleish, Karl, & Kuyken, 2014）。近年では、先駆的な研究者が自己記述式の方法（個人の主観的な説明）で思いやりを測ろうと試みています。また、観察者による測定（ある人の態度から他者がどのようなことを観察できるか）、そして、生物行動学的測定（例：Lumma, Kok, & Singer, 2015; Weng et al., 2013）なども行われています。

これらの基礎的研究のおかげで、研究者たちはさらなる重要な研究課題にたどり着きました。例えば、緊迫した状況においては、困難に対する最善の対応方法を考え出すために、感情移入、思いやり、評価、そして再評価といった要素が絶えず相互作用していることが明らかになりました（Kanske, Bockler, Trautwein, Lesemann, & Singer, 2016; Kanske, Bockler, Trautwein, & Singer, 2015）。私たちはストレスに気づき、それを観察し、さまざまな視点から理解していかなければなりません。また、思いやりをもって対応するべきタイミングを知ることも重要となります。

近年では、思いやりがよりよいメンタルヘルスやウェルビーイングと関連しているというエビデンスが多数出てきています（Krieger, Berger, & Holtforth, 2016; MacBeth & Gumley, 2012; Neff, Rude, & Kirkpatrick, 2007）。また、その他の重要な要素、例えば、感情調整（Engen & Singer, 2015）や良好な子育て（Mann et al., 2016; Psychogiou et al., 2016）などとの関連も示されています。思いやりが悩みに対する適応的な対応をもたらす、という実験的エビデンスも増加しています（Diedrich, Grant, Hofmann, Hiller, & Berking, 2014; Karl, Williams, Cardy, Kuyken, & Crane, 2018）。加えて、人の援助行動や向社会的行動と思いやりが関連しているというエビデンスも出てきつつあります（Bornemann, Kok,

Bockler, & Singer, 2016; Condon, Desbordes, Miller, & DeSteno, 2013; Leiberg, Klimecki, & Singer, 2011; McCall, Steinbeis, Ricard, & Singer, 2014; Weng et al., 2013）。また、思いやりによって、ストレス性の炎症が減少する、といったような身体症状との関連も示されています（Breines et al., 2014）。

思いやりの発達は、人の変化において重要な役割を担っていると考えられます。マインドフルネスに基づいたプログラムを通して思いやりを学び、思いやりの力が育まれることで、メンタルヘルスやウェルビーイングも増進されていくことになります（Birnie, Speca, & Carlson, 2010; Kuyken, Watkins, Holden, White, Taylor, et al., 2010; Shapiro, Astin, Bishop, & Cordova, 2005）。研究者たちは、ＭＢＳＲのような８週間のプログラムを成立させる構成要素の検証をし始めたばかりですが、すでに良い結果が報告されています。例えば、マインドフルネスのトレーニングの一つであるボディスキャンにおいては、長期間にわたり実施することで、身体への気づきがもたらされ、この気づきによって、自分自身を調整することが促されていきます（Bornemann, Herbert, Mehling, & Singer, 2015）。マインドフルネスにおいて「親しみをもつこと」の実践をすることで感情調整力が高まったり、楽にいられる感覚、喜び、他者とのつながり、そして責任感が強くなることも実証されています（Engen & Singer, 2015）。

このようにさまざまな研究がありますが、この研究領域はまだ発展途上です。リチャード・デビッドソン、ポール・ギルバート、オルガ・クリメッキ、アントワーヌ・ルッツ、クリスティン・ネフ、タニア・シンガー、クララ・ストラウスなどの研究者たちや、彼らが指導する学生たちが、現在、この領域の研究を進めているところです。関心のある方は、以下のレビュー論文や展望論文を参照ください（参照：Davidson & McEwen, 2012; Desbordes et al., 2015; Goetz, Keltner, & Simon-Thomas, 2010; Gu et al., 2015; Hofmann, Grossman, & Hinton, 2011; MacBeth & Gumley, 2012; Strauss et al., 2016）。

まとめ

栄養の摂取が身体の健康において必須であるのと同じように、親しみをもつこと、思いやり、喜び、平静さは、マインドフルネスを深めていくために必須な要素です。これらの4つの態度は、私たちの中のマインドフルネスの声に**耳を傾ける**ための基盤となります。そうすることで、やさしさ、思いやり、喜び、平静さに満ちた、マインドフルな心持ちですべての瞬間に立ち会うことができるようになるのです。また、このことは、衝動的な反応を鎮火し、自分たちの健康や周囲の人々の健康をサポートするような余裕を生み出します。これは、自分たちの意思や情熱、エネルギーを捨てる、という意味ではありません。むしろ、私たちの心のすべてを使った対応の仕方です。この方法は、私たちの新しい在り方であり、この在り方は、意義深く、喜びやりがいに満ち溢れた生き方へと私たちを導いてくれるといえるでしょう。

••• 注 •••

*1 私たちは**マインドフルネス実践**という言葉を好みます。なぜなら、それが、好奇心、思いやり、平静さ、忍耐といった態度が含まれた注意を培い、訓練し、育むような幅広い実践を教えてくれるからです。

*2 「近くにいる敵」は、親しくなることと間違えられがちではあるものの、実際には親しくなることとはほど遠いものを指します。「遠くにいる敵」はその対義語・反意語です。

*3 ダーウィンは、*sympathy* という言葉を用いていますが、これは、英語では、今日の私たちの理解するところの *compassion* の同義語のようです。

*4 多くの人々が、体験の相互関係において、このような形の感謝を指摘していますが、これにはティク・ナット・ハンとマーティン・ルーサー・キング・ジュニアも含まれます。

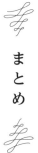

第8章

体現——自分の人生を望むように生きること

人間が求めているのは、十分に生きているという体験だと思います。その体験によって、純粋に物理的な次元にある私たちの生活体験が、もっとも内なる存在や現実と共鳴し、私たちは生きていることの無上の喜びを実感するのです。

——ジョーゼフ・キャンベル（Joseph Campbell, 1991）

ソフィアは、とても上機嫌で孫に会いに行った。数時間前に生まれたばかりのその子は、彼女にとって最初の孫だった。ところが、それから家に帰る途中、息子から電話がかかってきて、赤ちゃんが重病で集中治療室にいるというではないか。数年前に我が子を亡くした記憶が、あたかも今再び起こっているかのように溢れ返ってきて、ソフィアは吐き気がこみ上げてくるのを手に取るように感じた。ショックと心配とで胸が一杯になった彼女は、車の向きを変えて、病院へと引き返していった。やがてショックと吐き気を振り払うと、孫の治療のために我が身を捧げようと覚悟を決めたのだった。

次の一週間、彼女は毎日何時間も赤ちゃんのそばに坐って過ごした。「月並みですが、編み物を始めてみたんです（笑）。自分の孫のためにとベビー服づくりを始めたんですが、そのうちに、同じユニットの他の赤ちゃんにもつくってあげるようになって。そこで『ああ、自分のために何かをする時間なんだわ』と思って、帽子とスカーフもつくり始めました。自分でも物好きだなと思うんですけど、私はあの子と一緒にいて、編み物に夢中になるのが大好きなんです」

後になって彼女が語ったところによれば、そのユニットは聖なる空間へと変貌し始めたと言う。赤ちゃんたちは病気の重さのあまり泣くこともできず、あたりはしんと静まり返っていた。そこで看護師たちは、会話をするときは声を抑え、戸を閉めるときもできるだけ音を立てないという具合に、特別な思いやりと愛情とをもって赤ちゃんを世話するように努めた。ソフィアはふと、看護スタッフが体現した穏やかさ、つまり今この瞬間の対応性へと自分が引き込まれていることに気がついた。家族の悩みごとに心を込めて耳を傾けている彼らは、あらゆる悩みの最中に在って、穏やかな風格を備えていたのだ。ソフィアは自分もこれを体現できると知って、何時間も坐っては赤ちゃんの手を撫で、静かに歌い、ささやいた。そしてそれは、彼女が自分や愛する人々——息子とその妻、そして孫——に届けることのできる贈り物の中で、最上のものであることに思い至った。このように、彼女は類ない困難に見舞われながらも、しっかりとそこに在り、孫とともに活き活きとしていることができたのだ。孫の病気にまつわる不確実さや悩みを前にしても、しっかりとそこに在り、活き活きとしているようでさえあった。そのうちに、かつて赤ちゃんを失ったことに対しても、思いやりをもって向き合うことができるようになった。

体現（*embodiment*）という言葉は、私たちの内なる体験と外的世界とが響き合うさまを表しています。私たちはそのような状態にあって、「生きていることの無上の喜び」を感じるのです。辞書的には、体現とは、物事の性質を目に見えるように、あるいは手で触れられるように表現することであると定義されます。仏教心理学の観点では、倫理的でやさしさと思いやりのある態度をもって、今この瞬間に焦点を合わせていく中で、身体、心、願望、意図、および注意が一体になることを指します。そのようにして一体になったものが、語り、行為、選択、関係性へと変容することで、体現という像が結ばれるのです。生活の中に体現があれば、私たちの価値、理解、および思考・行為・会話・関係の仕方との間に切れ目はありません。マインドフルネス・トレーニングは、体現された人間であるとは真に何を意味するのかを理解するための第一歩です。その道のりでは、マインドフルネスが私たちの思考、語り、行動、関係性を吹き込んでくれます。マインドフルネスは、根源的な意味では、実践や技術を集積したものではありません。私たちが生活の中で、明晰さ、やさしさ、気楽さをもって、よりしっかりと自分自身や他者とともに在ることができるように導いてくれる光なのです。

マインドフルネス実践の道のりは、自分の生活に目覚め、心を集め、まとめることを学ぶプロセスです。それは反応性に気づく段階から、親しみやすさ、思いやり、バランス、喜びをもって生きることに対応する段階へと移行していくことです（第6章と第7章）。マインドフルであるための能力を探究すると、マインドフルネスと体現との間に直接的な関連があることが明らかになります。マインドフルネスはスキルや理論ないし意図を超えた、やさしさ、配慮、対応性をもってしっかりと存在するという在り方なのです。時々実践されるテクニックを超えた、好奇心と思いやりに満ちた生き方であり、見方なのです。マインドフルネスとは、私たちが自分の根源的な願望、意図、価値観、理解を反映した人生を送ることであり、体現された人間とはどういうものかを探究することなのです。

本章では、ソフィアの場合のように、初めての孫が集中治療室にいるという試練に見舞われても、変化というものが、いかにして今ここで十分に生きるための道のりになりえるかを説明します。体現に関する以下の5つの次元を探究し、体現されるとはどういうことなのかを見ていきましょう。

1. マインドフルネスと洞察とをもって身体に根ざしていること
2. 意図と態度を体現すること
3. 洞察と理解を体現すること

4. 体現された人間であること
5. そして、体現されたマインドフルネス講師になること

体現が試練となり、とても厄介になることもあるでしょう。私たちは、生活の中で、自分の価値観や意図、願望と、行為・会話・思考・感情・関係の仕方との間に不一致や食い違いを痛感することがあります。マインドフルに今を生きようと思って坐っていても、気づくと空想や将来に心がさまよっているかもしれません。私たちは、クライエントや患者に、やさしさと好奇心をもって困難な体験と出合うようにと助言しておきながら、帰宅するとパートナーに辛く当たったり、取り乱したりしていることに気づくことがあります。辛抱強く、対応的であろうと思って一日をスタートしても、電車が遅延したり、気難しい同僚を前にしたりすると反応性へと滑り落ちてしまっていることに気づくかもしれません。私たちはこのような不一致に直面すると、落胆したり批判的になったりして、マインドフルネスに**失敗**していると感じがちです。

物事が実際にどうあるかということと、どうあるべきであると心が信じ込んでいることの間で生じるこのような食い違いは、私たちが気づきや共感、思いやりのための能力を発達させることができる学びの場であることがわかります。

1 体現における「身体」

身体へのマインドフルネスは、体現の5つの次元の一つです。それは、悩みを終わらせるための直接的な方法です。身体へのマインドフルネスは、幼稚園から大学院までの教育を提供してくれます。標準的なマインドフルネ

ス・プログラムで最初に学ぶフォーマルな実践がボディスキャンなのは、このためです。教えの初期段階では、身体へのマインドフルネスがなければ、マインドフルネスはありえないことが伝えられます。私たちは、今この瞬間の気づきを自分自身でトレーニングをする道を歩み始めると、体現しているということがいかに稀であるかを痛感するようになります。例えば、通りを歩いているとき、心の中ではすでに目的地に到着しています。誰かと会話しているときは、相手の話に耳を傾けている一方で、どのように応答するかを考えています。食事中は空想に注意が奪われて、ほとんど味わうことができていません。田舎を歩いてきたのに、まるで明日の会議の計画を練るかのように考え事にふけっていたため、周囲の美しさにほとんど心を動かされなかったということもあります。

私たちの身体との関係は、あるときはとらわれ、あるときは解離し、またあるときは無関心なのです。身体を病んだり痛めたりしているとき、また老いたり弱ったりしているときには、自分がいかに自動的に身体にとらわれてしまうかがわかるでしょう。恐ろしい未来を思い描いたり、死から目を背けることができないと気づいたりすると、恐れや嫌悪といった反応が、私たちを反すうへと駆り立てます。私たちは文化を通して、見た目がその人の**人となり**を表すというメッセージを引き受けます。そして小さいうちから、自分の身体が自分や他者からどう見られているのかを基準にして、自分は価値があるのか、愛されるに値するのかを判断するようになります。先入観は、身体がどうある**べき**か、どう見える**べき**かについての絶え間ない不一致思考の形をとります。身体への先入観は、私たちを評価や頑張りへと駆り立てます。痛みを**治そう**としたり、身体を「こうあるべき」と考える在り方に落とし込もうとしたりして作戦を練っているときなどがそれに該当します。

虐待や慢性疼痛、依存症、疾患の経歴がある場合や、自分の身体に嫌悪感をもっている場合には、身体とともに居ることが困難です。困難な記憶、気分、苦痛を伴う思考に直面すると、当然のことながら、私たちは自分の心とともに在ることをためらってしまうものです。自分を無力だとか、価値がないとか、愛されるに値しないと見なしている人が、自分と友達になったり、自分に思いやりをもったりするのは困難でしょう。失望や喪失、もがき・あがきに満ちた人生を前にすると、事実としっかりとともに在るよりも、そこから逃げようとしてしまうものです。同じように、自動操縦に戻ると、体験に基づいて存在したり理解したりすることが困難になり、ありのままの事実とともにしっかりと在ることができなくなってしまいます。

ジェームズ・ジョイス（James Joyce, 1914/1996）は、著名な短編集『ダブリン市民』（*Dubliners*）の中で、いかにたくさんの人が自分の身体を意識せずに生活しているかを描いています。本書全体を通して論じてきたように、私たちが自分の感情や理性、身体から自分自身を遠ざけるための方法が数多く存在します。私たちは、身体や心が体験していることに自分が耐えられないと感じたとき、解離という手段に訴えます。私たちは思考、空想、計画、薬物乱用、感覚遮断によって、今この瞬間の体験から注意をそらすことがうまくなっていきます。心が構築した世界に安住し、生命体としての身体を避けるのです。虐待、依存症、身体的な病を体験した人にとっては、解離はしばしば、耐えられないものから心を保護するための、生存のメカニズムです。解離は、慢性的ないし極度の苦痛や病理に直面した場合でも同様に起こります。身体的苦痛に圧倒されるのではないかという恐怖に襲われると、逃走したり、麻痺や錯乱の中に慰めを得たりしようとする衝動が生じます。身体は何が何でも逃避しなければならない「敵」であると見なされることもあるでしょう。マインドフルで、一貫した人生を育む旅路では、解離という習慣は私たちの無力感と絶望感をさらに悪化させる衝動でしかないことを理解する必要があります。

身体は私たちの生涯の友です。若々しいとき、元気なとき、活力のあるときは付き合いやすいものですが、苦痛なときや病気のとき、死を前にしたときはとても厄介です。後者は私たちが自分の死の不可避性や傷つきやすさという現実に直面するときであり、身体や今この瞬間が恐ろしくて耐えがたいものに感じられ、逃げ出したいという思いが最高潮に達するときです。ジョン・カバットジン（Jon Kabat-Zinn, 1990）は次のように言っています。「パラシュートを編むべきなのは、飛行機から今まさに飛び降りようとしているときではありません」

マインドフルネスの学修者は、身体へのマインドフルネスを実践するとき、身体の愛おしい部分だけでなく、その傷つきやすさや弱さ、死の不可避性にも注意を向けます。ホスピスで長年働いたある看護師は、死を間近にした人々のお世話をするとはどういうことなのか、また多種多様な患者がその不可避性にどう向き合うのかについて話してくれました。彼によれば、「予想だにしなかった恵みと平和」を見出した人たちがいると言います。一方、否認や不安、コントロールのメカニズムといった、生活の中でよく実践されるパターンが日常的な反応になっている人もいました。彼は次のように言います。

私たちは医療スタッフとして死というものを受容しており、そのことをケアの対象となる人たちにも伝えたいと思っています。それでもやはり、あまりに多くの人たちが死を勝ち目のない戦いであると見なしているのを目にすることに、依然として驚かされます。私たちには、この瞬間に存在するものに思いやりと配慮をもって向き合えるように手助けすることしかできません。私たちが提供し、体現できるのはこれで全部ですが、それが何らかの変化をもたらしうると信じています。

身体から痛みや空腹、欲望、渇きといった強烈なメッセージが送られてこないとき、私たちはそれに対して無関心になりがちです。多忙、目標、将来のことに注意を奪われて日々を過ごし、身体の生活に気づくことはめったにありません。思考がもたらす興奮やドラマは、私たちを夢中にさせます。気分や物語に心を奪われていると、それらが身体に与える影響に気づくことはほとんどありません。私たちは身体を無視して、今この瞬間を無視することによって、過去や未来に向かって身を乗り出します。注意は外界に集中していて、自分を興奮させ、活き活きさせる刺激を探し求めています。身体の体験に対しては鈍感で、注意を向ける価値がないと感じています。マインドフルネスは、動揺、不安、解離の最中にあって、穏やかな身体、マインドフルな身体、敏感な身体を培い、それらとともに在る可能性を開くための代替案を示してくれます。

モハメドは、マインドフルネスストレス低減プログラムを開始するまで、何年もの間、慢性疼痛を抱えて過ごしていた。彼は、年がら年中ある痛みに圧倒されないように構築した解離のパターンから抜け出すために、加速度的に学びを得ていったことを話してくれた。睡眠と空想は主要な逃げ場になったが、一時的な救済しかもたらさなかった。彼は、恐怖の対象となった身体に注意を向けることが、いかに直感に反することかを力説してくれた。

ところが、それを実行してみると、彼は身体的な痛みの中に、あるいはその周りに、いかに多くの不安が潜んでいるかを痛感した。自分を鼓舞して、執念深く身体という風景を探索してみると、耳たぶや手のひら、足、顔など、痛みのない場所があること、手や顔にとても大きな感覚があることに気づいた。

そして、マインドフルネスによって痛みのない場所を前面に押し出すことで、痛みの最中も平静さをもった安らかな身体の中に休まることができることを理解するようになった。痛みはなくならなかったが、不安や恐怖はみるみる減少していった。彼によれば、痛みに焦点を合わせると、顔、肩、背中に緊張が生じ、痛みがさらに悪化すると言う。穏やかな身体は、彼がそれまで頼みとしていた空想や回避といったパターンよりも、はるかに頼もしい避難と憩いの場になったとも述べている。

マインドフルネスについてのいにしえの教えも、現代の教えも、しっかりと身体とともに居ないときには、今この瞬間や生活にしっかりと在ることはめったにないことを示唆しています。いにしえの教えも現代の教えも、マインドフルネスが身体から始めることを基本としているのは、驚くべきことではありません。また、私たちは自分の身体から切り離されていると、人生のもっとも深い教訓のいくつかを理解することができません。それは身体へのマインドフルネスが与えてくれるものだからです。サティパッターナ・スッタ（*Satipatthana* discourse　念処経）は、「立っているか坐っているか、歩いているか横になっているか、動いているか静止しているかにかかわらず、身体にマインドフルネスを在らしめなさい。これこそ、この世でもっとも尊い生き方なのです」（Bhikkhu Anālayo, 2003）と勧めています。この誘いを探求することは、衝動、習慣、悩みの支配から自分自身を解き放つための第一歩です。

身体は常に今この瞬間の体験です。身体へのマインドフルネスは、不一致思考を終わらせるための最初のステップです。というのも、身体へのマインドフルネスは、私たちが**在るべき**と思っているようにではなく、今この瞬間に**在る**身体に出合うことを学ぶのに役立つからです。身体へのマインドフルネスを発達させることは、自動性、無関心、反応性ではなく、好奇心、親しみやすさ、感受性、配慮、対応性を発達させることです。身体に対してマインドフルになると、私たちは理性、感情、身体的な体験が絶えず交流し、信号を出し合い、互いを形作るやり方をたくさん発見するようになります。平静さやウェルビーイング、やさしさといったメッセージが身体に刻まれるように、倦怠や悲しみ、怒りといったメッセージも身体に刻み込まれます。身体にマインドフルな気づきを向けなければ、理性・感情・身体間の交流は閉鎖的な循環にはまり込み、悩みがますます強まってしまいます。心と身体は、一方が苦しめばもう一方がそれに同調するというように、永続的に密接に融合した状態にあり、強く結ばれているのです。

意図的に自分の身体に在ることができるようになれば、心や身体、今この瞬間の体験を統合できるようになり、変化や死の不可避性といった現実を受け入れる勇気が芽生え始めます。身体は絶えず変化するという事実に注意が敏感になればなるほど、そうした変化をコントロールすることがいかに困難かがわかってきて、予測不可能なことを受け入れることができるようになります。身体に安定して在ることがよりできるようになってくると、思考や反すうの世界にさまよってしまうことは少なくなります。身体に在ることがよりしっかりとできるようになればなるほど、ますます誠心誠意学んだり、見たり、聞いたり、触れたり、感じたりするようになり、感覚的印象の世界をより深く理解するための感覚の扉になります。痛みは恐れたり回避したりするものではなく、思いやりをもって出合うことができるという気づきが起こるのです。意図的に身体とともに在れば、渇望や反応性といった習慣は落ち着いていくことに気づきます。

マインドフルネスについてのいにしえの教えも、現代の教えも、**自己**という感覚を身体的な体験の中で分散させて、私たちに**身体を身体として知る**ようにと促しています。それは解離のメカニズムをより精緻化したものではありません。そうではなく、自分の身体との間で、注意深く、好奇心があり、やさしく、思いやり（**自己**や概念的理解が**邪魔をする**と消えてしまうような性質）のある関係を確立するための直接的な方法なのです。

ここで重要な洞察は、マインドフルに、自分の身体に居るとき、身体の変動がわかるようになるだけでなく、思いやりと配慮に値するあらゆる身体――傷つきやすく、移ろいやすく、はかない――の普遍的な物語もわかるようになるということです。マインドフルネスから学べるものはすべて、身体へのマインドフルネスを通して学ぶことができます。

2　態度と意図の体現

体現の第二の次元は、態度と意図の体現です。マインドフルネスは明確な倫理的・態度的基礎の上に成り立っています。「今この瞬間に私と他者のウェルビーイングを支えるものは何だろうか？」「今この瞬間に必要なものは何だろうか？」「私は感受性が高く、親しみと思いやりがあり、配慮に満ちた態度を示すことができるだろうか？」――こうした倫理や態度についての基礎は、マインドフルネスに変容の力を与えてくれます。

8週間のマインドフルネス・プログラムが終わる頃になって、参加者が初めてやさしさについての変容のレッスンを学ぶことがあります。講師や他の参加者に、評価されることなく、感受性と思いやりをもって、話を十分に聴いてもらえると、それをお手本にして、自分自身に対しても同じように耳を傾けることができるようになります。マインドフルネスの土台となる心理的・情緒的態度は、いにしえの教えか現代の教えかを問わず、人生や自分自身との関係に根本的な変化をもたらします。それは、人生に深み、豊かさ、意味を与えてくれる態度です。私たちは今、他者との関係や自分自身においてそれらを体現していく必要があります。

カバットジン（Kabat-Zinn, 1990）は、その著作の中で、マインドフルネスを理解するのに不可欠な態度的基礎を強調しています。評価しないこと、辛抱強くあること、初心であること、頑張りすぎないこと、受容すること、手放すこと、そして意図的であること——これらはすべてマインドフルネス実践の側面です。私たちは、今この瞬間の体験を嫌悪感に基づいて判断するのではなく、歓迎することを学びます。嫌悪的な評価が食い違い・不一致思考の徴候になっているさまざまな在り方を理解し始めます。評価は、友好的な好奇心を意識的に育むことによって鎮めることができます。マインドフルネスを実践する人は、忍耐というものの奥深さを理解して、この旅路に必要な実践を始めます。マインドフルネスは苦痛に対する**その場しのぎの解決策**ではなく、生涯にわたって行う旅なのです。私たちはさらに、忍耐力のなさとは、嫌悪が別の形をとって現れたものであると感じ始めます。それは、健康で安心でいられるために、何かが取り去られるべきだという要求の形をとっています。マインドフルネスが深化していくにつれて、私たちは、不完全さの最中に**ウェルネス**のための能力を発見するようになります。前章で探求したやさしさ、思いやり、喜び、平静さの本質を体現するようになるのです。

このようなマインドフルネスの旅を通じて、私たちは、思考、注意散漫さ、反応性が繰り返されることに絶望するのではなく、瞬間ごとに**新しく始める**ことの重要性を学びます。それは、生涯にわたる努力の旅路です。マインドフルネスを実践している人は、今ここにいようとしないで**別のどこかに行こうとしたり**、今この瞬間の自分とは**別の誰かになろうとしたり**するのは、失敗に関連したあらゆる悩みをつくり出す調理法のようなものであることを知っています。頑張りすぎないというのは、しっかりとここに在るために必要な努力を手放すという意味ではありません。平安やウェルビーイングはどこか別の場所にあると告げるイデオロギーを放棄することです。受容とは、消極的であったり、**あきらめたりする**ことではありません。苦しみや逆境に直面しても、自分自身やこの瞬間と積極的に出合うことであり、私たちを苦しみや逆境に縛りつけている嫌悪や恐れを手放すことです。ここから、変容のプロセスが始まるのです。

マインドフルネスの構造に織り込まれた性質や態度は、こればかりではありません。好奇心、やさしさ、思いやり、共感、それに無条件の積極的な敬意や関心は、人を変容させる力のあるマインドフルネスに欠くことのできない基礎をなしています。これらの性質は、苦悶や苦しみの創造・再生と深く結びついた感情的習慣を打破するのを助けてくれます。そのような性質を体現する過程は直線的には進みませんが、マインドフルネスを学べば、それらの性質がどんなときに存在し、どんなときは存在しないのかを見分けることができるようになります。そうすることで、態度的基礎を今この瞬間の体験の中に呼び起こす巧みさを発達させ、それらを体現するようになるのです。

今この瞬間の体験にマインドフルになればなるほど、私たちはどんな瞬間でも、語りや身振り、心理状態、思考を通じて、何ごとかを体現していることが明瞭になります。私たちは怒りや混乱、動揺、退屈、恐れを体現することもできれば、落ち着きや感受性、配慮、思いやりを体現することもできます。すべては意図によって生じるのです。私たちの生活は、意識していようといまいと、スキルフルであろうがなかろうが、その瞬間の意図を表現しています。意図は、過去・現在・未来の体験をつなぐ架け橋です。次のような格言があります――「自分の過去を知りたければ、自分の今の心を見つめなさい。将来が知りたければ、自分の今の心を見つめなさい」。意図は気分と情動とに左右されますが、その中には役立つものもあれば、役立たないものもあります。意図は行為や語り、思考、選択の中に反映され、私たちの今この瞬間の体験を強固に形作ります。

私たちの思考や行為、語り、選択はでたらめに生じているのではなく、心の習慣や自己観から発しています。意図は私たちの身体や心や瞬間的な世界を形作っているのです。そのため、意図という概念は、マインドフルネス実践の根幹となるものです。例えば、一歩立ち止まって、今自分の身体を形作っている意図や態度――焦っているのか落ち着いているのか、退屈しているのか興奮しているのか、落ち着かないのか安心しているのか――に自分がどれだけ気づいているのかを探ってみることができます。昼食に出かけるときや、帰宅するとき、どんな風にパートナーに話しかけているのか、渋滞の中でどんな姿勢で坐っているのか、時間の使い方をどのように決めているのか――これらを形作る意図に気づいていますか？　マインドフルであるとは、一瞬一瞬に気づくことです。意図に気づけば、選択ができるようになります。マインドフルネスの基礎的態度は、意図を通じて語りや思考、行為に変容します。

どんなものでも栄養を与えれば成長するというのが人生における基本原理です。継続して実践すれば、役立つものであれ役立たないものであれ、習慣的なものであれ対応性であれ、上達していくことでしょう。体現はマインドフルネスがもっとも目指しているものの一つです。マインドフルネスは今この瞬間に育成することであるというのはもちろんですが、同時にそれは方向性をもっています。私たちは、いくつかの重要な意図を吸収し、取り入れることを学んでいます。苦しみを終わらせたり、自己実現を遂げて理性や感情を豊かにしたり、マインドフルな生活を送ったりすることを学んでいるのです。私たちが住んでいる体験世界は、ランダムでもなければ、偶発的な世界でもありません。自分が置かれる状況や出来事を常にコントロールできるわけではありませんが、その世界に意図的に対応することはできます。意図は、今この瞬間の体験を形作り、思考、語り、行為を形作るのです。

私たちは、人生体験を通して、不満や嫌悪、混乱といった無意識的な意図が悩みをますます強めることがあることを知っています。このことにマインドフルな注意を向ければ、やさしさや好奇心、思いやりといった意識的な意図をもってこのようなパターンに向き合うことができることがわかります。マインドフルネスと習慣は共存しえないこと、そして無意識的な意図と意識的な意図は共存しえないことが明らかになります。このことは、実験してみることができます。靴ひもを習慣的に結びながら、**同時に**それをマインドフルに行ってみてください。同時に習慣的でかつマインドフルに道を歩いたり、話したりできるかどうか、探ってみましょう。マインドフルネスを実践することによって、私たちはその時々に育む態度——思考や語り、行為の中にますます体現される態度——を意識的に選択することが可能になります。やさしさや思いやり、共感、感受性の豊かさといったものは、マインドフルネスの実践、態度、意図の構造に組み込まれており、したがって今この瞬間においてのみ育まれるのです。

サムがどん底の生活を経て、依存症のリハビリテーション・ユニットから退院したとき、依存症から回復するためには、何年もかけて変容しなければならなかった。早い段階から、12のステップから成るミーティングと身元引受人が彼の回復にとっての主なサポート資源になった。ミーティングは思いやりのある人間的な場だった。彼の身元引受人は自らも依存症の治療を受けており、回復を体現した人だった。その人は、動揺、渇望、および懸念される再発の瞬間は、忍耐し、親しみ、共感する必要があることを知っていた。このことは、依存症のためのマインドフルネス・プログラムでは「渇望の波をサーフィンすること」と呼ばれており、ピークに達すると途方もなく強大に感じられるが、最終的にはその力を失う（Bowen & Vieten, 2012）。

しばらくの間、身元引受人と一緒に浜辺を歩きながら、サムはこれらの態度を自身の動揺やネガティブな自己観、渇望、衝動性に適用することを学んでいった。刺激と反応とのあいだに間《ま》が広がっていくにつれて、彼は「この瞬間に必要なものは何か」と自問できるようになった。

サムはランニングを始めた。

「ランニングは自分の感情を解放できる唯一の時間でした。他の時間はそれらと一緒にいなければなりませんでしたが、1時間は走ることができました。その1時間はちょうど、押しひしがれてずっと泣いているような時間でした。私は以前、運動とは、何か恐ろしいことが起きないようにと、必要に駆られて行うものだと思っていました（笑）。けれども、今では自分に対してずっとやさしくいられて、実際に身体的に本当に疲れているのだと思います。負荷の大きいランニングをしたからです。それで良いんです。運動に対する強迫観念は減っています（笑）」

サムは音楽をかけないで走るようになった。

「走っているときは、自分の身体のことや、今何が起こっているのかを考えています。ですから、私はいたずらに走っているのではありません。すべてを受け入れて、ランニングを真に楽しんでいるんです」

マインドフルネス・プログラムの後、サムはヨガのクラスを見つけ、マインドフルムーブメントを続けた。

「自分の身体にあるものをより深く見つめるのに役立っています。おわかりでしょうか。それは、そこにあるんです」

12ステップから成る定期的なミーティングは、振り返りのための沈黙の時間から始まった。彼は早くからこの時間を利用して、依存症の症状に襲われたときの恐怖を思い出し、「二度とあのどん底に引き戻さないでください」ということを意図した。回復までの数年を経て、サムはこの時間の変容に気づいた。そして、「私の身元引受人のような、回復のずっと先を歩んでいる人たちのように、友情や安らぎや愛情の伴った有意義な人生を楽しめるようにしてください」という新しい意図が生まれた。彼は、この意図を体現するために、以前から治療を受けていた他の人たちの身元引受人を買って出るようになった。自分が助けてもらっていたように、他人を手助けするようになったのだ。こうして、サムは有意義な生活を送るという意図と、好奇心をもち、感性豊かな、自他双方を思いやる態度を培った。その後、彼は依存症カウンセラーとしての訓練を受けた。「以前よりも生きているという実感を強くもっています。私の感情はもう『平板な』ものではありません。ビルを破壊する鉄球のように両極端に揺れ動くのではなく、健常な人と同じように、悲しんだり、怒ったり、落ち着いたりすることができます。愛ある普通の生活を再び手に入れることができたのです」

ここで重要な洞察は、マインドフルな生活とは、私たちが強く欲している安らぎや平安、対応性のための基礎を育む意図的な生活であるということです。やさしさ、思いやり、喜び、落ち着きは、努力して獲得すべき遥か遠くにある目標ではなく、私たちの体験を彩り、形作っている、今この瞬間の態度なのです。意図はあらゆるマインドフルネス実践の根幹であり、意図によってマインドフルネスの基礎的態度は語り、思考、行為へと変容するのです。

3　洞察の体現

体現の第三の次元は、洞察の体現です。多くの人々が、忙しく生活を送る中で、自動操縦的に反応する世界に住んでいます。そこは、悩みと苦しみが煮え立つ大釜です。マインドフルネスを学ぶ旅の最初の通過点は、このことを認識し、どのようにして苦悩や苦しみが生み出されるのかをより深く理解することです。こうした瞬間にマインドフルに対応するのを学ぶことは主要な通過点です。というのも、それによって、体験と生活の両面で可能性の新しいレパートリーが広がるからです。このことが理解されると、明確な意図に基づいて多様な選択を行い、そこからしかるべき結果を得ることができるようになります。さまざまな対応ができるだけでなく、全く新しい対応のレパートリーが利用できるようになるのです。

マインドフルネスは、私たちが同じ反応パターンにはまり込んでしまう瞬間をあぶり出し、私たちを気づきへと導いてくれます。マインドフルネスを実践する人は、このようなお馴染みのパターンに気づくと、それを迂回し、やがて新しい対応のレパートリーを広げることができるようになります。それは、無力感と絶望から抜け出して、渇望や習慣の中にあっても賢明な選択をできるようになるための、習慣から体現に至る旅です。同時に、概念的な理解を生活に取り入れるための旅であり、獲得された洞察を体現して、概念的知識と体験的知識とを統合することでもあります。

マインドフルネス・トレーニングを始める人は、ほとんどが自分についてかなり豊かな知識をもっています。この種の知識は、人生体験から教訓を得たり、苦しみや苦痛を引き起こす思考や行動のパターンに精通したりする中で蓄積されるものです。私たちは無常というものを知っています。人生を通して、変化という抗えない性質のものがあることを学んでいます。それはあるときは歓迎され、あるときは歓迎されないものです。変化は常に存在しており、月日や人生の移り変わりの中に反映されています。私たちは、自分が人生を止めることはできないと知っています。身体、思考、気分、自分を取り巻くものすべてが刻々と変化しているのを感じています。喪失とはどんなものか、思い描くことができます。もはや自分の生活の一部ではなくなってしまった愛しい人、友人ではなくなってしまったかつての友人、役割や地位、関係性の喪失――喪失の悲しみは、私たちすべてに影響します。私たちは物事の不確実さや不安定さ、世界があらゆる仕方で一瞬にして崩壊しうることを知っています。状況をコントロールできず、変化し続ける世界では、永久の安定を見出すことはできないことを知っています。身体的・情緒的・心理的な痛みを知っており、自分は傷つきやすく関係性の中を生きる存在であって、人生の苦悩という尺度から漏れることはできないことを知っています。渇望や恐れ、嫌悪に支配された人生からは、たった一つの結果――情緒的・心理的苦痛、防衛、悪意――しか得られないことを知っています。それは、私たちが何度も逃げてきた反応パターンです。私たちがそれを握りしめ、しがみつくと、動揺や萎縮にしかつながらないことを知っています。

私たちはまた、人生には寛大さ、やさしさ、思いやりの力があることも知っています。私たちは他人のやさしさと寛大さとに感銘を受け、やさしさと配慮を示しながら他人の人生に触れるということもしてきました。人生でもっとも困難なとき、私たちを支えてくれるのは助言や戦略ではなく、愛です。

しかし、どんな人でも、マインドフルネスの旅路のある地点で、自分が理解していることと、自分の生き方や話し方、考え方、行為の仕方とのあいだにギャップがあることに気づきます。それは道中における最大の難関であり、私たちを評価や絶望へと簡単に招き入れるものです。しかし、同時にそれは実践的な学びの場でもあります。そこで体現への道を**少しずつ前進する**ことを学ぶのです。私たちは、それを忘れさせるのは何かという困難な自問を始めます。倦怠感や多忙、サポートの欠如など、回答はたくさん出てくるかもしれませんが、それらの多くは、自己不信と心の習慣というパターンに落とし込めるかもしれません。実践を粘り強く続けていくにつれてマインドフルネスの学修者が体験する、もっとも根本的な変化の一つは、無力感から有能感への、自己不信から自信への変化であることが明らかになります。知識が実感を伴った理解に変化するにつれて、私たちは知識に照らして生きるようになります。この実感を伴った理解こそ、私たちの思考や行為、語り、今この瞬間の体験に関わる方法の基礎になるものです。

慣れ親しんだ反すう的な思考パターンが顔を出したり、自己批判の声がしつこく聞こえてきたり、不安や嫌悪の習慣が現れたりすることがあります。しかし、マインドフルネスを実践すれば、思考は**事実**ではなく、自分が何であるかを規定するわけではないという新しい眼差しで、反すう的な思考を見据えることができることに気づきます。その瞬間に、別の道を歩む可能性が開かれます。苦悩を終わらせる道は、苦痛が生じた瞬間にこそ選び取ることができるということがはっきりとわかっています。マインドフルネスは、私たちが注意をどこに向けるか、どのように向けるかを選択する自由を与えてくれます。自信と洞察が深まり、それらを使うことができるようになると、健康を害する破滅的な習慣にとらわれるのではなく、ウェルビーイングを維持してくれることが明らかなものに照らして、生きる道を選ぶことができるのです。

ここでの重要な洞察は、マインドフルネスを実践して探究的な生活を送ることで、変化のための道筋が内面化されるということです。視点が新しく更新されると、よりマインドフルで体現された人生を送ることが可能になります。

4 体現した人間であること

体現の第四の次元は、体現した人間とは何を意味するのかということです。それは、私たち一人一人が忍耐と内外の体験への思いやりとを携えて歩むべき、つづら折りの旅路です。この旅は、8週間のマインドフルネス・プログラムが幕を開け、見知らぬ人同士が一つの部屋に集まったときから始まります。一人一人の物語や歴史は大きく異なっていますが、悩みを抱えていること、その悩みを解消する方法を見つけようとしていること、そして幸福と心地よい生活を求めていることは共通しています。8週間のプログラムを通して、彼らは自分の心と身体、およびそれらの長所と短所に精通するようになり、またグループの他の人たちも自分と同じ学びを得ているのを発見します。これは多くの人にとっては馴染みのない学びであり、一風変わった学習方法です。8週間のプログラムで、参加者は自分のもっとも深刻な弱さと、オープンな態度でともに在ろうとしている自分を発見します。

マインドフルネス・トレーニングに参加する人は、往々にして、体現した人間でありたいという漠然とした想いを抱いてやってきます。今この瞬間に根を張ること、覚醒していること、創造的であること、食い違いと解離がもたらす悩みから解放されることを切望しています。マインドフルネス・トレーニングは、一つには、不調和から体現への旅と見なすことができます。この旅路は安全な一本道ではありません。失念したり、慣れ親しんだ反応パターンが再発したりする瞬間がいくつもあります。それでも参加者は、評価や批判の矢が再びやってくるのを抑えることを何度も学びます。同時に、体現の瞬間がもたらす幸福を享受するようにもなります。それは、自分の根源的な願望と意図が調和したり、内外の世界と交流する方法を真に感じ取るときです。マインドフルネスは、はじめのうちこそ少々骨の折れる作業として体験されることが多いものの、次第にバランスや対応性、活き活きとした感覚といった望ましいものを提供してくれるようになります。

やさしさと思いやりは、私たちの思考、言葉、行為を真に支えてくれるものです。私たちは、もっとしっかりと身体とともに在るようになればなるほど、覚醒した対応性の高い生活（すなわち、より体現された生活）を送ることができることを発見します。習慣にとらわれずに、瞬間瞬間への対応を選択できる心理的・情緒的プロセスへの関心が高まっています。私たちは、マインドフルネスはそれ自体が目的なのではなく、理解と変容へと至る開かれた扉であることを体験的に知っています。

5 マインドフルネスを体現する講師

教師のもっとも重要な技芸《アート》は、創造と知識の中に喜びを喚起することである

——アルバート・アインシュタイン（Albert Einstein, 1956/1999）

マインドフルネスの講師には、コースの参加者が学ぶ環境を、安全で包容力のあるものにする責任があります。マインドフルネス・トレーニングに取りかかる人は、例外なく、講師を頼みとして、やさしさや好奇心、思いやりをもってマインドフルに在るとはどういうことかの手がかりを得ようとします。クライエントが自分やグループ内の他者との関係性をどのように学ぶかは、主として講師がどのように在るかにかかっています。在るということ（presence）とは、ボディランゲージ、声のトーン、講師が用いる言葉、および傾聴や受容や温かさの能力を指します。コースの参加者は、講師が自分の示している教えを体現することを期待しています。これは、多くのマインドフルネス講師にとっては、途方もなく、時として威圧的ともいえる期待です。しかし、自らが提供している教えを体現する能力は、グループがどのように発展し、深化していくかに大きく影響します。

マインドフルネス・プログラムを提供すると、講師は、自らもマインドフルネスの学修者であり続けなければならないことにすぐに気がつきます。参加者の学びを促進するには、持続的で共感的な注意を体現しなければなりません。他の学修者がこの上ない恐怖と向き合う話をしているのが何となく気に入らないとつぶやく学修者にも、等しく敬意を払う必要があります。マインドフルネスの講師には、受容や温かさを体現して、どんな体験も選り好みせず迎え入れることや、清濁併せ呑むことが求められます。クライエントが自ら培おうとしている好奇心を、講師がクライエントの体験の中に体現することが求められます。講師は、セッション中に自らが体現している、人間的な温かさや好奇心、歓迎といったものを通して、やさしさのトーンを調節します。インクワイアリのセッションでは、悲しみや怒り、絶望、抵抗といったものが現れることがあります。そんなとき、じたばたもがいたり評価したり、悩みを個人的なこととしてとらえたりすることなく、幾重にも積み重なった痛みと向き合えるように、バランスを体現するのが講師の務めです。プログラムに参加した人は、記憶に残っているのは教室で何が言われたかではなく、それがいかに言われたのか、いかに思いやりをもって迎えられたかであると報告しています。

誰もがそうであるように、マインドフルネスを実践していく中で、私（ウィレム・カイケン）は時折、焦り、落ち着きなさ、倦怠感、動揺に見舞われた。一度瞑想を始めると、父の末期、妻が長女を妊娠したとき、大西洋横断を企てたときへと遡っていた。私の心はせわしない激流のようだった。瞑想を指導していたマインドフルネス講師に訊ねると、その人は次のように言って私を驚かせ、また安心させてくれた。

「もしかすると、ここは今、あなたのための場所ではないのかもしれません。家にいて、他にやるべきことをやったほうが良いかもしれません」

彼女は凛とした、しかし配慮に満ちた調子でそう言った。そういう言い方だったからこそ、私はその言葉をしっかりと聞いて、それを激流を渡る船に積み込むことができたのだった。私がせわしない激流を見定め、必要なことを実践できたのは、その瞬間だった。

この教訓を通して、私はマインドフルネスの講師として、他人が動揺や疑惑、怒りといった困難にたくさん出合ったとき、同じようにして落ち着きを体現できるようになった。私はあるクライエントを覚えている。リンと同じで、ボディスキャンで強い嫌悪感を覚えた彼女は、教室から追い出されるのを望んでいるようだった。実践に関するインクワイアリの時間に、彼女の身振りから何が起こっているのかを察することができた。私は足をしっかりと床につけ、ぴんと背筋を伸ばして威厳ある姿勢を保つように努めた。つまり、体現した状態であろうとしたのだ。彼女が自分の体験を話している間、私はその話を聞いて、不安になってそれを正そうとする気持ちが起こっている一方で、自分の身体の中にそれと共鳴する部分があるのを感じた。私が呼吸と身体にアンカーを置くことによって、彼女が自分の身体の中に存在できる場所を見つけるのを助けることができた。彼女にとって、それはつま先だった。こうして、彼女は嫌悪感のワークに取りかかるための焦点を得ることができたのだった。


やさしさ、思いやり、共感、温かさ、注意深さ、そして関心を意図的に湧き起こすことは、不可能とまでは言わないにしても、難しいものです。マインドフルネスの講師は、実践について学び、自身の弱さを理解していく中で、このことを知るようになります。マインドフルネスを教えるための訓練をしている人は、自分が2つの旅を同時に歩んでいることをいつも意識しているわけではありません。私たちは、教えるための技術を学んでいるだけではなく、内面への旅にも乗り出しているのであり、そこで自分の身体、情動、気分、思考と睦まじく一緒にいることを学んでいるのです。

マインドフルネス・プログラムの土台となる理論を学ぶことはできますし、プログラムを教える手続きを技術として学ぶことも可能ですが、まだそれだけではマインドフルであるとはいえません。セラピストや講師が、プログラムに参加しているクライエントと信頼関係や思いやりを確立することが可能になるのは、共感的な注意を維持する能力によってです。それは、私たちが実践について自ら学ぶ中で培っていくものです。体現されたマインドフルネスの講師は、自分の弱さと不完全さに出合い、それらを理解し受容することによって、セルフ・コンパッションを学んでいます。彼らは、自分に対して以前よりも受容的になっており、批判したり評価したりしません。このような基本的な学びを通して、クライエントを、あらゆる強さと弱さを兼ね備えた、可変的な人間として全体的にとらえることができるようになります。このことは、クライエントの病態のみに着目し、病気を治したり、修復したり、修正したりするモデルとは全く異なっています。個人的な実践と成長を経て、私たちはマインドフルネスの講師として、結果への執着を手放すことを学びます。そうすれば、クライエントや患者に、忍耐することや努力しないことを伝えることができます。悩みを生み出す一見手に負えないようなパターンの最中に存在することができるためには、これらの能力が不可欠です。

マインドフルネスの実践が重視するのは、困難な今この瞬間の体験の中で注意を維持する能力だけではありません。注意が**どのような**ものなのかということも等しく重要です。温かさ、関心、やさしさは、あらゆるマインドフルネスの発達に欠かせない基礎を形成します。クライエントがこれらの本質的要素を体験することはめったにありません。彼らにとっては批判や価値判断、恥といった状況の方が遥かになじみ深いのです。体現されたマインドフルネスの講師は、クライエントや学修者が**安心できる**学習環境を生み出すことを学んでいます。それは、評価される心配なく、もっとも困難な感情を表現できると感じられる場です。クライエントや患者は、講師から、そのような感情にも受容、配慮、思いやりをもって出合うことができることを学びます。

大抵のマインドフルネスの講師は、学修者に提供している助言や指導が、自分のライフスタイルと矛盾していることを痛感するものです。**詐欺師**のように感じられることも珍しくありません。マインドフルネスの講師には、人生の中で、そのような矛盾は解消できることを悟る瞬間が必ずやってきます。それは、自分の実践との付き合い方を見直して、セルフ・コンパッションや落ち着きを深める契機になるかもしれません。マインドフルネスの講師は、セッション中に現れる痛みや悩みに出合い、耐えるためには、内面の静けさや落ち着き、バランスにアクセスする必要があることを知っています。体現は生易しいことではありませんが、だからこそ、マインドフルネスの講師は、自分と学修者のウェルビーイングが保たれるように、自らも学修者であり続けようとするのです。

　体現は、マインドフルネスを実践するすべての講師や学修者に、同じように映るわけではありません。体現は人為的に成るものではなく、唯一のテンプレートといったものは存在しません。教室の中で学ぶのではなく、私たち一人一人が自らのマインドフルネス実践と生活体験の中で学ぶものです。マインドフルネスの講師は皆、尊敬する先輩講師の教え方を真似ようとはせず、自分なりの言葉やコミュニケーションの方法を見つけていきます。多種多様な状況で、マインドフルネスの講師がプログラムを提供しています。学校で10代の子どもたちに提供されるマインドフルネスコースは、がん治療を受けている人に向けた、クリニックで提供されるコースとは異なって見えることでしょう。うつ病の再発を体験したクライエントに提供されるプログラムは、ストレスに対処する管理職に提供されるプログラムとは異なったものになります。あるマインドフルネス・プログラムでは講師が包括的な指導を提供するのに対し、別のプログラムでは、沈黙や静寂の時間が多く設けられています。マインドフルネスは多様な趣きがあり、表現の仕方もさまざまです。しかし、どんな状況で教えるにせよ、根幹になるのは講師の体現です。どのような状況で、どのように現れるかはさまざまですが、講師は自らの人生で実践してきた体験からマインドフルネスのカリキュラムを教えます。

　適応性は、マインドフルネス講師の優れた技芸《アート》の一つです。それは今この瞬間の対応性に根ざしています。多様な状況にあって何が必要で何が有益かという認識は、講師の自信や傾聴の技能から生じます。同時に、自分自身を「正しい」道とか「正しい」モデルなどと見なしていては、そのような認識は生じません。講師が出会うクライエントグループ全体に通用する意図は、やさしさと配慮、そして思いやりです。効果的なマインドフルネス講師であるということは、体験に立脚して、自分の内面に真実を見出すことなのです。

マインドフルネス・プログラムは、今やかつてないほど幅広い状況で教えられているため、デザインされたプログラムの画一性を維持することと、同じプログラムを多様な参加者に適応することとの間に葛藤が生じています。例えば、ある講師は、プログラムで用いられている言葉は、彼女が教えた南アフリカの居住者には馴染みがなかったと述べています。ロンドンの都心部の人たちに実施している講師は、プログラムを若いクライエントに役立てようとすれば、ラップミュージックにする必要があると言っています。学校のプログラムとして行うマインドフルネスでは、参加者の年齢層に合わせて、教示に用いる言葉や、プログラムの構造を調整します。マインドフルネスの講師は、グループに参加しているクライエントにとって馴染みがなく、とっつきにくい教示のモデルを持ち込まなくてはならないとは思っていません。代わりに、対象者の文化的・社会的・民族的ルーツに自分のほうを適合させることが必要であると理解しています。マインドフルネス・プログラムの画一性を保ちつつ、多様なグループに適用するための議論は、今日、発展途上にあります。

私たちは、講師として、自分の世界観や人生体験、価値観がトレーニングの参加者と同じであるとは決して思ってはいません。私たちは、そのことを疑いえないほど標準化された特権的立場から教えているのかもしれません。マインドフルネスの学修者は、2つの流れに向かって泳いでいる可能性があります。一つは、悩みや抑うつ、自尊心の欠如、不安に関する体験の流れです。もう一つは、不利な状況に置かれている、あるいは差別的な社会や文化で生きているという事実かもしれません。そこでは、不適切で不可能であるという話を繰り返し聞かされています。特権的な世界という安全地帯から抜け出そうとすれば、マインドフルネスばかりでなく、多様性に関する複雑な諸問題についても理解しなければならないことにしばしば思い当たります。どのようなグループであれ、体現は講師の数だけさまざまな形をとることでしょう。

ソフィアはユーモアのセンスに満ちた、温かい人だった。学修者を笑わせる術を心得ていた彼女は、ユーモアを携えて、マインドフルネスの講師としての旅を歩み始めた。すると間もなく、そのユーモアが、少なくとも部分的には、彼女の内なる批判を覆い隠していることが明らかになった。それは時々、彼女の教えを刺々しいものにした。彼女が不快な感じを覚えたり、理解が及ばないとき（「私はいったい何をしているんでしょう。詐欺師だとわかってしまわないかしら」）、彼女はしばしば自虐的な冗談を言ってみんなを笑わせた。

ソフィアにとって、マインドフルネスの講師になることを学ぶことには、自分の内なる批判を直視して、親しみと思いやりをもってそれに出合い、「この瞬間に必要なものは何か」という問いをもって対応することが含まれていた。彼女が講師として丸くなるにつれて、刺々しさは鳴りを潜めて、ついには消滅し、彼女の温かさや可能性が実現するようになった。ユーモアを用いることは少なくなり、用いるとしても、以前にはなかった一般的な人間味や思いやりを伴っていた。彼女はより真実で、魅力的で、有能な講師になったのだ。

マインドフルネスの講師を養成するプログラムでは、多くの場合、講師に自分をビデオに録画するように指示したりして、フィードバックを提供しています。他人の目に触れる形で自分の弱点をビデオに記録すれば、内なる批判が強力に喚起されます。特に教えることを学んでいる初期の段階で、教えているときに必ず起こる吃音、その他の弱点をすべて確認し、他人にも見せると、恐ろしくなって落胆するかもしれません。ソフィアは次のような体験をしています。

「はじめのうちは、ビデオで自分の姿を見るのが耐えられなくて、おずおず縮こまっていました。それが段々丸くなっていったのか、しまいには、不快な感じを覚えながらも、ちょっと距離をとって、愛情のこもった眼差しで見られるようになりました。この前ビデオを見たときは、『ああ、祝福してください、ソフィアを顧みてください。彼女はできる限りのことをしているのです（笑）。もっとも、服装については自信がないけれど』と口走っている自分がいました」

大抵の講師にとって、教えることを学ぶ旅路には、内なる批判を認識し、許し、それと親しくなることが含まれます。そのような批判は、私たちが何か新しいことを学ぶ際、とりわけそれが重大でインパクトをもっているときに、正体を現します。これは生易しいことでも、甘ったるいことでもありません。とても厄介な思考や信念が現出してくることもあります。しかし、そうした自己批判をじっと見据えると、その構造を支えている健全な意図を見つけ出すことができます。多くの場合、それは「自分が目指しうる最高の講師になりたい」「自分が体験した変容の旅を、他の人も楽しめるように、本当の援助がしたい」「他の人が困難を思いやりをもってくぐり抜けるのを援助したい」といったものです。このような土台が確認されると、自己批判はその構造を失います。

ソフィアのマインドフルネス実践の道には、まず、ネガティブな思考や、無能で価値がないという自己観から成る分厚い殻を直視し、検討することが含まれていた。それらは、汎化された記憶（例えば、自分が講師をしている教室で、学修者を前にして凍りつく）や考えうる失敗のシナリオと結びついた。じっと目を凝らすと、その殻の中に恐怖心があることがわかった。それは、お腹と胸の中がぎゅっと締めつけられて、顔が火照っている感じを伴っていた。学んでいくうちに、彼女はこれらの体験に対してオープンになり、丸くなっていった。

破滅的な不安と命を蝕むうつのエピソードにさらに苦しんだときも、彼女はそれを失敗とは見なさないで、不安やうつが及ぶ範囲を知り、それを通り抜ける方法を学ぶための機会ととらえた。内なる批判は、それにきちんと向き合って親しくなると穏やかなものになっていった。内なる批判に向き合い、親しみをもつという深い洞察に目が開かれると、内なる批判のもとには、良い講師になろう、人生で他人の役に立とうという健全で重大な意図があることがわかった。このことが概念的にも体験的にも理解されると、内なる批判は容易く解消された。これによって、彼女は自分のパフォーマンスが問題なのではなく、学修者の学びが重要なのだという実用的な観点から教えることができるようになった。学修者の学びを最大限に助け、サポートし、自身も教えることを楽しむように意識していくうちに、自分には価値がないという自己観は消失していった。

まとめ

意味や健康やウェルビーイングを得ようとする人間らしい切望、尊敬や賞賛を得たい、良い働きをしたい、自分や他者を助け、傷つけないようにしたいという願望は、どれも体現することができます。それは、気づきをもって、自分の身体とともに在ることから始まり、次第にその対象を意図、態度、洞察、理解へと広げていきます。柳の木のように、私たちは意図や理解にしっかりと根を下ろすことができますが、状況の変化という風を受けてたわむこともあります。体現とは、私たちの価値観や理解や意図が、考え方、振る舞い方、話し方、関係の仕方と隔たりのない状態を指します。それがマインドフルネスを教え、学ぶための基礎なのです。

第9章 マインドフルネスに基づいたプログラムの倫理と一貫性

個人だけが考えることができ、それによって社会に新しい価値を生み出すことができる——いや、コミュニティの生活が準拠する新しいモラルスタンダードを築き上げることさえできる。自立的な思考力と判断力のある独創的な人格なしには、社会の発展は考えられない。人格がコミュニティという滋養に富んだ土壌なしでは成熟しないように。

——アルバート・アインシュタイン（Albert Einstein, 1956/1999）

自身や他者にとって有害となるように振る舞うのは容易い。自身や他者にとって有益となるように振る舞い、生きるほうが、よっぽど困難なことである。

——アーチャリア・ブッタラキータ（Acharya Buddharakkita, 1996）

大型書店に赴き、現代心理学のコーナーをじっくり眺めてみると、マインドフルネスに関する図書がたくさんあることに気づくでしょう。しかし、そうした本の索引で、**一貫性**（*integrity*）や**倫理**（*ethics*）という単語を探してみても、ほとんど見つけられません。一方、同じ書店の哲学や宗教学のコーナーでは、書棚全体で一貫性、倫理、美徳、価値観、そして智慧に関する議論が取り上げられていることに気づくでしょう。例えば、イギリス、オックスフォードのブラックウェル書店では、心理学、宗教学、医学、法学が、大洞窟のようなノートン閲覧室にすべて配置されています。部屋の真ん中には、さらに低い階層、開かれた地下室のようなものがあり、あらゆる哲学的な本、そして、ヒューム、カント、ラッセルなどの学者のためにしつらえられた書棚が置いてあり、たくさんの本の中で倫理や一貫性に関する議論がなされています。なぜ倫理は哲学、観想的な伝統、宗教学、法学、医学の中では際立っているのに、現代のマインドフルネスの本では取り扱われていないのでしょうか？　現代のマインドフルネスとは関係がないからでしょうか？　倫理というテーマはしばしば宗教や哲学における特定の学派と結びつけて考えられることがあるため、倫理を強調することは、マインドフルネスを**世俗的な文脈**に据えるにあたり、潜在的に問題となる何かを引き起こすのでしょうか？　倫理や一貫性とは、結局のところどういう意味なのでしょう？　一貫性は、マインドフルネスに基づいたプログラムの参加者、マインドフルネスの講師、そしてこの領域全体にとって、どのようにとらえられるのでしょうか？

この章では、以下のことを見ていきましょう。

- 倫理と一貫性とは何か
- マインドフルネスに基づいたプログラムにおける倫理と一貫性：その困難について
- マインドフルネスに基づいたプログラムにおける倫理と一貫性：その対応について（**内側から外へ、外側から内へ**という観点から）
- より広範な領域において一貫性を保護すること

1　倫理とは何か？　一貫性とは何か？

倫理とは、私たちの行動を決定する道徳的原則や価値観であり、何が正しく、何が間違っているかを理解することです。倫理によって、日常的に直面するジレンマ、特に、私たちの価値観を問われるようなことを理解し行動することができ、そうすることで、最良の対応を見出すことができます。仏教心理学では、**正しい**、**間違い**という言葉よりも、**健全な**、**不健全な**という言葉が用いられます。健全か不健全かの違いは、私たちの思考、言葉、行動が苦しみの終焉をもたらすか（健全）、それとも、それらが自分もしくは他者、あるいはその双方に苦しみをもたらすか（不健全）、ということです。自分の思考、言葉、行動が理解を妨げ自由から遠ざけるか（不健全）、それらが理解を支え、自分や他者を自由へと導くか（健全）について、自らに問いかけることが奨励されます。こうした検討により、自分の思考、言葉、行動を導く意図は何かということのみならず、それらの思考、言葉、行動が他者や自分自身に何をもたらすかについても考えるように求められる相互関連的な世界に、マインドフルネスがしっかりと位置づけられるのです。

Ｂｏｘ９・１と９・２のシナリオを考えてみましょう。これらはマインドフルネス・トレーニングにおいて、講師にも参加者にも生じうる問題です。これらについては、この章の後半、倫理に関する特定のテーマや実践について議論する際に言及します。

Box 9.1 **マインドフルネスに基づいたプログラムの講師が抱く倫理的ジレンマの例**

- ＭＢＳＲを教えているとき、あなた自身が深刻な健康状態を診断され、恐れや不安を感じる。ストレスレベルは突然、参加者と同じくらい高くなったようである。
- あなたはヘルスケアの現場で、うつ病の再発のリスクがある人々に対してＭＢＣＴを教えている。マネージャーが、経済的な問題によって、プログラムを少ないセッション、多くても4セッション以下で行わなければならず、1対1の事前オリエンテーションは実施できないと伝えてきた。さらに、そのプログラムを増員させて、待機リストにある他のメンタルヘルスの問題を抱えた人々にも実施することはできないかと尋ねてきた。
- あなたは、マインドフルネス講師として、一日リトリートを教えている。実践の一つを実施しているときに、参加者の一人が恐ろしい解離的な体験をし、自分自身を傷つけるように言う声が聞こえると述べた。
- あなたは、地域の中でマインドフルネスに基づいたプログラムを教えている講師である。次の8週間のプログラムの申込者から電話があった。彼は失業していて、かつ片親であることを話し、プログラムに参加したいが参加料が支払えないこと、セッションの間子どもを見ていてくれる場所が必要であることを伝えてきた。参加料が満額払えない人に対して、どのような対応ができるだろうか？

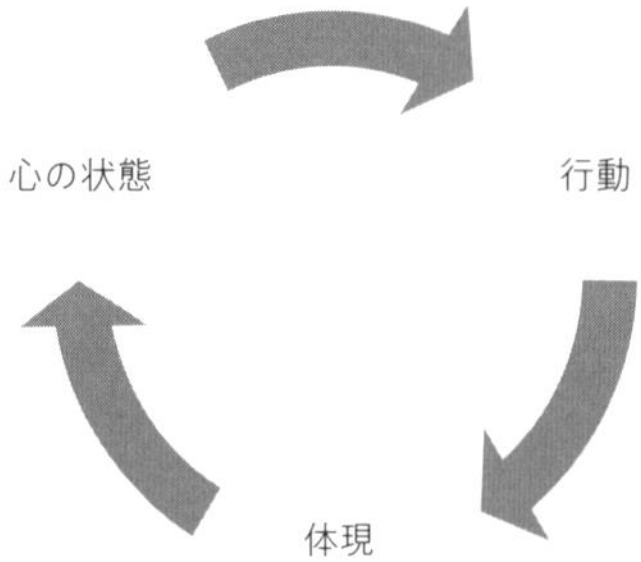

図 9・1　心の状態と行動

一貫性とは、私たちの心の状態と行動が、倫理的に一致している、ということです。一貫性は、私たちが自分の倫理観に基づいて生活し、行動するときに培われていきます。つまり、一貫性には、心の健全な状態を実際に行うこと（言い換えれば、どのように行動が形作られ、そしてその行動が心の状態をつくり出すかに気づいていること）と、一貫性を支え、発達させるトレーニングに取り組むことの両方が関わっています（図９・１）。

マインドフルネス・プログラムの学修者や参加者は、深刻な悩みを終わらせる方法や、ウェルビーイングを高める方法を探し求めてプログラムに参加します。彼らは、マインドフルネスが外界から隔絶された状態で深まり、育まれるのではないということ、そして、倫理的ジレンマや人生におけるジレンマに直面することが、学びや変化の機会をもたらすということを発見します。言い換えれば、マインドフルネスは私たちに、健全な／不健全な思考、言葉、行動に気づき、振り返る機会をもたらし、それによって私たちは一貫性のある対応をすることが可能となります。Ｂｏｘ９・２の例について考えてみましょう。

Box 9.2

マインドフルネスに基づいたプログラムの参加者が抱く倫理的ジレンマの例

- モハメドにとってイスラム信仰は、彼の精神的な面だけでなく、人生やコミュニティにおいても非常に重要である。彼の導師は、モハメドがマインドフルネス・クラスに参加すること、そして、そのことがイスラムの教義とどのように折り合うのかを疑問視している。
- マインドフルネス・プログラムを通して、リンは徐々に、自分の反応が10代の子どもを育てるのに困難をもたらしているということに気づき始めた。時々、彼女は自分が虐待的なのではないかと心配になった。さらに彼女は、自分が娘と同じ年齢だった頃、彼女自身が渇望していた人々からの注目とやさしさや配慮を得るために、自身のセクシュアリティを利用していたことを思い出すようになった。リンは、自分が育つ中で犯した過ちを娘が繰り返さないことを何よりも望んでいる。
- サムの依存症の回復とマインドフルネス実践の過程において、彼は自分の依存症が、自分自身だけではなく他者にも苦痛と破滅をもたらしていたということにより鋭く気づくようになった。彼は自分の母親から盗みを働き、信頼されず職を何度も解雇され、他の人と注射針を使い回していた。

・サムは、マインドフルネス実践が人を変容させる力のあるものであり、自分の講師が自分を元気づけてくれることを見出している。彼は講師を理想化し、媚びへつらい、彼女の特別な学修者になるという空想を抱いている。

倫理は、行動を決定づけるより原始的な本能や動因と同じくらい、人間にとって根本的なものです。[i] 食物や身体的な快楽、性的な満足に対する自然な衝動を理解することは簡単でしょう。しかし、私たちの本質の深い部分においてもまた、私たちは気づきや体験的・概念的な理解、そして思いやりの能力をもっています。これらは、より深い一貫性の枠組みを提供します。

私たちはよく、倫理を極めて直感的に感じ取ります。**正しい**対応という感覚をもっているのです。倫理は不快感や不安を引き起こし、それが私たちに、自分の道徳的原則、状況、行動のあいだに不一致があることを知らせてくれます。このとき、私たちは、何かが正しくないということを知ることができ、身体で感じるもののおかげで、この落ち着かなさを認識することができます。心の状態や意図性を再検討することはこの上なく大切な誘いであり、それによってどのように対応すべきかを考えることができるのです。

ここで重要な洞察は、倫理は私たちの行動を規定する道徳的原則であり、価値観であるということです。倫理とは、何が正しく何が間違っているか、何が健全で何が不健全かについての理解です。一貫性は、私たちの心の状態と行動が、倫理的に一致しているということです。一貫性は、自分自身の倫理と一致しているやり方で生活し行動することで培われていきます。倫理と一貫性は、マインドフルネスの講師と学修者の基盤となるものです。

2　マインドフルネスに基づいたプログラムにおける倫理と一貫性：その困難について

１９７０年代にジョン・カバットジンがマサチューセッツ大学メディカルセンターのストレス低減クリニックでマインドフルネスを教え始めたとき，それはマインドフルネスストレス低減法（Mindfulness-based stress reduction: MBSR）という一つの一貫したアプローチでした。当時は，カバットジンから訓練を受けた講師によって行われる比較的小規模なものであり，マインドフルネスの講師は，害悪を与えず，私利私欲よりも患者のニーズを優先するというヒポクラテスの原則に基づいた保健医療の現場で活動していました（Kabat-Zinn, 2014）。

現代のマインドフルネスの草創期，ＭＢＳＲを教える者は，教える際の自分の行為や意図，動機において，個人的な責務を負うものと見なされました。マインドフルネスを教える者は誰でも，個人の瞑想と成長の道筋に深く根ざしており，それは自分とクライエントとのあいだの思いやりと配慮のある関係性の中で体現されるとされていました。マインドフルネスの実践や応用には，配慮と思いやりという極めて倫理的な態度が暗に含まれているとも見なされていました。また，倫理的な基準を是認し，推奨する力をもつ権威や規定者をつくり上げることに対しては，消極的なところがありました。講師が一貫性を体現しているのであれば，マインドフルネスの世界に**警察**は必要ないと考えられていたのです（Kabat-Zinn, 2011, 2014）。

しかし，１９７０年代から，マインドフルネスに基づいたプログラムの様相は劇的に変化し，マインドフルネスの概念それ自体が無数の意味をもつようになりました。マインドフルネスに基づいたプログラムも，急激に普及しています（Crane, 2017）。当初，マインドフルネス・プログラムの現場は，行動医学の領域でした。現在，マインドフルネスは学校，身体的・精神的な保健医療の現場，そして企業法人や軍隊，司法犯罪システムの中にまで活用されています。マインドフルネスに関する科学的研究は爆発的に増加しましたが，それらすべてがプログラムとして発展しているわけではありません（Dimidjian & Segal, 2015）。

イギリスは、マインドフルネスやマインドフルネスに基づいたプログラムが急激に普及した良い例です。英国国立医療技術評価機構（National Institute for Health and Care Excellence, 2009）は、うつの再発防止の治療としてマインドフルネスを推奨し、国民保険サービスを通して利用できるようにしました。２０１５年10月には、Mindfulness All-Party Parliamentary Group（2015）によって書かれた *Mindful Nation U.K. Report* が出版されました。これは、保健医療、教育、職場、司法犯罪システムにおけるマインドフルネス・トレーニングに資金を提供し、それを実装することを推奨しています。

マインドフルネス・トレーニングの在り方に広がりが見られたことで、利用できるトレーニングの幅も広がりました。初期の頃、マインドフルネスに基づいたプログラムは、自分自身のマインドフルネスや観想的な歩みの中で自らを深く確立し、実践や他者への奉仕に取り組むことに情熱をもつ人々による、小規模なグループによって提供されていました。彼らは観想的な伝統によって訓練されており、そこには一貫性に関する包括的な指導も含まれていました。明確な意図や深い関わりから、彼らの多くは、自らのよりよいキャリアや経済的な安定を犠牲にして、いにしえのトレーニングを世俗的な状況で教えたのです。彼らは、厳しい内的発達や訓練に根ざした仏教心理学から、何を保持し、何を手放すかを慎重に吟味しなければなりませんでした。幸福、平和、ウェルビーイング、自由を追い求めることは、根本的に人間的な探求です。宗教的な、あるいは秘教的なニュアンスや儀式は必要ありませんでした。彼らは、誰もが馴染みのある言語を用い、自分自身やクライエントの成長する力を最大限に高めながら、一方で、悩みを最小限まで低減するモチベーションを保ち続ける、という困難に取り組みました。初期にマインドフルネスを教えることは、キャリア選択ではなく、思いやりと一貫性の体現に根ざした情熱だったのです。

マインドフルネスやこの領域そのものに対する関心が高まるにつれて、トレーニングの範囲も広がりました。完遂するまでに数年を要する包括的な大学の修士課程プログラムが利用できるようになったのです。これらのプログラムは学生に、マインドフルネスに基づいたプログラムの根底にある理論を理解し、個人的なマインドフルネス実践を築き上げ、プログラムの教え方を学び、スーパービジョンを受けながら教え、そして最後に、個人的・専門的な成長に取り組み続けるよう求めています。また、マインドフルネスを教える資格を短期間で取得すること、あるいは、オンラインコースによって取得することも可能となりました。加えて、クライエントとの関係を規定する行動規範をもった専門性を有するマインドフルネス講師もいる一方で、専門的な倫理規範をもたない講師もいるという状況が起きています。ほとんどの研究のエビデンスが、全8週間のプログラムの評価に基づいているにもかかわらず、クライエントへのマインドフルネス・トレーニングを短縮するように求められることがあります（Dimidjian & Segal, 2015）。一方で、長期にわたる変化とマインドフルネス実践に取り組む時間の総量のあいだにある直接的な関係性が示唆されています（Parsons, Crane, Parsons, Fjorback, & Kuyken, 2017）。マインドフルネス・トレーニングが多様な文化やコミュニティで提供されるようになると、参加者にとって意味の通じる言語や表現でプログラムを実施するために、かなり手を入れることが必要になります。これらマインドフルネスの発展のすべてにおいて、倫理と一貫性への取り組みは、参加者、講師、マインドフルネスに基づいたプログラム、そしてこの領域をより広く守るものになります。

マインドフルネスに対する関心の猛烈な高まりと実践の急成長のあとに、深刻な跳ね返りが生じるのは、おそらく必然であったでしょう。マインドフルネス・トレーニングは**価値がない**、マインドフルネス・プログラムにかかる費用は経済的に不利な人を除外してしまう、何がマインドフルネス講師であるという証明になるのか、そして、何が包括的なマインドフルネス・プログラムを構成するのか、といった非難を含む、マインドフルネスの基準に対する疑問が浮上してきました。これらは、倫理的に重要な問題です。何らかの取り締まる団体がない状況では、マインドフルネス講師の個人的な一貫性への取り組み以外に、マインドフルネスの領域の発展も、マインドフルネス・トレーニングを受ける参加者のことも、守ることができません。

マインドフルネスを研究し訓練する世界中のセンターが、マインドフルネスの急速で無秩序な発展によって生じるリスクを憂慮し始めました。トレーニングの核となる側面は**良いところ取り**をされ、他の原理の範疇にあることと組み合わされる可能性があります。マインドフルネスが単純な注意のトレーニングとして提示され、意図、態度、そして倫理といった根底が引き剥がされてしまう可能性もあります。マインドフルネス・プログラムの参加者は、おそらくマインドフルネスは初めてで、脆弱性を抱えている人たちです。彼らは、自分が受けているコースは、脆弱性を受け止め、傷つくリスクを最小限にし、恩恵を受ける確率を最大限にしてくれる、熟達した講師によって教えられているということを保証される権利があります。多くのセンターが、マインドフルネスを教えることの倫理的な基盤に気づいています。その基盤には、マインドフルネス講師が自分の個人的・専門的な成長に責任を負うこと、そして、思いやりをもってマインドフルに教えるという実践をどの程度体現できるかということに責任を負うことが含まれます。彼らは通常、そのような立場に立っています。

マインドフルネス・トレーニングが医療機関や職場（表向きには従業員のウェルビーイングをサポートするため）に採用されるようになってくると、組織自体がマインドフルな雇用主であるために必要な改革を行う意思や能力をもたない場合、従業員がマインドフルネスという重荷を背負わなくてはならなくなる危険性も生じます。つまり、マインドフルネスが、従業員を持続不可能な働き方や重圧に耐えられるようにさせることや、企業の経済目標を達成することをねらって利用されてしまう危険性があるということです。個人的なマインドフルネスと組織的なマインドフルネスに関する問題は、めったに議論されません。

ここで重要な洞察は、マインドフルネスの領域が発展し、進化するにつれて、対応が要求されるような、トレーニングや基準に関する重要な倫理的問題が浮上してきたということです。

3　マインドフルネスに基づいたプログラムにおける倫理と一貫性：その対応について

一貫性を理解し促進するためには，**内側から外へ**，**外側から内へ**の両方からアプローチすることが求められます。仏教を含む多くの観想的な伝統は私たちに，一貫性とは自分の意図や心の風景，そして行動を検討することであると教えてくれます。これが**内側から外へ**の観点です。自分の思考，言葉，行動は，自分自身や他者にどのような影響を及ぼすでしょうか？　これが鍵となります。つまり，マインドフルネスは本質的に倫理的であるということです。マインドフルネスは，理解の道であり，人を害さず，人に利益をもたらす在り方や振る舞い方です。もしこの意図に根ざしていないのであれば，それはマインドフルネスではありません[*2]。また，誠実であることを促し，このような活動をしている人々を守る現場を支えるために，倫理と一貫性のための枠組みを構築するという，共同の責任もあります。これが**外側から内へ**という観点です。

まず，内側から外への活動（つまり，一貫性や体現を育むマインドフルネス実践）について考えてみましょう。その後，マインドフルネスに基づいたプログラム，講師トレーニング，マインドフルネス講師，そして最後に，この領域全体としての原理と実践のレベルについて，考えていくことにしましょう。

マインドフルネスの倫理と一貫性：「内側から外へ」の観点から

◇「すべては意思という心の傾きにかかっている」

「心は経験の先駆者である」という表現は，あらゆる伝統的な智慧や世界の宗教における倫理の理解において鍵となります。健全な意思を根本にもった心は，倫理的な行動を支え，良い人生のための諸条件をつくります。不健全な意思を根本にもった心には、破壊的な行為につながってしまうような脆さがあります。自分の心に気づきを向けることで、意図や行動を吟味し、理解することができます。これは、健全な意思が培われるための条件をつくり出すこととなり、それによって私たちは、自分や他者にポジティブな影響を与えるような行動をとることができます。一貫性は、健康的な関係性、社会、コミュニティの中核となるものです。集団で一貫性に取り組むことは、家族、コミュニティ、社会のウェルビーイングを守るための重要な要素と見なされています。一貫性は個人の満足よりも集団のウェルネスを優先します。倫理ガイドラインに従うということは、私たち自身の心のウェルビーイングを守るだけでなく、私たちの周囲にポジティブな影響を与えるのに役立つ、道徳的指針（モラルコンパス）を心の中に備えていることになります。一貫性は心理的な健康の基盤であり、また、理解の深まりと内的な自由の中核をなすものであると見なされています。

いにしえのおよび現代の観想的な伝統には、瞑想実践の基盤としての倫理ガイドラインがあります。倫理ガイドラインは、トレーニング、内的探究、そして責務を引き受けることとして提示されます。一般的には、観想的なトレーニングを始める際に倫理の基礎から取り組む、ということは前提にされていません。逆に、観想的なトレーニングを始める者は、トレーニングを開始する前に彼らを悩ませていた混乱や苦痛、見解、そして心的・行動的パターンを幅広く持ち込んでくるものと想定されています。伝統的に、行動的な責務を引き受けることは、**正しい**か**間違い**かのルールやものさしとしてではなく、害を及ぼさないで、生きとし生けるもののウェルビーイングを保護するような、世界と相互作用する意図的なやり方を確立する方法として位置づけられます。さらに、これらの責務を引き受けることは、トレーニングおよび内的探究として設定されています。

「一貫性をもたずして、この道を深めることなど期待できるだろうか？　一貫性がなければ、ただ、苦しい心の状態が自分の心を支配する条件をつくり出してしまうだけだ」(Sayadaw U Pandita)。敵意は私たちの心を暗くします。厳しい自己評価は罪や恥、もっと悪い場合には、自己嫌悪をつくり出します。自分の倫理的指針を失うと、私たちは自分が後悔するようなやり方や、自分や他者を傷つけるようなやり方で行動し、言葉を発し、そして考えてしまいます。第2～5章にて説明したように、こうした心の状態がもつ苦しさは、私たちのウェルビーイングを下げて、永続する苦痛をつくり上げるような、役に立たない思考や行動のパターンを引き起こすのです。

仏教心理学は、正しく、スキルフルで、賢明なマインドフルネスを培うことを強調します。しかし、それと同様に、間違っていて、下手なマインドフルネスが存在することも指摘しています。例えば、はっきりとした知覚や注意を集中させた状態は、コンピューターゲームをする人、スリをする人、あるいは、もっと極端な例でいうと、スナイパーにとっても重要なことでしょう。実際は、これらは知覚や注意の例ではありますが、マインドフルネスではありません。はっきりとした知覚や注意を不健全な行動へと堕落させることから私たちを守るのは、倫理です。倫理的な意思という心の傾斜の上に注意と知覚があるとき、健全な思考や行動が可能となるでしょう。実際、理解とマインドフルネスの態度の側面に根ざした心によって、注意やはっきりとした知覚は、より容易く得られるようになります。

◇倫理は意図的であると同時に、関係性の中にある

私たちは誰も一人では生きていけないし、成長もできません。私たちは相互に関係し合います。自分の思考や言葉、行動を通して、周りの世界から影響を受け、世界や他者の人生に影響を与える生き物です。仏教は、一貫性に対して責務をもつことによって、この相互依存性と相互関係性を守ろうとしました。仏教では、一貫性を、やさしく思いやりのある思考、言葉、そして行動として説明しています。マインドフルネスによって、私たちは意図的に生きることを学びます。つまり、自分の思考や言葉、行動によって自分たちが世界に残す軌跡に敏感になるということです。先に論じたように、マインドフルネスの保護的な要素は、倫理的な本質をもっています。それは、私たちの心のウェルビーイングを守るだけではなく、私たちが影響を与え合っている世界を守ることにも同時に取り組

んでいることになります。マインドフルネスによって与えられる保護は、他者や自分自身を傷つける悪意の衝動を抑制することを通じて行われます。対人関係とは、私たちの最大の脆弱性、最大の失望、そして最大の幸福がある場所です。他人は私たちを傷つけてくるかもしれませんが、私たちは、他者の心や行動をコントロールすることはできません。自分自身の行動、言葉、そして思考がどこから来たのかに気づくことを学ぶだけです。感受性、マインドフルネス、そして思いやりの能力を成長させるとき、私たちは、自分の人生をどのように歩むかということに、これらの素質がより影響を与えやすくなるということに気づくでしょう。私の友人であり同僚でもある人物は、次のように表現しました。健全な意図をもった歩みをすることによって、そして、有害な、あるいは、悪意があり潜在的に有害な歩みを避けることによって、「私たちは、歩くことで道をつくる」（Crane, 2017）と。

◇「歩くことで道をつくる」

観想的な伝統の多くは、一貫性は訓練されるという根本的な立場をとります。これが、「歩くことで道をつくる」ということです（Crane, 2017）。このトレーニングは、重要な倫理ガイドラインを足場にして始まります。初期仏教の教えでは、Box 9・3に示した5つの主要な倫理ガイドラインが、実践や指導を始める人すべてに求められます。これらは命令としてではなく、内に向かっても外に向かっても、心を健康な関係性へと向けさせるトレーニングとして提示されます。これらは、深みのある変容の根本となります。その誘因となるのは、尊敬と思いやりを体現する原理を、自分自身に対する贈り物として使うことです。これらは、恥や罪、評価をもたらすルールでは**ありません**し、あるいは他者と関係をもつ際の厳格な、あるいは罰を与えるようなやり方でも**ありません**。

一貫性は、責務を引き受けることから始まる理解の道筋として示されています。責務を引き受けるということは、**意思という心の傾斜**に基づいています。ガイドラインの1つ目「傷つけることを避け、生命をたたえ、尊重するという責務を引き受けること」は、他の4つの戒律のための指針となります。最初の、傷つけないようにするという責務は、私たちの言葉、行動、性的関心、そして思考に浸透しています。たとえ私たちが、意図せず生き物を傷つけないで生きていくことはできないと知っていても、です。例えば、時折、正直に言うことで他者を傷つけるかもしれません。それを知っていたとしても、私たちは他者や自分自身の心のウェルビーイングを守ることへの取り組みを育み続けることができます。**マインドフル**になることに注意を向けることは、その中核として、傷つけない、尊重する態度をとることを意味します。この傷つけないこととやさしさという1つ目のガイドラインは、マインドフルネスと体現の態度の側面の根幹です。加えて、この行動指針は、私たちがこれまで検討してきた（第2～8章）マインドフルネスの道筋や心の全体地図に行き渡っています。特に、親しみと思いやりは一貫性の基盤となっています。なぜならそれは、自分自身や他者の苦痛を緩和するための行動だけでなく、苦痛や苦しみへの深い理解や共鳴にも関与しているからです（Armstrong, 2011）。

Box 9.3

仏教の主要な倫理ガイドライン

- 生き物を傷つけることを避けること…あらゆる生き物をたたえ、尊重すること。
- 人から進んで与えられていないものを受け取らないこと…もっているものを注意深く使い、自分の時間、持ち物、行動に対して寛大になることを約束すること。
- 虚偽の、あるいは傷つけるようなことを言わないこと…正直に、思いやりと尊敬の気持ちをもって話すようにすること。
- 官能的、性的な誤った行いを避けること…性的なエネルギーを、敏感さと尊重をもって使うこと。
- 心を曇らせたり不注意につながったりするような物質の間違った使い方をしないこと…気づきと明瞭さをも

たらすよう心を鍛えること。

◇個人的な一貫性を支えるものは何か？

私たちが一貫性をもって生きていると、「今の心の状態と行動（言語的および身体的な行動）は、自分や他者にどのような影響を与えるのか」を問うことができます。私たちはその答えを、どのような瞬間においても対応するために、また、倫理的ジレンマを認識して、それに対応するために使うことができます。

仏教心理学では、一貫性の発達を支える、以下の3つのトレーニングが提案されています。

1．**抑制と防御的マインドフルネス**には、習慣的な衝動と反応性に直面したとき、それらを認識し、抑制することが含まれています。抑制とは、不健全な衝動が発生することと、それを実行に移すこととの間に挿入されるマインドフルな一時停止のことです。私たちの認識と抑制が親しみと思いやりに満ちているとき、私たちは、やさしさと手放すことがもつ変容の力を学びます。マインドフルネスを実践すればするほど、それは自然なものになります。時間が経つにつれ、私たちの注意と気づきは安定してゆとりができ、衝動や反応性をより広く、より大きな心の風景の中で見ることができるようになります。抑制を学ぶと、大きな川にできた、巻き込まれる必要のない渦のようなものとして、衝動と反応性を見ることができるようになります。実際、それらは、熟練したカヤックの漕ぎ手のように、スキルフルな対応を検討するために一呼吸おくことができる場所となりえるのです。

この抑制と手放すことは、数多くの**近くにいる敵**と混同される可能性があります。手放すことは、抑圧、剝奪、または懲罰的な保留を、誤って連想させかねないのです。それはうまく偽装された嫌悪でもなければ、好きではないものから切り離す理由でも、**ものを整理する**という安易な考えのための合理化でも、もっと言えば、一種の虚無主義でもありません。そうではなく、手放すこととは、内向きにも外向きにも、つまり自分にも他者にも苦痛を生じさせるような衝動的な行動することを止めたときに生じる、やさしさの行動なのです。

私たちのウェルビーイングが改善するとき、私たちは手放すことと抑制が、健全で、ポジティブな方向に変容する力を潜在的にもっているということを理解します。例えば、もし、もっと子どもといる時間が欲しければ、生活の他の部分をあきらめる必要があるかもしれません。もし強迫的な忙しさを手放せば、より大きな心のゆとりを得ることができます。抑制と抑圧の違いについては、抑圧の衝動は嫌悪の一種であり、私たちの思考や感情に起きていることを完全に認めようとしないことです。一方、抑制は、マインドフルネスに根ざしています。心のパターンが発生したとき、それを実際に見ようとすることだけでなく、危害や苦悩につながるパターンに関与しないようにすることでもあります。このように、私たちの心をより深く理解することは、私たちが防御的な気づきや抑制を発達させるのに役立ちます（第5章を参照）。なぜなら、私たちは反応することではなく、対応する選択肢をもつことを学ぶからです（第6～8章を参照）。そのためには、何が重要で、何に価値を置くのかを覚えておきながら、実際に見て対応するための安定感と心のゆとりを必要とします。それは、やさしさと探究心に満ちた鍛錬なのです。

2. **自分の価値、意図、そして肯定的な行動を培い、高めること**。マインドフルネス・トレーニングは、はじめは直感に反するように感じられるかもしれません。私たちは、思考、反応性、恐怖、嫌悪の習慣的なパターンの中に自動的に吸い込まれてしまうのではなく、それとは違った道を歩むことを学ばなければなりません。マインドフルネス・トレーニングによって、そうした習慣的なパターンを、好奇心、注意深さ、意図性、そしてやさしさに置き換えるようになり、それによって私たちは、より健全な心の状態を培うことができます。

“*me*”“*mine*”“*self*”といった物語に入り込むようになると、（「自分は良い人間だ」、あるいは「自分は悪い人間だ」といった）信念が立ち現れ、悩みや苦しみが生じます。（「もし自分がもっと寛大だったら、もっと良い人間になれるのに」

といった）不一致モニターによって駆動する念の入った判断的な心が動き始めるのです。普遍的であり、かつその人特有なものでもある傷つきやすさとレジリエンスの理解とともに、私たちはこれらの見解を、「これは思考であり、事実ではない」と、ただそのようなものとしてとらえるようになります。そして、この不一致モニターについては、「単なる心的プロセスであり、自分の心の風景の固定化した一部ではない」と、ただそれだけのものとしてとらえるようになります。地震によって景観が変化するように、私たちの見方が変わるのです。

寛大さは、感謝を伴う喜び、楽に居られること、そして平静さを培うことの重要な一部であり、自己陶酔や恐怖に対する解毒剤となります。寛大さは心を開き、私たちを他の人や自分自身とつなぎ、自己陶酔を超越します。寛大さは、つながりに応答する心の琴線によって奏でられるものであり、それには（感謝を伴う喜びとしての）喜びと（思いやりとしての）苦しみの両方が伴っています。寛大さは恐れに対してこのように言います。「恐怖は家の中でもっとも安っぽい部屋です。私は、もっと良い部屋であなたに会いたいです」[*3]。寛大さはまた、不足感に対する解毒剤でもあります。寛大さは豊かさの感覚で満たされていて、歩き回るのに十分な広さがあります。寛大であることは、限られた資源を使い尽くしてしまわないことです。それは、配慮と、無常に対する理解とをもって、美しさと愛らしさをとらえます。それによって、執着を避けることができるのです。「私にはあなたが、手のひらの上の蝶のように見えます」。

一貫性と寛大さは結合されています。つまり、寛大さを表す所作が不快であったり、不評であったりしても、寛大さは一貫性によって特徴づけられています。社会的に、ある集団が個人、あるいは集団内のサブグループと敵対する場合、社会規範はすべての人がその人を避けるようにと命じることができます。寛大さは、こうしたときに友情を示し続けることなのです。私（ウィレム・カイケン）の娘は小学生時代、非常にスポーツに長けていました。小学校の最高学年になると、男の子はスポーツをするものとされ、女の子は社交的な活動やゲームをするものとされるようになりました。「おてんば」な女の子はみんなあきらめましたが、娘はあきらめませんでした。そうした、自分の好きなことをするという彼女の権利に友情を示したのはほんの数人の友人で、男の子は誰もそうしませんでした。彼女はほとんどの男の子よりもスポーツが上手であったにもかかわらず、です。彼女にとってもっとも困難だったことは、自分自身に寛大さとやさしさを示し、自分自身の独立性を尊重し、そして、学校を含む彼女の生活において、さまざまな形で続いている、支配的で強力なジェンダーに関するステレオタイプに屈服しないようにすることでした。

寛大さとやさしさは、私たち自身の心から、社会的集団、制度、そしてユダヤ人やイスラム教徒、難民や亡命希望者、ジェンダー、人種、セクシュアリティなど集団全体への憎悪の高まりに対抗するようなより大きな運動に至るまで、あらゆるレベルで反映させることができます。仏教心理学の中では、寛大さは、より深い理解、手放すこと、忍耐力、親しみ、落ち着き、そして思いやりの先駆け、あるいは踏み石であり、それは異なるものや不許なものに対しても含みます。寛大さは、一貫性と体現の鍵なのです。これによって、私たちは、歩くことで道をつくることができるのです（Crane, 2017）。

3. **自分の人生を他者の幸せに捧げること**。やさしさ、思いやり、寛大さが私たちの思考、言葉、行動を彩っているとき、私たちは関係性、信頼、そしてウェルビーイングのより深い感覚を発見することができます。自分の人生を他者の幸せに捧げることは、そのような感覚を育むのを助けます。一貫性は、私たちの心と行動から始まり、そこから身近に関係している周囲の人々へ、そしてより広いコミュニティや私たちの住むより広い世界へと広がる、相互に強化し合う同心円で表されます（図９・２を参照）。マインドフルネス講師の多くは、自分たちが役に立ちたいと思っている人々への奉仕や福祉に深く関わるために、この仕事を選択しています。

これらの仏教の教えは、もともと、長期にわたって繰り返される教示を通して教えられてきました。これにより、実践にあたっては反復的、継続的なトレーニングが必要であるという感覚が伝えられました。例えば、健全な行動

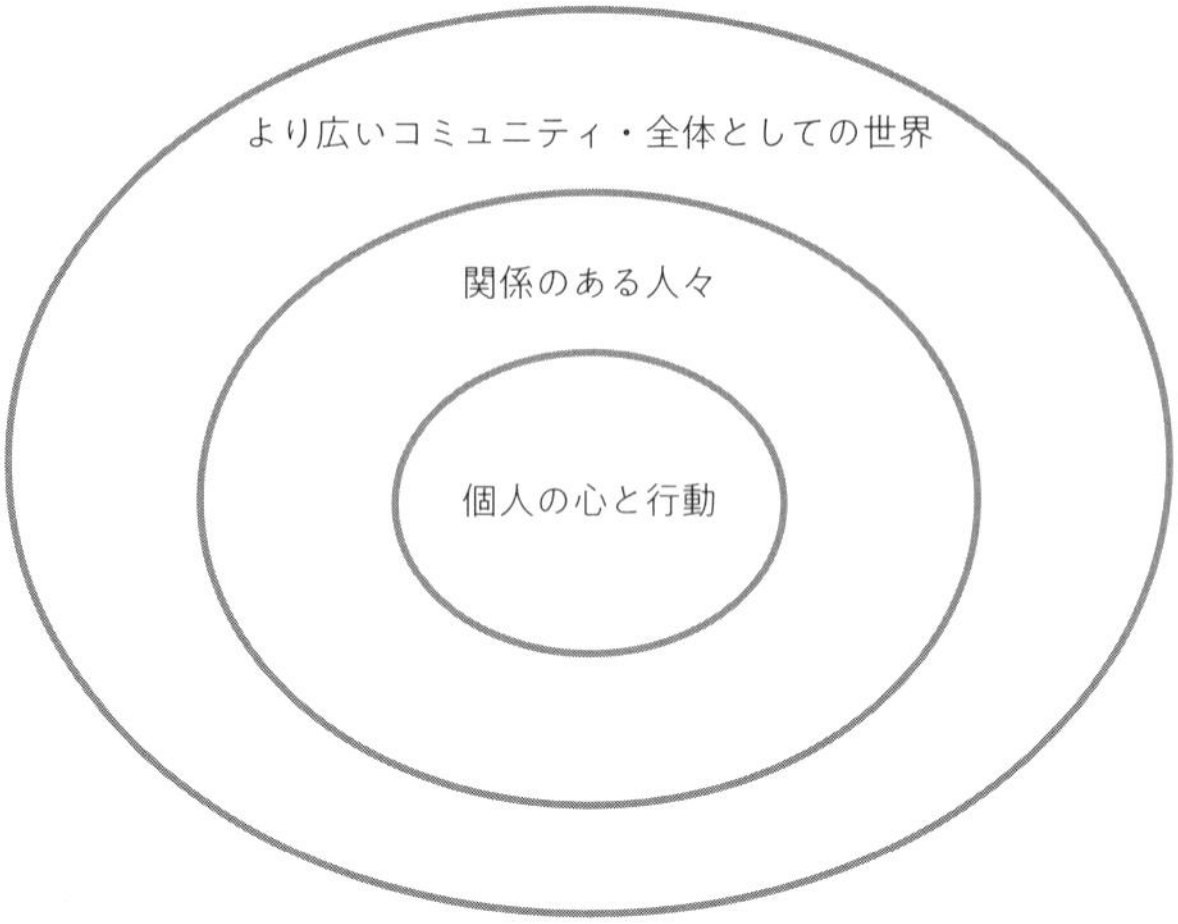

図 9·2　相互に強化し合う同心円としての一貫性

と不健全な行動に関する説法は、意図し、行為し、そして振り返るというプロセスを述べ、修行の諸層を説明しています(Thanissaro Bhikkhu, 2017)。以下の抜粋は、話をすることに関する修行を詳しく説いています。[*4]

何かを話そうとするときはいつも、次のことを振り返るとよい。「その言葉は、自分を苦しめる、あるいは他者を苦しめる、もしくはその両方ではないだろうか？　痛ましい結果につながる、未熟な言語的行動ではないだろうか？」振り返って、もしそれが苦しみにつながる、痛ましい結果につながる未熟な言語的行動であるとわかったら、この手の言語的行動を行うのは全く不適切である。しかし、もしそれが苦痛につながらないとわかったら……それが良い結果につながるスキルフルな言語的行動であるなら、あなたがこの手の言語的行動をするのは適切である。

話をしている間、次のことを振り返るとよい。「今行っている言語的行動は、自分を苦しめている、あるいは他者を苦しめている、もしくはその両方ではないだろうか？　痛ましい結果につながる、未熟な言語的行動ではないだろうか？」振り返って、もしそれが苦しみにつながっているとわかったら、やめるべきである。しかし、もしそうではないとわかったら、続けてもよいだろう。

話し終わったあと、次のことを振り返るとよい。「今しがた行った言語的行動は、自分を苦しめた、もしくはその両方ではないだろうか？　痛ましい結果につながる、未熟な言語的行動ではなかっただろうか？」振り返って、もしそれが苦しみにつながった、痛ましい結果につながる未熟な言語的行動だったとわかったら、それを告白し、明らかにし、指導者または知識のある仲間に公開する必要がある。それを告白して……将来、抑制の練習を行う必要があるだろう。しかし、振り返っても、それが苦しみにつながらないのであれば、……それは、心地良い結果、心地良い結末を伴うスキルフルな言語的行動であったのだ。それであれば、スキルフルな心的クオリティで日夜修行し、さわやかな気持ち、喜びに満ちた状態でいなさい。

この説法の構造と内容は、私たちの行動だけではなく、思考、身体、言葉についても上記の教示を繰り返し続けます。これは長期的で反復的であり、各領域全体にわたって根気強く、体系的に一貫性を訓練することの必要性を感じさせます。

◇倫理は識別力を必要とする

健全な意図が一貫性の先駆けであり基盤である一方、良い選択をし、役に立つ言葉や行動を選択するための理解と判断を確実にするための識別力も必要です（図９・１参照）。識別力とは、状況によってどのように対応すれば良いかを知っていること、そして、その対応にどのような意図が込められているかがわかっていることです。一貫性とは、私たちの思考、言葉、行動の中で、不健全で苦痛につながるものと、健全で生きやすさや自由につながるものを識別することに対する取り組みです。仏教心理学では、不健全さとは悪意、渇望、無知（貪欲、憎悪、虚妄）です。不健全さは、私たちの思考、言葉、行動に表れ、内に向かっても外に向かっても痛みの痕跡を残します。健全

表9・1　健全な・不健全な意図と行動

健全	不健全
心	
・親しみ、共感、思いやりに満たされた注意と気づき ・落ち着き ・理解と智慧	・悪意 ・貪欲 ・気づきの欠如、無知、恐れ、怒り
言葉	
・真実であり、やさしく、役に立ち、タイムリーで、傷つけない言葉 ・真実と尊重に基づいており、またそれらを築く言葉	・ゴシップ ・真実ではなく、辛辣で、中傷的で、自己顕示的で、有害な言葉
行動	
・中立的でポジティブな結果を自分にも他者にももたらす行動 ・健全な意図から生じ、それと相互に強化する行動	・ネガティブな結果を自分にも他者にももたらす行動 ・不健全な意図から生じ、それと相互に強化する行動

さとは親しみ、寛大さ、智慧です。これもまた、私たちの思考、言葉、行動に表れ、内に向かっては喜びを感じやすくするための、外に向かってはマインドフルな人生のため、そして世界にポジティブな影響を与えるための状態をつくり出します。仏教心理学では、健全さは私たちの心、身体、言葉、行動に表れ、識別力によって健全な意図や行動と不健全な意図や行動を区別することができます（表9・1を参照）。

ほとんどの倫理的課題は、総合的な見方をして、どのように対応するのが最善かを見極めることが求められているような、さまざまな要因が複雑に絡み合っています。これまで議論してきたように、一貫性と識別力は私たちの対応力を支えています（第6章参照）。また、体験的な理解、概念的な理解の双方をもち合わせることによっても、理解したうえで対応する能力を向上させることができます。

対照的に、意図への気づきがほとんど、あるいは全くない、より狭い視野では、通常、反応が引き起こされます（第6章参照）。それは、苦しんでいる人に対する思いやりのある対応か、人を**他人**として非難すべきものと見るかの対立です。例えば、亡命希望者に遭遇したとき、私たちはその人を迫害から逃れようとしている人ととらえるでしょうか、それとも、私たち自身の安全を脅かす者ととらえるでしょうか？

識別力が思いやりのある動機づけと組み合わされた場合、倫理への包括的なアプローチには2つの要素がある……思いやりは、恐れや疑惑を低減することによって、私たちの心に穏やかで安定した間《ま》をつくる。この間《ま》によって、より簡単に識別力を行使することができるのである（Dalai Lama, 2011b, p. 81）。

仏教心理学では、一貫性はウェルビーイングと良い人生を送ることへの取り組みであり、その取り組みは世界においてポジティブに影響を与えます。倫理的な道を生きるために到達すべき、完璧に倫理的な心を待つ必要はありません。やさしさを伴った行動を起こすためにやさしさを感じる必要も、寛大になるために寛大さを感じる必要も、思いやりに満ちた行動を起こすために思いやりを感じる必要もありません。こうした考えは、**私たちが感じていること、考えていることが真実であり**、それらが実際に行為に移されるための疑う余地のない権威をもっているという優勢なイデオロギーに挑戦するものです。マインドフルネスは、一過性の感情や思考に権威を与えるのではなく、何が私たちや他人のウェルビーイングに利益をもたらすのか、何が健全さを守り、何がそれを育むのかという問いに、何度も何度も立ち返ることを私たちに思い出させます。私たちがやさしさと思いやりに満ちた思考、言葉、行動に取り組むことを選択するとき、私たちの心は気づき、やさしさ、思いやりという自らを解き放つ力を学び始めるのです。

ここで、Box９・１の倫理的な困難の1つ目、自分自身が深刻な健康上の問題を抱えているマインドフルネス講師について考えてみましょう。

パーキンソン病の診断を受けたあとソフィアは数週間にわたって、朝の軽いマインドフルネス実践も含めて、倫理的ジレンマとともに瞑想を行った。はじめに、彼女は自分自身の、8週間のマインドフルネス・プログラムの参加者に対する奉仕と献身の感覚に深く気づき始めた。ある意味で、診断を受けたことによって、彼女の参加者に対する奉仕の感覚と、彼らと共通する人間性をより深く感じられた。というのも、クラスにパーキンソン病を抱えた人がいたことがしばしばあったからである。

彼女はまた、自分自身をいたわり、自分の新しい健康状態とともに生きていくことを学び、治療を受ける必要があることに気づくようになった。彼女は自分のメンターに相談し、その後、メンターと話し合ったことに納得した。彼女は自分の8週間のコースの指導を手伝ってくれるもう一人の講師をリクルートすることに決めた。それぞれのコースのはじめに、参加者に対して自己紹介を行う際、彼女は自分の健康状態について簡単に触れ、自分はもう一人の講師とともに指導を行うことを説明した。そのとき、共通の人間性と、ともに旅をする感覚が肌で感じられ、ソフィアは、いつもとは異なるやり方ではあったが、彼女自身と他の参加者のためにそこにいることができた。その後、ソフィアはもう一人の講師の支援を得て、8週間のクラスの修了生のために毎月開催しているマインドフルネス・クラスに参加するようになった。自分の病気が今や教えることができないほど進行しているとわかっていたので、彼女は講師でいることを手放して、参加者でいることによって英気を養うことにしたのである。

講師と参加者のために挙げてきたどの倫理的ジレンマも、「内側から外へ」の観点から考えることができます（Box 9・1、9・2を参照）。少し時間をとって、それぞれのジレンマを振り返るために、個人の一貫性と識別力の次元を用いて、それらを順番に検討してみましょう。

ここで重要な洞察は、私たちの意図、心の状態、そして行動（言語的および身体的行動）は織り交ざっており、自分自身やそのとき周囲にいる人たちのウェルビーイング、そして、私たちが生きているより広い世界に影響を与える、ということです。

マインドフルネスの倫理と一貫性：「外側から内へ」の観点から

これまで、マインドフルネスの一貫性と倫理を**内側から外へ**の観点から考えてきました。以下では、マインドフルネスに基づいたプログラム、講師養成トレーニング、マインドフルネス講師、そしてこの領域全体の原理と実践が、倫理と一貫性をどのように支えているのか、**外側から内へ**の観点から検討していきましょう。

◇マインドフルネスに基づいたプログラム

マインドフルネスに基づいたプログラムへの関心が爆発的に高まり、そしてこの類のプログラムの普及が急速に進むことによって、何がマインドフルネスに基づいたプログラムで、何がそうでないかを明確にする必要が出てきました。多くの革新がある一方、例えば、「マインドフルな犬の散歩」、「マインドフル・サーフィン」、「マインドフル・カラーリング・ブック」といったような、パロディも多く見られるようになりました。マインドフルネスに基づいたプログラムの開発者たちは、プログラムの意図と、内容、構造、そして流れについてのアウトラインを作成しました（Kabat-Zinn, 1990; Segal et al., 2013）。私たちは、マインドフルネスに基づいたプログラムの本質的な特徴を概観した論文をまとめました（第6章、表6・1を参照：Crane et al., 2017）。プログラムの妥当性、効能、効果に対するもっとも科学的な評価によって、プログラムの忠実性が保証されています（Weck, Bohn, Ginzburg, & Stangier, 2011）。これは、実際に、それらのプログラムが意図したとおりに教えられ、効果的に、そして忠実に実施されているかを、研究で評価しているということです（Dimidjian & Segal, 2015）。つまり、マインドフルネスに基づいたプログラムのレベルにおける一貫性というのは、マインドフルネスを講師の個人的な関心や好みに適用するのではなく、マインドフルネス・プログラムとしての一貫性を尊重するということなのです。

プログラムの一貫性を尊重することは、一貫性を伴った革新と共存しえます。こうした革新の素晴らしい例はたくさんあります。うつの再発のためのマインドフルネス認知療法（MBCT; Segal et al., 2013）、薬物依存の人々に対するマインドフルネスに基づいたアプローチ（Bowen & Vieten, 2012）はその一例です。これらのイノベーションの特徴は、それを必要とする、明確なニーズがあるということ、イノベーションの意図、対象、文脈に十分に注意が払われていること、そのメリットと潜在的なコストを評価することに取り組んでいることです。

ではここで、Ｂｏｘ９・１の２つ目の倫理的な課題について見ていきましょう。

以下は、保健医療の領域でうつの再発リスクのある人々にＭＢＣＴを教えているマインドフルネス講師の体験である。マネージャーが、経済的な問題のために、プログラムを少ないセッション、多くても４セッション以下で行わなければならず、１対１の事前オリエンテーションは実施できないと伝えてきた。さらに、プログラムの定員を増やして、待機リストに載っている他のメンタルヘルスの問題を抱えた人々に対しても一緒に実施することは可能かと尋ねてきた。

第一に、このマインドフルネス講師は、マニュアルに反し、実証的なデータに反し、有効な実践ガイドラインに反し、自身のトレーニングにも反する方法でＭＢＣＴを提供するように求められていることに対して、困惑していることに気づいた。マネージャーと話を始めたところ、コストと待機リストを減らすということが、マネージャーにそのような指示をさせていたことがわかった。マネージャー自身もサービスと、自分自身の仕事について心配はしているものの、サービスに対する周囲からのプレッシャーに対応しなければならないと感じていたのである。しかし、この講師は、ＭＢＣＴを短縮して待機リストの人々にも提供する必要性については妥協しない立場をとっていた。

講師は、スーパービジョンを受け、他のサービスを提供している同僚に意見を求めた。そこで、サービスへの要求に合うようＭＢＣＴをイノベーティブに適応させたサービスがあることを知った。そのサービスは、適応に際して細心の注意を払い、意図せず害を与える可能性について気を配るとともに、意図した利益が確実にもたらされるようにするために行ったことすべてに評価がなされるものであった。講師はまた、彼らがスタッフにマインドフルネス・グループを提供しており、それがしばしばスタッフやサービスに良い影響を与えているということを知った。このより広い理解とスーパービジョンによって、この講師はプログラムとスタッフ・グループを段階的に拡大するよう交渉することができた。しかし、プログラムを短縮するという要求については抵抗し、この取り組みは参加者に多くのことを要求するものであり、8週間のグループ介入はすでに比較的短いプログラムであることをマネージャーに説明した。また、この講師は、このサービスの妥当性と効果について評価をすることを保証させた。

実際、この講師は、待機リストの人々にとっても受け入れやすく役に立つものであることが証明されたプログラムを見出した。彼らの多くは、サービス内で提供されている他の実証的な心理療法にも、よりしっかりと取り組むために、プログラムを修了した後も学んだことを使い続けていた。サービスによって完全に回復した参加者の割合も増加した。元のサービスと同様に、このグループはＭＢＣＴに対するスタッフの理解を深め、一部のスタッフのウェルビーイングを向上させた。また一部では、スタッフ自身がストレスに対応するために必要とされる人生の変容を認識し、中には、保健医療サービスの仕事から離れることを決めた者もいた。そこには、例のマネージャーも含まれていた。

◇マインドフルネスに基づいたトレーニング・プログラム

この領域が発展するにつれて、継続中のスーパービジョンやメンタリングをサポートする方法（Evans et al., 2015）だけでなく、マインドフルネスに基づいた講師（mindfulness-based teachers）を訓練する最善の方法（Crane, Kuyken, Hastings, Rothwell, & Williams, 2010; Segal et al., 2018）が、スーパービジョン領域内の共通理解や「優れた実践のガイドライン（good practice guideline）」によって、徐々に発展してきました。講師トレーニングにおいては、マインドフルネスに基づいたプログラムを教えることを学ぶことは、ある前提条件をクリアし、基盤となるトレーニング、基礎的な講師トレーニングを受け、そしてスーパービジョンとメンタリングを受けながらの見習い期間を経るものであるとされています。講師がマインドフルネスに基づいたプログラムを教え始めることができるほど力をつけても、継続的な学びと発展に取り組まなければなりません。

重要なのは、講師がマインドフルネスを体現するためには、講師自身の個人的なマインドフルネス実践の成長が必要であるという共通認識があることです。そこには、講師が、より理解を深めるためのリトリートに参加することと並んで、継続的、定期的なマインドフルネス実践を行うことが含まれています（Peacook et al., 2016）。さらに、トレーニング・カリキュラムによって、倫理がよりフォーマルに教えられるのはもちろん、一貫性も、基礎的な教えの中に思い描かれているやり方で育まれ、鍛えられます。MBCTトレーニングの道筋は、学びの成果の一つを「マインドフルネス認知療法を教える際の倫理的枠組みを反映し、これを臨床実践で生じる複雑な問題に適用すること」としています（Segal et al., 2018, p. 7）。この道筋はまた、基礎的なトレーニングは「マインドフルネス認知療法の適切な採用／除外基準、参加者のアセスメント、スクリーニング（および必要に応じて適切なリファー）とオリエンテーション、結果のモニタリング、そしてリスクマネジメント／リファー／医師のバックアップ、といったことに注意を払いつつ、マインドフルネス認知療法を安全かつ倫理的に提供することに関する教え」を含むと提唱しています（p. 9）。MBSRプログラムもまた、同じようにトレーニングの中核に倫理を含んでいます。

心理療法（例えば認知療法など）や心理社会的プログラム（MBSRやMBCTなど）では、精神的・身体的に苦痛な状態にいる人々、多くの場合、とても傷つきやすい人々に働きかけます。認知行動療法とマインドフルネス実践は、心を明らかにし、変容させるのに用いられます。こうしたことをするためのトレーニングは、外科医のトレーニングと類似しています。外科医が身体に対して安全かつ効果的に処置をするためにトレーニングを必要とするのと同じように、マインドフルネス講師にもまた、徹底したトレーニングが必要なのです。良質なトレーニングを受けることは非常に重要であり、時間やエネルギーをかける甲斐のあるものです。というのも、キャリアを通してその恩恵を何度も感じることになるからです。経験豊富な講師が、「個人や集団の心身状態は無数であり、コースの中ではそれらが現れてくるので、新しいコースを教えるたびに何か新しいことを学ぶ」と言うのを聞くことも珍しくありません。講師自身の個人的なマインドフルネス実践が発展することで、講師の体現も深まり、指導の質も向上します。この意味で、学びは生涯続くものなのです。

今のところ、あまねく合意されたマインドフルネス講師の資格や認定はありません。しかし、情報を公開し、透明性を確保することは、マインドフルネス・トレーニングを始めようとする人は誰でも、トレーニングのレベルと講師の能力を知る権限をもつことを意味しています。講師自身のウェルビーイング、そして立場を守ることに関しては、自身のトレーニングの範囲と限界に対して、オープンで正直であることがもっとも役に立ちます。

◇マインドフルネス講師

マインドフルネス講師は誰でも、自分自身の倫理的な成長および自分自身の指導の質と一貫性に責任をもつように求められます。

プログラムの倫理的な基盤、価値体系、そして哲学的な基盤は、教えるプロセスにおいて目に見えづらく、暗に示されているものです。そのため、講師は、教えるプロセスの一貫性を保つという個人的な責任を密やかに担っています。たくさんの目に見えない活動が、そこにはあります。講師は、人間の心に対する理論的、実践的理解の枠組み、そして、それらとマインドフルネス瞑想の実践とをどのようにつなぎ合わせるかの枠組みを提供します。こうした枠組みの準備ができていると、体験的観察が現れた際、参加者がそれを理解するのに役立ちます。これらの枠組みは、さまざまな背景から（主に現代心理学と仏教心理学の側面から）引き出されています。講師はまた、自分の

表 9・2　マインドフルネス講師のエッセンス／文脈に応じた特徴

エッセンス	文脈に応じた特徴
・効果的なプログラムの運営ができる技量 ・教える過程で、自分自身がマインドフルな状態や態度を体現すること ・自らも適切なトレーニングに従事し、質の高いマインドフルネス実践を継続すること ・自らを参加者との学びのプロセスの一部として位置づけること	・プログラムを教える特定の対象に関する知識や経験を有し、その対象と関わるための専門的な訓練を受けていること ・特別な文脈や対象への指導を支える理論的なプロセスに関する知識を有していること

出所：Crane et al.（2017, p. 993）.

職業と所属機関の倫理規定を保持しています。これが、講師にここまで重きを置く理由の一つです。つまり、教えるプロセスが文脈に対して適正な倫理的枠組みの中で行われ、体現されることを保証しつつ、同時に、講師自身がその指導の真正性を伝える支点の上に坐っているのです（Crane, 2017）。

マインドフルネスに基づいたプログラムにはいくつかの特徴がありますが、それはマインドフルネス講師も同様です（第6章、表6・1を参照）。一貫性のある指導を行うマインドフルネス講師の決定的な特徴によって、講師が必要なトレーニングを受け、能力や経験を有していること、そして彼らが自らの学びを更新し続けていることが大いに保証されます。これは、指導能力、理論的知識、専門的訓練、およびマインドフルネスの体現といった各領域に適用されます（表9・2を参照）。

一貫性をもって教えるということは、マインドフルネス実践を維持すること、**人に教えていることを自らも実践すること**（*walk the talk*）、つまり、自分が概念的、体験的に知っていることを教えること、そして、体現することが自らの実践であることをマインドフルネス講師に要求します。自分自身が個人的にも引き受けたり、取り組んだりしたくないことは、クライエントにも要求しないようにします。

マインドフルネスを教えること、実践することによって、私たちの意図と現実生活との間の、心をかき乱されるような食い違いが明らかになることがありえます。例えば、私たち講師は参加者に、日常的にマインドフルネス実践に取り組むことを求めますが、私たちは生活の中で、なかなか取り組めない可能性があります。私たちは参加者に、生活のあらゆる場面にマインドフルネスを取り入れるように推奨しますが、自分自身の生活は**忙しさ**や**マインドフル**とは程遠い関係性によって，取って代わられているかもしれません。私たちはクライエントに，素敵なものに感謝する力と，困難なものに目を向ける力の両方を養うことを推奨しますが，自分自身は，困難を避け，素敵なものへも深入りしないような行動をとってしまっているかもしれません。

◇食い違いはネガティブなことではない

しかし，この食い違いによって，評価や非難を生み出す必要はありません。それは，創造的な緊張感，いわば**目覚め**の瞬間，そして自分の中で最も深い願望や価値を体現している人生を生きている瞬間を示している可能性があります。講師としての食い違いは，自分自身の体現についてできるだけ正直に検討するよう呼びかけるものかもしれません。自分自身の継続的な実践に取り組み，同僚からのスーパービジョンを受けることは，「マインドフルネスの講師であることは，マインドフルネスの学修者であることを意味する」という一貫性を深く表現していることになります。体現に関する章（第8章）でも見てきたように，私たちの切望（健康やウェルビーイングを望むこと，他者を尊敬し愛すること，手助けし傷つけないこと）は，強力な内なる批評家の根底にあり，物事のありようと，私たちがそれらにどのようにあってほしいかのあいだに食い違いを生み出しうる健全な意図です。この意味で，講師の一貫性は，道筋，つまりトレーニングの一環であり，そして，個人として，専門家としての継続的な成長なのです。

マインドフルネス実践はしばしば，マインドフルネス講師の人生を変容させる力のある一部分になります。それはおそらく，自分の思想的価値や信念，あるいはスピリチュアリティや宗教に関連づけられるでしょう。しかし，マインドフルネスに基づいたプログラムは，講師にとって個人的な，スピリチュアルな，あるいは宗教的な価値を伝える媒介物ではありません。一貫性は，講師が自分自身のマインドフルネスに基づいたプログラムを，あらゆる信仰やバックグラウンドをもつ人が参加できるようなやり方で実施しながら，真正性をもって教えるための方法を見出すということを意味します。そこには，自分が信仰をもっているために他の人の信仰を気にする人や，信仰をもたない人も含まれます（Crane, 2017）。マインドフルネスに基づいたプログラムに変容する力があることがわかる参加者の中には、学んだことを自分のスピリチュアルな価値観および宗教的価値観や実践と統合するかもしれません。しかし、それは、本来意図するところでも、求められていることでもありません。

Box9・2で示した倫理的ジレンマの一つは、モハメドのムスリム信仰であった。ムスリム信仰はモハメドにとって精神的に大切であるだけでなく、生き方としても、コミュニティの一部としても重要であった。彼の導師は、彼がマインドフルネスのクラスに参加すること、そして、それがイスラムの教えとどのように調和するのかについて疑問視した。

ここでの倫理的な問題は何でしょうか？　マインドフルネス講師は、どのように対応するでしょうか？

このケースでは、マインドフルネス講師は、モハメドに注意深く働きかけ、マインドフルネスに基づいたプログラムは世俗的なものであり、それを自分の慢性疼痛と生活により一般的に適用する方法を見出すのは彼自身であるということをはっきりさせた。モハメドは、どのように一日5回の祈りをささげているかと、それが自分にとって機械的に行う習慣のようになっていることを述べた。彼はマインドフルネスを自分の毎日の祈りに用いるようになり、自分の祈りに対してより自覚的に在ることができるようになった。このことを導師に説明することで導師を安心させることができ、モハメドは自分の祈りと奉仕を成長させる扉を開くこととなった。多くのムスリムにとって祈りがいかに機械的な習慣になってしまいかねないかということに気づいている彼の導師は、マインドフルネスがどのようにして、祈りの中でより神とともに在りうるかについて興味を示した。

◇マインドフルネスに基づいたプログラムにおいて参加者の安全を保証すること

倫理と一貫性は、マインドフルネスに基づいたプログラムに参加している人々に対して、さまざまに機能します。第一に、無害の原理は、私たちが参加者の安全を確実なものにする必要があることを意味します。ルース・ベアと私（ウィレム・カイケン）は、安全性を確実にするための、次の3つのレベルを考慮した枠組みを作成しました。1つ目が参加者の傷つきやすさ、2つ目がプログラムの厳しさ、そして最後が講師の適性です（Baer & Kuyken, 2016）。より傷つきやすい参加者、そしてより集中的な実践には、より優れた講師の適性とスキルが求められます（マインドフルネスに基づいた講師は皆、トレーニングの過程で取得しておくべきことです）。

例えば、うつに対するMBCTにおいては、安全性を確実にする側面の一つとして、プログラムに参加しようと思っている人が、実際にプログラムを始める前にオリエンテーション・セッションに参加することが必須となっています。このオリエンテーションでは、参加者にとってプログラムを始めることが適切かどうか、講師と参加者の双方によって決定されます。心的外傷の症状が出現している人々は、解離状態を経験したり、薬物乱用をしていたり、もしくは人生の大きな変化の渦中にあったりしますが、そうした人々は、マインドフルネス・プログラムを受けるには適切なタイミングでないかもしれません。私たちが参加者の安全を確保するためのトレーニングを守るためのその方法をもっていることを確かなものにすることが、まさにプログラム参加者のウェルビーイングを守るための一貫性を示すことなのです。

Box9・1に示した倫理的ジレンマの中には、一日リトリートを教えるマインドフルネス講師に関するものがあった。マインドフルネス実践の一つを実施しているときに、ある参加者が解離体験の恐怖と、自分自身を傷つけるように言ってくる声が聞こえたということを語った。

ここでの倫理的な問題は何でしょうか？　マインドフルネス講師はどのように対応するでしょうか？

この参加者の安全を最優先すべきであることは明白であり、文脈が鍵となる。これらの体験における人の傷つきやすさについて、講師はすでに気づいているだろうか？　講師は、保健医療、メンタルヘルスの専門家としての資格を所持しているだろうか？　この参加者の体験をアセスメントし、対処する適性を有しているだろうか？　クラスの他の参加者はどのように反応するだろうか？　講師は、スキルフルな対応が可能となるように安定性と体現を維持することができるだろうか？

これらの文脈的な疑問に対する答えが、スキルフルな対応を決定する。臨床的な資格を有しており、経験豊富なマインドフルネス講師は、（この参加者の解離傾向にすでに気づき、対処していただろうが）必要なサポートと、注意深く、継続的な評価を提供することで、参加者がこれらの心的状態に、安全に、そして建設的に対処できるよう、十分にサポートできると感じるかもしれない。これらの適性をもたないマインドフルネス講師は、参加者にマインドフルネスに基づいたプログラムからいったん退いて、代わりにメンタルヘルスと安全を管理し、維持するための方法を探すように言うかもしれない。スーパービジョンを受けることも考えられる。参加者をよりよく支援することができる人にリファーするかもしれない。いずれの場合にしても、参加者のウェルビーイングが最優先されるべきであり、講師は自身の適性の範囲内で対処する。

講師の能力、つまり、直面する可能性がある苦痛や精神病理学への理解と、取り組んでいる文脈における参加者のウェルビーイングを守るための知識が、常にマッチしていなければならない。マインドフルネスは万能薬ではなく、講師はあらゆる心的状態に対処できるわけではない。

一貫性と倫理は、マインドフルネスの学びと指導におけるあらゆる側面に関連します。これまで、Ｂｏｘ９・２内のいくつかの実例を示してきました。これら４つのケースにおける一貫性と倫理の問題は何でしょうか？　１つ目の例では、参加者がマインドフルネスを通して、自分自身の興奮と衝動性がいかに娘との関係を損なう破壊的な言葉の先駆けとなっているかに気づき始めました。彼女が防御的な気づきと抑制を実践することを学ぶことで、娘との関係、そして自分自身の心の状態との関係に対する良い効果を実感し始めました。

ある朝、リンはよく眠れず、イライラする気持ちで起きてしまった。彼女は10代の娘が朝食を食べつつ、男の子とメッセージのやりとりをしながら動画を観ているのに気づいた。スクールバスに間に合うように家を出るまで、あと10分だった。リンは、バスルームの電気がつけっぱなしで、濡れたタオルが床に落ちており、冷蔵庫は半開きで牛乳はカウンターに出しっぱなし、そしてシリアルの箱は開いたままであることに気づいた。
彼女の心には、バスルームとキッチンに残された散らかり放題の痕跡を見て、苛立ちの波と娘に小言を言いたい衝動が引き起こされた。そして、次の言葉が浮かんだ。「あと10分しかないわよ。ご飯を食べて、あとバスルームとキッチンの後片付けをしてほしいんだけど」。娘と同じ年齢だったとき、リンは養護施設で過ごしていた。どういうわけだか、苛立ちは怒りの感覚に変わり、小言を言いたい衝動は一段と上昇し、娘を言葉で打ちのめすための衝動になった。「あんた、自分が何してるかわかってるの？　私はあんたの奴隷じゃない。学校に行く前に片付けなきゃいけないような跡を残していかないで！」

ここでの問題は何でしょうか？　何が潜在的に害となるもので、何が利益となるものでしょうか？　リンはスキルフルに対応するという学びを、どのように活用することができるでしょうか？

こうした苛立ちの感情は、10代の子どもをもつ親にはめずらしくはない。思春期の子どもを育てることには、子どもの自己中心的な行動を正し、彼らの気分や生まれつつあるアイデンティティに合わせることが含まれる。こうした場面は、親が一貫した態度、境界線、そして安定した愛情を見せる必要があるときである。しかし、当然のことながら、多くの親が自分たちの10代の子どもの言葉と行動に耐えるのは難しいと感じている。反応的になりやすいのである。

いったん立ち止まり、リンは自分の衝動と反応性に注意を向けた。小言がもう舌の先まで来ていること、怒りの言葉が頭の中に生成されていること、そして、暴言を吐きたい衝動に気づいた。過去の経験から、彼女はこの後のシナリオがどう展開するかを知っていた。娘は呆れたように目玉を上に向け、ため息まじりに汚い言葉を吐き、気乗りのしないまま、いくつかを適当に片付け、いってきますも言わずに、怒りと恨みの黒雲を残したまま家を出る。リンは無力感を抱き、否定的な思考の悪循環に陥るだろう。「精神的に問題を抱えた母親の子であるというのは、子どものせいではない」「私はひどい母親だ、彼女は私のことが嫌いなんだ」「もう家にいてベッドに戻ってしまおうか」。リンは、これは選ぶ価値のある戦いではないと思い、何も言わないようにした。娘がドアに向かったとき、彼女は「良い一日を。愛しているわ」と言った。娘は振り返って笑顔をつくり、「ありがとう、ママもね」と言った。娘は、リンが考えていたことや自分が残していった混沌に気づいていなかった。しかし、娘が出ていった後の時間で、リンは暴言を吐かなかったことに安堵した。「私は自分が子どもにかみつく傾向があることをわかっている。自分が参っていたり、疲れていたりすると特に。でも、それは役に立たないし、そのあと最悪な気持ちになる」。

その放課後、リンは娘を友達の家に送った。車の中で、娘は男の子がセックスのプレッシャーをかけてくるが、自分はその準備ができていないし、彼のことが好きかどうかもわからない、それでも彼は学校ではとても人気で、友達はみんなあいつはいいやつだと言う、ということをオープンに話した。2人は一緒に話し、その中で、リンはかつて自分自身が、気を引き、かまってもらうために、いかに自分のセクシュアリティを利用したかについて、体験を共有した。2人は、その男の子といる状況をどのように扱うかについて計画を一緒に立てた。リンは、もし朝、暴言を吐いていたら、娘はこの問題を共有してくれなかっただろうと振り返った。彼女は、自分が娘の年齢だった頃よりも、娘が母親とたくさん一緒にいられること、そして、落ち込んでもめげずに立ち直れることを嬉しく感じた。

この例から、リンの思考や衝動に対する気づきが、どのようにして、彼女に「反応」ではなく「対応」の仕方の選択をもたらしたかがわかります。「もし自分が自制心を失わなかったら、つまり、突然怒りで我を忘れるようなことをしなかったら、呼吸空間法を行ってそれにただ集中し、そして、そのあと、自制心を失わずにもう少しだけよく考えることができる」。その日の後も、同じような振り返りの気づきがあり、それによって彼女は、抑制する、すなわち「自制心を失わないようにする」という最終的な良い影響を自らの行動に反映することができました。この種の意図性（娘の成長を支える）、思考（小言を言いたい衝動に気づいているが、我慢する）、そして行動（この場合、抑制する）に関する例は、よりよい人生を送りたいと願う参加者をサポートするマインドフルネスに基づいたプログラムの意図性における倫理の例なのです。

スーは私（ウィレム・カイケン）のMBCTクラスの参加者の一人であった。リンのように、スーも虐待を受けていた過去があり、2人の子どもがいた。彼女は、怒りに任せて暴言を吐く傾向があった。彼女はマインドフルネスの指導に対する深刻な誤解をしており、「私は自分の子どもに本当にひどい暴言を吐いてしまいます。私の舌は時々剃刀のようになって、その後嫌な気分になります。でも、今、私は自分自身に『いや、あなたは悪い人間じゃない。これらの後悔を手放そう』と声をかけることができます」と言った。害を与えている行動に対する後悔が、それを改めるのに役に立つことは明らかである。それは、刺激と反応性のあいだにある間《ま》に現れるものである。しかしながら、この場合、スーは苛立ちや怒りを生み出す思考や気分に対する自分への思いやり（セルフ・コンパッション）だけでなく、自分の子どもに対する行動が確実に有害で破壊的なものにならないように、実践的な子育てのスキルを身につける必要があった。これにより、彼女は反応性の連鎖により早い段階で気づき、健全な意図をもって対応ができるようになるはずである。

Box9・2の3つ目の例は、サムの依存症からの回復と、その過程において、依存症が原因となって、自分だけでなく他者にも痛みと破壊が生じていることに、彼がいかに気づき始めたかを示しています。彼は母親から盗みを働き、いくつかの仕事で信頼を失って解雇され、薬物を注射するための針を他者と使い回していました。

サムは依存症だった頃、多くの倫理的な境界線を越えていた。彼のマインドフルネス実践は、自分の行動と、自身の心の安らぎおよび自分が愛する人々のウェルビーイングを心から願う気持ちとの間に、強い食い違いを生み出した。すでに述べたように、12ステップの回復プログラム（その後半部分）は、償いをすることがテーマとなる。サムはマインドフルネス実践によって、注意深く自分の意図と行動を探索することができた。それによって、いつどのようにそうした償いをすればよいかを知ることができた。彼の母親は、サムが依存症だった頃は、彼から何度も言い訳と謝罪を聞いた。サムは、信頼を回復するための自分の行動が、いかなる言葉よりも強力な償いの形となることを知った。そして、その数年後、彼の行動が母親との関係を再構築するのに、もはや言葉は必要なかった。

意図、思考、行動、そしてそれらの影響という意味で、倫理はこれらの例それぞれの中核となっています。倫理は、マインドフルネスに基づいたプログラムの参加者・講師の両方に適用されるのです。

◇マインドフルネス・プログラムの講師と参加者の関係

マインドフルネス講師とマインドフルネスを学ぶ人との関係には、明確さと、ある種の繊細なバランスが要求されます。講師は、指導、マインドフルネス実践のインストラクション、そして学びのための安全な場（container）を提供します。彼らはマインドフルネス講師として訓練され、豊富な知識と経験を有しています。自分のより専門的な知識が参加者の学びを可能にすることになるので、そうした意味で、講師は力をもっているといえます。

マインドフルネス・プログラムにおいては、参加者の学びが、第一に参加型、体験型であり、解放的なものであることが意図されています。優れたマインドフルネス講師は、こうした学びを引き出します。つまり、講師は、参加者自身が、実践や実践中に何が生じたかに対する自分自身への問いを通して、自分自身で学ぶように、繰り返し指導を提供するよう努めるのです。講師の役割は、ただ、プログラムおよびマインドフルネス実践そのものの中から参加者自身が学びを得られるようにすることです。こうした講師―参加者間の関係の不均衡から、講師が**教祖**ととらえられてしまう可能性があります。

一方で、マインドフルネス実践という乗り物は、講師にとっても参加者にとっても同じです。講師は自分が学んだことを教えているのですから、どちらも同じ旅をしているのです。この意味で、両者の関係性は平等です。学びを支えると同時に、講師が**専門家**あるいは教祖として見られることを最小限に抑えるような講師―参加者関係を構築するためには、十分な配慮をする必要があります。講師は参加者にサービスを提供できるだけの知識と経験を有していますが、第一には、参加者自身が自分の学びを紐解いていくことを求めます。参加者は、自分自身が講師を理想化したり、講師に対して恋愛的に、あるいは性的に魅力を感じたりしていることに気づく可能性があります。講師も同じように、参加者に対して恋愛的に、性的に魅力を感じる可能性があります。講師は、講師と参加者の関係における力の違いを理解する必要があります。異なる役割をもつ者のあいだの境界を適切に維持することは、常に講師の責任なのです。

マインドフルネス講師が、８週間のクラスをうまく設定し、最初の数セッションをうまく教えれば、途中からクラスが自ずと自分たち自身で学び始める、つまり、プログラムの構造、参加者のマインドフルネス実践、参加者間の共通の学びの感覚が、それ自身の生命をもち始める、というのは珍しいことではありません。しかしながら、マインドフルネス講師の特定の役割、そして、どのグループにも設定される標準的なプロセスによって、参加者の講師への依存や理想化、そして講師という力のダイナミクスが生じる可能性はあります。

一貫性は、マインドフルネス・プログラムの参加者にとって本当にためになることだけに関するものであり、物質的な報酬、賞賛、依存には関係しません。マインドフルネス実践とその体現は、講師が注意を払うことができるような強力なシグナルとガイダンスを提供します。もし、自分が教祖の役割に心を惹かれている、あるいは、参加者からの賞賛や依存を感じたり、参加者に性的魅力を感じたりしていることに気づいたら、それは、立ち止まって、配慮と理解に満ちた対応をする瞬間なのです。以下の例において、サムは家での実践に関するインクワイアリの際に、講師に対して感情溢れるばかりの賞賛を投げかけています。講師は、自分自身がおだてられ、**うぬぼれた**感覚を抱いていることに気づいています。

サ　ム：先週のクラスで先生は、私にはボディスキャンが役に立つということを言ってくださいましたね。ありがとうございます。私は先生から非常にたくさんのことを学んでいます。先生はとても聡明ですね。

講　師：（サムはマインドフルネスに関する智慧を講師である自分自身に帰属させている、ということを認識し、自分自身にうぬぼれの苦しみがあることに気づいている。彼の言葉が自分に与えている影響に気づきながら、姿勢を安定感が得られるように調整し、自分自身の感覚から距離を置く。そして、サムがこの実践とそれから得られる学びに責任をもつことを手伝おうとする。）あなたにとっての学びは何だったでしょうか？

サ　ム：私がとても動揺したことを先生はご存じでしょう。

講　師：自宅でのボディスキャンの間、動揺した気持ちとうまく付き合うために何をしましたか？

サ　ム：先生のおっしゃったように、私は動揺に対してそれが何であるかを見るようにしました。そして、それがどのようなものかに気づきながら、おそらくそれと少しの間、身体の感覚に戻ってくるまで一緒にいました。先生は以前、これは子犬のトレーニングのようなものだとおっしゃいましたね。私はまさに犬を育てているので、そのたとえはとても役に立ちました。

講　師：あら、それはよかったですね。それで、子犬のトレーニングのどのような特徴をご自身の心に適用しましたか？（微笑みながら）

サ　ム：（笑いながら）ええと、毅然としていながらやさしく、そして辛抱強くあることです。それには時間が必要ですよね。ボディスキャンのときにも、私の心は同じような感じでした。簡単ではなかったですが、私は先生に言われたように、7日中6日行いました。週の最後までに子犬が訓練されたとはいえませんが、瞑想を始める度に飛び跳ねるようなことはなくなりました。

講　師：ありがとう、あなたが自分の心に、きりっとしつつもやさしい態度を育んでいることがわかって嬉しいです。そして、犬をトレーニングするときの知識を自身の心にも活用したのですね。私が皆さん（ここにいるグループのメンバー全員）に学んでいただきたいのは、ご自身の講師はご自身のマインドフルネス実践であるということです。私は、あなた方がそういった学びを紐解くことを手助けするためにここにいるのであり、あなた方は自分自身の活動によって利益を得るでしょう。

ピア・サポート、スーパービジョン、そしてコミュニティは、すべてマインドフルネス講師の一貫性を支えます。仏教の伝統の中では、この人の判断によって自分の一貫性を育むことができると思える人を選ぶことが鍵となります。スーパービジョンとピア・サポートもまた、マインドフルネス講師の「優れた実践のガイドライン」の一部です。

す（Crane, 2011）。

私たちは講師に、それぞれのクラスを開始する前にマインドフルネス実践を行う時間をとることを推奨しています。それによって、心が安定し、マインドフルネスの態度の側面を育むことができます。もし、参加者それぞれの顔が順番に頭に浮かんだら、それは効果的な指導の助けとなるでしょう。なぜなら、講師が関わりうる、あるいは関わる必要がある問題に集中することができるからです。これには、反応性とともに、避けがたい思考や気持ちも含まれます。例えば、「私は彼女のことが本当に好きだ、彼女はスターのようだ」、「彼には来てほしくない、彼はとても懐疑的だから」、「彼女の怒りが怖い、彼女をどのように支えればよいかわからないし、だめな講師であると思われてしまう」といったものです。これらの思考や気持ちに気づきを向けることは、体現と一貫性をもって教えるための鍵となります。

4 より広範なマインドフルネスの領域

保健医療、教育、司法犯罪、そして産業といった異なる文脈におけるマインドフルネスへの興味関心の広がりにより、当然のことながら、その意図性、倫理的枠組み、こうした活動がもたらす影響が問われてきました（Baer, 2015; Cook, 2016; Monteiro, Musten, & Compson, 2015）。この動きは、マインドフルネスの領域全体における安全の確保や枠組みの制定が必要であるという対応につながりました（Crane, 2017）。私たちは、長期的には倫理と一貫性に携わる必要があり、そのために一連の意図的なステップを講じる必要があるということについて検討してきました（Kuyken, 2016）。

ＡＰＡ（American Psychological Association）や英国心理学会（British Psychological Society）のような専門機関が、マ

インドフルネスの領域の倫理と一貫性を提供できると主張する人たちもいます。これらの専門機関は、何十年もかけて倫理的ガイドラインを注意深く検討し、進化させてきました（Baer, 2015）。このような専門的なガイドラインは、（1）序文に書かれている規範の基礎となる倫理原則に関する説明、（2）行動規範（**すべきかすべきでないか**に関する最低限のラインを提供するもの）、（3）ガイドライン（必須であるというよりは、推奨されるもの）という、3つの柱からなるアプローチをとる傾向があります。土台のところでは、倫理規範は、私たちの活動に対してガイドラインを示し、倫理的ジレンマの解決を可能にし、ある世代から次の世代に標準をつなぎ渡し、行動が疑問視される人を判断するための基準をもたらし、専門としての一貫性を確認し、社会法的なガイドラインの施行および取り締まりの必要性から専門的職業を守る役割を果たします。倫理規範は、マインドフルネス講師が専門的なバックグラウンドおよび活動の文脈にふさわしい倫理的枠組みの遵守を提唱するのに役立つ、「優れた実践のガイドライン」なのです（Crane, 2011）。

しかしながら、中には専門的な背景をもたないマインドフルネス講師もいます。こうした場合、ガイドラインには、講師が何らかの規範をもっていないのであれば、もっとも妥当な専門機関が定めた規範に従い、それによって優れた実践を保護し提供すべきである、ということが示されることでしょう（Segal et al., 2018）。私たちは、そうしたガイドラインは非常に役に立つ一方で、一貫性という織物のほんの一部に過ぎないということを主張してきました。

いくつかの文脈では、優れた実践に対する合意声明は、啓蒙的なプロセスであり、共同で作成されたコンセンサスであり、講師と、講師が活動する文脈に重要なガイドをもたらすものとなっています（Crane, 2011）。例えば、イギリスにおける「優れた実践のガイドライン」は、まず、これらガイドラインを共有するコミュニティ感覚を醸成し、その後、医療システムその他において、人々のトレーニングおよびマインドフルネス・サービスの確立のためのガイドとして役立ちました（Mindfulness All-Parliamentary Group, 2015）。

ベア（Baer, 2015）は、**私たちがどのようにマインドフルネスを伝えるかが、この領域の一貫性の鍵となる**ということについて、説得力のある主張をしています。そこには、マインドフルネス講師がマインドフルネスに基づいたプログラムの限界を知っており、それを伝えること、どのような人に適していて、どのような人に適していないかを知っていること、自分がどのような人にマインドフルネスを教えるように訓練を受け、どのような人に教えることを訓練されていないかを知っていることが含まれます。マインドフルネスがあらゆる状況で、あらゆる人に対して最適な道筋を示すものではないということを認めるためには、正直さと一貫性が必要となります。もしクライエントに差し迫った危険がある場合や、精神病発症のリスクがある場合、厳格なトレーニングを行うことができる状態にない場合は、講師はそれを把握し、適切な援助へとつなぐ必要があります。こうした講師自身の正直さと確かな情報に基づくコミュニケーションによって、マインドフルネスに基づいたプログラムは過剰な利益を主張しているという、マインドフルネスの領域におけるいくつかの正当な批評を防ぐことができるでしょう。

金銭と権力は非常に魅惑的であり、一貫性を損なう可能性がある。現代のマインドフルネスの黎明期には、マインドフルネスを教えることの経済的側面が認められ、多くのマインドフルネス講師は、自らの一貫性を守るために寛容さのモデルに則って教えていました。言い換えれば、彼らは報酬を期待せずに教えましたが、人々は彼らのお布施の精神に基づく指導に対して寄付をしていたのです。これは、倫理的な生業を支えました。保険やヘルスケアシステムが、マインドフルネス・プログラムへの参加にかかるコストを補助している国もあります。こうした仕組みが世界共通ではなく、多くの人がマインドフルネス・プログラムを受ける余裕がないことは、厳しい現実です。心理的な苦痛を抱えている人々は生計を立てるだけの余裕が損なわれているわけですから、参加から除外されてしまうことになってしまいます。

Box9・1の最後の例は、コミュニティの中でマインドフルネスに基づいたプログラムを教えているマインドフルネス講師のものだった。彼女は、8週間コースの登録者から連絡を受け取った。その人は、職を失い、片親であるため、プログラムに参加したいのだが、その金銭的余裕もなければ、クラスの間、子どもを見てくれる人も必要だということだった。

マインドフルネスの発展における一貫性は、プログラムに払うお金がない人をどのように取り込むべきか、という問題に取り組むよう、私たちに求める。これは簡単な問題ではない。一般的には、多くのマインドフルネス講師が、参加者に対して、補助することもなく、時間と都合をつけるよう求める。講師自身もまた、生計を立てていく必要があるのである。低所得者向けに、すべてのコースで補助金付きのものを提供したり、支払いやすい方式を手配したりしている講師もいる。費用を支払う余裕がない人々のために、奨学金を利用できるよう、コース料金を手配している講師もいる。

経済的な一貫性に関する問題は根深く、アクセスや採用、力関係、そして意図性に関する多くの問題を引き起こします。経済的な問題に倫理的に対応する方法は、どのマインドフルネス講師にとっても重要となります。

価値観と文化の多様性を尊重すること。マインドフルネスが私たちの社会に根づくにつれて、私たちの社会はいかに多様であり、マインドフルネスがいかにして多様な背景に適合するかを認識しなければなりません。信仰のある人もない人もマインドフルネスを利用できるようにし、指導に用いる言語を多様なコミュニティにとって適切で利用しやすくなるように適応させ、マインドフルネス・トレーニングを白人、教養のある中産階級のものであると見なす経済的・社会的障壁を越えるために必要なことは何でしょうか？　社会的・教育的背景が異なる人々や、異なる民族の人々の声に、注意深く耳を傾けることが重要です。マインドフルネス講師は、指導の中核を損なうことなく、包括的かつ適切な方法でプログラムを語り、運営していく方法を学ぶ必要があるでしょう。これは現在の、そして将来における試練です。また、この学びの過程で、悩みが取りうるさまざまな形とその表現の在り方が思い起こされます。この意味で、これは倫理的な試練でもあるのです。

これまで挙げてきた例や課題それぞれに、多様性、利用しやすさ、参画を適用することができます。モハメドのイスラム信仰とリンの虐待の経験は、どちらもマインドフルネスの道のりに対する潜在的な障壁ですが、豊かな学びの機会でもあります。私たち自身の見解と歴史に関する学びも同様に、障壁にも機会にもなりえます。多様性とともに活動することは、内側から外へ、そして外側から内へのインクワイアリなのです。

ここで重要な洞察は、質の高いマインドフルネスの指導は、マインドフルネス・プログラムそのものの一貫性が、質の高い講師の訓練と、一貫性を体現し継続的な学びとスーパービジョンを受けている講師とが相まって可能となるということです。一貫性は、マインドフルネス・プログラム、講師、そしてより広範な領域の、各レベルに浸透しているべきなのです。

まとめ

一貫性と倫理に関する問題は、今もなお検討され続けています。この問いは、私たち個人にとっても、マインドフルネス研究者の界隈にとっても、最高レベルの指導と学びに取り組んでいる講師にとっても共通のものです。この検討の根底には、**害悪を及ばさず**（do no harm）、すべての人のウェルビーイングを促進することへの基本的で倫理的な取り組みがあります。マインドフルネス講師は、**内側から外へ**の一貫性と**外側から内へ**の一貫性とが収束する部分、そして緊張がある部分を学びます。これは、これからも続いていく学びと検討の一部なのです。

倫理と一貫性は現代のマインドフルネスの書籍において注目されませんが，私たちは，これらはマインドフルネス・プログラムの指導と学びという織物の一部であることを主張します。倫理と一貫性は心地よいトピックではないし，倫理的な問題には簡単に答えが出せるわけではありません。同僚は，「もし倫理の問題が私たちを不快にするなら，私たちはこの問題を正しく理解できていない」と主張しました。マインドフルネスのコミュニティの中では，倫理は個人的な責任だけではなく，集団責任でもあるという認識が広がっています。

実践者と講師のコミュニティとして，私たちはこの問題を掘り下げていくのに十分な勇気と準備が必要です。当然，マインドフルネスのクラスにおいてクライエントの個人的な倫理を問うことは適切ではありませんが，マインドフルネス実践は本質的にそうした疑問を投げかけるのです。さらには，私たちが一貫性に対する自分の個人的な理解，そして共通の理解に対して疑問を呈するのは，ふさわしいことかもしれません。倫理は単に良い意図性をもたらすだけでなく，それら意図性の結果に気づかせてもくれます。マインドフルネスを教えることによって他者を助ける，という善意の意図性があったとしても，私たちが訓練不足あるいは技術不足であったら，結果は非常に有害なものになるかもしれません。自分の個人的な実践が道に迷い，指導の中でそうした緊張が体現され，クライエントに伝わってしまうという，困難な時期を体験中かもしれません。一貫性は，私たちが教えることから退き，自分自身に栄養を与えることに注力する時期を示すかもしれません。自分の体調が悪化し，もはや教えることができないと感じたソフィアの例は，この一例です。

倫理は複雑な様相をしています。倫理の中には，私たちの選択，行動，思考，そして発言の根底にある意図性に対する検討が含まれますし，私たちの発言と行動における識別力，そして抑制と対応も含まれます。**健全**，**不健全**という言葉は，**善**と**悪**というやっかいな関連性をもち合わせている可能性があります。あるいは，世界および自分自身とどのように相まみえるかといった倫理的な資質が試されるかもしれません。例えば，私たちの心理的・実際的な行動が苦痛につながるか，苦痛の終焉につながるか？　自由につながるか，自由から遠ざけるか？　より深い思いやりにつながるか、よりひどい危害を加えることになるか？　といったことです。正直さ、勇気、尊重、そして抑制は、壮大な理想ではないものの、現在に在り、良い人生を送る方法としての倫理的な資質です。

マインドフルネス・トレーニングを自分のサービスに取り入れようとする個人や組織は、より優れた規定と能力基準を求めています。しかしながら、マインドフルネスのコミュニティにおいて、規定に対しては留保と懸念があります。誰が能力基準を決めるのでしょうか？　誰が規定を定めるのでしょうか？　現在利用できるマインドフルネスのトレーニングやサービスの提供のされ方が広範囲にわたることを考えると、包括的な規定を示すことは、おそらく不可能でしょう。一貫性と倫理ガイドラインに関する取り組みの広がりは、これらの懸念への答えかもしれません。一貫性は個人的な責任だけでなく、私たちの関係性、私たちの活動、そして私たちの世界との関わりに密接に関係しています。一貫性によって、マインドフルネス・プログラムの中核にあるポジティブな変化と進化の枠組みは保護され、そして提供されるのです。

●●● 注 ●●●

＊1 フランス・ドゥ・ヴァール（De Waal, 2013）は、動物（特に霊長類などの社会的動物）の行動は、社会集団のウェルビーイングを支えるために進化した原理によって統制されており、これらの行動は道徳または倫理として枠づけられうると主張しました。

＊2 もちろん、これはマインドフルネスに限ったことではありません。これは、医学、教育、心理学など、すべての職業の質が優良であることの証明でもあります。

＊3 これはスーフィー〔イスラム教の神秘主義者〕の言葉です。

＊4 元の翻訳からの抜粋を、可能な限り受け入れやすい形にしました。

第10章　おわりに

こんな世界を思い描けるでしょうか？

そこでは、私たちは理解や思いやり、そして対応性をもって生きていて、うつの破壊的な影響はありません。

そして、子どもたちはいかにあるべきか、そしていかに活き活きと生きるべきかを学ぶのです。


私たちは、マインドフルネスは、人生の避けがたい変化を受け入れる能力を深めることを示してきました。マインドフルネスは私たちのレジリエンスを強化します。動揺や不安、うつにとらわれにくい心を培う能力を身につけることによって、効果的に対応したり、行動する能力が高まります。私たちは、喜びに拓かれるのです。

- モハメドは慢性的な痛みをもちながらも、快適な生活を送ることができました。
- リンは、うつや虐待のひどい影響を受けながらも、自分のための人生を築き、その中で喜びを見つけることができました。
- サムは依存症から回復して人生を送ることができました。それを受け入れたことで、彼のライフワークは依存症の人々に奉仕することになりました。
- ソフィアは彼女の生活のいたるところにマインドフルネスを取り入れるようになりました。

基本的に、マインドフルネスの実践は、私たちが試練や喜び、そしてサービスに直面したときに、私たちを支えてくれる友人のように感じることのできる心を培います。それは私たちが人生の瞬間瞬間を舵取りしていく際に、私たちをガイドしてくれる友なのです。

仏教心理学や心理学の理解や、私たち自身のマインドフルネスの実践や教育を用いて、私たちはマインドフルネス講師と学修者のために心の地図を提供しました。この地図は、心の風景を描き出すだけでなく、苦しみから安ぎ、さらには活き活きと生きるところまでの道筋を見つけることもできます。どんな旅をするにも、特定のスキルが必要です。カヤックの漕ぎ手には、基本的なカヤックのスキルだけでなく、急流の中を安全に進むスキルも必要です。地図、道筋、およびスキルのこの組み合わせは、マインドフルネス・トレーニングの旅にも同じように当てはまります。

この本の重要な洞察をまとめます。

- 仏教心理学と現代科学はともに、現代世界の主たる試練のいくつかと、現代世界でいかにうまく生きるかという問いについて有益な視点を提供します。
- 仏教と現代のマインドフルネス、そして心理学による対話は必ずしも容易ではありません。前提としている仮定と主要な目的、使う言葉、職業的アイデンティティ、そして倫理には対立する要素があります。しかし、それらのあいだの橋渡しをしたり、相乗効果を探すことは、垣根をつくったり、地下ミサイル格納庫をつくるよりも建設的です。
- 私たちは、マインドフルネスを、すべての体験に注意と気づきをもたらすための、自然で鍛えることのできる人間の能力であると定義しています。今この瞬間に在るあらゆるものに等しく開かれていて、それらに対して、好奇心や親しみやすさ、思いやり、そして苦しみがない状態にあることを識別していること、ウェルビーイングをより享受していること，有意義でやりがいのある人生を送っていることがわかっているという態度でいます。

- マインドフルネスにはいくつかの重要な機能があります。ただありのままに知ること，防御的な気づき，探索的な気づき，そして知覚とものの観方の枠組みを変えることです。

心理学はマインドフルネス講師と学修者に役に立つ形で，心の重要な特徴のいくつかを描き出しました。

- 私たちの心は多くの時間を自動操縦に費やしています。これには多くの利点がありますが，損失もあります。
- 私たちの心は多くの時間さまよっており，訓練されていない状態でさまよう心は，不幸な心になってしまう傾向があります。
- 知覚は私たちの感覚器官から起こりますが，それは脳の建設的で創造的なプロセスなのです。
- 私たちがどのように注意を払うかによって，世界の体験の仕方が変わります（つまり，私たちは体験を積極的につくっているのです）。
- 私たちの体験は，身体感覚，感情，行動，思考に分けることができます。
- 心はダイナミックで，常に変化しています。
- 価値判断，判断，および不一致モニターは，知覚と注意のあらゆるレベルに存在し，私たちの体験を強力に形作ります。
- 心はマインドフルネスの実践を通じて，鍛え，変えることができます。
- 私たちには，世界を知り，世界に存在するためのさまざまな方法があります。中でも，体験的および概念的な心のモードの2つを強調しました。それらは，違ったタイミングで，違う形で役に立ちます。

- 私たちの心は、私たちの瞬間瞬間の体験から、絶えず意味をつくり出しています。心はパターンを求める傾向があります。文脈が重要となりますが、文脈には、私たちの外部の文脈と私たちの今の心の状態の内部の文脈があります。文脈は私たちが体験をどのように理解するかを形作ります。

仏教心理学はまた、心の重要な特徴のいくつかを描き出してきました。

- 苦しみは2本の矢のようなものです。第一の矢は、痛みや健康状態の悪化、そして最終的には死のことです（死は人生の一部です）。第二の矢は痛みに、心配、抵抗、回避、および破壊（これはオプションですが）を増します。
- あらゆるものが変化し、そのままでいるものはありません。
- もがきやあがき、否認、愛着、嫌悪は、悩みや苦しみを助長します。
- マインドフルネスを確立するための方法が4つあります。それは、マインドフルネスの4つの基礎といわれています。
  ✧身体に対するマインドフルネス（すなわち、身体的な体験）
  ✧感覚のトーンに対するマインドフルネス（すなわち、快、不快、どちらでもないとされる体験に対する主たる評価）
  ✧心の状態と気分に対するマインドフルネス（すなわち、体験に対する認知的および感情的な領域）
  ✧私たちの世界の体験に対するマインドフルネス（つまり、私たちの体験に対する認知的で推論的な側面のことであり、それにはウェルビーイングをサポートするものやそれを妨げる要因が含まれる）
- マインドフルネスの実践を通じて、より大きなレジリエンスや平静さといった感覚が、心の安定や落ち着きとして現れ始めます。

私たちは、心理学と仏教心理学からのこれらの洞察を、マインドフルネス講師や学修者に道筋を提供するという形で統合して、取り上げることができます。

心は、少なくとも部分的に、そして私たちの役に立つ程度に説明され、理解することができます。多くの場合、私たちは生活の風景を形作る多くの刺激を、自動的かつすばやく処理します。私たちはしばしば、自分の反応にすら気づいていないのです。気づきと理解は刺激と反応のあいだに間《ま》を開けて、その間《ま》の中で、私たちはより柔軟に、創造的に、そしてスキルフルに対応する選択肢をもち始めます。刺激から反応への直接の道筋は、身体感覚あるいは心の状態（第一の矢）としての刺激の体験を介しており、それが素早い反応を引き起こします。私たちは、それに対して理解しうるやり方で反応し、それによって痛みや悩みを短期的に緩和します。しかし、これらの反応のいくつかは私たちの苦しみを増します。それは苦しみの第二の矢として説明することができます。

悩みや苦しみが維持され、悪化する仕方は、「内容（what）」と「方法（how）」に分けることができます。内容（what）は私たちの体験を、感覚、感情、思考、行動に分解することを指します。方法（how）はラベル付け（快、不快、どちらでもない）と、それに続く私たちの体験に対する詳細な評価を指します。これは、快の渇望、自分自身や人生の理想、そして時には忘却を望むことによって促進されます。反応性は、体験を認識して、そのままにしておくことが困難であることによって起こります。それはつまり、困難を伴う体験に対して根本的な受容をもって向き合うことができないということです。私たちは皆、あるレベルにおいては、とてもよく理解できる反応的な対処法を用います。ただし、注意深く調べてみると、いたずらに問題を維持してしまうやり方で繰り返し戻ってしまうことがよくあります。

健康とメンタルヘルスは、私たちの心の中で悩みがどのように生み出され、再生成されるかを理解することから生まれます。そのため、これらのプロセスを見て、変えることができます。新しい方法で対応することが可能になります。私たちは、意図的かつ効果的に注意を安定させ、活用することを学びます。私たちは、体験的で概念的に、知識と存在の新しい在り方にアクセスし、それらをいつ使うかを知っています。マインドフルネス・トレーニングは、より大きな識別力、智慧、そして対応性を可能にする間《ま》を開けてくれます。マインドフルネス・トレーニングはより多くの親しみやすさ、思いやり、喜び、そして平静な生活を送るための条件を培います。マインドフルネスのこれらの4つの態度の基礎は、私たち自身のマインドフルネスが語りかけてくることに**耳を傾け**、反応性の炎を消して、私たち自身および私たちの周囲の人々のウェルビーイングをサポートするやり方で対応するための間《ま》をつくるのに役立ちます。

体現は私たちの身体の中に内在化するようになることから始まります。これは、私たちの意図、態度、洞察そして理解を含む形で広がります。柳のように、私たちは意図と理解にしっかりと根を下ろしながらも、状況の変化の風になることもできます。体現とは、私たちの価値観、理解、意図と、私たちが考え、行動し、話し、関係するやり方が一体となっているということです。それはマインドフルネスを教え、学ぶための基本です。

一貫性（integrity）は個人的な責任であるだけでなく、私たちの関係、仕事、そして世界との関わりにも深く関係しています。マインドフルネスに基づいたプログラムの中心にある前向きな変化と進化のための枠組みを守り、保護し、提供します。

長期的展望

私たちが今在るのはすべて、私たちがこれまで行ってきたすべての結果であり、私たちが明日、在るであろう状態はすべて、今の私たちのすべての結果です。これは私たち個人にも当てはまることであり、そして今後、数年の間にマインドフルネスがどのように発展するかを形作るコミュニティとしての私たち全体にも当てはまります。マインドフルネスは、健康、教育、刑事司法制度、職場など、さまざまな状況で主流になりつつあります。これは、マインドフルネスが新たな領域に適用されるというわくわくするような可能性をもたらしますが、重要な問題も提起します。長期的な視点から考えたとき、この分野の持続的な発展を支えるものは何でしょうか。最後に、長期的な展望と、現代世界において、マインドフルネスとマインドフルネス・トレーニングの持続的な発展を支えるために必要なものは何かについて考察します。

まず、いかなるマインドフルネスに基づく介入も、その意図、目的、および文脈を明確にする必要があります。ジョン・カバットジン（Kabat-Zinn, 1982）はマインドフルネスストレス低減法（ＭＢＳＲ）を開発するための驚くべき洞察をして、古代の瞑想実践が長きにわたって健康状態に苦しむ人々に多くのものを提供するかもしれないということを明らかにしました。その後、彼は北米の主要な病院で、マインドフルネスを提供する最善の方法について慎重に検討しました。その結果、8週間のＭＢＳＲプログラムが完成し、今や数万人が参加しています。シーガル、ウィリアムズ、ティーズデール（Segal, Williams, & Teasdale, 2013）が、再発性のうつ病に対するマインドフルネス認知療法（ＭＢＣＴ）を開発したときも、同じように確信していました。彼らのうつ病の理論的説明は、実験的研究を通じて明確化し、洗練されましたが、それこそがＭＢＣＴが焦点を当てていることなのです。講師はコースのあらゆる場面で、ＭＢＣＴのテーマを伝えます。それによって、参加者はうつ病の再発につながる可能性のある極めて重要な瞬間に、弾力的に対応することを学ぶ機会を得るのです。これらのマインドフルネスに基づいたプログラムには、明確な意図と理論的な一貫性があります。各々の講師は対象となる集団を慎重に検討し、提供される文脈に合った教え方を選びます。新しいイノベーションも同様に、講師が導いている特定の風景の地図に注意深く気をつけて、その風景に応じて道をつくり、どうしたら旅人をうまく導くことができるか、その最善の方法を検討する必要があります。

第二に、異なる考え方の橋渡しに緊張関係が生じるということは、それがどんなことであっても避けがたいものです。セクト主義は人間のほとんど普遍的な傾向であり、異なる立場同士が覇権を主張し、相手の立場を軽蔑します。マインドフルネスは、私たちが役に立たない判断に巻き込まれてしまっていたり、物事を個人的に受け止めたり、悪意を感じていることに気づくのに役立ちます。あらゆる変容においてもっとも大事なことは、体験の渦の中心から、自分自身を連れ出すことを学ぶことにあります。私たちは尊敬と尊厳という教訓を学ぶ必要があります。マインドフルネスは、人生を生き抜くための治療的な道具と見なすことができます。あるいは、理解したり、悩みの原因を根絶したり、より大きなウェルビーイングのための条件を培うことについて変容する道筋の一部と見なすことができます。より伝統的な瞑想の系譜の人々は、現代のマインドフルネスを自己解放の訓練の道筋の一側面を抽象化し、その断片を教え、それがあたかも全体であるかのように提示している動きの一つと見なしています。現代のマインドフルネスの人々の中には、世俗的なマインドフルネスが倫理や気づきに至る道筋全体について継続的に探索し続けているということに気づいていない伝統的な仏教コミュニティによって誤解され、非難されているように感じている人もいます。私たちは、マインドフルネスを深く理解するには、仏教心理学と現代心理学の両方で概説されている心理的プロセスの中核を深く理解する必要がある、ということを示唆しました。しかし、マインドフルネスの起源をいにしえの教えの中で理解することは無意味であるとする声もあります。

人生を歩むのに役立つスキルや態度としてのマインドフルネスという視点と、変容の道のりにおける重要な特徴の一つとしてのマインドフルネスの視点は、互いに排他的ではありません。マインドフルネスは即時性がありますが、同時にそこには長期的な展望があります。気づき、静けさ、落ち着き、そして理解を培う道を真剣に歩んだことのある人なら誰でも、これが一生をかけた作業であることがわかっています。8週間のコースは、しばしば短期間の間に驚くべき理解と変化を提供します。しかし、瞑想や1週間のリトリートの入門コースをしているだけの人にとっても、それは始まりなのです。私たちは、長期間にわたって人々を支え、サポートする包括的な方法をまだ十分には開発していません。西洋の伝統的な瞑想のコミュニティでは、センターを設立してリトリートを提供してきました。リトリートが終わっても、人々が自分たちの人生が支えられ、刺激を受けていると感じることができるような、そんな方法を提供する必要があることがわかってきました。8週間のコースに参加した後、人々がただ生き残るだけではなく、8週間の間に得た学びに基づいて成長し、その上に築き上げていくために、どのように励まし続けることができるのでしょうか。それは現在進行中の作業ですが、人々がたどる段階的な道を開発することは、私たちの社会の中で、現代のマインドフルネスを開発するためのもう一つの重要なステップになるでしょう。私たちは、広く利用可能でアクセスしやすいマインドフルネスや、参加しやすい主流の8週間プログラム、およびより集中的なプログラムやリトリートを提供していきたいと考えています。

第三は、マインドフルネスの科学を発展させること、そしてエビデンスに基づくということを心に留めておきましょう。科学の現状をレビューした重要な論文の中で、この分野は、適切に設計された、しっかりとした大規模研究に発展させる必要がある有望な予備的あるいは基礎的研究の宝庫と特徴づけられています。それによってマインドフルネス・トレーニングの有効性やマインドフルネス・トレーニングがいかに機能するのか、マインドフルネス・トレーニングはいつ誰に提示されるのか、さらに実生活の中でマインドフルネスを測定し、実装するための最善の方法は何かといった重要な疑問に答える必要があります（Dimidjian & Linehan, 2003）。物事を探究する際には、どの分野も進歩と成熟の段階を経るものですが、その意味では、マインドフルネスも例外ではありません。ほとんどの科学者は、私たちがいかに知らないか、そして心と世界がいかに驚異的で神秘的であるかを知っています。例えば、アインシュタイン（Einstein, 1956/1999）は、神秘性について、次のように述べています。「それは、真の芸術と真の科学が生まれるときに起こる原初的な感情です。それを知らず、もはや不思議に思うことも、驚きを感じることもできない者は、死んだも同然であり、火を消したろうそくのようなものです」（p. 5）。ダライ・ラマ（Dalai Lama, 2005）は長い間、科学について互恵的な見解をもっていました。「私自身の科学への関心は、チベットで育った落ち着きのない少年の好奇心から始まりましたが、段々と、現代世界を理解するためには科学と技術がとても重要であると思うようになりました。私は特定の科学的なアイデアを理解しようとするだけでなく、科学によってもたらされた人間の知識や技術力の新しい進歩がもつより幅広い意味を探究しようとしました」。彼はいくつかの重要な注意点を指摘しながら、こう結んでいます。「これら2つの探索における伝統が緊密に協力することによって、私たちが心と呼んでいる内的な主観的体験における複雑な世界に対する、人間の理解を広げることに大いに貢献できると信じています」。

マインドフルネス、マインドフルネス・トレーニング、およびマインドフルネスに基づいたプログラムについては、まだ新しくはありますが、将来が期待される科学があります。一連の科学的研究は、メンタルヘルス、レジリエンス、および人間の可能性を実現する上で、マインドフルネスが果たす役割について、いくつかの有望な洞察を示唆しています。私たちは責任をもって、科学について報告する必要があります。その限界を認識しながらも、頑健な方法を用いて、残された質問にできるだけたくさん答えていく必要があるのです。予期しないような結果も歓迎して、それらについても率直に報告されるべきです。そういった結果はしばしば、予想よりもはるかに興味深いことを示してくれます。科学は、理論を構築し、効果的な介入を開発し、マインドフルネス講師を訓練する最適な方法を検討し、それによって利益を得るであろう人々に届けるのに役立ちます。

第四に、一貫性について主導することも重要です。過去25年ほどの間、マサチューセッツ大学マインドフルネスセンター、オックスフォードマインドフルネスセンター、バンガーマインドフルネス研究実践センター、エクセター大学などのセンターが、MBCT講師を訓練する最善の方法についてコンセンサスを得てきました。それによって、MBCTを教える準備が整っているか、あるいはMBCTを教えるために他の人を訓練する準備が整っているかを判断してきました。これらの基準を尊重するのです。講師がこれらの基準を満たしているかどうかがわかるようにして、一般市民をしっかり守るのです。ヨーロッパ、アジア、および北アメリカのトレーニングセンターがトレーニングを提供しています。30代前半の講師であればキャリアの中で4000人にMBCTを教える可能性があるため、20人の講師は8万人を教える可能性があります。そのため、質の高いトレーニングに投資することは価値があります。これらの講師の影響は、今もこれからも甚大です。

最後に、自身のマインドフルネスの実践、トレーニング、そして科学を通して学び続けましょう。歴史的に、瞑想的な伝統は、講師が学修者であることを忘れたときに、真の困難に直面しました。学修者である代わりに、役割と同一視してしまい、これが生涯にわたる旅であることを忘れてしまいました。彼らはまた、この教えを体現する能力が、自身の実践を活き活きとしたものにすることに直接つながっているということを忘れてしまいます。マインドフルネスは、他の人に教える手段として学ぶためだけのテクニックよりも、はるかに奥深いものです。マインドフルネスをより理解し、理解を深めるためには、同時に歩む2つの旅があります。1つ目は、マインドフルネスに基づいたアプリケーションの開発をサポートするスキルを学んだり、発展させる旅です。2つ目の旅は、これと同じくらい、いやそれ以上に重要なものですが、自身の体験の世界がどのように形作られているかを理解し、個人的な悩みを生み出す習慣的なパターンから自由になることに気づくことの意味を理解するという内的な旅です。個人的な実践を献身的に、そして持続的に行うことによって、私たちは他者と一緒にいる際に抱く思いやり、暖かさ、受容、そして理解の根源である自分自身の心と気持ちの内なる気づきを身につけ始めます。この作業は、強制ではなく私たちを誘うものであり、体験を重視する、参加型で民主的なものです。それは生涯をかけてなすべき作業なのです。

マインドフルネスの分野が繁栄するためには、意図が明確であることと、頑健な科学の基礎が必要です。そのために必要なのは、私たちは絶えず自らがマインドフルネスを体現し、一貫しているかどうかを検討することをいとわないことです。私たちは皆、自分の教えと実践に対して個人的に責任を負うために、最善を尽くすことができます。しかし、マインドフルネスが本当に私たちの文化に根づくのであれば、私たちが提供しているサービスや働いている組織は、私たちに、優れた実践と能力のために連帯責任を負うように求めることでしょう。

マインドフルネスは、混乱と逆境の中で発展してきた厳格なトレーニングです。私たちは、自身の訓練と実践の包括性、そして私たちの仕事の質に責任を負うことができます。私たちは、サービスや共感というもっとも深い動機づけに根ざした教育や研究をするように気をつけることができます。私たちの関心の輪を広げることで、私たちの世界の扉を簡単に通り抜けることができる人も、そうできない人も、私たちの世界に受け入れることができます。私たちは、他者や私たち自身に理解、共感、一貫性、思いやり、そして配慮の種を深めるためのわざ（craft）、芸術（art）、そしてマインドフルネスの科学を学ぶことに打ち込むことができます。私たちは、気づきや思いやりを学ぶ学修者であり、講師であることを誓います。そして、それから何が起きるか楽しみにしましょう。

付録1　主要用語の定義

許容能力（Capacity）：何かを実行、理解、あるいは、もつ・保持する可能性、才能または能力。例えば、不快感や喜びなどの状態を認識して、それを許容する能力。

識別（Discernment）：洞察と智慧に基づいて、識別し、理解し、判断を下すプロセス。識別には、**健全な意図**と倫理的枠組みに基づく適切な判断が含まれる。それは、どのような思考、言葉、行動が悩みにつながるかだけでなく、どのような思考、言葉、行動が健全なもので、悩みや苦しみを終わらせ、ウェルビーイングと活き活きと生きる状況をつくり出すかを知るということも意味する。

悩み（Distress）：**不満**という感覚を伴うあらゆる状態。それは、控えめな不安感から耐え難いほどの痛みまでさまざまである。それは、身体的、感情的、精神的なもの、あるいはそれらすべての組み合わせである可能性がある。私たちは、これらの一連の体験のことをいうときに**悩み**という言葉を用いる。パーリ語の *dukkha* という言葉が、私たちがここで使っている悩みと部分的には同義である。ただし、その意味はもっと広く、不満感を含んだものである。私たちは時々、このような特定の意味を含むときには *dis-ease*（**安らかではない**）という言葉を使うこともある。心理学では悲しみや痛みなどのネガティブな感情や状態が含まれるが、より広く、心配や不安を含んだり、あるいはより中核的な**苦悩**や**絶望**といった言葉も視野に含む。

感覚のトーン（Feeling tone）：体験に対する最初の感触であり、仏教心理学では *vedanā* として知られている。科学的な心理学では一次的評価のこと。それは体験に対して、快、不快、どちらでもないという単純な評価をする。

健康（Health）：私たちは、世界保健機関（WHO, 2011）の規約の定義、つまり「病気や疾患がないだけでなく、完全な身体的、精神的、社会的ウェルビーイングの状態」を採用している。これは理想的な定義であると認識しているが、この本で展開してきた命題と一致しているため、採用した。

意図（Intension）：意図は、注意、認知および行動を方向づける。それは私たちが体験とどのように関係し、どのように行動するかを決定する。意図と倫理は絡み合っている。意図的に識別した結果、起こした行動は前向きな結果につながる。意図は手放すこと（つまり、ネガティブな思考や傾向を手放すこと）および／またはポジティブな行動の両方につながる可能性がある。

これは、パーリ語の *cetanā* にかなり近い言葉である。「すべては意図の先にある」という表現は、マインドフルネスに基づいたプログラムにおいて意図がいかに中心的であるかをよく表している。それは、心理学においてメンタルヘルスとウェルビーイングにつながる可能性があるのか、また、悩みや苦しみを維持するために何が関わっているのかという理論的な考えにも対応するものである。

探索的な気づき（Investigative awareness）：悩みを認識し、悩みの原因を探索し、悩みの終焉への道のりを特定するマインドフルネスの機能。それによって識別と選択ができる。

瞑想（Meditation）：主要な宗教的伝統にはすべて瞑想の形がある。熟考、祈り、振り返り、儀式がそれに含まれるが、それはさまざまな形式で、異なる意図をもって行われる。仏教の伝統には、心を落ち着かせたり、注意を一点に定めるものや、やさしさ、思いやり、喜び、平静さなどの心の質を高めるためのさまざまな技術や実践がある。

メンタルヘルス（Mental health）：ポジティブな心理的、感情状態にあること。それには、ポジティブな感情の範囲（例えば、幸福）、心理的状態（例えば、満足、楽観的）、そして機能（例えば、状況の変化に直面したときに感情を調整する能力）が含まれる。私たちはそれを反応性にとらわれない心を表すために用いる。むしろ、メンタルヘルスは、平和と創造のための一貫性と許容能力を備えた心を意味し、それによって、私たちの周りの世界に対して、識別力や理解、そしてスキルによって適切に対応できるような信頼や尊敬と関係を築くことができる。

メンタルヘルスは**問題**という言葉を付けられることによって、精神障害を意味することがある。

心（Mind）：私たちの精神的な体験を形作る状態、プロセス、および機能。これは、意識的な気づきと、自覚していないプロセスや機能の両方から構成される。私たちの精神機能は、脳や神経系の構造や機能、そして精神的な体験を形作る身体の器官やシステムの両方にある。心理学では、**体現された認知**とは、身体が認知に影響を及ぼすやり方を指す。心は、私たちの脳の性質、身体的体験や機能に加えて、自然界における私たちの体験から生じる（例えば、「この美しい春の日は、私を満面の笑みにしてくれます。私は喜びで目を細めています」）。パーリ語の *citta* は心理学における**心**よりもはるかに広い言葉である。*citta* は心のエネルギッシュな性質だけでなく、直感、知識、気づきを含み、ある意味では**体現された認知**という考えにも似ている。また、注意が向けられていない場合にも、エネルギッシュでアクティブな気づきの多くが含まれる。つまり、仏教と現代心理学において**心**という言葉の使われ方には似たようなところがあるものの、それらには重要な分岐点もある。私たちが**心**という言葉を使うときには、「精神的な体験を形作る状態、プロセス、および機能」という定義を用いる。

マインドフルライフ（Mindful life）：今この瞬間に存在するあらゆるものに開かれ、気づきをもって生きる人生。マインドフルライフとは、苦しみを減らし、より大きなウェルビーイングを享受し、有意義でやりがいのある人生を送るために、好奇心をもち、親しみやすく、識別力の高い態度が染み込んだ人生。これは、その人個人のことだけでなく、他者や世界との相互作用のことも指す。これは**どんな瞬間にも**気づきをもって生きるという意味ではない。それでは疲れ果ててしまう。むしろ、良い人生を送るために、いつ、どのようにマインドフルネスになるかを選択する能力を意味する。観想的な伝統、宗教、哲学には、**良い人生**を送るためになすべきことについての体系がある。特定の理解や実践が、さまざまなポジティブな個人的および社会的成果につながるという考えである。例えば、アリストテレスの哲学は、**良いあるいは倫理的な**人生を送ることに通じるとされる。*eudemonia* や *arete* という言葉は幸福、福祉、および美徳を含む。ウィリアム・マッカスキルやリチャード・ローティなどの現代の実践的哲学者は、そのような人生を送るための実用的な方法を提示している。

マインドフルネス（Mindfulness）：あらゆる経験に注意と気づきをもたらす、自然で、訓練可能な人間の能力。それは好奇心があり、親しみやすく、思いやりがありそして苦しみを減らし、より大きなウェルビーイングを享受し、有意義でやりがいのある人生を送るための識別力をもった態度で、与えられた瞬間に存在するものすべてに、等しく開かれている。

反応性（Reactivity）：自動的に反射的に反応する傾向。深く根づいたものではあるが、しばしば学習された知覚や行動の仕方に依存している。刺激と反応の間に間《ま》がないため、選択の余地はない。うまく機能することもあるが、うまくいかないこともある。

レジリエンス（Resilience）：適応的で、健康や幸福につながるやり方で試練に対応する能力。試練には、軽いもの（例えば、軽度の身体的不快感）もあれば、重いもの（例えば、末期疾患）もある。それらは、内的なもの（例えば、心配）でもあるし、外的なもの（例えば、仕事を失う）でもある。レジリエンスは、試練に適応するプロセスのことであり、それによって困難に対処し、可能であれば困難を解決する。困難を変えることも解決することもできない場合（例えば、慢性疾患）には、レジリエンスとは困難とともに生きることを学ぶことを指す。

形（Shape）：作成、成形、フレーミング、および彫刻するという私たちの体験に特定の形を与えるプロセス。例えば、マインドフルネスの実践がマインドを形作るといえるかもしれない。なぜなら、マインドフルネス実践をすることでマインドが体験に対して、何に、どのように注意を向けるかをよりうまく選択できるようになるからである。受動的な意味では、これは川が侵食して山腹を形作る仕方にたとえることができるが、能動的な意味では、彫刻家は自分自身の彫刻を形作る。つまり、習慣的な反応が心を形作るか（受動的）、あるいは洞察や智慧に基づく意図的な反応が心をより能動的に形作るか、ひいては洞察や智慧を培うかということである。

苦しみ（Suffering）：悩みが生じて、維持され、場合によっては悪化するプロセスと、帰結そのものを表す言葉。それには、痛み、悩み、難儀さ、そして病気や老化など人生につきものの試練が含まれる。私たちが*suffering*（**苦しみ**）という言葉を使うときに重要なのは、直接的な感覚やライフイベントの一次的な体験に、心が関わっていく次元を加えることである。それは、本来あるべき姿、過去にあった姿、あるいは将来あるべき姿と異なるという**不一致思考**のことである。第一に、経験には普遍性があることを意味する。つまり、私たちは皆、年をとり、病気になり、こうした体験にもがきあがき、誰しもが苦しみにさらされているのである。第二に、それには理解する方法がある。苦しみの心理的側面を和らげ、さらには終わらせることもできる、苦しみに対応する潜在的な方法があるということを意味する。苦しみは選択的なものである。

悩みへの反応性が苦しみを引き起こす。

理解（Understanding）：適切な判断と巧みな行動の選択を可能にする知識体系と精神的・行動的な許容力・能力。つまり、私たちが *understanding*（**理解**）という言葉を使うとき、良い人生を送るための洞察のことを指す。それは、体験的で概念的な理解のことである。

仏教では、*wisdom*（**智慧**）という言葉は、**正しい見方**、**賢明な注意**（*yoniso manasikara*）、そして**正しい理解**のことを指す。それは、マインドフルネス実践の探索的な作業と同時に、明確な意図を通して生じる。これが明確な意図、マインドフルネスの実践、日常生活を支えているのである。

ウェルビーイング（Well-being）：ポジティブな精神的、身体的な健康、社会的関係、および人生の機能を含む広範で多次元の構成概念。それには人々が生き、そして充実した生活を送ることを可能にする状態と、健全な機能の両方が含まれる。

付録2　マインドフルネス・トレーニングやマインドフルネスに基づいたプログラムとは何か？

マインドフルネスは、人間に生まれつき備わっている普遍的な能力です。それは、することではなく、その瞬間に存在する在り方であり、私たちが理解した結果もたらされるものです。それは私たちの体験が瞬間瞬間にどのように構築されているかを理解し、私たちが癒やしたり、変容したりする力を最大限に高め、そして思いやりのある、倫理的で、有意義な人生を送るのに役立ちます。マインドフルネスについては第1章で詳しく述べています。

1　マインドフルネス・トレーニングとは何か？

熟練した庭師が世話をする庭のように、マインドフルネスは適切な条件のもとで培われ、発達させることができます。瞑想などのマインドフルネスの実践は、マインドフルネスを培うために用いられる道具です。このようにマインドフルネスを培うことは、私たちが良い人生を送ることができるように、より深く理解し、対応するのに役立ちます。

マインドフルネスの実践にはさまざまな種類があり、それぞれの目的は多少異なります。いくつかの実践は注意を固定することを目的としています。理解と洞察を深めることを目的とする実践もあれば、特定の態度を培うことを目的とする実践もあります。スキルフルなマインドフルネス講師は、特定の個人に対して、特定のタイミングで、特定の効果を培うために何が支えになるかを知っています。観想的な伝統は、マインドフルネスのトレーニングをするためにさまざまな方法を用います。多くの場合、より集中的に行われる「リトリート」が含まれています。このリトリートでは、多くは指導やサポートをする講師を伴う形で、瞑想と瞑想的な実践に時間を費やすことができます。瞑想の実践は、観想的な伝統の目的や意図の中に組み込まれています。それは例えば、神に近づくためです。

キリスト教、イスラム教、ユダヤ教は献身的な祈りを用いますが、ある種の仏教では瞑想を使って注意を集中させ、特定の心のクオリティを培います。ほとんどの宗教は、倫理的規範と生活規範を用いることを奨励しています。各々の宗教の中には系統があり、それぞれに特定の訓練方法があります。例えば、西暦3世紀には、キリスト教の砂漠の教父はエジプトのセテス砂漠に隠遁し、神の臨在を培うために沈黙と祈りの修道院生活を送りました。これは、同じ頃、インドとチベットの仏教の僧侶に起こっていたのと似通っています。そこでは、僧侶のグループが気づきや洞察を培うために、一緒に実践を行っていました。私たちは、宗教の違いを超えて、マインドフルな気づきのトレーニングをするための豊富で多様な方法があることを承知してはいますが、それはこの本の主題ではありません。その代わりに、世俗的な状況におけるマインドフルネス・トレーニングに主眼を置いています。タニア・シンガーのグループによる重要な研究により、ブッダが仮説として示したことが実証されつつあります。これらのさまざまな実践は、今までとは違った形で心や身体に影響を及ぼします（例えば、Kok & Singer, 2017）。

デジタルマインドフルネス（アプリ、ウェブサイト、ビデオ）、自助本、ワークショップ、芸術を通して紹介されるマインドフルネスなど、主流の状況ではマインドフルネス・トレーニングが急増しています。これらのアプローチによってマインドフルネス・トレーニングは広く普及し、間違いなく何百万もの人々がマインドフルネス・トレーニングを利用できるようになりました。これらのアプローチは、短時間で、強度的には低いアプローチになる傾向があります。しかし、それらはマインドフルネスを広め、人々がマインドフルネスについて学び、それを自分の生活に取り入れ始める方法を提供してくれます。

最後に、**マインドフルネスを取り入れた**プログラムがいくつかあります。それは、アクセプタンス&コミットメントセラピー（Hayes, 2004）、思いやりに焦点を当てたセラピー（Gilbert, 2014）、弁証法的行動療法（Linehan, 1993a, 1993b）、マインドフル・セルフ・コンパッション（自己への思いやり）（Germer, 2009）などです。――マインドフルネスの実践を含むポジティブ心理学の分野における発展もあります（Seligman & Csikszentmihalyi, 2000）。これらのプログラムにはそれぞれ独自の目的、理論的枠組み、構造、そして有効性を評価する研究プログラムがあります。それらはマインドフルネス・トレーニングを他のさまざまなツールの中の一つとして用いて、それを悩みの理解や、特定の方法で変化をもたらす方法に統合します。ただし、この本ではこれらのプログラムに焦点を当てていません。

2 マインドフルネスに基づいたプログラムを定義するものは何か？

カバットジン（Kabat-Zinn, 1982）が最初にマインドフルネスストレス低減法（ＭＢＳＲ）を開発して以来、マインドフルネスに基づいたプログラムが急増しています。この分野の持続的な発展を支えるために、「マインドフルネスに基づいたプログラムを定義するものは何か？」（What Defines Mindfulness-Based Programs?）というタイトルの論文を寄稿しました（Crane et al., 2017）。この論文では、マインドフルネスに基づいたプログラムのいくつかのコアであり、不可欠な要素について説明しています。これらの要素は、第６章の表６・１にまとめられています。

マインドフルネスに基づいたプログラムは、仏教心理学、科学、そして医学、心理学、教育といった主要な分野から導き出された人間の体験の基盤となるモデルを用いています。それらをよく理解し、それを特定の対象や状況に合わせて用います（Hayes, 2016; Hayes, Long, Levin, & Follette, 2013; Kuyken, Padesky, & Dudley, 2009）。

マインドフルネスに基づいたプログラムにより、人々は、今この瞬間の焦点、脱中心化、そして積極的な動機づけを特徴とする経験と新しい関係を築くことができます。マインドフルネス瞑想の実践は、体験的で探求に基づいた学びという方法を用いるマインドフルネスに基づいたプログラムの中心となるものです。マインドフルネスに基づいたプログラムによって、私たちは自身の心をはっきりと見ること、そして私たちの体験を生み出す特定の方法を知ることができます。私たちはマインドフルネスの実践と認知行動療法を実践していくうちに、それらを私たちの生活に適用することで、その潜在的な変容力がわかるようになります（Allen, Bromley, Kuyken, & Sonnenberg, 2009）。これは経験主義の一形態であり、マインドフルネス・プログラムの参加者によって実践されています[*1]。マインドフルネスに基づいたプログラムは、科学的探究のレベルにおける経験主義を受け入れています。つまり、科学によって知られ、科学によって探索されうるものなのです（Dimidjian & Segal, 2015; Van Dam et al., 2018）。

最後に、現代のマインドフルネスとマインドフルネスに基づいたプログラムが仏教心理学の系譜であるということに議論の余地はありませんが、世俗的かつ経験的に支持されて試すことができるような理解や実践に留まるだけであれば、世俗的な（secular）ものです[*2]。現代のマインドフルネスに基づいたプログラムには、観想的な伝統の宗教的側面や、より難解な考えや実践はありません。その代わり、人間の深い理解を残して、新しい知識と理解を追加するためにそれらを継続的な方法で実証的にテストして、テストに合格したものだけを紹介します。それに加えて、マインドフルネス・プログラムは、理解と実践を主流でアクセスしやすい言語や形式で提示します[*3]。マインドフルネス・プログラムは次のような質問に答えようとします。

- 「何が悩みや苦しみを生み出すのか？」
- 「悩みや苦しみをどのように終わらせることができるのか？」[*4]

●「ウェルビーイングと活き活きと生きることを支えるものは何か？」
●「この変容を支えるマインドフルネス・トレーニングとは何か？」
●「これをできるだけアクセスしやすくするにはどうすればよいか？」

●●●注●●●

＊1 多くの点で、ブッダとその同時代の人々は、心を研究する体系的なアプローチを用いた最初の心理学者であり科学者でした。彼らの理解と変化のための処方箋は、持続的で綿密な検討と検証のプロセスを通じてもたらされました。初期の観想家たちはさまざまなアプローチを試し、新たな洞察が生まれるにつれてアイデアを発展させ、うまくいかないものは否定しました。彼らは変化のための「理論」と「プログラム」に向かって取り組みました。

＊2 私たちは *secular* という言葉を、特に宗教的・精神的な意味ではなく、世俗的な意味で使っています。興味深いことに、ラテン語の語源の一つ（*saeculum*）は、初期のキリスト教徒によって、教会とは対照的な「世界」を意味する言葉として使われていました（*New Penguin English Dictionary*, 2001）。

＊3 やや皮肉なことに、現代のマインドフルネスに基づくアプローチは、形而上学的な問いや立場を否定するという点で、ブッダの本来の教えに回帰しています。ブッダ自身も、形而上学的な問いや立場が無益な見解やイデオロギーを喚起しがちであることを痛感していました。

＊4 仏教の正典の多くは、症状（苦しみ）、診断（何が苦しみを生み出し、維持するのか）、予後（何が良い予後をもたらすのか）、治療（苦しみを終わらせ、健康に導く道や行為）という医学的たとえを使っています。

監訳者あとがき

本書について

本書はイギリスの瞑想リトリートセンター「ガイア・ハウス」の共同設立者であるマインドフルネス瞑想の実践者クリスティーナ・フェルドマンと、イギリスオックスフォード大学のマインドフルネスと心理学のリトブラット寄付講座の教授であり、オックスフォードマインドフルネスセンター所長であるウィレム・カイケンという心理学者の2人が、仏教と心の科学を架橋すべく編んだ書籍 *Mindfulness: Ancient Wisdom Meets Modern Psychology* を翻訳したものです。2人の共同作業がどのように実現したかは本書の冒頭を参照いただきたいと思いますが、本書は、2人が修士課程向けのマインドフルネスに基づくプログラムの一環としてつくり上げた講義をベースにまとめられたものです。

本書を、臨床心理学の教員の端くれである私が、かつて東京大学大学院教育学研究科の博士課程に在籍されていたコースOBで、現在は曹洞宗の僧侶でもある藤田一照先生と一緒に翻訳させていただけたことは望外の喜びです。振り返れば、企画から4年半という長い時間が経ってしまいましたが、この間、辛抱強く見守って下さった北大路書房の古川裕子様には心より感謝申し上げます。

クリスティーナとの出会い

私が臨床心理学で教鞭を執るようになってから15年が経とうとしていますが、着任した当初から、人の心に触れる臨床心理学にはきっともっと大事な何かがあるはずなのに、それをうまく表現できていない、ましてや学生にそれをうまく伝えることもできていないという焦りや課題をずっと感じていました。その可能性が日本固有の心理療法や、当時少しずつ耳にするようになったマインドフルネスの中にあるような予感はしていましたが、日々の業務に追われて、それらについて本格的に学んだり、じっくりと検討したりすることはなかなかできませんでした。

そんな中、2014年5月、オックスフォードマインドフルネスセンターが企画したマインドフルネス・サイレントリトリートへの参加が叶いました。会場となったイギリスのアマーダウンセンター（Ammerdown Centre）の一室に現れたのが、このリトリートの指導者であるクリスティーナ・フェルドマンとジョン・ピーコックでした。クリスティーナには慈愛に満ちたやさしさと、物事を曇りなく見る厳しさがあり、これこそがマインドフルな人だ、本物だ！と静かな喜びを感じました。帰国してからリトリートでの体験を公表したいと考え、クリスティーナに確認のメールを送りました。その際、「これから私がマインドフルネスを本当に理解するためには何をしたらよいか」と尋ねたところ、「とにかく実践することです」と答えてくれました（リトリートの体験については、https://www.p.u-tokyo.ac.jp/~odoriba/mind/をご参照ください）。あくまで自らの体験を重視するその言葉を深く受け止めつつ、これから続く長い道のりを考えて気が遠くなった記憶があります。とはいえ、それから、日々の業務の合間に時間をつくっては、細々とマインドフルネス・プログラムに参加し、マインドフルネス講師となるためのトレーニングを受け続け、MBCT（Mindfulness-Based Cognitive Therapy）の指導資格を得ました。振り返れば、クリスティーナと出会ってから10年の月日が流れていました。

本書との出会い

そんな敬愛するクリスティーナが、多くの研究業績をもつマインドフルネス業界のリーダーの一人であるウィレム・カイケンと一緒に仏教心理学と現代心理学を架橋する書籍を執筆したというのは、嬉しい驚きでした。というのも、マインドフルネスを学ぶにつれ、その根本にある仏教の概念の理解が不可欠だと強く思うようになっていたからです。そう思ったのは、私が参加したリトリートでは、ジョンが毎晩 Dharma Talk という形で仏教心理学の講義をしてくれていたからかもしれません。しかし、仏教は私にとっては容易には理解できない巨人であり、安易に触れたり、語ったりすることは憚られる思いすらありました。

そんなときにこの書籍に出会い、すぐに購入しました。しかし、日々の忙しさと、英語のハードルにより、一人で読み進めるのは至難の業となりました。そこでまずは、私がこの内容を共有したいと思う研究室の学生や修了生たちと読み進め、できればそれを翻訳して日本の皆様にお届けすることを思い立ちました。その際、問題となったのは、私の専門外となる仏教の理解が不十分になるということでした。そこで、仏教の道に身を置かれ、かつては本学で臨床心理学を学ばれていた藤田一照先生にお声がけをさせていただきましたところ、ご快諾をいただけました。本格的に翻訳が始まったのは、そこからでした。

翻訳作業について

翻訳は分量の多さだけでなく、深い理解を必要とするものであり、容易ではありませんでした。最後の1年は藤田一照先生と各章の訳者の皆さんと定期的に勉強会を開きながら、単なる翻訳ではなく、一つ一つの文章の真意は何かについて学びを得ながら読み進めました。そのため作業は遅々としましたが、単なる翻訳作業ではなく、私自身が本書がつくられた講義の一受講生になったような気持ちで取り組みました。

本書は大きく分けると仏教、現代の心理学、それらを統合した章で構成されていますが、改めて読むと仏教と現代の心の科学の境がわからなくなる感覚があります。それはおそらく、それらをつなげ、ある意味で止揚しているマインドフルネスという視点で書かれているからかもしれませんが、本質的には両者は似たような要素を含んでいるからではないかと思います。さらに、執筆者の2人が、各々の専門家でありながらも互いの専門性にオープンであり、なおかつ体験や身体を通した深い理解をしているため、どちらともいえない統合的な仕上がりとなっているのではないかと思っています。私自身、未だに本書を本質的に完璧に理解できている自信はありませんが、彼らの崇高な議論の中で、度々迷子になりかける私を、易しい解説により助けてくださった藤田一照先生のおかげで、文字だけの翻訳にはなっていないとは思っております。

ただし、原書がそもそも2人で書かれていることもあり、同じ単語でも含意が異なるように思われるところも多々あり、翻訳自体はかなり難航しました。まだまだ不十分な点も多いかとは思いますが、この本をお読みくださる幅広い読者の皆様のお立場から、是非ご指摘を賜りたいと思います。

翻訳作業は一旦終わりますが、私自身も、これからも何度も本書に立ち返り、学びを深める旅を歩んでまいりたいと思っております。どうか本書が、マインドフルネスの本質を理解したいと思われている方々の長い旅路のお供として、末永くお役立ていただけますように。

2024年9月3日　夏の終わりに秋の気配を感じつつ

監訳者を代表して　　高橋　美保

仏教と心の科学の出合い
マインドフルネス

2024年11月20日　初版第1刷発行

著　者　クリスティーナ・フェルドマン
ウィレム・カイケン

監訳者　高　橋　美　保
藤　田　一　照

発行所　㈱北大路書房
〒603-8303　京都市北区紫野十二坊町12-8
電話代表　(075) 431-0361
F A X　(075) 431-9393
振替口座　01050-4-2083

装幀／野田和浩
印刷・製本／創栄図書印刷（株）
落丁・乱丁本はお取り替えいたします。
定価はカバーに表示してあります。

Printed in Japan
ISBN978-4-7628-3266-6

【原著者紹介】

クリスティーナ・フェルドマン（Christina Feldman）
インサイト・メディテーション（洞察瞑想）のコミュニティの主要な上級講師であり、国際的にリトリートを提供している。イギリスのエクセター大学やオランダのラドバウド大学など、複数の大学院のマインドフルネス・プログラムで教鞭をとっている。イギリスのガイア・ハウスの共同設立者であり、マサチューセッツ州バリのインサイト・メディテーション協会（Insight Meditation Society）の指導的な講師でもある。数多くの本の著者でもあるフェルドマンは、英国のボーディ・カレッジ（Bodhi College）の中心的な講師であり、仏教心理学と現代のマインドフルネスとの対話に深く関わっている。

ウィレム・カイケン（Willem Kuyken, PhD）
イギリスオックスフォード大学のマインドフルネスと心理学のリトブラット寄付講座の教授であり、オックスフォードマインドフルネスセンターの所長。うつ病とその予防・治療に焦点を当てて研究を行っている。特に、マインドフルネスと、マインドフルネスに基づいたプログラムが、どのようにうつ病を予防し、生涯にわたって人間の可能性を高めることができるかを研究している。カイケン博士は、マインドフルネスに基づいたプログラムの効果、メカニズム、実装に関する重要な論文を含む、100を超える学術論文を発表している。

【監訳者紹介】

高橋美保（たかはし・みほ）

2008年　東京大学大学院教育学研究科臨床心理学コース博士課程修了

東京大学大学院教育学研究科臨床心理学コース教授（博士（教育学））

〈主著〉

『マインドフルネス認知療法を教えるということ：実践の体現と瞑想的対話』（監訳）北大路書房，2021年

『心理職の学びとライフキャリア：働くことと生きること』東京大学出版会，2022年　など

藤田一照（ふじた・いっしょう）

1982年　東京大学大学院教育学研究科教育心理学専攻博士課程中退

僧侶，曹洞宗国際センター前所長

〈主著〉

『現代坐禅講義：只管打坐への道』KADOKAWA，2019年

『禅　心を休ませる練習』大和書房，2021年　など

【訳者一覧】

高橋美保（たかはし・みほ）――まえがき，序文，謝辞，第 5 章，第 10 章，付録 1・2

監訳者紹介参照

藤田一照（ふじた・いっしょう）――第 1 章，第 4 章

監訳者紹介参照

本田由美（ほんだ・ゆみ）――第 2 章

医療法人和楽会心療内科・神経科赤坂クリニックカウンセラー，臨床心理士，公認心理師

勝又結菜（かつまた・ゆいな）――第 3 章

株式会社フジ EAP センター，臨床心理士，公認心理師

江浦瑛子（えうら・あきこ）――第 6 章

東京大学大学院教育学研究科臨床心理学コース

石黒香苗（いしぐろ・かなえ）――第 7 章

株式会社 OpenUp　心理士

鳥羽翔太（とば・しょうた）――第 8 章

東京大学大学院教育学研究科臨床心理学コース

稲吉玲美（いなよし・れみ）――第 9 章

東京大学大学院教育学研究科総合教育科学専攻（臨床心理学コース）特任講師

索　引

人名索引

事項索引

れ

わ

文　献

Acharya Buddharakkhita. (1996). The dhammapada: The Buddha's path of wisdom. Retrieved from *www.accesstoinsight.org/tipitaka/kn/dhp/dhp.intro.budd.html.*

Ackerman, J. M., Nocera, C. C., & Bargh, J. A. (2010). Incidental haptic sensations influence social judgments and decisions. *Science, 328*(5986), 1712-1715.

Allen, M., Bromley, A., Kuyken, W., & Sonnenberg, S. J. (2009). Participants' experiences of mindfulness-based cognitive therapy: "It changed me in just about every way possible." *Behavioural and Cognitive Psychotherapy, 37*(4), 413-430.

Alsubaie, M., Abbott, R., Dunn, B., Dickens, C., Keil, T. F., Henley, W., & Kuyken, W. (2017). Mechanisms of action in mindfulness-based cognitive therapy (MBCT) and mindfulness-based stress reduction (MBSR) in people with physical and/or psychological conditions: A systematic review. *Clinical Psychology Review, 55*, 74-91.

Armstrong, K. (2011). *Twelve steps to a compassionate life*. London: Random House.

Baddeley, A. (1996). Exploring the central executive. *Quarterly Journal of Experimental Psychology Section A — Human Experimental Psychology, 49*(1), 5-28.

Baddeley, A. (2012). Working memory: Theories, models, and controversies. *Annual Review of Psychology, 63*, 1-29.

Baer, R. (2015). Ethics, values, virtues, and character strengths in mindfulness-based interventions: A psychological science perspective. *Mindfulness, 6*(4), 956-969.

Baer, R., & Kuyken, W. (2016). Is mindfulness safe? Retrieved from *www.mindful.org/is-mindfulness-safe.*

Bargh, J. A., Chen, M., & Burrows, L. (1996). Automaticity of social behavior: Direct effects of trait construct and stereotype activation on action. *Journal of Personality and Social Psychology, 71*(2), 230-244.

Barks, C., & Moyne, J. (1997). *The essential Rumi*. New York: Penguin.

Barnard, P. J., Duke, D. J., Byrne, R. W., & Davidson, I. (2007). Differentiation in cognitive and emotional meanings: An evolutionary analysis. *Cognition and Emotion, 21*(6), 1155-1183.

Barnard, P. J., & Teasdale, J. D. (1991). Interacting cognitive subsystems: A systemic approach to cognitive-affective interaction and change. *Cognition and Emotion, 5*(1), 1-39.

Barnett, K., Mercer, S. W., Norbury, M., Watt, G., Wyke, S., & Guthrie, B. (2012). Epidemiology of multimorbidity and implications for health care, research, and medical education: A cross-sectional study. *Lancet, 380*(9836), 37-43.

Beck, A. T. (1976). *Cognitive therapy and the emotional disorders*. New York: Meridian.

Beck, A. T. (2005). The current state of cognitive therapy: A 40-year retrospective. *Archives of General Psychiatry, 62*, 953-959.

Beck, A. T., & Dozois, D. J. (2011). Cognitive therapy: Current status and future directions. *Annual Review of Medicine, 62*, 397-409.

Beck, A. T., Emery, G., & Greenberg, R. L. (1985). *Anxiety disorders and phobias: A cognitive perspective.* New York: Basic Books.

Beck, A. T., & Haigh, E. A. P. (2014). Advances in cognitive theory and therapy: The generic cognitive model. *Annual Review of Clinical Psychology, 10*, 1-24.

Beck, A. T., Hollon, S. D., Young, J. E., Bedrosian, R. C., & Budenz, D. (1985). Treatment of depression with cognitive therapy and amitriptyline. *Archives of General Psychiatry, 42*(2), 142-148.

Beck, A. T., Rush, A. J., Shaw, B. F., & Emery, G. (1979). *Cognitive therapy of depression.* New York: Guilford Press. (ベック，A. T.・ラッシュ，A. J.・ショウ，B. F.・エメリィ，G. 坂野雄二（監訳） 神村栄一・清水里美・前田基成（訳）(2007). うつ病の認知療法 新版 認知療法シリーズ 岩崎学術出版社)

Bhikkhu Analayo. (2003). *Satipatthana: The direct path to realization.* Birmingham, UK: Windhorse.

Bhikkhu Bodhi. (2005). *In the Buddhas's words: An anthology of discourses from the Pali canon.* Somerville, MA: Wisdom.

Bieling, P. J., Hawley, L. L., Bloch, R. T., Corcoran, K. M., Levitan, R. D., Young, L. T., . . . Segal, Z. V. (2012). Treatment-specific changes in decentering following mindfulness-based cognitive therapy versus antidepressant medication or placebo for prevention of depressive relapse. *Journal of Consulting and Clinical Psychology, 80*(3), 365-372.

Birnie, K., Speca, M., & Carlson, L. E. (2010). Exploring self-compassion and empathy in the context of mindfulness-based stress reduction (MBSR). *Stress and Health, 26*(5), 359-371.

Bishop, S. R., Lau, M., Shapiro, S., Carlson, L., Anderson, N. D., Carmody, J., . . . Devins, G. (2006). Mindfulness: A proposed operational definition. *Clinical Psychology: Science and Practice, 11*(3), 230-241.

Blakemore, S. J. (2018). *Inventing ourselves: The secret life of the teenage brain.* New York: Doubleday.

Blakemore, S. J., & Robbins, T. W. (2012). Decision-making in the adolescent brain. *Nature Neuroscience, 15*(9), 1184-1191.

Bockting, C. L., Hollon, S. D., Jarrett, R. B., Kuyken, W., & Dobson, K. (2015). A lifetime approach to major depressive disorder: The contributions of psychological interventions in preventing relapse and recurrence. *Clinical Psychology Review, 41*, 16-26.

Bohlmeijer, E., Prenger, R., Taal, E., & Cuijpers, P. (2010). Meta-analysis on the effectiveness of mindfulness-based stress reduction therapy on mental health of adults with a chronic disease: What should the reader not make of it? *Journal of Psychosomatic Research, 69*(6), 614-615.

Booth, R. (2017, October 22). Kabat-Zinn, master of mindfulness: "People are losing their minds: That is what we need to wake up." Retrieved from *www.theguardian. com/lifeandstyle/2017/oct/22/ mindfulness-jon-kabat-zinn-depression-trump-grenfell.*

Bornemann, B., Herbert, B. M., Mehling, W. E., & Singer, T. (2015). Differential changes in self-reported aspects of interoceptive awareness through 3 months of contemplative training. *Frontiers in Psychology, 5*, 1504.

Bornemann, B., Kok, B. E., Bockler, A., & Singer, T. (2016). Helping from the heart: Voluntary upregulation of heart rate variability predicts altruistic behavior. *Biological Psychology, 119*, 54-63.

Bowen, S., & Vieten, C. (2012). A compassionate approach to the treatment of addictive behaviors: The contributions of Alan Marlatt to the field of mindfulness-based interventions. *Addiction Research and Theory, 20*(3), 243-249.

Breines, J. G., Thoma, M. V., Gianferante, D., Hanlin, L., Chen, X., & Rohleder, N. (2014). Self-compassion as a predictor of interleukin-6 response to acute psychosocial stress. *Brain Behavior and Immunity, 37*, 109–114.

Brewer, J. A., Elwafi, H. M., & Davis, J. H. (2013). Craving to quit: Psychological models and neurobiological mechanisms of mindfulness training as treatment for addictions. *Psychology of Addictive Behaviors, 27*(2), 366–379.

Brewer, J. A., Worhunsky, P. D., Gray, J. R., Tang, Y.-Y., Weber, J., & Kober, H. (2011). Meditation experience is associated with differences in default mode network activity and connectivity. *Proceedings of the National Academy of Sciences of the USA, 108*(50), 20254–20259.

Campbell, J. (1991). *The power of myth.* New York: Anchor.（キャンベル，J・モイヤーズ，B. D.　飛田茂雄（訳）(1992／2010)．神話の力　早川書房）

Cesario, J., Plaks, J. E., Hagiwara, N., Navarrete, C. D., & Higgins, E. T. (2010). The ecology of automaticity: How situational contingencies shape action semantics and social behavior. *Psychological Science, 21*(9), 1311–1317.

Chabris, C., & Simons, D. (2010). *The invisible gorilla: How our intuitions deceive us.* New York: Crown.

Condon, P., Desbordes, G., Miller, W. B., & DeSteno, D. (2013). Meditation increases compassionate responses to suffering. *Psychological Science, 24*(10), 2125–2127.

Cook, J. (2016). Mindful in Westminster: The politics of meditation and the limits of neoliberal critique. *Hau — Journal of Ethnographic Theory, 6*(1), 141–161.

Covey, S. R. (1999). *The 7 habits of highly effective people.* London: Simon & Schuster.（コヴィー，S. R.　フランクリン・コヴィー・ジャパン（訳）(2013)．完訳７つの習慣：人格主義の回復　キングベアー出版）

Crane, R. S. (2011). The UK good practice guidelines for mindfulness-based teachers. Retrieved from *http://mindfulnessteachersuk.org.uk.*

Crane, R. S. (2017). Implementing mindfulness in the mainstream: Making the path by walking it. *Mindfulness, 8*(3), 585–594.

Crane, R. S., Brewer, J., Feldman, C., Kabat-Zinn, J., Santorelli, S., Williams, J. M., & Kuyken, W. (2017). What defines mindfulness-based programs? The warp and the weft. *Psychological Medicine, 47*(6), 990–999.

Crane, R. S., Kuyken, W., Hastings, R. P., Rothwell, N., & Williams, J. M. G. (2010). Training teachers to deliver mindfulness-based interventions: Learning from the UK experience. *Mindfulness, 1*(2), 74–86.

Dalai Lama. (2005). *Science at the crossroads.* Paper presented at the annual meeting of the Society for Neuroscience, Washington, DC. Retrieved from *www.dalailama.com/messages/buddhism/science-at-the-crossroads.*

Dalai Lama. (2011a, February 22). [Facebook post.] Retrieved from *www.facebook.com/DalaiLama/posts/10150096941742616.*

Dalai Lama. (2011b). *Beyond religion: Ethics for a whole world.* London: Random House.（ダライ・ラマ14世　三浦順子（訳）(2012)．ダライ・ラマ宗教を越えて：世界倫理への新たなヴィジョン　サンガ）

Damasio, A. (1994). *Descartes' error: Emotion, reason, and the human brain.* New York: Putnam.（ダマシオ，A. R.　田中三彦（訳）(2010)．デカルトの誤り：情動，理性，人間の脳　筑摩書房）

Darwin, C. (1871). *The descent of man, and selection in relation to sex.* London: John Murray.（ダーウィ

ン，C.　長谷川眞理子（訳）（1999-2000）．人間の進化と性淘汰　ダーウィン著作集 1，2　文一総合出版）

Davidson, R. J., & Irwin, W. (1999). The functional neuroanatomy of emotion and affective style. *Trends in Cognitive Sciences, 3*(1), 11-21.

Davidson, R. J., Kabat-Zinn, J., Schumacher, J., Rosenkranz, M., Muller, D., Santorelli, S. F., . . . Sheridan, J. F. (2003). Alterations in brain and immune function produced by mindfulness meditation. *Psychosomatic Medicine, 65*(4), 564-570.

Davidson, R. J., & McEwen, B. S. (2012). Social influences on neuroplasticity: Stress and interventions to promote well-being. *Nature Neuroscience, 15*(5), 689-695.

De Houwer, J., Thomas, S., & Baeyens, F. (2001). Associative learning of likes and dislikes: A review of 25 years of research on human evaluative conditioning. *Psychological Bulletin, 127*(6), 853-869.

De Waal, F. B. M. (2009). *The age of empathy: Nature's lessons for a kinder society*. London: Souvenir Press.（ドゥ・ヴァール，F. B. M.　柴田裕之（訳）（2010）．共感の時代へ：動物行動学が教えてくれること　紀伊國屋書店）

De Waal, F. (2013). *The bonobo and the atheist: In search of humanism among the primates*. New York: Norton.（ドゥ・ヴァール，F. B. M.　柴田裕之（訳）（2014）．道徳性の起源：ボノボが教えてくれること　紀伊國屋書店）

Desbordes, G., Gard, T., Hoge, E. A., Holzel, B., Kerr, C., Lazar, S. W., . . . Vago, D. R. (2015). Moving beyond mindfulness: Defining equanimity as an outcome measure in meditation and contemplative research. *Mindfulness, 6*(2), 356-372.

Diamond, A. (2013). Executive functions. *Annual Review of Psychology, 64*, 135-168.

Diedrich, A., Grant, M., Hofmann, S. G., Hiller, W., & Berking, M. (2014). Self-compassion as an emotion regulation strategy in major depressive disorder. *Behaviour Research and Therapy, 58*, 43-51.

Dimidjian, S., & Segal, Z. V. (2015). Prospects for a clinical science of mindfulness-based intervention. *American Psychologist, 70*(7), 593-620.

Donovan, W. L., & Leavitt, L. A. (1985). Cardiac responses of mother and infants in Ainsworth's strange situation. In M. Reite & T. Field (Eds.), *The psychobiology of attachment and separation* (pp. 369-387). Orlando, FL: Academic Press.

Dunbar, R. I. M. (2003). The social brain: Mind, language, and society in evolutionary perspective. *Annual Review of Anthropology, 32*, 163-181.

Dunbar, R. I. M. (2004). *The human story: A new history of mankind's evolution*. London: Faber & Faber.

Dunbar, R. I. M., & Shultz, S. (2007). Evolution in the social brain. *Science, 317*(5843), 1344-1347.

Einstein, A. (1956/1999). *The world as I see it*. Secaucus, NJ: Citadel Press.

Eliot, T. S. (1940). *The waste land and other poems*. London: Faber & Faber.

Engen, H. G., & Singer, T. (2015). Compassion-based emotion regulation up-regulates experienced positive affect and associated neural networks. *Social Cognitive and Affective Neuroscience, 10*(9), 1291-1301.

Evans, A., Crane, R., Cooper, L., Mardula, J., Wilks, J., Surawy, C., Kuyken, W. (2015). A framework for supervision for mindfulness-based teachers: A space for embodied mutual inquiry. *Mindfulness, 6*(3), 572-581.

Farb, N. A. S., Anderson, A. K., Mayberg, H., Bean, J., McKeon, D., & Segal, Z. V. (2010). Minding one's emotions: Mindfulness training alters the neural expression of sadness. *Emotion, 10*(1), 25-33.

Farb, N. A. S., Segal, Z. V., Mayberg, H., Bean, J., McKeon, D., Fatima, Z., & Anderson, A. K. (2007). Attending to the present: Mindfulness meditation reveals distinct neural modes of self-reference. *Social Cognitive and Affective Neuroscience, 2*(4), 313-322.

Feldman, C. (2016). The long view: Perils and possibilities of mindfulness. Retrieved from *http://oxfordmindfulness.org/news/long-view-perils-possibilities-3/?insight_type=blog.*

Feldman, C. (2017). *Boundless heart: The Buddha's path of kindness, compassion, joy and equanimity.* Boulder, CO: Shambhala.

Feldman, C., & Kuyken, W. (2011). Compassion in the landscape of suffering. *Contemporary Buddhism, 12*(1), 143-155.

Fergusson, D. M., & Lynskey, M. T. (1996). Adolescent resiliency to family adversity. *Journal of Child Psychology and Psychiatry and Allied Disciplines, 37*(3), 281-292.

Fox, E. (2008). *Emotion science: Cognitive and neuroscientific approaches to understanding human emotions.* New York: Palgrave Macmillan.

Fredrickson, B. L., & Losada, M. F. (2005). Positive affect and the complex dynamics of human flourishing. *American Psychologist, 60*(7), 678-686.

Friedman, R. S., & Forster, J. (2010). Implicit affective cues and attentional tuning: An integrative review. *Psychological Bulletin, 136*(5), 875-893.

Gabbard, G., Beck, J. S., & Holmes, J. (2005). *Concise Oxford textbook of psychotherapy.* Oxford, UK: Oxford University Press.

Garland, E. L., Fredrickson, B., Kring, A. M., Johnson, D. P., Meyer, P. S., & Penn, D. L. (2010). Upward spirals of positive emotions counter downward spirals of negativity: Insights from the broaden-and-build theory and affective neuroscience on the treatment of emotion dysfunctions and deficits in psychopathology. *Clinical Psychology Review, 30*(7), 849-864.

GBD 2015 Disease and Injury Incidence and Prevalence Collaborators. (2016). Global, regional, and national incidence, prevalence, and years lived with disability for 310 diseases and injuries, 1990-2015: A systematic analysis for the Global Burden of Disease Study 2015. *Lancet, 388*(10053), 1545-1602.

Germer, C. K. (2009). *The mindful path to self-compassion: Freeing yourself from destructive thoughts and emotions.* New York: Guilford Press.

Gethin, R. (2011). On some definitions of mindfulness. *Contemporary Buddhism, 12*(1), 16.

Gilbert, P. (2014). The origins and nature of compassion focused therapy. *British Journal of Clinical Psychology, 53*(1), 6-41.

Glasser, M. F., Coalson, T. S., Robinson, E. C., Hacker, C. D., Harwell, J., Yacoub, E., . . . Van Essen, D. C. (2016). A multi-modal parcellation of human cerebral cortex. *Nature, 536*(7615), 171.

Glockner, A., & Witteman, C. (2010). Beyond dual-process models: A categorisation of processes underlying intuitive judgement and decision making. *Thinking and Reasoning, 16*(1), 1-25.

Goetz, J. L., Keltner, D., & Simon-Thomas, E. (2010). Compassion: An evolutionary analysis and empirical review. *Psychological Bulletin, 136*(3), 351-374.

Gold, M. (Director). (2016). The arc of history [television series episode]. In *Inside Obama's White House.* London: BBC.

Goldstein, J., & Kornfield, J. (1987). *Seeking the heart of wisdom.* Boston: Shambhala.

Goldstein, S. (2013). *Mindfulness: A practical guide to awakening.* Boulder, CO: Sounds True.

Goleman, D., & Davidson, R. J. (2017). *Altered traits: Science reveals how meditation changes your mind, brain and body*. New York: Avery. (ゴールマン，D.・デビッドソン，R. J.　藤田美菜子（訳）(2018). 心と体をゆたかにするマインドエクササイズの証明　フェニックスシリーズ 75　パンローリング)

Good, D. J., Lyddy, C. J., Glomb, T. M., Bono, J. E., Brown, K. W., Duffy, M. K., . . . Lazar, S. W. (2016). Contemplating mindfulness at work: An integrative review. *Journal of Management, 42*(1), 114-142.

Gopher, D., Armony, L., & Greenshpan, Y. (2000). Switching tasks and attention policies. *Journal of Experimental Psychology — General, 129*(3), 308-339.

Gotink, R. A., Chu, P., Busschbach, J. J. V., Benson, H., Fricchione, G. L., & Hunink, M. G. M. (2015). Standardised mindfulness-based interventions in healthcare: An overview of systematic reviews and meta-analyses of RCTs. *PLOS ONE, 10*(4), e0124344.

Greenberg, M. T., & Harris, A. R. (2012). Nurturing mindfulness in children and youth: Current state of research. *Child Development Perspectives, 6*(2), 161-166.

Gregory, R. (1970). *The intelligent eye*. New York: McGraw-Hill. (グレゴリー，R.　金子隆芳（訳）(1972). インテリジェント・アイ　みすず科学ライブラリー 33　みすず書房)

Grossman, P., Niemann, L., Schmidt, S., & Walach, H. (2004). Mindfulness-based stress reduction and health benefits. *Journal of Psychosomatic Research, 57*(1), 35-43.

Gu, J., Strauss, C., Bond, R., & Cavanagh, K. (2015). How do mindfulness-based cognitive therapy and mindfulness-based stress reduction improve mental health and wellbeing?: A systematic review and meta-analysis of mediation studies. *Clinical Psychology Review, 37*, 1-12.

Gunaratana, B. H. (2002). *Mindfulness in plain English*. Somerville, MA: Wisdom.

Hamilton, J. P., Furman, D. J., Chang, C., Thomason, M. E., Dennis, E., & Gotlib, I. H. (2011). Default-mode and task-positive network activity in major depressive disorder: Implications for adaptive and maladaptive rumination. *Biological Psychiatry, 70*(4), 327-333.

Hanson, R., & Mendius, R. (2009). *Buddha's brain: The practical neuroscience of happiness, love and wisdom*. Oakland, CA: New Harbinger.

Hasenkamp, W., Wilson-Mendenhall, C. D., Duncan, E., & Barsalou, L. W. (2012). Mind wandering and attention during focused meditation: A fine-grained temporal analysis of fluctuating cognitive states. *NeuroImage, 59*(1), 750-760.

Hawton, K., Rodham, K., Evans, E., & Weatherall, R. (2002). Deliberate self harm in adolescents: Self report survey in schools in England. *British Medical Journal, 325*(7374), 1207-1211.

Hayes, S. C. (2004). Acceptance and commitment therapy, relational frame theory, and the third wave of behavior therapy. *Behavior Therapy, 35*(4), 639-665.

Hayes, S. C. (2016). The situation has clearly changed: So what are we going to do about it? *Cognitive and Behavioral Practice, 23*(4), 446-450.

Hayes, S. C., Long, D. M., Levin, M. E., & Follette, W. C. (2013). Treatment development: Can we find a better way? *Clinical Psychology Review, 33*(7), 870-882.

Heffernan, V. (2015, April 14). The muddied meaning of "mindfulness." *New York Times Magazine*, p. 13

Higgins, E. T. (1987). Self-discrepancy: A theory relating self and affect. *Psychological Review, 94*(3), 319-340.

Higgins, E. T. (1996). The "self digest": Self-knowledge serving self-regulatory functions. *Journal of Personality and Social Psychology, 71*(6), 1062-1083.

Higgins, E. T., Bond, R. N., Klein, R., & Strauman, T. J. (1986). Self-discrepancies and emotional vulnerability: How magnitude, accessibility, and type of discrepancy influence affect. *Journal of Personality and Social Psychology, 51*(1), 5-15.

Hofmann, S. G., Grossman, P., & Hinton, D. E. (2011). Loving-kindness and compassion meditation: Psychological interventions. *Clinical Psychology Review, 31*(7), 1126-1132.

Hofmann, W., Schmeichel, B. J., & Baddeley, A. D. (2012). Executive functions and self-regulation. *Trends in Cognitive Sciences, 16*(3), 174-180.

Holmes, E. A., & Mathews, A. (2010). Mental imagery in emotion and emotional disorders. *Clinical Psychology Review, 30*(3), 349-362.

James, W. (1890). *The principles of psychology*. New York: Holt.

Jha, A. P., Krompinger, J., & Baime, M. J. (2007). Mindfulness training modifies subsystems of attention. *Cognitive, Affective, and Behavioral Neuroscience, 7*(2), 109-119.

Johnstone, M. (2007). *I had a black dog*. London: Robinson. (ジョンストン, M.　岡本由香子（訳）(2009). ぼくのなかの黒い犬　メディア総合研究所)

Joyce, J. (1914/1996). *Dubliners*. London: Penguin. (ジョイス, J.　高松雄一（訳）(1999). ダブリンの市民　集英社)

Kabat-Zinn, J. (1982). An outpatient program in behavioral medicine for chronic pain patients based on the practice of mindfulness meditation: Theoretical considerations and preliminary results. *General Hospital Psychiatry, 4*(1), 33-47.

Kabat-Zinn, J. (1990). *Full catastrophe living: How to cope with stress, pain and illness using mindfulness meditation*. New York: Delacorte.

Kabat-Zinn, J. (2005). *Coming to our senses: Healing ourselves and the world through mindfulness*. London: Piatkus Books.

Kabat-Zinn, J. (2006). Mindfulness-based interventions in context: Past, present, and future. *Clinical Psychology: Science and Practice, 10*(2), 144-156.

Kabat-Zinn, J. (2011). Some reflections on the origins of MBSR, skillful means, and the trouble with maps. *Contemporary Buddhism, 12*(1), 281-306.

Kabat-Zinn, J. (2014). Witnessing Hippocratic integrity. *Mindfulness, 5*(4), 460-461.

Kahneman, D. (2011). *Thinking, fast and slow*. London: Penguin Books. (カーネマン, D.　村井章子（訳）(2012). ファスト＆スロー：あなたの意思はどのように決まるか？　上・下　早川書房)

Kallapiran, K., Koo, S., Kirubakaran, R., & Hancock, K. (2015). Review: Effectiveness of mindfulness in improving mental health symptoms of children and adolescents: A meta-analysis. *Child and Adolescent Mental Health, 20*(4), 182-194.

Kanske, P., Bockler, A., Trautwein, F. M., Lesemann, F. H. P., & Singer, T. (2016). Are strong empathizers better mentalizers?: Evidence for independence and interaction between the routes of social cognition. *Social Cognitive and Affective Neuroscience, 11*(9), 1383-1392.

Kanske, P., Bockler, A., Trautwein, F. M., & Singer, T. (2015). Dissecting the social brain: Introducing the EmpaToM to reveal distinct neural networks and brain-behavior relations for empathy and theory of mind. *NeuroImage, 122*, 6-19.

Karl, A., Williams, M. J., Cardy, J., Kuyken, W., & Crane, C. (2018). Dispositional self-compassion and responses to mood challenge in people at risk for depressive relapse/recurrence. *Clinical Psychology and Psychotherapy, 25*(5), 621-633.

Khoury, B., Sharma, M., Rush, S. E., & Fournier, C. (2015). Mindfulness-based stress reduction for healthy individuals: A meta-analysis. *Journal of Psychosomatic Research, 78*(6), 519–528.

Killingsworth, M. A., & Gilbert, D. T. (2010). A wandering mind is an unhappy mind. *Science, 330*(6006), 932.

Kings Fund. (2016). Long-term conditions and multi-morbidity. Retrieved from *www.kingsfund.org.uk/time-to-think-differently/trends/disease-and-disability/long-term-conditions-multi-morbidity.*

Klonsky, E. D., Oltmanns, T. F., & Turkheimer, E. (2003). Deliberate self-harm in a nonclinical population: Prevalence and psychological correlates. *American Journal of Psychiatry, 160*(8), 1501–1508.

Kok, B. E., & Singer, T. (2017). Phenomenological fingerprints of four meditations: Differential state changes in affect, mind-wandering, meta-cognition, and interoception before and after daily practice across 9 months of training. *Mindfulness, 8*(1), 218–231.

Krieger, T., Berger, T., & Holtforth, M. G. (2016). The relationship of self-compassion and depression: Cross-lagged panel analyses in depressed patients after outpatient therapy. *Journal of Affective Disorders, 202*, 39–45.

Kuyken, W. (2016). Taking the "long view" on mindfulness and mindfulness-based cognitive therapy. Retrieved from *www.dc.nihr.ac.uk/blog/preventing-depression-with-mindfulness-based-cognitive-therapy-from-evidence-to-practice.*

Kuyken, W., Beshai, S., Dudley, R., Abel, A., Gorg, N., Gower, P., . . . Padesky, C. A. (2016). Assessing competence in collaborative case conceptualization: Development and preliminary psychometric properties of the Collaborative Case Conceptualization Rating Scale (CCC-RS). *Behavioural and Cognitive Psychotherapy, 44*(2), 179–192.

Kuyken, W., & Evans, A. (2014). Mindfulness-based cognitive therapy for recurrent depression. In R. Baer (Ed.), *Mindfulness-based treatment approaches: Clinicians' guide to evidence and applications* (pp. 27–60). London: Elsevier.

Kuyken, W., Nuthall, E., Byford, S., Crane, C., Dalgleish, T., Ford, T., MYRIAD Team. (2017). The effectiveness and cost-effectiveness of a mindfulness training programme in schools compared with normal school provision (MYRIAD): Study protocol for a randomised controlled trial. *Trials, 18*(1), 194.

Kuyken, W., Padesky, C. A., & Dudley, R. (2009). *Collaborative case conceptualization: Working effectively with clients in cognitive-behavioral therapy.* New York: Guilford Press.（クイケン，W.・パデスキー，C. A.・ダッドリー，R.　大野裕（監訳）　荒井まゆみ・佐藤美奈子（訳）(2012)．認知行動療法におけるレジリエンスと症例の概念化　星和書店）

Lakhan, S. E., & Schofield, K. L. (2013). Mindfulness-based therapies in the treatment of somatization disorders: A systematic review and meta-analysis. *PLOS ONE, 8*(8), e71834.

Langer, E. J. (1989). *Mindfulness.* Reading, MA: Addison Wesley Longman.

Lazar, S. W., Kerr, C. E., Wasserman, R. H., Gray, J. R., Greve, D. N., Treadway, M. T., . . . Fischl, B. (2005). Meditation experience is associated with increased cortical thickness. *NeuroReport, 16*(17), 1893–1897.

Lazarus, R. S. (1993). Coping theory and research: Past, present, and future. *Psychosomatic Medicine, 55*(3), 234–247.

LeDoux, J. E. (2000). Emotion circuits in the brain. *Annual Review of Neuroscience, 23*, 155–184.

Leiberg, S., Klimecki, O., & Singer, T. (2011). Short-term compassion training increases prosocial behavior

in a newly developed prosocial game. *PLOS ONE, 6*(3), e17798.
Levenson, R. W., Ekman, P., & Ricard, M. (2012). Meditation and the startle response: A case study. *Emotion, 12*(3), 650-658.
Lewin, K. (1951). *Field theory in social science: Selected theoretical papers* (D. Cartwright, Ed.). New York: Harper & Row.（レヴィン，K.　猪股佐登留（訳）(1979). 社会科学における場の理論　誠信書房）
Linehan, M. M. (1993a). *Cognitive-behavioral treatment of borderline personality disorder.* New York: Guilford Press.（リネハン，M. M.　大野裕（監訳）岩坂彰・井沢功一朗・松岡律・石井留美・阿佐美雅弘（訳）(2007). 境界性パーソナリティ障害の弁証法的行動療法：DBT による BPD の治療　誠信書房）
Linehan, M. M. (1993b). *Skills training manual for treating borderline personality disorder.* New York: Guilford Press.（リネハン，M. M.　小野和哉（監訳）(2007). 弁証法的行動療法実践マニュアル：境界性パーソナリティ障害への新しいアプローチ　金剛出版）
Lippold, M. A., Powers, C. J., Syvertsen, A. K., Feinberg, M. E., & Greenberg, M. T. (2013). The timing of school transitions and early adolescent problem behavior. *Journal of Early Adolescence, 33*(6), 821-844.
Loftus, E. F., & Palmer, J. C. (1996). Eyewitness testimony. In P. Banyard & A. Grayson (Eds.), *Introducing psychological research* (pp. 305-309). London: Palgrave.
Lomas, T. (2016). Towards a positive cross-cultural lexicography: Enriching our emotional landscape through 216 "untranslatable" words pertaining to well-being. *Journal of Positive Psychology, 11*(5), 546-558.
Luders, E., Cherbuin, N., & Gaser, C. (2016). Estimating brain age using highresolution pattern recognition: Younger brains in long-term meditation practitioners. *NeuroImage, 134*, 508-513.
Luders, E., Toga, A. W., Lepore, N., & Gaser, C. (2009). The underlying anatomical correlates of long-term meditation: Larger hippocampal and frontal volumes of gray matter. *NeuroImage, 45*(3), 672-678.
Lumma, A.-L., Kok, B. E., & Singer, T. (2015). Is meditation always relaxing?: Investigating heart rate, heart rate variability, experienced effort and likeability during training of three types of meditation. *International Journal of Psychophysiology, 97*(1), 38-45.
Lutz, A., Brefczynski-Lewis, J., Johnstone, T., & Davidson, R. J. (2008). Regulation of the neural circuitry of emotion by compassion meditation: Effects of meditative expertise. *PLOS ONE, 3*(3), e1897.
Lutz, A., Slagter, H. A., Dunne, J. D., & Davidson, R. J. (2008). Cognitive-emotional interactions: Attention regulation and monitoring in meditation. *Trends in Cognitive Sciences, 12*(4), 163-169.
Lutz, A., Slagter, H. A., Rawlings, N. B., Francis, A. D., Greischar, L. L., & Davidson, R. J. (2009). Mental training enhances attentional stability: Neural and behavioral evidence. *Journal of Neuroscience, 29*(42), 13418-13427.
MacBeth, A., & Gumley, A. (2012). Exploring compassion: A meta-analysis of the association between self-compassion and psychopathology. *Clinical Psychology Review, 32*(6), 545-552.
MacLean, K. A., Ferrer, E., Aichele, S. R., Bridwell, D. A., Zanesco, A. P., Jacobs, T. L., . . . Saron, C. D. (2010). Intensive meditation training improves perceptual discrimination and sustained attention. *Psychological Science, 21*(6), 829-839.
Mann, J., Kuyken, W., O'Mahen, H., Ukoumunne, O. C., Evans, A., & Ford, T. (2016). Manual development and pilot randomised controlled trial of mindfulness-based cognitive therapy versus

usual care for parents with a history of depression. *Mindfulness, 7*(5), 1024–1033.

Marlatt, A., & Gordon, J. (1985). *Relapse prevention: Maintenance strategies in the treatment of addictive behaviors.* New York: Guilford Press.

Masicampo, E. J., & Baumeister, R. R. (2007). Relating mindfulness and self-regulatory processes. *Psychological Inquiry, 18*, 255–258.

McCall, C., Steinbeis, N., Ricard, M., & Singer, T. (2014). Compassion meditators show less anger, less punishment and more compensation of victims in response to fairness violations. *Frontiers in Behavioral Neuroscience, 8*, 424.

McGilchrist, I. (2009). *The master and his emissary: The divided brain and the making of the Western world.* New Haven, CT: Yale University Press.

McLaren, I. P. L., & Mackintosh, N. J. (2000). An elemental model of associative learning: I. Latent inhibition and perceptual learning. *Animal Learning and Behavior, 28*(3), 211–246.

Mindfulness All-Party Parliamentary Group. (2015). Mindful Nation UK Report. Retrieved from *https://themindfulnessinitiative.org.uk/publications/mindful-nation-uk-report.*

Mirsky, A. F., & Duncan, C. C. (2001). A nosology of disorders of attention. *Adult Attention Deficit Disorder, 931*, 17–32.

Moffitt, T. E., Arseneault, L., Belsky, D., Dickson, N., Hancox, R. J., Harrington, H., Caspi, A. (2011). A gradient of childhood self-control predicts health, wealth, and public safety. *Proceedings of the National Academy of Sciences of the USA, 108*(7), 2693–2698.

Monteiro, L. M., Musten, R. F., & Compson, J. (2015). Traditional and contemporary mindfulness: Finding the middle path in the tangle of concerns. *Mindfulness, 6*(1), 1–13.

Morrison, A. B., Goolsarran, M., Rogers, S. L., & Jha, A. P. (2014). Taming a wandering attention: Short-form mindfulness training in student cohorts. *Frontiers in Human Neuroscience, 7*, 897.

Mrazek, M. D., Franklin, M. S., Phillips, D. T., Baird, B., & Schooler, J. W. (2013). Mindfulness training improves working memory capacity and GRE performance while reducing mind wandering. *Psychological Science, 24*(5), 776–781.

Ñāṇamoli, B., & Bodhi, B. (Trans.). (1995). Dvehavitakka Sutta: Two kinds of thought. In *The middle length discourses of the Buddha: A translation of the Majjhima Nikāya* (pp. 207–210). Somerville, MA: Wisdom.

Ñāṇamoli, B., & Bodhi, B. (Eds.). (2009). *The middle length discourses of the Buddha: A translation of the Majjhima Nikāya* (4th ed.). Somerville, MA: Wisdom.

National Institute for Health and Care Excellence. (2009). Depression in adults: Recognition and management. Retrieved from *www.nice.org.uk/guidance/cg90.*

Neff, K. D. (2003). Self-compassion: An alternative conceptualization of a healthy attitude toward oneself. *Self and Identity, 2*, 85–101.

Neff, K. D. (2016). The Self-Compassion Scale is a valid and theoretically coherent measure of self-compassion. *Mindfulness, 7*(1), 264–274.

Neff, K. D., & Germer, C. K. (2013). A pilot study and randomized controlled trial of the mindful self-compassion program. *Journal of Clinical Psychology, 69*(1), 28–44.

Neff, K. D., Rude, S. S., & Kirkpatrick, K. L. (2007). An examination of selfcompassion in relation to positive psychological functioning and personality traits. *Journal of Research in Personality, 41*(4), 908–916.

Nelson, P. (1993/2012). Autobiography in five short chapters. Retrieved from *https://en.wikipedia.org/wiki/Portia_Nelson.*

The New Penguin English Dictionary. (2001). London: Penguin Books.

Norman, D. A., & Shallice, T. (1986). Attention to action: Willed and automatic control of behavior. In R. J. Davidson, G. E. Schwartz, & D. Shapiro (Eds.), *Consciousness and self-regulation* (pp. 1–18). New York: Plenum Press.

Nyanaponika Thera. (1962). *The heart of Buddhist meditation: A handbook of mental training based on the Buddha's way of mindfulness.* Kandt, Sri Lanka: Buddhist Publication Society.

Ophir, E., Nass, C., & Wagner, A. D. (2009). Cognitive control in media multitaskers. *Proceedings of the National Academy of Sciences of the USA, 106*(37), 15583–15587.

Padesky, C. A., & Mooney, K. A. (1990). Clinical tip: Presenting the cognitive model to clients. *International Cognitive Therapy Newsletter, 6,* 13–14.

Paivio, A. (1969). Mental imagery in associative learning and memory. *Psychological Review, 76*(3), 241–263.

Pamuk, O. (2002). *My name is red* (E. M. Goknar, Trans.). London: Faber & Faber.

Parsons, C. E., Crane, C., Parsons, L. J., Fjorback, L. O., & Kuyken, W. (2017). Home practice in mindfulness-based cognitive therapy and mindfulness-based stress reduction: A systematic review and meta-analysis of participants' mindfulness practice and its association with outcomes. *Behaviour Research and Therapy, 95,* 29–41.

Peacock, J., Baer, R., Segal, Z., Crane, R. S., Kuyken, W., & Surawy, C. (2016). The role of retreats for MBCT teachers. Retrieved from *http://oxfordmindfulness.org/insight/role-retreats-mbct-teachers.*

Phelps, E. A., Delgado, M. R., Nearing, K. I., & LeDoux, J. E. (2004). Extinction learning in humans: Role of the amygdala and vmPFC. *Neuron, 43*(6), 897–905.

Phelps, E. A., & LeDoux, J. E. (2005). Contributions of the amygdala to emotion processing: From animal models to human behavior. *Neuron, 48*(2), 175–187.

Pinker, S. (1997). *How the mind works.* New York: Norton.

Pinker, S. (2011). *The better angels of our nature: A history of violence and humanity.* New York: Penguin.

Posner, M. I. (1980). Orienting of attention. *Quarterly Journal of Experimental Psychology, 32,* 3–25.

Posner, M. I., Snyder, C. R. R., & Davidson, B. J. (1980). Attention and the detection of signals. *Journal of Experimental Psychology — General, 109*(2), 160–174.

Psychogiou, L., Legge, K., Parry, E., Mann, J., Nath, S., Ford, T., & Kuyken, W. (2016). Self-compassion and parenting in mothers and fathers with depression. *Mindfulness, 7*(4), 896–908.

Raichle, M. E., MacLeod, A. M., Snyder, A. Z., Powers, W. J., Gusnard, D. A., & Shulman, G. L. (2001). A default mode of brain function. *Proceedings of the National Academy of Sciences in the USA, 98*(2), 676–682.

Reinherz, H. Z., Giaconia, R. M., Pakiz, B., Silverman, A. B., Frost, A. K., & Lefkowitz, E. S. (1993). Psychosocial risks for major depression in late adolescence: A longitudinal community study. *Journal of the American Academy of Child and Adolescent Psychiatry, 32*(6), 1155–1163.

Rhys Davids, T. W. (1881). *Buddhist suttas.* Oxford, UK: Clarendon Press.

Rode, S., Salkovskis, P. M., & Jack, T. (2001). An experimental study of attention, labelling and memory in people suffering from chronic pain. *Pain, 94*(2), 193–203.

Rogan, M. T., Staubli, U. V., & LeDoux, J. E. (1997). Fear conditioning induces associative long-term

potentiation in the amygdala. *Nature, 390*(6660), 604-607.

Roscoe, G. (1990). *The good life: A Buddhist trilogy*. Bangkok, Thailand: Pacific Rim Press.

Rosling, H., Rosling, O., & Rosling-Ronnlund, A. (2018). *Factfulness: Ten reasons we're wrong about the world — and why things are better than you think*. New York: Flatiron Books.

Salkovskis, P. M., Warwick, H. M. C., & Deale, A. C. (2003). Cognitive-behavioral treatment for severe and persistent health anxiety (hypochondriasis). *Brief Treatment and Crisis Intervention, 3*(3), 353-367.

Sapolsky, R. M. (2004). *Why zebras don't get ulcers* (3rd ed.). New York: St. Martins Griffin.

Sapolsky, R. M. (2017). *Behave: The biology of humans at our best and worst*. London: Penguin Random House.（サポルスキー，R. M.　大田直子（訳）(2023)．善と悪の生物学：何がヒトを動かしているのか　上・下　NHK 出版）

Schuling, R., Huijbers, M., Jansen, H., Metzemaekers, R., Van den Brink, E., Koster, F., Speckens, A. (2018). The co-creation and feasibility of a compassion training as a follow-up to mindfulness-based cognitive therapy in patients with recurrent depression. *Mindfulness, 9*(2), 412-422.

Schutte, N. S., & Malouff, J. M. (2014). A meta-analytic review of the effects of mindfulness meditation on telomerase activity. *Psychoneuroendocrinology, 42*, 45-48.

Segal, Z. V., Kennedy, S., Gemar, M., Hood, K., Pedersen, R., & Buis, T. (2006). Cognitive reactivity to sad mood provocation and the prediction of depressive relapse. *Archives of General Psychiatry, 63*(7), 749-755.

Segal, Z. V., Williams, J. M. G., & Teasdale, J. D. (2013). *Mindfulness-based cognitive therapy for depression* (2nd ed.). New York: Guilford Press.（シーガル，Z. V.・ウィリアムズ，J. M. G.・ティーズデール，J. D.　越川房子（訳）(2023)．マインドフルネス認知療法：うつのための基礎と実践　北大路書房）

Segal, Z. V., Williams, J. M. G., Teasdale, J. D., Crane, R., Dimidjian, S., Ma, H., . . . Kuyken, W. (2018). Mindfulness-based cognitive therapy training pathway. Retrieved from *http://oxfordmindfulness.org*.

Segal, Z. V., Williams, J. M., Teasdale, J. D., & Gemar, M. (1996). A cognitive science perspective on kindling and episode sensitization in recurrent affective disorder. *Psychological Medicine, 26*(2), 371-380.

Seligman, M. E. P., & Csikszentmihalyi, M. (2000). Positive psychology: An introduction. *American Psychologist, 55*(1), 5-14.

Shantideva, A. (1997). *A guide to the Bodhisatva way of life* (V. A. Wallace & A. A. Wallace, Trans.). Ithaca, NY: Snow Lion.

Shapiro, S. L. (2009). The integration of mindfulness and psychology. *Journal of Clinical Psychology, 65*(6), 555-560.

Shapiro, S. L., Astin, J. A., Bishop, S. R., & Cordova, M. (2005). Mindfulness-based stress reduction for health care professionals: Results from a randomized trial. *International Journal of Stress Management, 12*(2), 164-176.

Shonin, E., Van Gordon, W., & Griffiths, M. D. (2013). Mindfulness-based interventions: Towards mindful clinical integration. *Frontiers in Psychology, 4*, 194.

Singer, T. (2006). The neuronal basis and ontogeny of empathy and mind reading: Review of literature and implications for future research. *Neuroscience and Biobehavioral Reviews, 30*(6), 855-863.

Slagter, H. A., Davidson, R. J., & Lutz, A. (2011). Mental training as a tool in the neuroscientific study of brain and cognitive plasticity. *Frontiers in Human Neuroscience, 5*, 17.

Smallwood, J., & Schooler, J. W. (2015). The science of mind wandering: Empirically navigating the stream of consciousness. *Annual Review of Psychology, 66*, 487-518.

Souman, J. L., Frissen, I., Sreenivasa, M. N., & Ernst, M. O. (2009). Walking straight into circles. *Current Biology, 19*(18), 1538-1542.

Strauss, C., Taylor, B. L., Gu, J., Kuyken, W., Baer, R., Jones, F., & Cavanagh, K. (2016). What is compassion and how can we measure it?: A review of definitions and measures. *Clinical Psychology Review, 47*, 15-27.

Teasdale, J. D. (1993). Emotion and 2 kinds of meaning: Cognitive therapy and applied cognitive science. *Behaviour Research and Therapy, 31*(4), 339-354.

Teasdale, J. D. (1999). Metacognition, mindfulness and the modification of mood disorders. *Clinical Psychology and Psychotherapy, 6*(2), 146-155.

Teasdale, J. D. (2016). *Understanding mindfulness and awakening*. Oxford, UK: University of Oxford Mindfulness Centre YouTube Channel.

Teasdale, J. D., & Barnard, P. J. (1993). *Affect, cognition, and change: Re-modelling depressive thought*. Hove, UK: Erlbaum.

Teasdale, J. D., & Chaskalson, M. (2011a). How does mindfulness transform suffering?: I. The nature and origins of dukkha. *Contemporary Buddhism, 12*(1), 89-102.

Teasdale, J. D., & Chaskalson, M. (2011b). How does mindfulness transform suffering?: II. The transformation of dukkha. *Contemporary Buddhism, 12*(1), 103-124.

Teasdale. J. D., Williams, J. M. G., & Segal, Z. (2014). *The mindful way workbook: An 8-week program to free yourself from depression and emotional distress*. New York: Guilford Press. (ティーズデール, J. D.・ウィリアムズ, J. M. G.・シーガル, Z.　小山秀之・前田泰宏（監訳）(2018). マインドフルネス認知療法ワークブック：うつと感情的苦痛から自由になる8週間プログラム　北大路書房)

Thanissaro Bhikkhu. (2013). Madhupindika sutta: The ball of honey (MN 18). Retrieved from *www.accesstoinsight.org/tipitaka/mn/mn.018.than.html.*

Thanissaro Bhikkhu. (2017). Ambalatthika-rahulovada sutta: Instructions to Rahula at Mango Stone. Retrieved from *www.accesstoinsight.org/tipitaka/mn/mn.061.than.html.*

Thich Nhat Hanh. (1975). *The miracle of mindfulness*. Boston: Beacon Press.

Thich Nhat Hanh. (1992). *Touching peace: Practicing the art of mindful living*. Berkeley, CA: Parallax Press.

Van Dam, N. T., van Vugt, M. K., Vago, D. R., Schmalzl, L., Saron, C. D., Olendzki, A., . . . Meyer, D. E. (2018). Mind the hype: A critical evaluation and prescriptive agenda for research on mindfulness and meditation. *Perspectives on Psychological Science, 13*(1), 36-61.

van den Brink, E., & Koster, F. (2015). *Mindfulness-based compassionate living: A new training to deepen mindfulness with heartfulness*. Abingdon, UK: Routledge.

Van Gordon, W., Shonin, E., & Griffiths, M. D. (2016). Are contemporary mindfulness-based interventions unethical? *British Journal of General Practice, 66*(643), 94.

Watkins, E. R. (2008). Constructive and unconstructive repetitive thought. *Psychological Bulletin, 134*(2), 163-206.

Weck, F., Bohn, C., Ginzburg, D. M., & Stangier, U. (2011). Treatment integrity: Implementation, assessment, evaluation, and correlations with outcome. *Verhaltenstherapie, 21*(2), 99-107.

Weng, H. Y., Fox, A. S., Shackman, A. J., Stodola, D. E., Caldwell, J. Z. K., Olson, M. C., Davidson, R. J.

(2013). Compassion training alters altruism and neural responses to suffering. *Psychological Science, 24*(7), 1171-1180.

Williams, J. M. G. (2008). Mindfulness, depression and modes of mind. *Cognitive Therapy and Research, 32*(6), 721-733.

Williams, J. M. G., Barnhofer, T., Crane, C., Hermans, D., Raes, F., Watkins, E., & Dalgleish, T. (2007). Autobiographical memory specificity and emotional disorder. *Psychological Bulletin, 133*(1), 122-148.

Williams, J. M. G., Crane, C., Barnhofer, T., Brennan, K., Duggan, D. S., Fennell, M. J. V., Russell, I. T. (2014). Mindfulness-based cognitive therapy for preventing relapse in recurrent depression: A randomized dismantling trial. *Journal of Consulting and Clinical Psychology, 82*(2), 275-286.

Williams, J. M. G., & Penman, D. (2011). *Mindfulness: A practical guide to finding peace in a frantic world.* London: Piatkus.（ウィリアムズ，J. M. G.・ペンマン，D.　佐渡充洋・大野裕（監訳）(2016). 自分でできるマインドフルネス：安らぎへと導かれる 8 週間のプログラム　創元社）

Williams, M. J., Dalgleish, T., Karl, A., & Kuyken, W. (2014). Examining the factor structures of the Five Facet Mindfulness Questionnaire and the Self-Compassion Scale. *Psychological Assessment, 26*(2), 407-418.

Wittgenstein, L. (2009). *Philosophical investigations* (4th ed.). Chichester, UK: Wiley Blackwell.（ウィトゲンシュタイン，L.　鬼界彰夫（訳）(2020). 哲学探究　講談社）

Wolever, R. Q., Bobinet, K. J., McCabe, K., Mackenzie, E. R., Fekete, E., Kusnick, C. A., & Baime, M. (2012). Effective and viable mind-body stress reduction in the workplace: A randomized controlled trial. *Journal of Occupational Health Psychology, 17*(2), 246-258.

World Health Organization. (2011). Health statistics and information systems: Disease burden. Retrieved February 23, 2013, from *www.who.int/healthinfo/global_burden_disease/estimates_regional/en/index1.html.*

Yeung, N., & Monsell, S. (2003). Switching between tasks of unequal familiarity: The role of stimulus-attribute and response-set selection. *Journal of Experimental Psychology — Human Perception and Performance, 29*(2), 455-469.

Zenner, C., Herrnleben-Kurz, S., & Walach, H. (2014). Mindfulness-based interventions in schools: A systematic review and meta-analysis. *Frontiers in Psychology, 5*, 603.

Ziegert, D. I., & Kistner, J. A. (2002). Response styles theory: Downward extension to children. *Journal of Clinical Child and Adolescent Psychology, 31*(3), 325-334.